TESI GREGORIANA
Serie Teologia
——————— **216** ———————

YAO ADINGRA JUSTIN KOUAMÉ

COMMENCEMENT D'UN PARCOURS

Une étude exégétique et théologique
de Jn 3,1-21

EDITRICE PONTIFICIA UNIVERSITÀ GREGORIANA
ROMA 2015

Vidimus et approbamus ad normam Statutorum Universitatis

Romae, ex Pontificia Universitate Gregoriana
Die 19 mensis Febrarius anni 2015

REV. P. MARIO LÓPEZ BARRIO
REV. P. JACEK ONISZCZUK

© 2015 Gregorian & Biblical Press
Piazza della Pilotta, 35 00187 - Roma
books@biblicum.com - www.gbpress.net

ISBN 978-88-7839-**319**-6

*A mon père Kouamé Thomas
et à mes frères et sœurs
trop tôt retournés à la maison du Père*

REMERCIEMENTS

Au terme de quasi quatre années de recherche, qui se sont conclues par la discussion de cette Thèse de doctorat en Théologie Biblique à l'Université Grégorienne de Rome, je rends avant tout grâce à Dieu le Père qui a tant aimé le monde qu'il a envoyé son Fils, Jésus-Christ, l'unique-engendré, afin que quiconque croit en lui ait la vie éternelle (cf. Jn 3,16). Je lui rends grâce pour la vie et le don de la foi que j'ai reçu de sa bonté. Je lui suis à jamais reconnaissant pour la vie sacerdotale et pour cette formidable expérience universitaire qui m'a d'abord conduit à l'Université Catholique de l'Afrique de l'Ouest, plus précisement à l'Unité Universitaire d'Abidjan (UCAO/UUA); ensuite à la prestigieuse Université Pontificale Grégorienne. Cette thèse qui marque la fin d'une étape mais en même temps annonce le départ d'une autre est fruit de la providence bienvaillante du Seigneur qui ne m'a jamais fait defaut. A lui donc gloire éternelle dans le Fils et dans l'Esprit!

Je ne saurais dans cet élan de reconnaissance manquer d'avoir une pensée particulière pour Mgr. Félix Kouadjo de venerée mémoire à qui je dois d'être envoyé aux études. Je remercie l'actuel administrateur diocésain Mgr. Benoît Kouassi, qui m'a fortement encouragé à terminer ces études, le presbyterium de Bondoukou, tous les fidèles chrétiens de notre famille diocésaine, particulièrement ceux des paroisses Sainte Thérèse de l'Enfant Jésus et Saint Jean XXIII de Tanda et la communauté chrétienne Saint Pierre d'Amanvi, pour leurs constants et renouvelés encouragements et prières.

Je remercie sincèrement et profondément ma famille qui ne cesse de prier pour moi et de me soutenir jour et nuit; les Pères Francesco Orsini et Angelo Passera pour leur contribution à ma formation depuis le séminaire; Mrs. Adam-Yéboua Patrice, Kobenan kouassi Adjoumani, Appoh Thomas et Mmes. Germaine Adja Kouman, Henriette Kondé et familles, ainsi que de nombreuses autres personnes dont ces pages ne suffiraient à énumérer les noms et dont l'aide a été constante et précieuse.

Je remercie les autorités de notre université pour la bourse qu'elles m'ont accordée et qui m'a donné la possibilité d'étudier la Bible, cette bibliothèque d'une beauté incomparable et d'une profondeur inépuisable. Entrer dans le monde de la Bible, c'est entrer en pleine mer ou vouloir pénétrer les cieux. Sa beauté, son immensité et sa complexité ont fait naître en moi une passion pour les Saintes Écritures. Cette passion n'aurait point vu le jour sans ces éminents professeurs et tout le personnel de l'université qui ont facilité notre temps de formation. Qu'ils soient tous infiniment remerciés.

Qu'il me soit permis de remercier le jury de notre soutenance: A son président Prof. Michael Paul Maier qui m'a fait l'honneur de me connaitre avant le jour de la défense, mon infinie reconnaissance pour tant de sollicitude.

Au Prof. Jacek Oniszczuk, lecteur de ma dissertation, j'exprime ma gratitude pour avoir accepté de lire et de critiquer cette recherche. Ses remarques et observations pertinentes m'ont aidé à améliorer, à préciser et à corriger les imperfections constatées çà et là dans la rédaction de ce travail. Qu'il soit aussi remercié pour m'avoir conseillé le modérateur de cette thèse, ses conseils avisés ont été vraiment inspirés. Enfin pour le cours de critique textuelle et le séminaire méthodologique sur la Rhétorique Biblique qu'il nous a dispensé, je lui en suis gré.

Au Prof. Mario Lopez Barrio, modérateur de cette dissertation, que puis-je dire? Cette thèse est la sienne! Un merci et une reconnaissance affectueuse pour sa confiance en moi en acceptant volontiers de suivre ce travail académique, pour sa proximité et ses encouragements. J'ai été séduit par sa méthode de travail, la liberté du choix méthodologique qu'il m'a concédé durant toute la recherche et sa rigueur académique. Qu'il soit remercié pour toutes ces qualités que j'ai perçues en lui et pour la rapidité dans la lecture de mon manuscrit. Je lui en suis grandement reconnaissant. Dieu le lui rende!

Un sincère et profond merci à Mgr. Angelo Battista Pansa, aux confrères et aux fidèles chrétiens de la Paroisse de la Transfiguration de Notre Seigneur Jésus-Christ de Rome pour l'accueil, le gîte et le couvert dont j'ai bénéficié durant toutes ces années d'études. Avec eux, c'est aussi le diocèse de Rome et particulièrement Mgr. Armando Brambilla, trop tôt retourné à Dieu, que je remercie pour m'avoir permis quatre années durant d'être aumônier de la «Casa di cura Villa Sandra». Aux ami(e)s de cette clinique, je dis merci du plus profond du cœur. Leur amour paternel et maternel me restera à jamais gravé dans le cœur. Avec ces peu de paroles, qu'ils reçoivent mes remerciements pour leur affection, leurs constantes prières et encouragements.

REMERCIEMENTS

Au Père Bernard Tondé, notre frère aîné bien-aimé, j'adresse toute ma reconnaissance pour le soutien et les moments très agréables passés ensemble, les conseils avisés, les encouragements et surtout pour la contribution discrète mais efficace afin de rendre possible mes études à Rome. Que le Dieu de toutes grâces les lui rende au centuple!

Aux amis de Prato, je dis toute ma gratitude pour avoir rendu mes séjours chez eux très paisibles. Je ne voudrais oublier personne mais je ne peux non plus passer sous silence des noms que le cœur m'oblige à remercier à travers ces quelques lignes: Mon ami et frère le Père Denis Touré qui m'a fait l'amitié de m'intégrer à sa communauté paroissiale et de partager avec moi au-delà de la mesure ce que la providence divine mettait à sa disposition; le Père Guglielmo Pozzi que nous appelons affectueusement «capo» qui a énormément contribué à mes études et à cette publication que je dois à sa générosité; les chrétiens de la paroisse Santa Caterina de' Ricci, la famille Colonna et la famille Tozzi qui m'ont fait vivre des moments très agréables qui me restent à tout jamais gravés dans la mémoire.

Enfin, Je me suis tellement habitué au texte de cette thèse que je ne voyais plus les erreurs et fautes présentes dans le corps du texte. J'exprime toute ma reconnaissance au Père Patrice Siallou, qui a pris de son précieux temps pour lire et corriger mon manuscrit. Ses corrections et observations pertinentes ont rendu le texte plus fluide, lisible et digeste. Je n'oublie pas Mr. Carlo Valentino qui, avec précision et compétence, m'a aidé à la mise en forme finale du texte. Qu'il soit remercié et avec lui, les amis, les compagnons d'études et tous ceux qui ont contribué depuis le début à l'aboutissement de cette recherche. Dieu vous bénisse à jamais!

Rome le 07 juin 2015,
Solennité du *Corpus Domini*

INTRODUCTION

1. Thème

La péricope de Jn 3,1-21 est à notre avis une des plus belles pages du quatrième Évangile. Elle fera l'objet de cette étude et se présente comme le commencement du parcours de Nicodème. En effet, selon la présentation faite par les versets 1 et 2, Nicodème est un pharisien et un chef des Juifs qui «vint de nuit» rencontrer Jésus, poussé certainement par les signes que ce dernier accomplit dans le peuple (cf. v. 2). Il engage avec lui un dialogue qui fera place à un monologue qu'initie son interlocuteur. Cette première rencontre, qui d'ailleurs aura son écho en 7,50 et 19,39 est le face-à-face initial annonçant un chemin, un itinéraire dans sa relation au thaumaturge galiléen qui fait parler de lui. De toute évidence, Jn 3,1-21 marque le commencement d'un rapport à Jésus dont l'étude dans l'espace et le temps nous permettra de découvrir toute la profondeur et la portée. C'est un commencement qui s'ouvre et donc qui envisage des perspectives. Nicodème le Pharisien, Nicodème le chef juif, Nicodème le «noctambule», à partir de cette rencontre, entre dans un processus. Mais s'agit-il d'un processus de conversion ou d'inertie? Processus d'évolution ou de *statu quo*? Nous ne saurons le dire sans une étude serrée de notre péricope.

Notre préoccupation ne sera pas l'étude de son parcours en termes génériques, mais bien celle d'un texte à savoir Jn 3,1-21 qui constitue le «commencement de son parcours», le texte principal, de base sur lequel notre recherche se fondera. C'est seulement à la lumière de ce passage que peuvent se comprendre et s'apprécier les deux autres péricopes dans lesquelles apparait le personnage de Nicodème (7,37-52 et 19,38-42). Les vv. 7,50 et 19,39 ramènent toujours le lecteur à cette première rencontre. Il représente à nos yeux la clé de lecture de son parcours puisque les deux autres textes n'ont de sens qu'à partir de lui. Ils lui sont donc complémentaires et nous aiderons à rendre l'étude plus complète.

«Commencement d'un parcours» doit se comprendre comme une démarche de Nicodème se situant à un moment précis dans la trame narrative de l'Évangile de Jean, «suspendu» dans le texte entre Nathanaël au chapitre 1 et la femme Samaritaine au chapitre 4 selon la belle expression de Sandra Schneiders[1] et qui ouvre un avenir ou s'ouvrant à une suite. C'est à la fois donc l'étude d'un texte et d'un personnage singulier que nous voulons faire dans son rapport à Jésus. Le texte ne se dissociant pas du personnage, Nicodème est bien celui dont il s'agit et ce, quand il se décide de rentrer en contact avec un homme dont la renommée pousse à la curiosité. Simple curiosité ou curiosité intéressée, ce premier coup d'essai contient d'innombrables leçons que nous voulons découvrir au fur et à mesure de l'étude du texte que nous ferons, en allant au rythme de Nicodème qui affronte de par ce fait même son avenir avec lui-même, avec Jésus et avec ses pairs.

«Commencement d'un parcours» nous invite donc à une halte pour cerner les contours d'un texte qui contient un personnage dans un rapport particulier à celui qu'il nomme dès le départ «διδάσκαλος» reconnaissant en lui que «οὐδεὶς γὰρ δύναται ταῦτα τὰ σημεῖα ποιεῖν ἃ σὺ ποιεῖς, ἐὰν μὴ ᾖ ὁ θεὸς μετ' αὐτοῦ.». Ce compliment ou cet éloge, mais qui en même temps, dit la vérité sur son interlocuteur ouvre à un dialogue qui tourne court pour laisser place à un discours d'une richesse à notre avis incommensurable.

Parler de «commencement d'un parcours», c'est ne pas réduire Jn 3,1-21 à un texte à caractère baptismal comme le font de nombreux manuels de catéchèse et que nous avons reçu et enseigné nous-mêmes au nom du verset 5: «Ἀμὴν ἀμὴν λέγω σοι, ἐὰν μή τις γεννηθῇ ἐξ ὕδατος καὶ πνεύματος, οὐ δύναται εἰσελθεῖν εἰς τὴν βασιλείαν τοῦ θεοῦ».

> Le personnage de Nicodème, les circonstances de l'entretien, prêtent à ce texte une atmosphère toute particulière [...] Sans rejeter aucunement cette lecture traditionnelle, nous pensons qu'il s'agit là d'une réduction ou d'un prélèvement. Nous entendons en effet démontrer que l'enseignement majeur de l'ensemble du texte porte sur un autre point, fondamental, auquel le motif du baptême est subordonné[2].

---

[1] S.M. SCHNEIDERS, *Written that you may believe*, 118. Pour une étude comparée de Jn 3,1-21 et 4,1-42 entre le discipolat de Nicodème (Initial discipleship) et celui de la femme Samaritaine (Mature discipleship), cf. M.M. PAZDAN, «Nicodemus and the Samaritan Woman», 145-148, pour qui ni l'un ni l'autre n'est glorifié ou condamné et mettent plutôt en lumière le mystère du discipolat dans la communauté johannique.

[2] M. MICHEL, «Nicodème ou le non-lieu», 227.

«Commencement d'un parcours» doit en dernier ressort se comprendre dans le lien que ce premier texte entretien avec les deux autres péricopes où apparait Nicodème mais aussi en lien avec tout le quatrième Évangile et plus précisément l'intention de l'auteur.

2. Raison et but de la recherche

Le personnage de Nicodème, méconnu de la tradition synoptique, n'apparait qu'en Jean et est présenté selon divers opinions de commentateurs comme «un personnage réel, historique et dans le même temps exemplaire, paradigmatique»[3] ou encore «exemplaire et symbolique»[4], «individuel et représentatif»[5] ou tout simplement «représentatif»[6].

D'une manière générale, les trois péricopes où apparait Nicodème (Jn 3,1-21; 7,37-52; 19,38-42) soulèvent bien des interrogations. S'agissant de sa première rencontre avec Jésus en Jn 3,1-21, il est assez surprenant qu'un dialogue si bien entamé s'achève si rapidement par un monologue auquel Nicodème ne donne pas de réponse. Quant au dialogue lui-même, il semble présenter une contradiction assez notable et surprenante: Nicodème, «ἄνθρωπος ἐκ τῶν Φαρισαίων, ἄρχων τῶν Ἰουδαίων» (3,1), est curieusement ici l'homme dont l'ignorance affichée frise le ridicule; comment comprendre qu'un homme de son rang ne saisisse pas le langage de Jésus et disparait ou est silencieux? Quant à son intervention en Jn 7,37-52: «Μὴ ὁ νόμος ἡμῶν κρίνει τὸν ἄνθρωπον ἐὰν μὴ ἀκούσῃ πρῶτον παρ' αὐτοῦ καὶ γνῷ τί ποιεῖ;» (7,51), on serait tenté de se demander s'il s'agit d'une défense de la cause de Jésus auquel il a adhéré ou tout simplement le rappel à ses pairs d'une règle élémentaire en matière de jugement pour se faire bonne conscience de la forfaiture dont les conclusions sont sans équivoque: le sort de Jésus est scellé et il doit mourir. Là encore, Nicodème garde un silence qui en dit long sur la question à lui posée par ses pairs. Enfin, en Jn 19,38-42, certains indices du texte ne sont pas sans poser problème. Tandis que Joseph d'Arimathie est qualifié par

---

[3] V. MANNUCCI, *Giovanni, Il Vangelo narrante*, 44.50.

[4] Selon l'expression employée par A. Marchadour pour désigner les personnages engagés dans un face-à-face avec Jésus dans le quatrième Évangile («Lire l'œuvre de Jean», 333).

[5] R.A. CULPEPPER, *Anatomy*, 135.

[6] S.M. SCHNEIDERS, *Written that you may believe*, 118. A la question de savoir si Nicodème est un réel personnage avec lequel Jésus a eu une conversation, elle répond que «nous ne saurons jamais la réponse à cette question» (*Ibid.*, 117-118), aussi s'engage-t-elle dans une étude du texte tel que nous l'avons reçu. Déjà avant elle, R.F. Collins parlait dans sa contribution «The Representative Figures», 36-37, de Nicodème comme un type de cette figure représentative.

l'évangéliste de «ὢν μαθητὴς τοῦ Ἰησοῦ κεκρυμμένος δὲ διὰ τὸν φόβον τῶν Ἰουδαίων» (19,38), Nicodème est lui, présenté comme «ὁ ἐλθὼν πρὸς αὐτὸν νυκτὸς τὸ πρῶτον» (19,39). Cette différence de présentation n'est certainement pas fortuite sinon l'auteur, en très peu de mots, les aurait tous deux qualifiés de disciples. Comment interpréter donc ce portrait des deux personnages? Et quelle raison sous-tend le rappel en 7,50 et en 19,39 de cette première rencontre nocturne de Jésus avec Nicodème? Enfin, quelle interprétation donner au geste de Joseph et de Nicodème? S'agit-il d'un geste positif témoignant de l'attachement et du respect pour la personne du Christ? Ou s'agit-il d'un geste dénotant un manque de foi manifestant le caractère définitif de la mort du Christ?

Toutes ces préoccupations ajoutées aux conclusions exégétiques divergentes du parcours d'adhésion ou non à Jésus de ce personnage johannique, que le status quaestionis développera plus amplement, ne sont pas sans susciter le désir d'approfondissement de notre proposition de thème. De plus nous-même, étant issus d'un milieu socio-culturel et religieux où les hésitations d'adhésion à Christ ne manquent pas et ce, malgré l'effervescence religieuse de ces dernières décennies, ainsi qu'un «désir de retour à l'Égypte» selon Laurent Monsengwo qui l'exprimait en ces termes:

> La trame même de l'Évangile qui décrit l'homme à l'épreuve de la foi reste actuelle aujourd'hui. L'homme africain, catéchumène, néophyte ou chrétien de longue date, est souvent affronté à cette épreuve de la foi, occasionnée par la crise d'identité culturelle due aux mutations rapides de la société africaine. Par ailleurs, les nécessaires ruptures exigées par la conversion au Christ ne vont pas sans susciter l'envie d'un «retour en Égypte» (cf. Dt 28,68)[7],

parlant de l'Évangile de Jean duquel il affirme:

> Quiconque fait une lecture synchronique continue de l'Évangile selon saint Jean, en retire nettement l'impression que la foi est au cœur du quatrième évangile; si bien que des auteurs n'ont pas hésité à appeler celui-ci «l'Évangile de la foi». L'Évangile selon saint Jean apparaît somme toute comme la description de l'homme à l'épreuve de la foi au Christ[8].

Autant de raisons qui motivent notre étude de Jn 3,1-21 pour savoir si ce personnage a véritablement fait le saut de l'adhésion totale à Jésus-Christ. L'enjeu ici est donc la pertinente question de son discipolat. Ni-

---

[7] L. MONSENGWO, «La foi dans les écrits johanniques», 23.
[8] L. MONSENGWO, «La foi dans les écrits johanniques», n. 4.1, 10.

codème peut-il être considéré comme disciple, ayant fait le pas de l'adhésion à Jésus? En d'autres termes, faut-il parler en particulier d'immobilisme ou de progression de Nicodème face à Jésus? Et en quoi son parcours peut-il être utile à notre pastorale? Cette adhésion ou non peut-elle interpeller les hommes et les femmes de notre temps dans le contexte actuel d'une société en pleine mutation?

3. Status quaestionis

L'unanimité n'est pas faite sur l'adhésion de Nicodème à Jésus dans les trois péricopes où il intervient:

3.1 *Arguments positifs*

La position positive est celle de la majorité qui pense que Nicodème est passé de l'ombre de la nuit au monde de la foi, à la lumière du crucifié. R. Brown affirme que: «Si la faute antérieure de Nicodème, mentionnée par Jean, était d'être venu voir Jésus de nuit, il a changé de priorité [...] En 19,38-42, Joseph et Nicodème ont reçu le courage de glorifier Jésus publiquement par un don royal d'aromates et par le lieu où ils l'ensevelissent»[9]. Selon Léon-Dufour qui argumente aussi dans le sens positif, la transformation du comportement de Joseph d'Arimathie «se retrouve dans le personnage de Nicodème, dont Jean rappelle qu'il était venu "de nuit" auprès de Jésus (3,2). Ensemble les deux personnages "prennent" ou plutôt "accueillent" (*elabon*) le corps de Jésus dans son humiliation dernière et se chargent de son ensevelissement»[10]. Pour Dschulnigg,

> La première rencontre de Jésus avec Nicodème a été un échec, mais au chapitre 7, Nicodème manifeste une proximité avec cette partie du peuple qui reconnaît Jésus comme Messie. Avec la troisième rencontre, Nicodème et Joseph d'Arimathie sont associés. Ils font une confession publique de leur vénération et de leur foi en Jésus et se séparent des chefs des Juifs incroyants[11].

---

[9] R.E. BROWN, *La mort du Messie*, 1393-1394; cf. ID., *La Communauté du Disciple bien-aimé*, 79; J.M. AUWERS, «La nuit de Nicodème», 501-503; Y-M. BLANCHARD, *Saint Jean*, 51; L. MONSENGWO, «La foi dans les écrits johanniques», 17.

[10] X. LÉON-DUFOUR, *Lecture*, IV, 179-181. Dans la même perspective, voir S. LÉGASSE, *Le procès*, 576; E. COTHENET, *La chaîne*, 37-38; R. KIEFFER, *Le monde symbolique*, 89-90.

[11] P. DSCHULNIGG, *Jesus Begegnen*, 120; On trouve une position proche chez Vignolo qui voit dans le geste de Nicodème «Une reconnaissance de la royauté de Jésus en croix [...] Recevant le corps de Jésus avec Joseph d'Arimathie, ils accueillent la révélation de Jésus» (R. VIGNOLO, *Personaggi*, 122.124); cf. J. ZUMSTEIN, *L'Évangile selon saint Jean (13-21)*, 263; G. ZEVINI, *Commentaire spirituel*, II, 195.

Enfin Schneiders affirme qu'en Jn 19,39-42, Nicodème «Aligns himself publicly with Jesus in his "lifting up" by joining Joseph of Arimathea in removing Jesus' body from the cross and buring him with an enormous outlay of spices that reminds the reader of Mary of Bethany's action in 12:3»[12].

3.2 *Arguments négatifs*

Quant à l'opinion négative défendue par d'autres exégètes, moins nombreux mais non négligeables en nombre, elle présente Nicodème et Joseph d'Arimathie comme étant «arrivés à une impasse» et incapables de regarder au-delà du tombeau car ils considèrent l'ensevelissement comme définitif. Le revirement ou la transformation des deux hommes n'est pas perçu par Loisy qui note qu'«Il ne faut pas voir en eux des confesseurs de la foi, car ils ne confessent rien et ne courent pas le moindre danger»[13]. Bassler quant à lui soutient que le personnage de Nicodème peut être évalué aussi bien positivement que négativement dans les trois scènes où il apparaît. Du début à la fin de l'évangile, Nicodème serait la figure ambiguë, le *tertium quid* qui doit être interprété en termes de marginalité[14]. Dans cette même veine, Marchadour montre dans ses recherches que le parcours de Nicodème est «attachant mais reste inachevé»[15]. Enfin pour Culpepper,

> Nicodème et Joseph d'Arimathie représentent ceux qui croient mais qui refusent de le confesser par peur d'être expulsés de la synagogue (12,42). Il (Nicodème) reste donc «un d'eux», non un enfant de Dieu. Comme le scribe en Mc 12,28-34, Nicodème «n'est pas loin du Royaume de Dieu» mais il reste dehors[16].

---

[12] S.M. SCHNEIDERS, *Written that you may believe*, 118-119. Cf. J. ONISZCZUK, «Affinché si adempisse la scritura», 101-102, repris dans son ouvrage *La passione del Signore*, 217. Concernant toujours la position positive, outre les commentateurs classiques, on pourra consulter K. STASIAK, «The Man Who Came by Night», 84-89; J.N. SUGGIT, «Nicodemus — the true Jew», 90-110.

[13] A. LOISY, *Le Quatrième Évangile*, 895. Cf. aussi M. de JONGE, «Nicodemus and Jesus», 337-339. Repris dans ID., *Jesus stranger*, 29-47; D.D. SYLVA, «Nicodemus and his spices», 148-151 ou encore W.A. MEEKS, «The Man from Heaven», 54-55; Rensberger cité par D.R. BECK, *The Discipleship Paradigm*, 64.

[14] J.M. BASSLER, «Mixed Signals», 635-646. Position soutenue aussi par Susan Hylen qui pense que «Nicodemus is certainly "one of the Gospel's most ambiguous character"» (S.E. HYLEN, *Imperfect Believers*, 23).

[15] A. MARCHADOUR, *L'Évangile de Jean*, 239; ID., «Lire l'œuvre de Jean», 346-352; ID., *Les personnages*, 63-76.

[16] R.A. CULPEPPER, *Anatomy*, 136. Cette traduction est la nôtre.

C'est dire donc que les textes relatifs au personnage de Nicodème ont fait l'objet d'études dans le monde exégétique et théologique et expriment toute la richesse de Jn 3,1-21 dans ses dimensions synchronique et diachronique; mais aussi toute sa complexité au-delà des interprétations simplistes qu'on veut souvent lui donner.

4. Une pluralité d'interprétations de la péricope

Ces interprétations sont diverses, surtout quand on tient compte qu'un auteur peut à lui seul avoir plus d'une ligne interprétative. Nous limiterons notre investigation aux études faites ces soixante dernières années.

4.1 *Un texte sacramentel*

Même si cette interprétation, qui est l'une des premières sinon la première à propos de cette péricope, est battue en brèche par certains commentateurs[17], ils sont tout de même nombreux ceux qui pensent que le dialogue entre Jésus et Nicodème à propos du v. 5: Ἀμὴν ἀμὴν λέγω σοι, ἐὰν μή τις γεννηθῇ ἐξ ὕδατος καὶ πνεύματος, οὐ δύναται εἰσελθεῖν εἰς τὴν βασιλείαν τοῦ θεοῦ parle clairement et est interprété comme faisant allusion au baptême chrétien. Les défenseurs de l'expression ἐξ ὕδατος καὶ πνεύματος comme faisant allusion au sacrement du baptême (ὕδατος καὶ) et à la foi (πνεύματος) sont entre autres Cullmann, Dodd, de La Potterie, Brown ou encore Boismard et Lamouille, Auwers et Grélot et à un moindre degré Léon-Dufour et Morgen[18]. La toute récente contribution de Jean Zumstein vient confirmer cette interprétation: «Le baptême est la nécessaire condition du salut, car il confère l'Esprit de vie qui est donné par la "nouvelle naissance d'en haut". La tournure "d'eau et" (ἐξ ὕδατος καὶ) [...] désigne le baptême chrétien qui se distingue du baptême de Jean par l'effusion de l'Esprit»[19].

---

[17] A la note 6 de son article «L'entretien avec Nicodème», 342, F. Roustang affirme que «les commentateurs, même lorsqu'ils évacuent l'aspect sacramentel de ces versets admettent que nous avons là une allusion au baptême».

[18] Cf. O. CULLMANN, *Les sacrements dans l'Évangile johannique*, 45-48; C. DODD, *L'interprétation*, 395; I. de LA POTTERIE, «Naître de l'eau et de l'Esprit», 32-41; R.E. BROWN, *Giovanni*, 186; M.-É. BOISMARD – A. LAMOUILLE, *Synopse*, III, 121; J.M. AUWERS, «La nuit de Nicodème», 486; P. GRELOT, *Jésus de Nazareth*, I, 187; X. LÉON-DUFOUR, *Lecture*, I, 293; M. MORGEN, *Afin que le monde soit sauvé*, 83-84. A ce propos, on pourra aussi consulter P.-R. TRAGAN, «Battesimo e fede cristologica», 47-120. Et pour une étude assez ample du baptême en Jn, cf. M. COSTA, «Simbolismo battesimale in Giov. 7,37-39; 19,31-37; 3,5», 369-383.

[19] Toutefois, il reconnaît que «Ce n'est pas le baptême comme tel qui constitue la

4.2 *Interprétation trinitaire*

Plus que tout autre critique, c'est Roustang qui consacre une étude approfondie et détaillée sur le caractère trinitaire de Jn 3,1-21. Dans sa contribution exégétique «L'entretien avec Nicodème», il met en lumière toute la portée ternaire de la péricope. Ainsi, considérant les vv. 1-2 comme l'introduction et les vv. 19-21 comme la conclusion à l'entretien entre Jésus et Nicodème, il divise le texte en trois parties et fait ressortir pour chacune d'elle l'action d'une des personnes de la Trinité:

1ère partie: naître à nouveau de l'Esprit (vv. 3-8)
2ème partie: la médiation du Fils (vv. 9-15)
3ème partie: le dessein salvifique du Père (vv. 16-18)[20].

4.3 *Un texte de révélation (christologie et kérygme)*

Dans le débat sur l'identité de celui qui parle dans ce qu'il est convenu d'appeler monologue, Brown est formel: «L'Évangile nous présente Jésus comme celui qui parle et non l'évangéliste»[21]; Schnackenburg est plutôt d'avis que les vv. 13-21 sont une exposition kérygmatique originellement indépendante de l'évangéliste ressemblant fort bien aux parties kérygmatiques de 1Jn (cf. 4,9ss.; 5,10ss.). Vouga quant à lui affirme dans son analyse rhétorique de la péricope que: «Le centre de Jn 3,1-21 est sans doute le discours christologique; l'entretien avec Nicodème y introduit»[22]. Tout comme Létourneau qui pense qu'«Au niveau de la trame narrative, c'est dans un dialogue sur le thème du salut que Jésus amène Nicodème de sa conception christologique inadéquate jusqu'au signe parfait qui authentifie la révélation de l'identité de Jésus comme envoyé»[23].

---

pointe de l'argumentation. En fait, à l'aide du motif du baptême (vv. 6-8), l'auteur implicite veut montrer que l'accès au salut n'appartient pas au domaine des possibilités humaines, mais qu'il advient par la seule grâce de Dieu. C'est la raison pour laquelle, seule la thématique de l'Esprit est développée dans les v. qui suivent, tout d'abord en recourant à l'antithèse chair/Esprit (v. 6), puis par le biais d'une comparaison (v. 8)» (J. ZUMSTEIN, *L'Évangile selon Saint Jean* (1–12), 115). Cette dernière thèse se rapproche en partie de celle que nous tenterons de défendre dans cette recherche à propos du dialogue. Mais s'éloigne de son interprétation baptismale du v. 5.

[20] F. ROUSTANG, «L'entretien avec Nicodème», 338.
[21] R.E. BROWN, *Giovanni*, 197.
[22] F. VOUGA, *Le Cadre*, 21. Michel conclut dans le même sillage et sans ambiguïté que: «C'est l'exposé johannique de l'herméneutique chrétienne dans son affrontement à l'herméneutique juive et, singulièrement, à l'herméneutique pharisienne» (M. MICHEL, «Nicodème ou le non-lieu», 231).
[23] P. LÉTOURNEAU, *Jésus*, 360. Enfin, citons Marchadour qui conclut son étude du passage en nous dévoilant son caractère de texte de révélation: «Comment, quand on

C'est à notre sens l'interprétation la plus importante de la péricope avec sa dimension sotériologique.

4.4 *Sotériologie de Jn 3,1-21*

Pour Gaeta, le thème du salut est «Le point culminant de la structure chiasmique 11-21»[24] et il reconnait que c'est le problème de la foi qui suscite le dialogue mais qui, de fil en aiguille, nous plonge au cœur du mystère du salut[25]. Et si dans les divers commentaires de la péricope, nombre d'auteurs font référence à sa dimension sotériologique, c'est surtout Morgen qui y consacre, à notre avis, une étude plus complète sur la question à propos de Jn 3,1-21. Pour elle, il y a une unité thématique qui traverse par delà Jn 3,1-21, tout le chapitre 3. En ce qui concerne notre texte, le développement du thème du salut arrive progressivement et culmine au v. 17 après un dialogue centré sur les conditions requises pour «voir» ou «entrer» dans le Royaume de Dieu (vv. 3.5), et une focalisation sur le sauveur lui-même, Fils de l'Homme, Fils unique donné et envoyé (vv. 13-14.16.17)[26]. C'est pourquoi elle affirme: «Dans le quatrième évangile, la réflexion sotériologique implique un lien avec la christologie»[27].

4.5 *Une interprétation féministe*

Sandra Schneiders fait dans son étude de Jn 3,1-15 une interprétation féministe de la péricope. Elle critique les lectures de ce passage qui ont eu cours durant des siècles sans qu'on ne s'en aperçoive. A travers la

---

est vieux, peut-on renaître? Nicodème s'est absenté au moment où la révélation solennelle se fait entendre. Elle présente l'amour de Dieu culminant sur la croix, comme le lieu où se transmet la vie: "afin que quiconque croit en lui ait la vie éternelle"» (A. MARCHADOUR, *Les personnages*, 71. Cf. I. de LA POTTERIE, «Naître de l'eau et de l'Esprit», 42, à propos de Jn 3,1-21 comme texte de révélation).

[24] G. GAETA, *Il dialogo*, 142.

[25] Cf. G. GAETA, *Il dialogo*, 143. A sa suite, Léon-Dufour affirme avec force dans son introduction au monologue (3,13-21), qu'il constitue une esquisse de synthèse du dessein du salut (Cf. X. LÉON-DUFOUR, *Lecture*, I, 299; P. LÉTOURNEAU, «La caractérisation de Jésus», 165.

[26] Cf M. MORGEN, *Afin que le monde*, 31.

[27] M. MORGEN, *Afin que le monde*, 31-32. Ainsi, Jésus se présente comme le révélateur qui propose le salut et attend par delà Nicodème, une réponse de foi de tout auditeur de sa parole (*Ibid.*, 51). Elle ira même plus loin quand elle fait cette belle remarque d'ordre théologique: «Dans les textes pauliniens de Ga 4 et de Rm 8, comme dans les textes johanniques de Jn 3 et de 1 Jn 4, l'orientation est "sotério-centrique", plus que christo-centrique ou théo-centrique» (*Ibid.*, 109).

voix de Jésus, qui se sert d'une des images les plus claires du NT, à savoir l'Esprit, la féminité de Dieu est mise en lumière[28]. La similitude qu'elle établit entre notre naissance naturelle d'une mère et notre naissance spirituelle par l'Esprit est fort intéressante. «The Spirit is the one of whom we are *born* spiritually in the waters of baptism, just as we are born physically of our mothers in the waters of natural birth»[29]. Notre engendrement par Dieu n'est pas fait selon le principe mâle mais bien selon le principe féminin c'est pourquoi affirme-t-elle: «We are, in John's Gospel, "*tekna theou*, children of God", engendered by the God who is both Jesus' Father and our Father (cf. 20,17), but also born of the Spirit, who is our Mother (cf. 1,13 in addition to the present passage)»[30].

4.6 *Évaluation du personnage de Nicodème en Jn 3,1-21*

Les avis restent partagés quant à l'évaluation du personnage de Nicodème à l'issu de sa première rencontre avec Jésus. La question ou problématique ici est de savoir si Nicodème a adhéré ou non à Jésus.

Pour les uns, Nicodème disparait dans un silence[31] qui en dit long sur son refus de reconnaitre en Jésus le Messie, le Fils de Dieu et donc d'adhérer à lui. Selon eux, cette première rencontre se solde par un échec[32]. Pour Schnackenburg, Nicodème peut être considéré comme le «cas typique du juif incroyant»[33] ou du moins il est difficile pour lui et pour eux d'accueillir ou d'accepter la nouvelle révélation «d'en haut» et le Révélateur du salut qui tient directement son autorité de Dieu. Meeks quant à lui présente Nicodème comme une figure opaque, obscure, paradigmatique et ce jusqu'à la fin de ses apparitions dans le quatrième évangile[34]. Gaeta n'est pas en reste. Selon lui, la structure profonde de la péricope

---

[28] S.M. SCHNEIDERS, *Written that you may believe*, 122.

[29] S.M. SCHNEIDERS, *Written that you may believe*, 122.

[30] S.M. SCHNEIDERS, *Written that you may believe*, 122-123. Puis elle conclut que venir à la lumière signifierait non seulement intégrer le féminin dans notre expérience de Dieu mais aussi inclure pleinement les femmes dans l'Église (*Ibid.*, 125).

[31] Cf. A. MARCHADOUR, *Les personnage*, 71, pour qui Nicodème s'est absenté au moment où la révélation solennelle se fait entendre.

[32] P. DSCHULNIGG, *Jesus Begegnen*, 120.

[33] R. SCHNACKENBURG, *The Gospel*, 364. C'est aussi ce que fait remarquer K. STASIAK, «The Man Who Came by Night», 85; cf. aussi J. MATEOS – J. BARRETO, *Il vangelo di Giovanni*, 175.

[34] W.A. MEEKS, «The Man from Heaven», 54. En 7,50, il ne prend pas le risque comme l'aveugle de naissance d'être expulsé de la synagogue avant de faire en 19,39 comme nous l'avons dit dans le *Status quaestionis*, un don qui selon Meeks indique clairement qu'il n'a pas compris l'élévation du Fils de l'Homme.

révèle le principe d'opposition entre Jésus et les hommes, entre signes et paroles, tension ou conflit entre Jésus et Nicodème c'est-à-dire tradition hébraïque et nouvelle annonce[35]. Pour les autres, Nicodème et son silence sont à mettre sur le compte de la radicalité du message de Jésus et de sa personne en face desquels il faut faire un choix que Nicodème a dû faire et de manière positive. C'est le cas de S. Schneiders qui parle du lecteur en ces termes: «If the reader perseveres through the text, it becomes clear that Jesus' irony is not so much a condemnation as a challenge»[36]. Nicodème est d'ailleurs selon elle «The very type of the truly religious person, who is, on the one hand, utterly sincere and, on the other, complacent about his or her knowledge of God and God's will»[37]. Lui qui semble ainsi s'évanouir à ce stade de la narration apparaîtra à deux reprises dans la suite de l'évangile. On peut aussi citer Vignolo qui, malgré sa position intermédiaire de départ, à propos de cette péricope: «Il colloquio si conclude in sospeso per quanto riguarda l'interlocutore di Gesù. Come reagisca alla rivelazione (con accoglienza, con rifiuto, o con permanente perplessità?) non ci è dato sapere»[38], finit par reconnaitre Nicodème comme «Una figura ancora incompiuta» bien que pour le moment secret et perplexe admirateur de Jésus[39]. Face à ces prises de positions valables, nous voulons à notre tour, reparcourir la péricope afin d'arriver à des conclusions donnant au texte un sens nouveau, à la suite de ce qu'ont dit les éminents exégètes et commentateurs que nous avons cités plus haut.

5. Originalité et limites de la recherche

Pour nombre de critiques que nous avons consultés lors de cette recherche, c'est un dialogue centré sur l'idée de renaissance ou de regénération (Dodd, de La Potterie) qui fait place à un discours christologique (Vouga, Létourneau) dont le dialogue en est l'introduction. Et si l'expression γεννηθῆναι ἄνωθεν «ne peut que signifier croire en Jésus, le

---

[35] G. GAETA, *Il dialogo*, 142.
[36] S.M. SCHNEIDERS, *Written that you may believe*, 118.
[37] S.M. SCHNEIDERS, *Written that you may believe*, 119.
[38] R. VIGNOLO, *Personaggi*, 108.
[39] R. VIGNOLO, *Personaggi*, 109. Enfin que dire de la position intermédiaire aux relents positifs de Roustang qui affirme éloquemment: «Peut-être aurions nous préféré voir Nicodème prendre position sous nos yeux, ou peut-être aimerions nous que l'on nous dise clairement: il n'a pas voulu prononcer le oui ou le non. Mais le texte de saint Jean est beaucoup plus évocateur que notre trop simple logique […] Avec Nicodème, c'est l'indécision, comme telle, qui s'est évanouie, qui s'est fendue en deux, tel un arbre mort; il a bien fallu qu'il se place comme les autres à droite ou à gauche» (F. ROUSTANG, «L'entretien avec Nicodème», 353; cf. X. LÉON-DUFOUR, *Lecture*, I, 284).

Fils descendu du ciel»[40], l'objet essentiel de Jn 3,1-21 reste toujours selon Vouga et Létourneau la révélation de Jésus comme le Fils de Dieu et le Fils de l'Homme auquel il faut croire[41]. Le texte est une invitation à croire si l'on veut avoir la vie éternelle d'où son caractère parénétique[42]. Tous, en des termes plus ou moins différents en font cas, mais est difficilement perceptible ou pratiquement absente la thèse selon laquelle Jn 3,1-21 est une péricope dont le mouvement peut faire ressortir ou mettre en lumière la triple dimension du «croire» comme don-accueil-manifestation et ce, à travers la sémantique du texte. L'originalité de cette recherche veut ainsi d'une part, approfondir la thématique du «croire» ou de la foi en Jn 3,1-21, non en des termes génériques, mais au fil de la proposition de structure que nous ferons, dégager cette triple dimension de la foi que nous venons d'évoquer plus haut, éléments que nous n'avons pas perçus chez biens de commentateurs. D'autre part, et c'est le deuxième aspect de l'originalité de cette thèse, nous voulons faire ressortir la marque anthropologique et sociale présente dans notre texte et en filigrane dans le parcours ultérieur de Nicodème, qui nous engage avec lui sur «*The Long Way*», le long chemin, non sans peine de l'adhésion véritable à Christ, que nous nous proposons d'actualiser en contexte africain et plus particulièrement chez les Abron-Koulango, peuple dont nous sommes issus. C'est donc une actualisation à coloration plutôt contextualisée ou une lecture de ce texte biblique en contexte qui constitue aussi un de nos apports à la compréhension de Jn 3,1-21.

Mais n'ayant aucunement la prétention d'épuiser la profondeur et la largesse de ce texte, nous nous limiterons seulement à certains aspects méthodologiques. Nous n'étudierons pas par exemple Jn 3,1-21 en faisant usage de l'analyse rhétorique sémitique[43] ou de l'analyse pragmatique encore moins d'une enquête sur le fait historique[44] qui auraient à coup sûr ouverts d'autres possibilités de compréhension et d'interprétation du texte. Soulignons enfin une limite à cette recherche qui nous semble assez intéressante pour des investigations ultérieures à propos de notre péricope: Vu que le thème du salut et de la foi sont fortement mis

---

[40] F. VOUGA, *Le cadre*, 22.

[41] F. VOUGA, *Le cadre*, 22. Cf. P. LÉTOURNEAU, *Jésus*, 360.

[42] Pour Simoens, il y a une rupture dans le discours à partir du verset 16-21 faisant de cette partie une synthèse kérygmatique et parénétique (cf. Y. SIMOENS, *Selon Jean*, II, 192-193). Pour nous, les indices de ce caractère exhortatif, invitatoire traversent le texte.

[43] Cf. R. MEYNET, *Traité de rhétorique biblique*.

[44] Cf. par exemple l'investigation de S. MENDNER, «Nikodemus», 293-323 ou encore celle de C. BENNEMA, *Encountering Jesus*, 77-78.

INTRODUCTION

en relation en Jn 3,1-21, une lecture africaine de sa sotériologie à partir d'une étude exégétique et théologique de notre texte serait très intéressante au regard de la/des conception(s) africaine(s) du salut[45].

6. Structure[46]

Pour mener à bien notre recherche, nous aurons recours aux méthodes synchroniques (première partie) et diachroniques (seconde partie). Cela nous permettra d'avoir une lecture assez globale du texte afin de le rendre plus explicite. La troisième partie sera consacrée à l'herméneutique et à la théologie de la péricope.

Le premier chapitre de notre étude synchronique de Jn 3,1-21, qui est la phase préliminaire ou préparatoire, s'articulera autour de la délimitation et de la critique textuelle. La délimitation en amont et en aval du texte permettra d'une part de bien le situer dans son contexte et d'autre part, de le distinguer des autres unités littéraires qui lui font frontière. La critique textuelle quant à elle, cherchera à travers les problèmes que soulève l'apparat critique, de faire le choix des meilleures leçons susceptibles de nous rapprocher du texte original.

Le deuxième chapitre intitulé analyse linguistico-syntaxique de Jn 3,1-21 passera d'abord en revue le lexique de notre péricope pour n'en retenir vraiment que les termes et expressions qui facilitent la compréhension du texte (la quantité et les formes de paroles et de phrases). Cette phase sera suivie par l'étude des catégories et formes grammaticales qui peuvent se dégager à partir d'une lecture attentive et méticuleuse de notre péricope: les substantifs/noms, les pronoms, les formes, les prépositions et propositions, les temps verbaux, qui aident à découvrir les genres ou formes littéraires présents mais aussi la logique de l'ensemble du texte qui constitue le troisième moment important de ce second chapitre. Nous ferons ensuite l'analyse stylistique qui consiste à étudier les formes et expressions stylistiques propres du texte et une proposition de structure

---

[45] Étude qui pourrait avoir pour point d'appui et de départ «L'évolution du thème eschatologique dans les traditions johanniques» de Boismard (pp. 507-524), l'œuvre de Morgen sur le chapitre 3 de Jn, *Afin que le monde soit sauvé* et le commentaire récent de Zumstein qui s'apesantit sur le thème du salut dans l'entretien de Jésus avec Nicodème (J. ZUMSTEIN, *L'Évangile selon Saint Jean* (1–12), 113-126); et pour ce qui est d'un apport contextualisé, se référer à J.E. PENOUKOU, «Réalité africaine et salut en Jésus-Christ», 377-380.

[46] Nous nous sommes fortement inspirés au plan méthodologique de W. EGGER, *Metodologia*. Cf. aussi COMMISSION BIBLIQUE PONTIFICALE, *Interprétation de la Bible* ou encore J-N. ALETTI – al., *Vocabulaire raisonné*.

découlant de propositions de divers auteurs, des diverses étapes de notre analyse linguistico-syntaxique mais aussi et surtout de la disposition des éléments et de leurs caractéristiques de structuration. Enfin nous tenterons la traduction de notre péricope, que nous voulons le plus possible littéral sans pour autant perdre le sens vrai du texte et qui prend en compte les remarques et observations faites dans notre analyse linguistico-syntaxique.

Le chapitre III qui est le cœur ou le centre de cette première partie de notre recherche, l'analyse sémantique de Jn 3,1-21, cherchera à donner un sens ou une signification aux diverses paroles, expressions et champs sémantiques se dégageant de notre péricope et du texte dans son ensemble. Elle ne peut donc se passer des phases antérieures sur lesquelles elle s'appuiera en partant si nécessaire de la sémantique de la parole ou de l'expression pour aboutir à celle du texte. Elle cherchera à mettre en lumière la centralité du croire dans sa triple dimension de don-accueil-manifestation; invitation ou *parénèse* de Jésus adressée à Nicodème et à tous ceux dont il est la représentation. En fait, l'ensemble de la péricope est un appel à croire si l'on tient compte de la récurrence de ce thème non seulement dans le discours ou monologue de Jésus mais aussi dans le dialogue: ses traces ne sont pas à exclure comme nous le verrons à travers une étude attentive du verset 5 de notre péricope.

Le chapitre IV, le dernier de cette étude synchronique, l'analyse narrative de Jn 3,1-21, cherchera à donner une ligne de signification au texte en rapport avec les protagonistes et leurs actions et donc avec Jésus et Nicodème dont le second est au cœur de la problématique de cette thèse, à savoir s'il a adhéré oui ou non à Jésus. Elle «cherchera à saisir les relations qu'entretiennent les personnages entre eux et les forces qui agissent sur le déroulement de l'action»[47]. Pour ce faire, nous verrons successivement l'intrigue, les personnages, le malentendu et l'ironie johannique présents dans le texte, la conclusion ou leçon narrative et enfin le lecteur avant de conclure partiellement cette étude.

La seconde partie de notre travail, l'approche diachronique ou historico-critique de Jn 3,1-21 comprendra trois chapitres à savoir la critique littéraire, l'étude de la tradition et la critique de la rédaction. Dans un premier temps, il s'agira pour nous de faire la critique littéraire du texte qui consiste à l'analyser pour en préciser sa source littéraire de provenance et les stades de développement littéraire du texte. A cette fin, nous initierons cette phase par la recension des problèmes littéraires posés par

---

[47] J-N. ALETTI – *al.*, *Vocabulaire raisonné*, 69.

Jn 3,1-21 et plus largement par le chapitre 3 de l'évangile de Jean qui nous permettra de résoudre la problématique de la composition primitive de notre péricope que nous voulons faire précéder par l'étude de l'expression ὕδατος καὶ qui pose un intéressant problème littéraire. Nous terminerons ce chapitre 5 de notre recherche par la question de la paternité johannique de Jn 3,1-21.

Le chapitre VI, centre de cette seconde partie, aura pour but d'étudier l'histoire de la tradition ou étude des éléments de la tradition transmis oralement qui n'est autre que la préhistoire de notre péricope ou ses sources orales. C'est ici qu'il sera question de rechercher la monture originelle de Jn 3,1-21 qui implique évidemment son *Sitz im Leben* ou milieu de vie (ambiance vitale), la tradition sous-jacente à la péricope et le genre littéraire de cette monture originelle. Nous parcourons les textes susceptibles d'éclairer et d'illuminer d'une part ce noyau originel et d'autre part la péricope dans son ensemble. Pour ce faire, et pour comprendre l'enracinement traditionnel de Jn 3,1-21, nous ferons un tour d'horizon des textes et passages qui lui semblent les plus proches en partant des synoptiques (Mt, Mc, Lc), pour ensuite nous intéresser aux épîtres du NT (en particulier Tt, 1P, Jc et 1Jn), à certains textes de l'AT comme Is, Jl et Ez, aux textes intertestamentaires et rabbiniques comme le livre des Jubilés et les manuscrits de Qumrân. Enfin, nous nous intéresserons à l'évangile de Jn, qui d'une certaine manière éclaire Jn 3,1-21, à travers les apparitions successives de Nicodème, qui nous permettront de répondre à notre problématique de départ, point d'aboutissement du «*The Long Way*», dans lequel nous avait embarqué Nicodème depuis sa première apparition dans l'évangile de Jn.

Nous finirons cette analyse diachronique par la critique de la rédaction (chapitre VII) qui mettra en lumière la personne du rédacteur, les destinataires et l'intention de l'auteur. Après donc des observations générales sur Jn 3,1-21, comme phase préparatoire de cette étude, nous nous intéresserons à l'intervention du rédacteur à travers les différentes étapes de rédaction qu'on pourrait suggérer et la théologie qui peut s'en dégager. Cette phase prendra fin par la recherche de l'intention qui habitait l'auteur et de qui sont les destinataires potentiels de son texte. Après quoi, nous conclurons partiellement cette deuxième partie de notre recherche.

La troisième et ultime partie de cette investigation sera consacrée à l'herméneutique ou interprétation du texte en conformité avec notre thème qui entend mettre en lumière le sens de la péricope. Ce sens se degage des grandes conclusions de chacune des deux grandes parties de notre travail que nous tenterons d'interpréter anthropologiquement et sociologiquement. Le second moment sera une tentative d'actualisation d'abord en général et ensuite en particulier en contexte africain, plus précisément chez les Abron-Koulango, peuple auquel nous appartenons. Il s'agira donc dans l'ensemble d'une herméneutique théologique composée de deux chapitres: le premier est intitulé «Nicodème face au Révélateur: une invitation à croire» (chapitre VIII) et s'appesantit sur les conclusions théologiques du rapport de Nicodème à Jésus en relation avec le «croire»; le second, dont le seul titre est révélateur du caractère actualisant de ce dernier chapitre du travail (chapitre IX): «Nicodème aujourd'hui», ouvrira notre recherche à l'actualité de Jn 3,1-21 pour le monde actuel et pour le peuple dont nous sommes issus. La fin de notre recherche sera donc une esquisse de théologie contextualisée de l'étude de Jn 3,1-21.

PREMIÈRE PARTIE

ANALYSE SYNCHRONIQUE DE JN 3,1-21

INTRODUCTION

L'analyse synchronique de Jn 3,1-21 se veut une restitution de la péricope comme texte à étudier produisant une signification propre. C'est une étude du texte dans sa forme finale et reçue comme telle, c'est-à-dire un ensemble littéraire cohérant capable de produire un sens, une signification. La péricope de Jn 3,1-21 en sa qualité de texte, c'est-à-dire «système autonome» capable de produire un sens sera étudiée dans cette partie comme une unité littéraire, un ensemble structuré qui permet de mettre en lumière sa composition, les figures de style, l'intrigue, les rapports entre éléments internes. Il ne s'agira donc pas dans cette première étape, de faire l'histoire du texte ou de relever les différentes étapes de sa composition mais bien l'analyse d'un texte à restaurer en sa qualité de texte.

Nous verrons premièrement la phase préparatoire à l'étude du texte qui consiste à l'établir ou à le fixer à travers sa délimitation et la critique textuelle. La phase suivante sera dédiée à l'analyse linguistico-syntaxique de la péricope qui prend en compte le lexique, les catégories et formes grammaticales, le lien entre vocables et entre phrases, les propriétés stylistiques, la composition et la structuration du texte et enfin sa traduction. Dans un troisième temps, notre étude se concentrera sur l'analyse sémantique de Jn 3,1-21 qui se voudrait une étude des termes, expressions et phrases significatives et permettant de donner sens à l'ensemble de la péricope. Elle suivra évidement le mouvement du texte. Enfin nous ferons une analyse narrative de notre texte qui prend en compte l'intrigue, les personnages, les procédés littéraires et le lecteur.

Chapitre I

Études préliminaires

1. Texte grec[1]

3:1 Ἦν δὲ ἄνθρωπος ἐκ τῶν Φαρισαίων, Νικόδημος ὄνομα αὐτῷ, ἄρχων τῶν Ἰουδαίων·² οὗτος ἦλθεν πρὸς αὐτὸν νυκτὸς καὶ εἶπεν αὐτῷ, Ῥαββί, οἴδαμεν ὅτι ἀπὸ θεοῦ ἐλήλυθας διδάσκαλος· οὐδεὶς γὰρ δύναται ταῦτα τὰ σημεῖα ποιεῖν ἃ σὺ ποιεῖς, ἐὰν μὴ ᾖ ὁ θεὸς μετ' αὐτοῦ.³ ἀπεκρίθη Ἰησοῦς καὶ εἶπεν αὐτῷ, Ἀμὴν ἀμὴν λέγω σοι, ἐὰν μή τις γεννηθῇ ἄνωθεν, οὐ δύναται ἰδεῖν τὴν βασιλείαν τοῦ θεοῦ.⁴ λέγει πρὸς αὐτὸν [ὁ] Νικόδημος, Πῶς δύναται ἄνθρωπος γεννηθῆναι γέρων ὤν; μὴ δύναται εἰς τὴν κοιλίαν τῆς μητρὸς αὐτοῦ δεύτερον εἰσελθεῖν καὶ γεννηθῆναι;⁵ ἀπεκρίθη Ἰησοῦς, Ἀμὴν ἀμὴν λέγω σοι, ἐὰν μή τις γεννηθῇ ἐξ ὕδατος καὶ πνεύματος, οὐ δύναται εἰσελθεῖν εἰς τὴν βασιλείαν τοῦ θεοῦ.⁶ τὸ γεγεννημένον ἐκ τῆς σαρκὸς σάρξ ἐστιν, καὶ τὸ γεγεννημένον ἐκ τοῦ πνεύματος πνεῦμά ἐστιν.⁷ μὴ θαυμάσῃς ὅτι εἶπόν σοι, Δεῖ ὑμᾶς γεννηθῆναι ἄνωθεν.⁸ τὸ πνεῦμα ὅπου θέλει πνεῖ καὶ τὴν φωνὴν αὐτοῦ ἀκούεις, ἀλλ' οὐκ οἶδας πόθεν ἔρχεται καὶ ποῦ ὑπάγει· οὕτως ἐστὶν πᾶς ὁ γεγεννημένος ἐκ τοῦ πνεύματος.⁹ ἀπεκρίθη Νικόδημος καὶ εἶπεν αὐτῷ, Πῶς δύναται ταῦτα γενέσθαι;¹⁰ ἀπεκρίθη Ἰησοῦς καὶ εἶπεν αὐτῷ, Σὺ εἶ ὁ διδάσκαλος τοῦ Ἰσραὴλ καὶ ταῦτα οὐ γινώσκεις;¹¹ ἀμὴν ἀμὴν λέγω σοι ὅτι ὃ οἴδαμεν λαλοῦμεν καὶ ὃ ἑωράκαμεν μαρτυροῦμεν, καὶ τὴν μαρτυρίαν ἡμῶν οὐ λαμβάνετε.¹² εἰ τὰ ἐπίγεια εἶπον ὑμῖν καὶ οὐ πιστεύετε, πῶς ἐὰν εἴπω ὑμῖν τὰ ἐπουράνια πιστεύσετε;¹³ καὶ οὐδεὶς ἀναβέβηκεν εἰς τὸν οὐρανὸν εἰ μὴ ὁ ἐκ τοῦ οὐρανοῦ καταβάς, ὁ υἱὸς τοῦ ἀνθρώπου.¹⁴ καὶ καθὼς Μωϋσῆς ὕψωσεν

---

[1] NA²⁷, 252-254.

τὸν ὄφιν ἐν τῇ ἐρήμῳ, οὕτως ὑψωθῆναι δεῖ τὸν υἱὸν τοῦ ἀνθρώπου,¹⁵ ἵνα πᾶς ὁ πιστεύων ἐν αὐτῷ ἔχῃ ζωὴν αἰώνιον.¹⁶ Οὕτως γὰρ ἠγάπησεν ὁ θεὸς τὸν κόσμον, ὥστε τὸν υἱὸν τὸν μονογενῆ ἔδωκεν, ἵνα πᾶς ὁ πιστεύων εἰς αὐτὸν μὴ ἀπόληται ἀλλ' ἔχῃ ζωὴν αἰώνιον.¹⁷ οὐ γὰρ ἀπέστειλεν ὁ θεὸς τὸν υἱὸν εἰς τὸν κόσμον ἵνα κρίνῃ τὸν κόσμον, ἀλλ' ἵνα σωθῇ ὁ κόσμος δι' αὐτοῦ.¹⁸ ὁ πιστεύων εἰς αὐτὸν οὐ κρίνεται· ὁ δὲ μὴ πιστεύων ἤδη κέκριται, ὅτι μὴ πεπίστευκεν εἰς τὸ ὄνομα τοῦ μονογενοῦς υἱοῦ τοῦ θεοῦ.¹⁹ αὕτη δέ ἐστιν ἡ κρίσις ὅτι τὸ φῶς ἐλήλυθεν εἰς τὸν κόσμον καὶ ἠγάπησαν οἱ ἄνθρωποι μᾶλλον τὸ σκότος ἢ τὸ φῶς· ἦν γὰρ αὐτῶν πονηρὰ τὰ ἔργα²⁰ πᾶς γὰρ ὁ φαῦλα πράσσων μισεῖ τὸ φῶς καὶ οὐκ ἔρχεται πρὸς τὸ φῶς, ἵνα μὴ ἐλεγχθῇ τὰ ἔργα αὐτοῦ·²¹ ὁ δὲ ποιῶν τὴν ἀλήθειαν ἔρχεται πρὸς τὸ φῶς, ἵνα φανερωθῇ αὐτοῦ τὰ ἔργα ὅτι ἐν θεῷ ἐστιν εἰργασμένα.

2. Délimitation

Jn 3,1-21 est délimité *en amont* (*terminus a quo*) par l'épisode de la purification du Temple en 2,13-22 qui est suivi immédiatement par le commentaire du narrateur relatif à l'effet que produisent les signes accomplis par Jésus dans le peuple mais auquel Jésus n'accorde pas de crédit (2,23-25). La particule δέ, qui sert de transition[2] dans le cas présent, établit un lien entre ce qui précède et ce qui va suivre. Et ce, puisqu'au plan topographique, nous sommes à Jérusalem. En effet, après le premier signe à Cana de Galilée (2,1-11), Jésus séjourne à Capharnaüm avec sa mère, ses frères et ses disciples pour quelques jours avant de se rendre à Jérusalem à l'approche de la Pâque des Juifs (2,13). S'ensuit l'évènement controversé du Temple (2,13-22). Le commentaire du narrateur nous situe toujours à Jérusalem et la venue de Nicodème ne peut qu'avoir lieu dans cette même ville. La conjonction δέ, précédée du verbe ἦν, n'assure que le passage à un autre événement: la rencontre de Jésus avec Nicodème. Et cela se comprend à l'entame du dialogue puisque les premiers propos de Nicodème sont relatifs aux signes qu'accomplit Jésus (3,2). C'est le lien tout trouvé mais aussi la distinction puisque en Jn 3,1-21, les personnages ne sont plus les mêmes. La confrontation entre Jésus et les Juifs fait ici place à Jésus et Nicodème.

---

[2] Si dans la plupart des cas, cette particule qui n'est autre qu'une conjonction de coordination, ne se traduit pas (cf. D. ELLUL – O. FLICHY, *Apprendre le grec biblique*, 28), elle peut toutefois servir à exprimer l'antithèse «mais», la progression «bien plus», la transition «or» ou encore l'explication (M. CARREZ – F. MOREL, *Dictionnaire grec-français*, 64; cf. F. SERAFINI, *Corso di greco*, 44).

En aval (*terminus ad quem*), aussi bien les personnages que le lieu changent (3,22-30). Introduite par l'expression impersonnelle μετὰ ταῦτα en 3,22 qui marque une rupture avec l'événement précédent, la scène se déplace de Jérusalem au pays de Judée où Jésus se rend. Entre de nouveau en scène Jean qui baptisait «à Aïnôn, non loin de Salim, où les eaux sont abondantes» (3,23). La suite du récit nous informe d'une autre discussion cette fois entre les disciples de Jean et un Juif à propos de la purification suivie du témoignage de Jean sur Jésus (3,25-30).

On peut donc conclure que si Jn 3,1-21 est «suspendu» entre la profession de foi de Nathanaël et celle de la Samaritaine, la rencontre entre Jésus et Nicodème se situe plus étroitement entre deux controverses sur Jésus découlant de son agir: celle du Temple purifié (2,13-22) suivie évidemment par «la transition et introduction à l'épisode de Nicodème»[3] (2,23-25) et celle concernant la purification par le supposé baptême qu'il donne (3,22-30) et dont l'enjeu est sa véritable identité. Ainsi Jn 3,1-21 forme une unité littéraire à étudier[4] d'autant que le dialogue entre Jésus et Nicodème (3,2b-10) entamé après la présentation du visiteur nocturne (3,1-2a) fera place à partir du verset 11 à un long discours ou monologue de Jésus qui ne s'interrompra qu'au verset 22 avec la formule vague μετὰ ταῦτα. Schématiquement nous avons:

---

[3] R.E. BROWN, *Giovanni*, 165.

[4] G. Gaeta prend plutôt en considération Jn 2,23–3,21comme une unité littéraire et dont 2,23-25 et 3,1-2a joueraient une fonction d'introduction au dialogue entre Nicodème et Jésus (G. GAETA, *Il dialogo*, 35-44; cf. X. LÉON-DUFOUR, *Lecture*, I, 284; M. MORGEN, *Afin que le monde*, 35.42; J. MATEOS – J. BARRETO, *Il vangelo di Giovanni*, 169-170; D. MARGUERAT – Y. BOURQUIN, *Pour lire les récits bibliques*, 41-44). Quand R. Schnackenburg pense tout nettement que Jn 2,23-25 est une belle introduction au dialogue avec Nicodème (*The Gospel*, I, 360) tout comme C. Dodd dans *La tradition historique*, 301: «Ces trois versets sont sans doute l'introduction que l'évangéliste a donné à la péricope de Nicodème, plutôt qu'une véritable transition (comparer à 11,55-57)». Notons aussi I. de La Potterie et à sa suite E. Cothenet qui invite à maintenir un lien entre 2,23s. et 3,1-21 puisqu'en 3,2 Nicodème se réfère aux signes accomplis par Jésus (cf. I. de LA POTTERIE, «Naître de l'eau et de l'Esprit», 41-53; E. COTHENET, *La chaîne*, 36-37). Cf. enfin Jean Zumstein qui abonde dans le sens des auteurs précités mais va plus loin à la suite de Léon-Dufour. Selon lui, «La séquence 2,23-3,36 forme un grand diptyque à deux volets» construits selon le même schéma (J. ZUMSTEIN, *L'Évangile selon Saint Jean* (1–12), 108). S'il est vrai qu'au plan thématique, le problème des signes restera en vigueur, Jésus élèvera le débat sur un autre plan. C'est pourquoi nous parlerons plutôt en 2,23-25 de conclusion aux premiers signes, qui est une unité littéraire qui sert de transition à l'épisode de Nicodème, avec lequel il entretient un lien comme nous avons tenté de le démontrer. Jn 3,1-2a constitue la véritable et propre introduction à l'entretien entre Jésus et Nicodème.

- 2,1-11: A Cana de Galilée avec Jésus, sa mère et ses disciples
- 2,12: A Capharnaüm avec Jésus, sa mère, ses frères et ses disciples
- 2,13-22: A *Jérusalem* au Temple avant la Pâque avec Jésus, ses disciples et les Juifs (*controverse*)
- 2,23-25: A *Jérusalem* durant la fête de la Pâque, Jésus se méfie de l'homme qui se fie aux signes
- 3,1-21: (A *Jérusalem*), *Jésus et Nicodème*
- 3,22-30: Jésus en Judée, Jean-Baptiste à Aïnôn (*controverse*)
- 3,31-36: Recevoir le témoignage de celui qui vient d'en haut

3. Critique textuelle

L'Apparat critique de la NA^{27} présente une ample série de problèmes critiques relatifs à Jn 3,1-21. La critique textuelle étant la reconstruction du texte original à partir des manuscrits disponibles ou plus modestement le texte probablement plus proche de l'original, deux possibilités d'étude se présentent à nous: la première, qui est une recherche se centrant sur les problèmes de critique textuelle, consiste à faire une étude critique complète de tous les problèmes présents dans la péricope à travers un choix minutieux des variantes appropriées; la seconde s'occupe plutôt des problèmes relevants qui permettent de fixer le texte pour ensuite l'étudier selon le choix méthodologique fait. Vu que le but de notre recherche n'est pas la critique textuelle de Jn 3,1-2[5], nous discuterons seulement des problèmes relevants pour ensuite étudier la péricope synchroniquement et diachroniquement.

V. 5. Le premier problème textuel important se trouve au verset 5 où la lecture τοῦ θεοῦ (attesté par une diversité de manuscrits très anciens) est remplacée par τῶν οὐρανῶν qui se retrouve dans un petit nombre de témoins textuels (ℵ* 0141 245 291 472 1009 *l*^{26})[6] et dans un grand nombre d'écrits patristiques des premiers siècles. Au plan externe, la leçon à préférer est τοῦ θεοῦ vu «The age and diversity of the witnesses that support τοῦ θεοῦ»[7]. Au plan interne, τοῦ θεοῦ correspond mieux au

---

[5] Pour une étude plus approfondie et complète sur les divers problèmes de critique textuelle de Jn 3,1-21, se référer aux spécialistes tels: B.M. METZGER, *A Textual Commentary*, 174-175; R.L. OMANSON, *A Textual Guide*, 168-169; R.E. BROWN, *Giovanni*, 170-177; R. SCHNACKENBURG, *The Gospel*, I, 367-379.394-399; M.-J. LAGRANGE, *Évangile selon Saint Jean*, 77-82; P. GRELOT, *Jésus de Nazareth*, I, 186, n. 1.

[6] Selon la liste plus ou moins exhaustive que nous donne B.M. Metzger vu que l'apparat critique de la NA^{27} parle d'un petit nombre de manuscrits sans les citer tous.

[7] B.M. METZGER, *A Textual Commentary*, 174.

style, au vocabulaire et aux idées théologiques de l'auteur et au contexte proche[8]. La leçon alternative serait:

> The probability that copyists introduced τῶν οὐρανῶν in imitation of the frequently recurring expression in Matthew (εἰσέρχεσθαι [εἰσελθεῖν] εἰς τὴν βασιλείαν τῶν οὐρανῶν occurs in Mt 5,20; 7,21; 18,3; 19,23), whereas εἰσελθεῖν εἰς τὴν βασιλείαν τοῦ θεοῦ occurs only once elsewhere (Mt 19,24), while the combination of ἰδεῖν with τὴν βασιλείαν τῶν οὐρανῶν occurs nowhere (and therefore it is not surprising that copyists refrained from introducing τῶν οὐρανῶν into ver. 3)[9].

La leçon à retenir est donc τοῦ θεοῦ au vue des critères internes et externes en faveur de cette variante.

V. 13. Le deuxième problème est l'insertion ou non après ὁ υἱὸς τοῦ ἀνθρώπου de la variante ὁ ὢν ἐν τῷ οὐρανῷ avec des lectures alternatives (ὃς ἦν ἐν τῷ οὐρανῷ ou ὁ ὢν ἐκ τῷ οὐρανῷ) attestées par un petit nombre de témoins textuels. La variante ὁ ὢν ἐν τῷ οὐρανῷ est présente en A (*) Θ Ψ 050 $f^{1.13}$ 𝔐 latt sy$^{c.p.h}$ bo^{pt} Epiph^{pt} tandis qu'elle est absente en P$^{66.75}$ ℵ B L T W^s 083. 086. 33. 1241 *pc* co Eus Epiph^{pt}. La variante est donc omise des manuscrits de type Alexandrin (P$^{66.75}$ ℵ B), reconnus au plan externe pour leur antiquité et au plan interne pour la brièveté et la concision de l'expression. On peut donc soutenir la leçon brève et antique qui est moins corrompue contrairement à la leçon ὁ ὢν ἐν τῷ οὐρανω qui bien que difficile[10] n'a pas de preuves textuelles fortes. Elle serait comme le souligne la majorité du Comité de la NA^{27}, «Une glose interprétative, reflétant un développement christologique ultérieur»[11].

---

[8] M.-J. LAGRANGE, *Évangile selon Saint Jean*, 76, considère plutôt τοῦ θεου comme une harmonisation avec le verset 3; c'est pourquoi préfère-t-il τῶν οὐρανῶν et d'ajouter: «en disant royaume du ciel, Jésus remplace pour ainsi dire ἄνωθεν pour marquer l'origine céleste du baptême, et il emploie une expression plus connue des Juifs, double concession pour aider Nicodème».

[9] B.M. METZGER, *A Textual Commentary*, 174.

[10] R.E. BROWN, *Giovanni*, 174, reconnait que la phrase est difficile et a été probablement omise des manuscrits pour éviter une difficulté quand R. SCHNACKENBURG, *Das Johannesevangelium*, I, 407, affirme que: «Freilich ist der Zusatz auch entbehrlich und möglicherweise erst eine spätere Glosse; aber textkritisch spricht manches für ihn. Wenn man sich die Worte im Munde des irdischen Jesus denkt, bereiten sie Schwierigkeiten; den auch der joh. Jesus spricht nicht von einem gleichzeitigen Sein auf Erden und im Himmel (auch nicht 1,51, s. dt.), behält vielmehr den Aufstieg des „Menschensohnes" und seine „Verherrlichung" der Zukunft vor (6,62; 12,23.32; vgl. 17,1)».

[11] B.M. METZGER, *A Textual Commentary*, 175. Toutefois les critiques sont divisés sur le maintien ou non de la variante dans le texte; Lagrange (*Évangile*, 80) l'accepte par le fait que «L'omission est trop exclusivement égyptienne» tout comme Loisy et

V. 15. Le premier problème textuel de ce verset 15 est la leçon à retenir après le participe substantif ὁ πιστεύων. Quatre lectures alternatives sont présentées par l'apparat critique: ἐπ'αὐτῷ est lu par P⁶⁶ L et peu de manuscrits; ἐπ'αὐτόν par A; εἰς αὐτόν est attesté par P⁶³ᵛⁱᵈ ℵ A Θ Ψ 086 f¹·¹³ 33 𝔐; enfin, ἐν αὐτῷ est présent en P⁷⁵ B T Wˢ 083. (579). *l* 2211 en partie et dans quelques versions de la Vulgate (vgˢᵗ·ʷʷ). Bien que ἐπ'αὐτῷ soit lu par P⁶⁶ de type Alexandrin, il manque dans plusieurs manuscrits. Cette raison met aussi à l'écart ἐπ'αὐτόν qui n'est attesté que par A de type Bizantin. Le choix sera donc à faire entre εἰς αὐτόν et ἐν αὐτῷ. Au plan externe, tous deux sont attestés par des témoins textuels antiques et moins corrompus, le type Alexandrin (ℵ pour εἰς αὐτόν; P⁷⁵ B pour ἐν αὐτῷ). C'est donc la critique interne qui est décisive pour le choix; si dans le langage johannique εἰς αὐτόν est plus fréquent (34 occurrences), cette leçon présente dans les autres témoins «est une harmonisation avec le verset 16»[12]. Il faut donc choisir la leçon la plus difficile c'est-à-dire ἐν αὐτῷ[13].

Enfin le dernier problème textuel, toujours dans ce verset 15 est l'insertion de μὴ ἀπόληται ἀλλ après la lecture alternative ἐν αὐτῷ en P⁶³ A Θ Ψ f¹³ 𝔐 lat syˢ·ᵖ·ʰ boᵐˢ tandis que la leçon est absente des manuscrits P³⁶·⁶⁶·⁷⁵ ℵ B L T Wˢ 083. 086 f¹ 33. 565. *l* 221ᵖᵗ et des versions Syriaques et Coptes. L'addition n'est pas attestée par des manuscrits de valeur comme P⁶⁶·⁷⁵ ℵ B et parait plutôt une intrusion qui proviendrait du verset 16[14] où cette leçon n'est pas en discussion. Il faut ici préférer la leçon brève.

Barrett tandis que bien d'autres et non des moindres ne la retiennent pas (cf. R. SCHNACKENBURG, *The Gospel*, I, 394, n. 125).

[12] M.-É. BOISMARD – A. LAMOUILLE, *Synopse*, III, 111.

[13] La plupart des critiques modernes choisissent cette dernière leçon (R.E. Brown, M.-É. Boismard, R. Schnackenburg, B.M. Metzger).

[14] Cf. R. SCHNACKENBURG, *The Gospel*, I, 398, n. 141.

CHAPITRE II

Analyse Linguistico-syntaxique de Jn 3,1-21

1. Le lexique

Un certain nombre de termes et expressions aident à une meilleure compréhension de notre péricope[1]:

– Ce sont d'abord les expressions relatives à la présentation de Nicodème (vv. 1-2a.10):
  Ἦν δὲ ἄνθρωπος
  ἐκ τῶν Φαρισαίων
  ἄρχων τῶν Ἰουδαίων
  Σὺ εἶ ὁ διδάσκαλος τοῦ Ἰσραήλ
– Et aux circonstances de l'entretien (vv. 2b-3):
  ἦλθεν πρὸς αὐτὸν νυκτός
  οἴδαμεν ὅτι ἀπὸ θεοῦ ἐλήλυθας διδάσκαλος
  δύναται ταῦτα τὰ σημεῖα ποιεῖν
– C'est ensuite la présence massive du verbe γεννάω avec ses 8 occurrences en 7 versets (vv. 3-9):
  - ἐὰν μή τις *γεννηθῇ* ἄνωθεν
  - Πῶς δύναται ἄνθρωπος *γεννηθῆναι* γέρων ὤν;
  - εἰσελθεῖν καὶ *γεννηθῆναι*;
  - ἐὰν μή τις *γεννηθῇ* ἐξ ὕδατος καὶ πνεύματος
  - τὸ *γεγεννημένον* ἐκ τῆς σαρκὸς σάρξ ἐστιν
  - τὸ *γεγεννημένον* ἐκ τοῦ πνεύματος πνεῦμά ἐστιν
  - Δεῖ ὑμᾶς *γεννηθῆναι* ἄνωθεν
  - ὕτως ἐστὶν πᾶς ὁ *γεγεννημένος* ἐκ τοῦ πνεύματος

---

[1] Cf. G. GAETA, *Il dialogo*, 47-48.70-71, qui donne une liste exhaustive des indices externes qui permettent une analyse structurale de Jn 3,1-21.

– Ce sont aussi les 6 occurrences du verbe δύναμαι:
- οὐδεὶς γὰρ *δύναται* ταῦτα τὰ σημεῖα ποιεῖν
- οὐ *δύναται* ἰδεῖν τὴν βασιλείαν τοῦ θεοῦ
- Πῶς *δύναται* ἄνθρωπος γεννηθῆναι γέρων ὤν;
- μὴ *δύναται* εἰς τὴν κοιλίαν τῆς μητρὸς αὐτοῦ
- οὐ *δύναται* εἰσελθεῖν εἰς τὴν βασιλείαν τοῦ θεοῦ
- Πῶς *δύναται* ταῦτα γενέσθαι;

– Le substantif πνεῦμα qui revient à 5 reprises (vv. 5-8):
- ἐὰν μή τις γεννηθῇ ἐξ ὕδατος καὶ *πνεύματος*
- τὸ γεγεννημένον ἐκ τοῦ *πνεύματος πνεῦμα* ἐστιν
- τὸ *πνεῦμα* ὅπου θέλει πνεῖ
- ὁ γεγεννημένος ἐκ τοῦ *πνεύματος*

– C'est aussi l'usage récurent du verbe πιστεύω avec ses 7 emplois (vv. 12.15-18) auquel il ne serait pas superflu d'ajouter le οὐ λαμβάνετε du verset 11:
- εἰ τὰ ἐπίγεια εἶπον ὑμῖν καὶ οὐ *πιστεύετε*
- πῶς ἐὰν εἴπω ὑμῖν τὰ ἐπουράνια *πιστεύσετε*;
- ἵνα πᾶς ὁ *πιστεύων* ἐν αὐτῷ
- ἵνα πᾶς ὁ *πιστεύων* εἰς αὐτὸν
- ὁ *πιστεύων* εἰς αὐτὸν
- ὁ δὲ μὴ *πιστεύων*
- μὴ *πεπίστευκεν* εἰς τὸ ὄνομα

– Le substantif κόσμος qui revient 5 fois dans notre péricope (vv. 16.17.19):
- ἠγάπησεν ὁ θεὸς τὸν *κόσμον*
- ἀπέστειλεν ὁ θεὸς τὸν υἱὸν εἰς τὸν *κόσμον*
- ἵνα κρίνῃ τὸν *κόσμον*,
- ἀλλ' ἵνα σωθῇ ὁ *κόσμος* δι' αὐτου
- τὸ φῶς ἐλήλυθεν εἰς τὸν *κόσμον*

– Le terme κρίσις utilisé 4 fois soit comme substantif soit comme prédicat (vv. 17.18.19):
- ἵνα *κρίνῃ* τὸν κόσμον
- ὁ πιστεύων εἰς αὐτὸν οὐ *κρίνεται*
- ὁ δὲ μὴ πιστεύων ἤδη *κέκριται*
- αὕτη δέ ἐστιν ἡ *κρίσις*

– Le substantif φῶς avec 5 occurrences (vv. 19.20.21):
- τὸ *φῶς* ἐλήλυθεν εἰς τὸν κόσμον
- τὸ σκότος ἢ τὸ *φῶς*
- μισεῖ τὸ *φῶς*

- οὐκ ἔρχεται πρὸς τὸ φῶς
- ἔρχεται πρὸς τὸ φῶς.
— Enfin le substantif ἔργον qui s'accorde bien avec les verbes πράσσω, φανερόω, ἐργάζομαι (vv.19.20.21):
- ἦν γὰρ αὐτῶν πονηρὰ τὰ ἔργα
- ἵνα μὴ ἐλεγχθῇ τὰ ἔργα αὐτοῦ
- ἵνα φανερωθῇ αὐτοῦ τὰ ἔργα ὅτι ἐν θεῷ ἐστιν εἰργασμένα.

Sans avoir la prétention d'avoir épuisé les indices du texte, nous pensons qu'il s'agit là d'un choix de termes et expressions qui peuvent aider à une meilleure compréhension au risque de tomber dans le piège d'une recension statistique superflue qui ne nous aiderait pas à cibler l'essentiel de la péricope[2].

2. Catégories et formes grammaticales

2.1 *Les négations*

Un regard d'ensemble de la péricope fait surgir l'abondant usage des négations aussi bien dans le dialogue que dans le monologue. Le constat le plus frappant à propos du dialogue est que ces négations se centrent plus sur le thème du «pouvoir», de «la capacité de»[3]. En effet, sur les 6 emplois du verbe δύναμαι, 4 sont à la forme négative: οὐδεὶς γὰρ δύναται ταῦτα τὰ σημεῖα (v. 2), οὐ δύναται ἰδεῖν τὴν βασιλείαν τοῦ θεοῦ (v. 3), μὴ δύναται εἰς τὴν κοιλίαν τῆς μητρὸς αὐτοῦ δεύτερον (v. 4), οὐ δύναται εἰσελθεῖν εἰς τὴν βασιλείαν τοῦ θεοῦ (v. 5). Si l'intervention à la forme négative de Nicodème au verset 2: οὐδεὶς γὰρ δύναται ταῦτα τὰ σημεῖα ποιεῖν ἃ σὺ ποιεῖς, ἐὰν μὴ ᾖ ὁ θεὸς μετ' αὐτοῦ, semble trouver sa réponse dans une autre intervention à la forme négative mais cette fois de Jésus marquée par son caractère apocalyptique et christologique: καὶ οὐδεὶς ἀναβέβηκεν εἰς τὸν οὐρανὸν εἰ μὴ ὁ ἐκ τοῦ οὐρανοῦ καταβάς, ὁ υἱὸς τοῦ ἀνθρώπου (v. 13), toutes les autres négations construites avec le verbe δύναμαι font référence à l'«être engendré» (γεννηθῆναι) comme condition pour voir (ἰδεῖν) ou entrer (εἰσελθεῖν) dans le Royaume de Dieu; ce que Nicodème a du mal à comprendre (v. 4). Tandis que dans le monologue, la quasi-totalité des négations se rapporte au problème de

---

[2] Il est toutefois bon de noter que dans l'analyse sémantique que nous ferons par la suite, les autres termes et expressions ne peuvent être occultés puisqu'un texte n'a de sens que dans son contexte. Même si certains sont plus relevants, ils ne peuvent se comprendre qu'à la lumière des possibilités de sens que donnent d'autres termes susceptibles de clarifier la signification de la péricope.

[3] G. GAETA, *Il dialogo*, 71.

la foi ou au conflit entre le croire et le non croire[4]: οὐ λαμβάνετε (v. 11), οὐ πιστεύετε (v. 12), ὁ δὲ μὴ πιστεύων, μὴ πεπίστευκεν (v. 18), οὐκ ἔρχεται (v. 20).

2.2 *Un Récit-Dialogue-Discours*

Les verbes de notre texte sont pour la plupart à l'aoriste, au présent et au parfait. Le passage de l'aoriste (temps par excellence de la narration) au présent et au parfait avec l'emploi de «verbes du dire» à la troisième personne du singulier (λέγει, ἀπεκρίθη) aux vv. 2.3.4.5.9.10 pour introduire ou l'intervention de Nicodème ou celle de Jésus, doublé par l'usage des pronoms personnels «je/tu» (vv. 2.3.5.7.10.11) qui feront place au «nous/vous» (vv. 2.7.11.12) surtout à partir du verset 11, justifient bien le passage du récit au dialogue et du dialogue au discours[5]:

Récit → Dialogue → Discours.

Il est aussi bon de souligner que si le dialogue est tout centré sur le verbe γεννάω avec ses 9 occurrences à la voix passive, le monologue frappe par l'excessif usage des verbes à la troisième personne avec des sujets impersonnels (οὐδεὶς, τις, ἄνθρωπος, πᾶς, ὁ + participe, οἱ ἄνθρωποι) comme on en retrouve dans le dialogue autour du verbe γεννάω. L'«être engendré» serait donc un don, une chose reçue tandis que l'invitation à la foi n'est pas seulement adressée à Nicodème mais bien à «un auditoire plus vaste»[6].

2.3 *Les prépositions et propositions*

Le καί adversatif[7] apparait cinq fois dans notre texte et marque à la fois l'opposition doublée d'ironie dans le premier cas qu'on pourrait traduire par «pourtant»: Σὺ εἶ ὁ διδάσκαλος τοῦ Ἰσραὴλ καὶ ταῦτα οὐ γινώσκεις; (v. 10); il est clair ici que ὁ διδάσκαλος s'oppose à οὐ γινώσκεις puisque le maître a pour lui la connaissance d'où le caractère ironique et même dramatique du savant non sachant qu'est Nicodème.

---

[4] Cf. G. GAETA, *Il dialogo*, 71.

[5] Cf. M. MICHEL, «Nicodème ou le non-lieu», 228-231, qui s'étend à travers ces pages sur les séquences littéraires du texte et que nous tentons de rendre schématiquement et synthétiquement. Cf. A. MARCHADOUR, «Lire l'œuvre de Jean», 347-348.

[6] Cf. M.-É. BOISMARD – A. LAMOUILLE, *Synopse*, III, 122. Nous approfondirons ces sujets quand nous aborderons l'analyse sémantique de notre péricope. Cf. Y. SIMOENS, *Selon Jean*, II, 191.

[7] Cf. G. GAETA, *Il dialogo*, 73-74.

Trois emplois de ce καί adversatif sont «des négations d'une réalité positive»⁸: μαρτυροῦμεν, καὶ τὴν μαρτυρίαν ἡμῶν οὐ λαμβάνετε (v. 11); εἶπον ὑμῖν καὶ οὐ πιστεύετε (v. 12); τὸ φῶς ἐλήλυθεν εἰς τὸν κόσμον καὶ ἠγάπησαν οἱ ἄνθρωποι μᾶλλον τὸ σκότος (v. 19); de même que le témoignage n'est pas reçu, de même le dire n'est pas cru tout comme la lumière qui est venue est refusée et plutôt la ténèbre préférée. Il y a comme le refus voulu et conscient de l'homme qui s'oppose de toutes ses énergies à la vérité, à la lumière. Le dernier καί adversatif n'est évident qu'à la seule condition de faire une lecture en tenant compte du contexte; en effet, la conjonction qui introduit le verset 13 se comprend mieux que si elle est traduite par «pourtant» tandis que celle du verset 14 joue un rôle de jonction entre les deux versets: si vous ne croyez pas quand je vous parle des choses célestes, comment pouvez vous croire quand je vous parle des choses terrestres, «pourtant» nul n'est monté au ciel sinon celui qui est descendu du ciel, le Fils de l'Homme (vv. 12-13). De fait, ce καί met en relief l'opposition ou le fossé qui sépare le Fils de l'Homme à ce ὑμῖν (vous) dont Nicodème fait partie. Il a l'expérience céleste et terrestre et malgré cela, ils (Nicodème et ceux qu'il représente) ne croient pas ou du moins, éprouvent de la difficulté à croire en lui.

Toutes concentrées dans le monologue, les quatre occurrences de la particule γάρ introduisent pour ce qui est des versets 19 et 20 des propositions explicatives⁹, c'est-à-dire qu'elles clarifient ou approfondissent le sens de ce qui est dit précédemment: si les hommes préfèrent la ténèbre à la lumière, c'est parce que leurs œuvres sont mauvaises et si celui qui pratique de mauvaises choses hait la lumière et refuse de venir à sa rencontre, c'est parce qu'il ne veut pas qu'on les lui reproche et qu'elles soient mises à nu. Ces deux γάρ donnent en substance la raison, le motif pour lequel cet homme refuse la lumière: parce qu'elle mettra à nu ce qui fait sa honte. Les deux premiers γάρ aux versets 16 et 17 qui sont renforcés par Οὕτως et οὐ marquent d'une part l'amour de Dieu pour le monde et d'autre part le dessein salvifique pour le monde à travers le Fils unique-engendré[10]: Dieu est Amour et n'est pas un justicier, il veut sauver le monde en lui donnant la vie éternelle. Cette valeur explicative ou causale se perçoit aussi dans deux propositions introduites par ὅτι aux versets 18 et 19 et qui sont pour le premier un renversement de la finale

---

⁸ G. GAETA, *Il dialogo*, 73.
⁹ G. GAETA, *Il dialogo*, 74.
[10] G. GAETA, *Il dialogo*, 74.

du verset 17 et pour le second l'explication du choix fait par les hommes de la ténèbre[11].

Enfin disons le nettement, notre péricope est pleine de propositions finales à partir du verset 14, qui avec le verset 15, forment une seule phrase et qui sont introduites par ἵνα. Le jeu des oppositions qui est une caractéristique typique de la littérature johannique[12] est ici présente: ἵνα πᾶς ὁ πιστεύων ἐν αὐτῷ ἔχῃ ζωὴν αἰώνιον (v. 15), ἵνα πᾶς ὁ πιστεύων εἰς αὐτὸν μὴ ἀπόληται ἀλλ' ἔχῃ ζωὴν αἰώνιον (v. 16), ἵνα κρίνῃ τὸν κόσμον, ἀλλ' ἵνα σωθῇ ὁ κόσμος δι' αὐτοῦ (v. 17). Tandis que ces premières finales ont pour sujet le croyant, les dernières (vv. 20.21) s'opposent à travers un parallélisme basé sur l'acceptation ou le refus de la lumière :

οὐκ ἔρχεται πρὸς τὸ φῶς,   ἵνα μὴ ἐλεγχθῇ τὰ ἔργα αὐτοῦ (v. 20)
ἔρχεται πρὸς τὸ φῶς,   ἵνα φανερωθῇ αὐτοῦ τὰ ἔργα (v. 21).

3. La logique du texte

Peut-on parler d'un texte logique, cohérent et qui se comprend à la première lecture? De toute évidence, la péricope n'est pas aussi facile à saisir[13] qu'on veut souvent le faire croire. Au delà des questions élémentaires qu'on peut bien se poser à savoir: où est passé Nicodème à la fin? Pourquoi n'a-t-il pas donné de réponse à la longue intervention de Jésus? Ce qui aurait une bonne fois pour toute clôt le débat, c'est la cohérence interne même du texte qui nous intéresse.

Nicodème vient de faire une affirmation-question qui mérite explication et la réplique de Jésus semble ne rien à avoir avec les premiers mots du Pharisien, chef de Juifs. Lui parle de savoir et de signes tandis que Jésus parle «d'être engendré»[14]. Il est aussi clair que l'ignorance affichée

---

[11] Cf. G. GAETA, *Il dialogo*, 72.

[12] Cf. M. MICHEL, «Nicodème ou le non-lieu», 232; G. GAETA, *Il dialogo*, 72. 76-78.

[13] A. MARCHADOUR, «Lire l'œuvre de Jean», 348, parlera d'une logique déroutante du texte: «Devant un texte comme celui-là, le lecteur moderne peut se poser quantité de questions, tant les règles de la narrativité qui lui sont familières sont maltraitées, du moins selon ses critères: manque de logique, rupture narrative, parcours inachevé des personnages et même disparition inexpliquée de Nicodème, effacement des éléments narratifs au profit de longs discours». Cf. M. MORGEN, *Afin que le monde*, 29-30.

[14] Santiago Agrelo consacre une étude sur ce déphasage entre les propos initiaux de Nicodème et la réponse de Jésus. Pour lui en effet, en Jn 3,3, les propos de Jésus ne répondent pas à une question tout comme Jésus ne répondra pas en Jn 4,10 à la demande

de Nicodème n'est pas sans poser problème. Comment cet érudit d'Israël peut-il devenir aussi minable dans ses réponses face à Jésus? Mais plus que cela, le passage du «je/tu» au «nous/vous» marque tout de même une rupture dans la trame narrative du texte. De qui parle Jésus quand il dit: «nous témoignons» et «vous ne recevez pas». S'agit-il ici d'un «nous» et d'un «vous» inclusif ou exclusif? Et ce discours impersonnel, à qui s'adresse-t-il puisque les traces de l'interlocuteur deviennent difficilement perceptibles?

4. Un style varié dans une double inclusion

Si notre texte foisonne de figures stylistiques qui sont entre autres les oppositions, l'usage ou l'alternance du positif et du négatif, le parallélisme, le chiasme, le malentendu et l'ironie, c'est bien l'inclusion qui clôture la péricope dans son ensemble tout comme elle clôture le dialogue.

Les oppositions chair/Esprit (v. 6), les choses terrestres/les choses célestes (v. 12), monter/descendre (v. 13), juger le monde/sauver le monde (v. 17), ténèbre/lumière (v. 19) et le jeu du positif et du négatif croire-ne pas croire (vv. 12.18), être jugé-ne pas être jugé (v. 18) mettent clairement en lumière le dualisme johannique[15].

Le parallélisme du versets 14 ὕψωσεν/ὑψωθῆναι introduit par καθὼς [...] οὕτως montre bien qu'il s'agit d'une comparaison à un fait réel (l'élévation par Moïse du serpent) puisque construit avec l'indicatif[16]. Aussi, les termes polysémiques ne manquent pas dans notre texte et qui pourraient expliquer ou justifier le malentendu et l'ironie: πιστεύω croire et se fier à (2,24); ἄνωθεν d'en haut ou de nouveau (3,3); ὑψόω élever en croix ou en gloire ou encore πνεῦμα vent ou esprit (3,8)[17].

Le chiasme du dialogue à savoir:

---

de la Samaritaine ou encore en Jn 6,26, où il ne répondra pas non plus à la préoccupation des disciples. A la suite d'Agrelo, nous sommes d'avis que Jésus répond plutôt à une «situation». Jésus n'élève pas seulement le débat ou ne le déplace pas tout simplement, mais corrige à chaque fois l'équivoque ou l'ambigüité (cf. S. AGRELO, «A propósito de Jn 3,1-3», 233-239).

[15] Cf. E. COTHENET, *La chaîne*, 42.
[16] F. POGGI, *Corso avanzato*, 202.
[17] E. COTHENET, *La chaîne*, 37. Cf. P. GRELOT, *Jésus de Nazareth*, I, 186. A propos de l'ironie johannique en Jn 3, cf. F. VOUGA, *Le cadre*, 32-36; M. MORGEN, *Afin que le monde*, 51-54. Dans leur note philologique, J. MATEOS – J. BARRETO, *Il vangelo di Giovanni*, 166-169, mettent un accent particulier sur les diverses significations qu'un mot ou groupe de mots en Jn 3,1-21 peuvent avoir.

Etre engendré d'en haut (v. 3) ⬌ Voir le royaume de Dieu (v.3)
Entrer dans le royaume de Dieu ⬌ Etre engendré d'en haut (v. 7)
(v. 5)

nous situe bien sur la centralité de l'«être engendré d'en haut» qui a pour finalité l'accès au royaume de Dieu. Tout comme l'inversion des termes faite par Jésus en réponse à Nicodème rétablie l'ordre des choses:

Nicodème pense qu'il faut *entrer* et *être engendré* (v. 4)
tandis que Jésus dit qu'il faut *être engendré* pour *entrer* (v.7).

Nicodème comprend mal l'adverbe ἄνωθεν qui peut bien vouloir dire «de nouveau» ou «d'en haut» comme nous l'avons déjà souligné. C'est le premier sens qui transparait dans sa question du verset 4: «Comment un homme peut-il être engendré, étant vieux? Il ne peut pas, dans le ventre de sa mère, une seconde fois, entrer et être engendré?». Il y a là un malentendu qui suscite une explication de Jésus ; mais là encore, il ne réussit pas à percer le sens des propos de son interlocuteur. D'où sa question du verset 9: «Comment peuvent-elles ces choses devenir?», qui débouche sur la réponse ironique de Jésus au verset 10: «Tu es le maître d'Israël, et ces choses, tu ne connais pas?». Il y a donc un malentendu qui suscite un exposé débouchant sur une ironie permettant en définitive le discours.

En dernier ressort, on peut constater que d'une part tout le dialogue est une inclusion qui se justifie par la répétition des mêmes termes au début et à la fin selon encore une disposition chiasmique:

v. 2b: «Rabbi, nous *savons* que, de Dieu, tu es venu en *maître*»

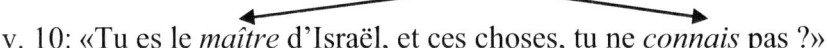

v. 10: «Tu es le *maître* d'Israël, et ces choses, tu ne *connais* pas ?».

Tout comme est un chiasme «la double formulation, positive et négative, qui apparaissait en 3,16: *afin que [...] ne périsse pas mais ait vie éternelle*, se rencontre de nouveau ici (v. 17), de sorte à former un chiasme: *ne pas [...] afin qu'il juge [...] mais afin que [...] soit sauvé*»[18].
Aussi la péricope dans son ensemble est elle «clôturée» par une inclusion[19] comme l'atteste les mêmes termes en début et en fin de péricope:

---

[18] J. MATEOS – J. BARRETO, *Il vangelo di Giovanni*, 185.
[19] M. MICHEL, «Nicodème ou le non-lieu», 229; Cf. I. de LA POTTERIE, «Naître de l'eau et de l'Esprit», 45, qui parle de correspondances antithétique (*nuit-lumière*)

v. 2a: «Celui-ci *vint* à lui, de nuit»
v. 21: «Celui qui fait la vérité *vient* à la lumière».

Inclusion renforcée par un certain nombre d'autres correspondances[20]:

v. 2b: «De Dieu, tu es *venu* en maître»
v. 19: «La lumière est *venue* dans le monde»

v. 2: «Faire ces signes que toi tu fais, si *Dieu* n'est pas *avec* lui»
v. 21: «Ses œuvres qu'*en Dieu* elles ont été accomplies».

5. Une structure discutée

Mis à part les discutions de critiques sur la délimitation en amont de la péricope dont nous avons déjà fait part[21], il s'agit pour nous ici de considérer Jn 3,1-21 comme une unité littéraire et comprendre sa structure interne. Ici aussi les discussions sur le découpage du texte ne manquent pas[22]:

Brown fait une division formelle de la péricope[23] en considérant 3,1 comme une introduction à la suite de 2,23-25. Pour lui, le dialogue est entamé au verset 2 avec une question implicite de Nicodème à laquelle Jésus donne une réponse (vv. 2-3) qui sera suivie par une autre question-réponse (vv. 4-8); la troisième question introduisant la longue section. Jn 3,1-21 est donc dans son ensemble un dialogue avec des réponses progressivement plus développées de Jésus. Ainsi, selon lui le découpage serait le suivant:

– v. 1: Introduction
– vv. 2-8: première question-réponse (2-3); deuxième question-réponse (4-8)
– vv. 9-21: troisième question-réponse (9-10) introduisant toute la section; 11-15; 16-21.

---

et synonymique et progressive (*venue* du *Maître-venue* de la *lumière*). A. MARCHADOUR, *Les personnages*, 65, dira qu'il est bien question d'une inclusion d'opposition: nuit/clarté.

[20] F. ROUSTANG, «L'entretien avec Nicodème», 352. Cf Y. SIMOENS, *Selon Jean*, II, 185.

[21] Cf. chap. I, 2. Délimitation.

[22] Cf. I. de LA POTTERIE, «Naître de l'eau et de l'Esprit», 41, notes 1 et 2, qui fait une bonne synthèse des diverses propositions de structure avant de donner et de justifier sa division de la péricope aux pp. 41-53.

[23] R.E. BROWN, *Giovanni*, 179-180, repris plus synthétiquement et critiqué par M. MORGEN, *Afin que le monde*, 41-42.

Pour Michel,

> Jn 3,1-21 offre trois séquences majeures: a) le récit (vv. 1-2a) [...] La narration, que supporte l'aoriste, concentre l'attention sur le premier personnage [...] b) le dialogue (vv. 2b-10) auquel le récit avait pour fonction d'amener, repose sur un malentendu (6) relatif à «la nouvelle naissance» [...] c) le discours (vv. 11-21) voit l'évacuation littéraire de Nicodème, le recours de Jésus aux formes plurielles (nous/vous) [24].

Tandis les auteurs précités font débuter le dialogue au verset 2, Vouga soutenu par Morgen pensent que le dialogue débute au verset 3 avec l'intervention de Jésus: «Jn ouvre l'entretien par la première intervention de Jésus, et non par une question de Nicodème»[25] au nom du fait que «Tout est fait pour que le genre littéraire du discours de révélation prédomine sur le genre littéraire simplifié du dialogue [...] L'essentiel consiste à mettre en avant la parole du révélateur»[26].

Schnackenburg, quant à lui, soutient que le dialogue avec Nicodème comprend seulement les versets 1-12 tandis que les versets 13-21 sont une exposition kérygmatique originellement indépendante comme nous l'avons dit dans notre introduction générale[27]. Il est rejoint dans sa division bipartite avec des arguments centrés sur la forme et les personnages par Marchadour: «Ce récit est aussi clairement découpé en deux parties: L'une, sous forme dialogale, avec Nicodème (1-11), l'autre, sans lui, sous la forme d'un monologue (12-21) qui est d'ailleurs confirmé par une inclusion (2 et 10)»[28].

Deux problèmes que soulèvent ces divisions du texte sont d'abord le début du dialogue et celui de la frontière entre le dialogue et le monologue. Où commence et s'achève l'un et où débute l'autre?

Le verset 2 avec l'intervention de Nicodème: «Rabbi, nous savons que, de Dieu, tu es venu en maître. Personne en effet peut faire ces signes que toi tu fais, si Dieu n'est pas avec lui» peut-elle être considérée comme une question ou une profession de foi? Toute la rhétorique qui caractérise cette intervention peut faire croire que le dialogue débute au verset 3 comme le pensent Vouga et Morgen. Mais notre avis est qu'un dialogue ne suppose pas forcement des questions-réponses, mais peut se

---

[24] M. MICHEL, «Nicodème ou le non-lieu», 228-231.
[25] F. VOUGA, *Le cadre*, 18.
[26] M. MORGEN, *Afin que le monde*, 42-43.
[27] R. SCHNACKENBURG, *The Gospel*, I, 361.
[28] A. MARCHADOUR, «Lire l'œuvre de Jean», 348. Cf. P. GRELOT, *Jésus de Nazareth*, I, 184, qui fait lui aussi une division bipartite de la péricope: 3,1-15: le visiteur nocturne ; 3,16-21: réflexion théologique sur le «Fils unique».

construire soit à partir d'une question²⁹ soit à partir d'une affirmation prenant diverses formes qui peuvent nécessiter une réaction. Quand le narrateur emploie les termes ἀπεκρίθη Ἰησοῦς καὶ εἶπεν αὐτῷ au verset 3, cela suppose que le dialogue est déjà enclenché avec l'intervention de Nicodème au verset 2b. Jésus réagit ainsi à l'intervention de son visiteur nocturne.

Pour ce qui est de la frontière entre le dialogue et le monologue, la question est de savoir si le discours de Jésus débute au verset 11 ou au verset 12 vu que le verset 10 est la réaction de Jésus à l'incompréhension de Nicodème. Nous résolvons le problème en faisant débuter le monologue au verset 11 à cause de son unité thématique avec les versets suivants contrairement au thème de la génération d'en haut qui finit au verset 10 et qui est confirmée par l'inclusion des versets 2b et 10 qui contiennent en substance les mêmes termes. Notre proposition de structure³⁰ prendra non seulement en compte l'aspect formel mais aussi les personnages et les différents thèmes qui sont abordés. C'est-à-dire qu'elle tiendra compte des genres littéraires, de l'entrée et de la sortie des personnages mais aussi des thèmes qui apparaissent au fil du texte. Ainsi, la structure de Jn 3,1-21 s'établit comme suit:

vv. 1-2a: *Introduction*: présentation de Nicodème (*venue de nuit*)
  vv. 2b-10: Dialogue: être engendré d'en haut, c'est *être engendré de l'Esprit*
    vv. 11-15: Discours: croire au témoignage sur le/du Fils de l'Homme élevé en croix
  vv. 16-18: Discours: Dieu aimant sauve le monde par la foi *au Fils unique engendré*
vv. 19-21: *Conclusion*: jugement-invitation à *venir à la lumière*.

Cette division de la péricope se justifie par le fait que les versets 1-2a sont un récit (narration) qui introduit le dialogue des versets 2b-10 tout centré sur le verbe γεννάω au passif (être engendré) ; tandis qu'aux versets 11-15, tout comme dans la suite du texte, Nicodème ne parle plus et apparait l'expression ὁ υἱὸς τοῦ ἀνθρώπου autour duquel un vocabulaire qui lui est relatif (τὰ ἐπίγεια, τὰ ἐπουράνια, ἀναβέβηκεν εἰς τὸν οὐρανὸν,

---

²⁹ Cf. K. STASIAK, «The Man Who Came by Night», 84, qui voit dans la première intervention de Nicodème une question implicite.

³⁰ Si cette structure se rapproche de celle proposée par F. ROUSTANG, «L'entretien avec Nicodème», 338, elle s'en détache surtout par la frontière entre la première (vv. 3-8) et la seconde partie (vv. 9-15) et par les titres qu'il en donne mettant plutôt en lumière le caractère fortement trinitaire du texte.

καταβάς, ὑψωθῆναι) avec celui de la foi (πιστεύω, λαλοῦμεν, ἑωράκαμεν, μαρτυροῦμεν, οὐ λαμβάνετε) en font la troisième unité. La quatrième unité interne comprend les versets 16-18 où ce n'est plus le Fils de l'Homme mais bien ὁ υἱὸς ὁ μονογενής qui prend le relais toujours autour du thème de la foi mais cette fois en relation au monde, au jugement et au salut. Les versets 19-21 que nous considérons comme la conclusion à toute la péricope, est tout de suite introduite par l'expression αὕτη δέ ἐστιν ἡ κρίσις qui rappelle la sentence au terme d'un jugement qui conclut un procès. Ici aussi le vocabulaire change et apparaissent des termes et expressions relatifs au jugement comme ἔρχεται πρὸς τὸ φῶς, πράσσω, τὰ ἔργα, ὁ δὲ ποιῶν τὴν ἀλήθεια qui sont en même temps d'un caractère invitatif.

C'est donc à l'intérieur d'une inclusion (vv. 2 et 21) que les versets 11-15 sont le cœur du texte que l'analyse sémantique nous permettra de comprendre dans son ensemble et que nous ferons au fil de notre structure[31].

6. Traduction

¹ Or il était un homme des pharisiens, Nicodème, son nom à lui, un chef des Juifs. ² Celui-ci vint à lui, de nuit, et lui dit: «Rabbi, nous savons que, de Dieu, tu es venu en maître. Personne en effet peut faire ces signes que toi tu fais, si[32] Dieu n'est pas avec lui». ³ Il répondit Jésus et lui dit: «Amen, amen, je te dis, si quelqu'un ne fut pas engendré d'en haut[33], il ne peut pas voir le royaume de Dieu. ⁴ Il lui dit, Nicodème: «Comment un homme peut-il être engendré, étant vieux? Il ne peut pas, dans le ventre de sa mère, une seconde fois, entrer et être engendré? ⁵ Il répondit, Jésus: «Amen, amen, je te dis, si quelqu'un ne fut pas engendré d'eau et d'Esprit, il ne peut pas entrer dans le royaume de Dieu. ⁶ Ce qui est engendré de la chair est chair et ce qui est engendré de l'Esprit est Esprit. ⁷ Ne t'étonne pas que je te dise: "il vous faut être engendré d'en haut". ⁸ Le vent, où il veut, souffle et sa voix tu entends, mais tu ne sais pas d'où il vient et où il va. Ainsi est, tout ce qui est engendré de l'Esprit». ⁹ Il

---

[31] Notre proposition de structure prend la péricope dans son ensemble. Pour ce qui est de la structure détaillée, l'on pourra consulter certains critiques qui fondent leur exégèse du texte sur une analyse structurale: cf. F. ROUSTANG, «L'entretien avec Nicodème», 339-340.345.352 ; G. GAETA, Il dialogo, 53-55.99-105.

[32] ἐάν suivi du subjonctif représente une période hypothétique de l'éventualité, c'est-à-dire que la condition est incertaine ou indéterminée mais la conséquence est certaine (F. POGGI, Corso avanzato, 195-196); cf. aussi les versets 3. 5. 12.

[33] ἄνωθεν signifie aussi «de nouveau» (cf. M. CARREZ – F. MOREL, Dictionnaire grec-français, 36).

répondit, Nicodème, et lui dit: «Comment peuvent-elles ces choses devenir?». [10] Il répondit Jésus, et lui dit: «Tu es le maître d'Israël, et ces choses, tu ne connais pas? [11] Amen, amen, je te dis que ce que nous savons, nous disons et ce que nous avons vu, nous témoignons et notre témoignage, vous ne recevez pas. [12] Si les choses terrestres, je vous dis et vous ne croyez pas, comment si je vous dis les choses célestes, vous croirez? [13] Et personne n'est monté au ciel si ce n'est pas celui qui, du ciel est descendu: le Fils de l'Homme. [14] Et comme Moïse éleva le serpent dans le désert, ainsi il faut que soit élevé le Fils de l'Homme, [15] afin que tout qui croit en lui ait vie éternelle. [16] Car tellement il aima, Dieu, le monde, que le Fils unique-engendré, il donna, afin que tout qui croit en lui ne périsse pas mais ait vie éternelle. [17] En effet, il n'envoya pas, Dieu, le Fils dans le monde afin qu'il juge le monde mais afin que soit sauvé le monde par lui. [18] Celui qui croit en lui n'est pas jugé; mais celui qui ne croit pas, déjà il a été jugé, parce qu'il n'a pas cru dans le nom de l'unique-engendré Fils de Dieu. [19] Or ceci est le jugement: la lumière est venue dans le monde et ils aimèrent, les hommes, plus la ténèbre que la lumière; en effet, étaient mauvaises leurs œuvres. [20] Tout en effet qui pratique des mauvaises choses, hait la lumière et ne vient pas à la lumière, afin que ne soient pas reprouvées ses œuvres. [21] Or celui qui fait la vérité vient à la lumière afin que soient manifestées ses œuvres qu'en Dieu elles ont été accomplies».

Chapitre III

Analyse sémantique de Jn 3,1-21

L'analyse sémantique d'un texte est la signification contenue dans les expressions spécifiques et phrases utilisées dans le texte. Elle se propose donc selon Egger de répondre à la demande suivante: «Que veut dire un texte et comment comprendre les expressions et phrases précises utilisées dans un texte»[1]. Nous nous proposons de repasser au peigne fin le lexique qui nous aidera à saisir le sens de notre péricope en faisant surtout appel à d'autres expressions ou phrases du texte permettant de dégager sa signification mais aussi en faisant une confrontation avec d'autres textes bibliques capables d'en éclairer le sens. Cette recherche de signification se fera au moyen de propositions de titres qui sont comme une clé de lecture pour le lecteur.

1. vv. 1-2a: *Introduction*: présentation de Nicodème (*venue de nuit*)

1.1 *L'identité de Nicodème*

Ἦν δὲ ἄνθρωπος ἐκ τῶν Φαρισαίων, au début du v. 1, suivi d'un nom Νικόδημος ὄνομα αὐτῷ signifie qu'il s'agit d'une personne physique, d'un individu appartenant à un groupe (les Pharisiens) avec un nom précis.

Il n'est pas ici question de l'homme en général comme c'est le cas en Jn 1,4.9; 2,10.25 ou encore dans notre péricope en 3,4.19 et même plus loin où l'usage générique du lexème ἄνθρωπος[2] fait référence à tout

---

[1] W. EGGER, *Metodologia*, 95. Nous choisissons d'aller étape par étape en respectant le rythme du texte mis en lumière par notre proposition de structure en lieu et place d'un inventaire sémantique systématique qui ne facilite pas toujours la compréhension d'un texte même s'il peut s'avérer éfficace.

[2] Cf. Jn 3,27; 5,7.34.41; 7,22.23.46.51; 8,17.44; 9,16; 12,43; 16,21; 17,6.

Homme sans distinction. Cette première phase dans la présentation de Nicodème ressemble fort bien à celle qui est faite du Baptiste en 1,6 (un homme, envoyé de Dieu; son nom était Jean) mais aussi à ce que dit l'aveugle-né à ses détracteurs après sa guérison en 9,11 (l'homme qu'on appelle Jésus).

Avec le génitif d'appartenance ἐκ τῶν Φαρισαίων «typiquement johannique» et renvoyant inéluctablement à l'appartenance à un groupe, à une idéologie, à une affiliation (cf. 1,24; 8,23)³, l'évangéliste nous apprend que Nicodème est issu du puissant groupe d'activistes laïcs (contrairement aux Sadducéens qui étaient de la classe sacerdotale) qui, au temps de Jésus, étaient les tenants d'une certaine idéologie religieuse⁴ et qui entrent rapidement en conflit avec Jésus et son enseignement. Faut-il le rappeler, n'ayant normalement pas d'influence, ils se sont attirés la sympathie du peuple à cause de leur piété et de leur observance méticuleuse de la Loi. Jaloux de conserver cette influence, les Pharisiens étaient les ennemis-nés de quiconque gagnait l'estime ou les sympathies du peuple⁵. En témoigne leur attitude ambigüe et suspecte vis-à-vis du Baptiste en Jn 1,24-25. Pendant que toutes les classes de la société accouraient en masse au Jourdain pour y recevoir le baptême du précurseur, les Pharisiens et les Sadducéens s'y rendaient aussi, mais pour l'épier et le prendre en faute. Si en Jn «les Juifs», désignation très générale avec 71 emplois, sont suivant les cas, les Pharisiens (peut-être associés aux scribes) ou la nation Juive en bloc qui a rejeté Jésus, incarnée dans ses chefs, le Judaïsme et ses grands chefs⁶, il n'en demeure pas moins que

---

³ Cf. R. VIGNOLO, *Personaggi*, 98. Bultmann voit plutôt dans cette expression «un usage habituel» pour décrire l'appartenance d'une personne à un groupe ou à une classe (*The Gospel of John*, 133, n. 3).

⁴ Descendants des «*Hasîdîm*», «les hommes pieux», qui luttèrent auprès des Maccabées lors de leur soulèvement contre l'influence païenne (1 M 2,42), les Pharisiens (*oi pharisaioi*) sont avec les Esséniens, les sectes juives issues de la disparition des Assidéens (F. PRAT, «Pharisiens», 208). La secte juive des pharisiens comprenait au temps de Jésus environ six mille membres (J. CANTINAT – X. LÉON-DUFOUR, «Pharisiens», 992). Cf. aussi A. MICHEL – J. le MOYNE, «Pharisiens», 1071.

⁵ F. PRAT, «Pharisiens», 211.

⁶ Cf. U.C. von WAHLE, «The Johannine "Jews"», 33-60. Dans la même veine, pour J.M. BASSLER, «Mixted Signals», 636-637: «Though the Fourth Gospel refers to the "Jews" in a variety of contexts and ways, a characteristically Johannine usage emerges in which the term loses its nationalistic meaning and comes to designate unreceptivity — even hostility — toward Jesus». Jn parle des ἄρχοντες (7,26.48; 12,42), de grands prêtres dans la passion et ne fait ni mention des Sadducéens, ni des Hérodiens, ni des Anciens comme c'est le cas dans les synoptiques.

l'usage du terme «Pharisiens», s'inscrit la plupart du temps dans un régistre de méfiance, de tension et d'opposition avec Jésus. Et pour preuve: Jésus s'éloigne d'eux quand il apprend qu'ils savent qu'il a plus de disciples et baptisait plus que Jean, même si l'évangéliste rectifie tout de suite la fausse rumeur (4,1); ils envoient des gardes l'arrêter (7,32), mais la tentative échoue (7,45) provoquant leur colère et la confirmation de leur rejet de toute possibilité de foi en lui (7,47-48); ils lui tendent un piège à travers une femme prise en flagrant délit d'adultère (8,3)[7]; ils contestent son témoignage (8,13); on conduit chez eux l'aveugle-né qui a recouvré la vue (9,13) et qu'ils soumettent à un interrogatoire (9,15), qui provoque une polémique sur la personne de Jésus, débouchant sur une division en leur sein (9,16-17); quand ils retrouvent Jésus avec celui qu'il a guéri de sa cécité congénitale, ils l'interrogent sur leur cécité à eux (9,40); après le retour à la vie de Lazare, certains Juifs vont leur raconter l'événement (11,46) qui suscite un conseil dans le but d'arrêter la forfaiture (11,47-48) dont la conclusion est claire, il faut arrêter Jésus (11,57); mais face à sa venue triomphale pour la fête à Jérusalem, ils avouent leur impuissance (12,19); et bien que parmi les dirigeants beaucoup crurent en lui, ils n'osaient le confesser à cause des pharisiens de peur d'être exclus de la synagogue (12,42); enfin ils organisent avec les grands prêtres et sont actifs dans l'arrestation de Jésus (18,3).

S'il est dit par Jn que beaucoup de Juifs et de dirigeants crurent en Jésus (12,11.42), il n'est nulle part question dans les occurrences du terme «Pharisiens» d'une quelconque adhésion de ces derniers à lui. Bien au contraire, ils sont dans la totalité des cas opposés à une quelconque rivalité et Jésus leur pose bien problème: «Mais à cause des Pharisiens, ils n'osaient le confesser, de crainte d'être exclus de la synagogue». Toutefois, il serait bien de nuancer cette appréciation d'abord parce que nous sommes aux premiers chapitres de l'évangile où le conflit n'est pas encore ouvert et ensuite parce que les pharisiens, après leur première apparition en Jn 1,24, ont disparu de la scène pour ne laisser place qu'à l'un d'entre eux Νικόδημος, en 3,1 dont le nom signifie «Celui qui vainc dans le peuple» ou «Peuple vainqueur»[8]. Si on ajoute à cette présentation sa fonction de ἄρχων τῶν Ἰουδαίων, «un chef des Juifs»[9] qui n'est autre

---

[7] Si on intègre ce récit à l'évangile de Jn au regard de la critique textuelle qui y voit un ajout postérieur (cf. B.M. METZGER, *A Textual Commentary*, 187-189).

[8] Cf. R. VIGNOLO, *Personaggi*, 98; Y. SIMOENS, *Selon Jean*, II, 183; J. PAULIEN, «Nicodemus», 1105-1106.

[9] Si on traduisait ἄρχων τῶν Ἰουδαίων par «Commandant des Juifs», cela signifierait que Nicodème est l'unique chef de tout le peuple, ce qui ne rendrait pas compte

qu'une «charge socio-religieuse»[10], à savoir qu'il est membre du sanhédrin[11] (qui nous sera confirmé en 7,50), on comprend alors toute l'importance et l'enjeu de la rencontre. En effet, Nicodème, à ce titre, fait partie des instances décisionnelles d'Israël au plus haut niveau[12]. C'est elle qui jugera Jésus. On sait par le NT que ce conseil comprenait trois ordres[13]: les grands-prêtres qui tiennent ordinairement le premier rang, les scribes (Pharisiens) en raison de leur science qui exerçaient une grande influence dans le Sanhédrin et les anciens tant prêtres que laïcs, que leur situation de famille ou leur aptitude ne rangeait pas dans les deux premiers ordres. Le Sanhédrin comptait soixante et onze membres; le soixante et onzième étant le Grand-Prêtre[14].

Quand en 3,10 Jésus répond ironiquement à Nicodème, Σὺ εἶ ὁ διδάσκαλος τοῦ Ἰσραὴλ καὶ ταῦτα οὐ γινώσκεις;, qu'est ce que cela peut bien signifier? Nicodème fait-il parti de ces pharisiens scribes membres du Sanhédrin, personnes autorisées à interpréter l'Écriture[15]

---

véritablement de la signification voulue par l'évangéliste. Au contraire, si nous traduisons l'expression» par «un chef des Juifs», alors Nicodème est à considérer comme membre éminent de la classe dirigeante jouissant de prérogatives. On peut donc à la suite de Simoens (Y. SIMOENS, *Selon Jean*, II, 183) déduire que le substantif apposé au nom propre est plus vraisemblable. Même si Bultmann, tout en acceptant comme en 7,26.48; 12,42 et en Lc et Ac le sens de membre du Sanhédrin, reconnaît qu'il n'est pas toujours facile de déterminer le sens exact de l'expression (R. BULTMANN, *The Gospel*, 133, n. 4).

[10] R. VIGNOLO, *Personaggi*, 98.

[11] La plupart sinon la totalité des critiques admettent cette signification. On peut citer entre autres R. Bultmann, R.E. Brown, R. Schnackenburg, G. Gaeta, F. Vouga, X. Léon-Dufour, A. Machardour et bien d'autres.

[12] «La compétence du Sanhédrin au temps de Jésus, ne s'étendait qu'aux onze toparchies dont se composait la Judée proprement dite. La Galilée n'en faisant point partie, Jésus échappait à la juridiction du Sanhédrin tant qu'il demeurait dans cette province. En fait, le Sanhédrin exerçait une autorité, volontairement reconnue, sur toutes les communautés Juives de l'univers. Cependant, son pouvoir direct ne s'étendait pas au-delà de la Judée [...] Ce pouvoir s'exerçait sur les choses d'ordre spirituel et religieux et sur toutes celles qui intéressent le Judaïsme et dont l'autorité romaine abandonnait le souci» (H. LESETRE, «Sanhédrin», 1462-1463).

[13] H. LESETRE, «Sanhédrin», 1461.

[14] Ce grand conseil des Juifs remonterait selon les docteurs Juifs à Moïse lui-même, lorsqu'il institua un conseil de soixante-dix anciens (Nb 11,16). Mais l'histoire ne fournit pas le moindre document qui puisse justifier cette prétention. L'institution des anciens n'a nullement le caractère et les attributions qui appartiennent au Sanhédrin. C'est après l'exil, à l'époque de la domination Perse, que le Sanhédrin fut institué. (H. LESETRE, «Sanhédrin», 1459).

[15] Cf. G. GAETA, *Il dialogo*, 42; R. VIGNOLO, *Personaggi*, 98.

et qui serait incapable de saisir le langage de Jésus ou cette tournure renverrait-elle tout simplement à de l'ironie?[16] On pourrait trouver un début de réponse en reconnaissant toute l'ironie[17] qui caractérise l'intervention de Jésus: Nicodème qui s'était présenté comme le sachant (οἴδαμεν), en définitive ne connait pas (οὐ γινώσκεις). De plus, la désignation ὁ διδάσκαλος τοῦ Ἰσραὴλ est à prendre dans un sens positif: «Jésus reconnait à Nicodème son titre de "Maître". Il reprend celui-là même que les disciples et Nicodème lui décernaient à lui (1,38; 3,2). "Maître d'Israël" est à prendre en un sens favorable, puisque "Israël" reçoit une acception valorisante dans le quatrième évangile»[18]. Et si on se réfère à sa demande rhétorique en 7,50, Μὴ ὁ νόμος ἡμῶν κρίνει τὸν ἄνθρωπον ἐὰν μὴ ἀκούσῃ πρῶτον παρ' αὐτοῦ καὶ γνῷ τί ποιεῖ; et à la réponse de ses pairs en 7,51, Μὴ καὶ σὺ ἐκ τῆς Γαλιλαίας εἶ; ἐραύνησον καὶ ἴδε ὅτι ἐκ τῆς Γαλιλαίας προφήτης οὐκ ἐγείρεται, on peut comprendre que d'une part, Nicodème a la connaissance de la Loi puisqu'il s'appuie sur elle en bon pharisien pour poser sa question; et d'autre part qu'il est invité directement par ses pairs à retourner bien scruter les Écritures pour se rendre à l'évidence que de prophète, il n'en sort pas de Galilée (7,52). Nicodème est fort probablement scribe, expert de l'Écriture[19].

On constate au regard de tout ce qui précède le contraste entre ce que représente Nicodème à savoir la défense du Judaïsme et de l'ordre social et sa venue pour rencontrer Jésus. Nicodème a toutes les caractéristiques d'un homme qui ne peut s'entendre avec Jésus. Il est non seulement Pharisien et donc tenant de la Loi qu'il faut respecter scrupuleusement, expert de l'Écriture, mais en plus, il est décideur en matière religieuse et spirituelle, ce qui se confond au pouvoir politique chez les Juifs. Tout dans sa présentation s'oppose à une démarche de foi en Jésus; d'ailleurs étant notable, il est disqualifié par rapport à la foi: «Est-il un des notables qui ait cru en lui? Ou un des pharisiens?» (7,48). En fait aucun des Pharisiens et membres du conseil ne croit en Jésus. Mais ce Nicodème «vint à Jésus». Comment saisir cette venue et de nuit?

---

[16] A propos de l'ironie, nous y reviendrons un peu plus dans le chapitre suivant consacré à notre analyse narrative de Jn 3,1-21. Pour le moment, contentons nous de répondre par l'affirmatif tout en reconnaissant que son interprétation de l'Écriture n'est pas sans poser problème à son interlocuteur.

[17] C'est ce que pense F. VOUGA, *Le cadre*, 20.

[18] Y. SIMOENS, *Selon Jean*, II, 190.

[19] Cf. R. KIEFFER, «John», 966.

1.2 *Venir à Jésus (ἦλθεν πρὸς αὐτὸν)*

Le verbe ἔρχομαι[20] employé six fois (vv. 2.8.19.20.21) fait ressortir toute la profondeur de ce prédicat. Ἔρχομαι peut être employé avec ou sans «πρὸς» pour désigner le fait de *venir à Jésus*.

En Jean, en dehors du verbe «πιστεύω» (96 mentions) qui désigne le fait de croire en Jésus, il faut ajouter tout un ensemble d'expressions, qui désignent équivalemment l'acte de foi ou le passage à la foi: «recevoir» Jésus (1,12; 5,43; 13,20) ou «recevoir» son témoignage (3,11.32ss.) ou «recevoir» ses paroles (12,48); «venir à» Jésus (5,40; 6,35ss.44; 7,37-39); l'«écouter» ou écouter sa voix ou sa parole (5,24ss.37; 6,45; 8,43.47; 10,27; 12,47); le «suivre» (8,12;10,27); «demeurer en» lui (15ss.) ou «demeurer dans sa parole» (8,31; cf. 5,38; 15,7) ou «dans son amour» (15,9ss.). L'équivalence ou du moins le rapport intime de ces expressions avec la foi est certain. Elles sont presque toujours mises explicitement en parallèle avec la foi: «Qui vient à moi n'aura plus jamais faim, qui croit en moi n'aura jamais soif» (6,35); «Si quelqu'un a soif qu'il vienne à moi, et qu'il boive, celui qui croit en moi» (7,37-38). De même que «suivre Jésus», c'est devenir son disciple (8,12; 10,27), «venir à Jésus» est une expression métaphorique de la foi: «Qui vient à moi n'aura plus jamais faim, qui croit en moi n'aura jamais soif» (6,35). Le même parallélisme se retrouve en 7,37-38 (voir aussi 5,40; 6,37.44.45.65; cf. 4,39-41; 10,41-42). L'acte de foi, en effet, se définit adéquatement dans le vocabulaire johannique comme un passage à la foi[21].

En d'autres termes, on vient à Jésus comme on vient à la lumière (Jn 3,21a). «Ce venir à Jésus équivaut à la préparation intérieure à devenir ses disciples (1,47); c'est une décision déterminante»[22]. Toutefois la décision apparente de l'homme de venir à Jésus n'est pas première puisque

---

[20] Ce verbe à l'aoriste est utilisé 11 fois par Mt; 12 fois par Mc; 8 fois par Lc; 31 fois par Jn et 8 fois par les actes (cf. P. BENOIT – M.-É. BOISMARD, *Synopse*, II, 436). Plus que tout autre évangéliste, Jn donne une nette importance à ce verbe.

[21] D. MOLLAT, «La foi dans le quatrième évangile», 92; cf. R. VIGNOLO, *Personaggi*, 99, qui à la suite de J.M. AUWERS, «La nuit de Nicodème», 486, situe la rencontre une nuit au temps de la Pâque; cf. enfin C. GRAPPE, «Les nuits de Nicodème», 278-279, qui lui aussi, situe le chapitre 3 dans une atmosphère pascale, thèse fortement vraissemblable.

[22] J. SCHNEIDER, «ἔρχομαι», 929. Dans cette même veine, S. Grasso affirme: «Sebbene Nicodemo appartenga a quel mondo che rifiuterà Gesù, la sua azione di "venire presso di lui" allude alla volontà di uscire fuori da questo ambito giudaico che non ricerca la luce. Infatti il verbo *erchomai* (= venire), accompagnato dalla preposizione *pros* (moto a luogo), descrive l'atto di avvicinamento dei discepoli che vogliono seguirlo (Gv 3,20; 5,40; 6,35.37; 6,44-45; 7,37), come avviene nel caso di Natanaele (Gv 1,47)» (*Il vangelo di Giovanni*, 145).

c'est Dieu qui attire les hommes à son Fils. C'est bien donc Dieu en premier et en dernier ressort qui guide et fait arriver l'homme à Jésus.

> Pour la venue des hommes à Jésus, l'instance ultime et déterminante n'est pas la volonté de l'homme, mais Dieu. Si on fait la demande de savoir qui peut venir à Jésus, Jean répond que c'est seul celui qui est instruit par Dieu (6,45). A la demande comment peut-on venir à Jésus, suit la réponse: nul ne peut venir à Jésus s'il n'est pas attiré par le Père. La venue à Jésus est donc une venue opérée par Dieu. La décision de l'homme, apparemment autonome, en réalité est déterminée par Dieu[23].

Mais peut-on l'appliquer à Nicodème, puisqu'il vient de nuit?

1.3 *Le génitif de temps* νυκτὸς *(de nuit)*

Que de «significations et d'interprétations»[24] données à ce génitif de temps! L'expression a fait couler beaucoup d'encre et de salive au cours de l'histoire et aujourd'hui, il semble bien difficile de savoir ce

---

[23] J. SCHNEIDER, «ἔρχομαι», 930.

[24] En partant de Saint Augustin jusqu'aux critiques contemporains, les avis ne manquent pas. Pour Augustin, «Nicodème vient vers le Seigneur, mais il vient de nuit. Il vient vers la lumière, et il vient dans les ténèbres. Dans les ténèbres, il cherche le jour [...] mais c'est encore à partir des ténèbres de sa chair qu'il parle [...] Il ne comprend pas ce qu'il entend du Seigneur, il ne comprend pas ce qu'il entend de la Lumière» (AUGUSTIN, *Tractatus in Johannis*, XI). Cet avis est partagé par des exégètes avec des nuances diverses: cf. surtout R.E. BROWN, *The Gospel*, I, 130, pour qui «l'obscurité et la nuit symbolisent le royaume du mal, du mensonge et de l'ignorance». Mais à coté de ces sens, on peut aussi noter celle de M.-J. Lagrange pour qui Nicodème a choisi de venir la nuit «pour n'être pas dérangé dans l'entretien important qu'il voulait avoir» (cf. M.-J. LAGRANGE, *L'Évangile selon saint Jean*, 73); ou encore celle de J. M. Bassler qui affirme que «C'est vrai que Nicodème vient de nuit, mais c'est aussi vrai qu'il vient vers Jésus». La même parle de signaux mixtes: «Des traits sur Nicodème apparaissent souvent dans le récit, suffisants pour éveiller notre curiosité mais, semble-t-il, souvent insuffisants à la satisfaire» (J.M. BASSLER, «Mixted Signals», 638). Des auteurs comme R. SCHNACKENBURG, *The Gospel*, I, 365-366; X. LÉON-DUFOUR, *Lecture*, I, 286-287; R. VIGNOLO, *Personaggi*, 99-101; J.M. AUWERS, «La nuit de Nicodème», 488-489 et n. 30; C.S. KEENER, *The Gospel of John*, I, 536, font de belles synthèses des divers sens et interprétations qu'on peut donner à ἦλθεν πρὸς αὐτὸν νυκτὸς: elle peut indiquer la timidité de Nicodème par peur des Juifs ou symboliser sa venue des ténèbres à la lumière; elle peut aussi indiquer le temps propice à l'étude de la Torah ou l'inadéquation de la foi. Notons enfin ce que dit G. Gaeta à ce propos: «L'absence de lieu est remplie de la présence de Jésus lui-même: c'est lui le "lieu" du dialogue, aucune autre représentation matérielle ne doit distraire. C'est sur un fond vide, noir (comme obscure est la nuit) que se dessinent les deux figures» (G. GAETA, *Il dialogo*, 44); ou celle de S. Grasso pour qui la nuit représente le temps qui empêche l'action messianique (S. GRASSO, *Il vangelo di Giovanni*, 146).

que signifie réellement ἦλθεν πρὸς αὐτὸν νυκτός. Pour en saisir la signification, il faut partir de ce qu'est un génitif de temps. Il indique le genre de temps, la période à l'intérieur de laquelle un fait se produit[25]. Ainsi ἦλθεν πρὸς αὐτὸν νυκτός pourrait se traduire: il vint à lui *durant la nuit*.

> Had the evangelist used the dative, the point would have been that Nicodemus came at a particular point in the night. With the genitive, however, the emphasis is on the kind of time in which Nicodemus came to see the Lord. The gospel writer puts a great deal emphasis on dark vs. Light; the genitive for time highlights it here. In the least we can say that Nicodemus is not cast in a good light (contrast John 19:39)[26].

Si dans La Bible, la nuit est le temps favorable à la méditation (Ps 77; Is 27; cf. Gn 24); le temps où se produisent ordinairement les visions et les communications divines[27] (Gn 40; 1R 15,16; Tb 4,13); le temps ordinaire de la conception (Tb 3); le temps pendant lequel les voleurs aiment opérer ou encore le temps favorable aux embûches et à l'attaque des ennemis; et si au sens figuré, la nuit figure le malheur, la mort, la privation de lumière surnaturelle[28], dans le quatrième évangile, les précisions chronologiques ont souvent une portée symbolique[29]. Et pour preuve, Jean note que lorsque Juda quitta Jésus et les onze pour aller trahir son maître, «c'était la nuit (13,30). Effectivement, la soirée

---

[25] D.B. WALLACE, *Greek Grammar*, 122.123; cf. F. POGGI, *Corso avanzato*, 49.70.
[26] D.B. WALLACE, *Greek Grammar*, 123-124.
[27] Cf. G. DELLING, «νύξ», 1506.
[28] H. LESÊTRE, «Nuit», 1714-1715.
[29] R. KIEFFER, «L'espace et le temps», 393-409 [repris dans son ouvrage *Le monde symbolique de Saint Jean*, 11-33]. Cf. W. WILLIS, «Night», 272. Aussi bien le temps, l'espace que les gestes ou paroles de Jésus revêtent pour nombre de commentateurs johanniques une valeur très symbolique (cf. aussi à ce propos J. LEAL, «El simbolismo histórico del IV Evangelio», 329-348). Notre avis est qu'en plus de la symbolique qu'on peut percevoir dans cet évangile, c'est aussi son caractère mystérieux qui mérite d'être relevé. C'est pourquoi avec Léon-Dufour on peut dire que la mention de la venue de nuit de Nicodème fait pressentir l'atmosphère mystérieuse qui va envelopper l'entretien, tant par sa forme (ellipses, sautes de pensées, double sens) que par les sujets abordés: la naissance nouvelle et le mystère du Fils de l'Homme (X. LÉON-DUFOUR, *Lecture*, I, 386-387). De bout en bout, c'est un évangile plein de mystère à la seule pensée de quelques épisodes: le dialogue avec la Samaritaine, le discours sur le pain de vie, l'onction de Béthanie, le récit sur Lazare, l'eau et le sang qui coulent du côté transpercé de Jésus mort en croix, les apparitions du ressuscité. C'est aussi ce caractère mystérieux qui passionne tout lecteur de cet évangile et qui donne sa valeur au symbolisme johannique.

était déjà bien avancée, mais ce détail est rapporté en raison de sa valeur symbolique[30]: le diable est entré en Juda (13,27), qui est ainsi tombé au pouvoir des ténèbres. La symbolique qui est à l'arrière-plan de la nuit de Juda est conforme à celle qui affleure dans les discours de Jésus: la nuit évoque le danger, le pouvoir des ténèbres qui font trébucher (11,10) et l'absence de celui qui s'est appelé la lumière du monde (9,4-5). On n'est pas très loin du thème johannique des ténèbres, où Dieu semble absent, ni de tout un aspect de la symbolique vétéro-testamentaire de la nuit selon Auwers. Peut-on dire que cette même symbolique se retrouve dans l'évocation de cette rencontre nocturne?

Il faut dès le départ suspecter quelque chose d'anormale dans la démarche de Nicodème à moins que la suite ne nous prouve le contraire. Selon nous,

> La venue de Nicodème à cette heure est un mauvais présage. L'ambiguïté de la démarche est suggérée d'emblée par une formule qui n'est pas neutre: οὗτος ἦλθεν πρὸς αὐτὸν νυκτὸς [...] La venue nocturne du notable juif annonce et juge à l'avance son discours. On vient à Jésus comme on vient à la lumière (v. 21a) et la nuit, qui empêche que les œuvres soient manifestées (v. 21b), disqualifie cette démarche[31].

Les circonstances de la venue «de nuit» ne permettent pas non plus d'aller plus loin sur sa propre quête spirituelle[32]. La plausible signification, au regard de tout le symbolisme qui caractérise le quatrième évangile, serait que Nicodème, en venant à Jésus, s'approche de la lumière tout en conservant certaines résistances puisqu'il vient de nuit[33].

---

[30] R. SCHNACKENBURG, *Das Johannesevangelium*, III, 38 et la plupart des commentateurs.

[31] J.M. AUWERS, «La nuit de Nicodème», 488-489.

[32] A. MARCHADOUR, *Les personnages*, 66. Ces circonstances peuvent se résumer comme suit: le temps est «de nuit» tandis que la raison de la visite serait l'attrait des «signes» opérés par Jésus; ce qui rend effectivement difficile la perception de cette quête spirituelle de Nicodème. Schnackenburg reconnaissait et notait déjà cette difficulté (*The Gospel*, I, 365). Cf. F.P. COTTERELL, «The Nicodemus Conversation», 238-240.

[33] P. LÉTOURNEAU, *Jésus*, 128. Ce qu'il dit à ce propos est très éclairant pour bien saisir les résistances de Nicodème. Non seulement il y a un lien entre les vv. 2 et 20-21 par les expressions «vint vers lui de nuit» et «ne vient pas à la lumière [...] vient à la lumière», mais aussi entre le «nous savons» prononcé par Jésus en 3,11 et celui de Nicodème en 3,2. Or la connaissance de Nicodème consiste à confesser Jésus comme «un maître venu de Dieu». Par contre, la connaissance dont il est question au v. 11 concerne l'identité de Jésus comme «Fils de l'Homme descendu du ciel» (3,13-14) et «Fils envoyé par le Père» (3,16-17). Enfin, dans la même ligne de correspondance,

Nicodème va à Jésus de nuit, une circonstance qu'il faut peut-être mettre en relation avec «la ténèbre» (1,5). «La nuit signifie la résistance à se laisser illuminer par Jésus, la Lumière, à cause d'une idéologie qui s'oppose à l'amour de Dieu pour l'homme»[34]. Nicodème est non seulement pharisien et scribe mais aussi membre du Sanhédrin, un curriculum vitae trop pesant qui justifierait cette résistance à la Lumière. L'argument du genre «pour ne pas être dérangé» de Lagrange est trop faible; et bien que valable, le «par peur des Juifs», est à notre avis au plan synchronique un peu précipité parce que le conflit n'est pas encore ouvert (même si les Juifs n'apprécieraient pas l'attitude de Jésus au temple), ce conflit n'interviendra véritablement qu'au chapitre 5 après la guérison d'un paralytique à Jérusalem:

> [15] L'homme alla raconter aux Juifs que c'était Jésus qui l'avait guéri. [16] Dès lors, les Juifs s'en prirent à Jésus qui avait fait cela un jour de sabbat. [17] Mais Jésus leur répondit: «Mon Père, jusqu'à présent, est à l'œuvre et moi aussi je suis à l'œuvre». [18] Dès lors, les Juifs n'en cherchaient que davantage à le faire périr, car non seulement il violait le sabbat, mais encore il appelait Dieu son propre Père, se faisant ainsi l'égal de Dieu (7,15-18).

Cette prise de position des Juifs vient, bien sûr, à une distance non négligeable de la sortie fracassante de Jésus en 2,13-22 où il avait procédé à la purification du temple, attirant l'attention des autorités Juives sur sa personne. Puis allant crescendo, la haine et la jalousie deviendront viscérales (cf. 7,20; 8,48.52.59; 10,20) au point de vouloir l'arrêter (7,44) jusqu'à atteindre l'interdiction de professer la foi en Jésus au risque d'être exclu de la synagogue (9,22; cf. 12,42). Mais plus grave encore est la décision du conseil des Juifs qui scella son sort, après qu'il ait rendu la vie à Lazare et que le nombre de personnes qui croyait en lui augmentait: «C'est ce jour là donc qu'ils décidèrent de le faire périr» (11,53) alors qu'auparavant, même s'il avait échappé à la lapidation (8,59; 10,31; cf. 11,8), une décision aussi grave et officielle n'avait pas encore été prise.

---

il y a un pas à faire entre la vue («ἰδεῖν» 3,2) des signes et la vue («ἑωράκαμεν» 3,11) du mystère véritable de la personne de Jésus qui fait l'objet du témoignage (*Ibid.*, 130). Jésus et Nicodème semblent ne pas se situer sur la même longueur d'onde. Notre analyse du dialogue nous permettra de confirmer ou d'infirmer les affirmations de Létourneau.

[34] J. MATEOS – J. BARRETO, *Il vangelo di Giovanni*, 173.

2. vv. 2b-10: Dialogue: être engendré d'en haut, c'est être engendré de l'Esprit

Nous voulons à cette étape de notre analyse sémantique comprendre la déclaration initiale de Nicodème et les trois appels de Jésus à être engendré d'en haut, laissant plus à la narrative, l'étude sur Nicodème et ses réactions qui sont de l'ordre de l'agir.

2.1 *Profession de foi, curiosité intéressée ou provocation?*

Les premiers mots du notable Juif ne sont pas aussi faciles à comprendre. Que veut dire Nicodème quand il affirme: Ῥαββί, οἴδαμεν ὅτι ἀπὸ θεοῦ ἐλήλυθας διδάσκαλος. οὐδεὶς γὰρ δύναται ταῦτα τὰ σημεῖα ποιεῖν ἃ σὺ ποιεῖς, ἐὰν μὴ ᾖ ὁ θεὸς μετ' αὐτοῦ.

2.1.1 Le vocatif Ῥαββί

Partons de l'analyse du vocatif Ῥαββί (8 occurrences en Jn) qui trouve ici sa correspondance ou son équivalence[35] dans le nominatif grec διδάσκαλος (8 occurrences aussi en Jn: 7+1 si on ajoute 8,4 qui fait parti comme nous le soulignions plus haut d'un texte ajouté postérieurement selon les critiques, à savoir, le récit de la femme adultère en 7,53-8,11).

Sa première apparition en Jn se retrouve sur les lèvres des deux disciples de Jean: Ῥαββί, ὃ λέγεται μεθερμηνευόμενον Διδάσκαλε, ποῦ μένεις; (1,38). Ici, l'évangéliste lui-même nous en donne la signification: «Ce qui, traduit, signifie Maître». Le Maître est celui qui enseigne, qui transmet une connaissance, un savoir-faire, une pratique à un apprenant, à un élève. A l'inverse, on dira que le μαθητὴς est celui qui apprend et reçoit un enseignement d'un διδάσκαλος ou «maître» qui l'enseigne[36]. A ce premier niveau de signification, on peut intégrer les Pharisiens, dont fait partie Nicodème, et qui aimaient bien se faire appeler «Rabbi» (Mt 23,7).

---

[35] Cf. M.-É. BOISMARD – A. LAMOUILLE, *Synopse*, III, 117; J.M. AUWERS, «La nuit de Nicodème», 489. Toute la problématique ici, sera de chercher à comprendre la signification qui se cache derrière ce vocatif: Nicodème, en désignant Jésus par le titre de Ῥαββί le reconnaît-il comme une personne avec laquelle il veut discuter d'égal à égal? Puisque les pharisiens comme lui aiment et se faisaient appeler habituellement Ῥαββί. Ou bien pense-t-il à un maître un peu plus supérieur à lui, accrédité par les miracles qu'il opère et auquel lui, le Pharisien, le chef Juif et le maître vient poser des questions? Cette possibilité n'est pas à exclure au risque de voir le dialogue ne pas se poursuivre s'ils devaient parler d'égal à égal (cf. R. BULTMANN, *The Gospel*, 134).

[36] Cf. F. VIGOUROUX, «Disciple», 1440.

Mais quand on arrive à un second niveau de signification, dans le rapport de Jésus à ces interlocuteurs, on découvre dans ce terme un sens plus profond. Ce ῬαββÍ addressé à Jésus se retrouve premièrement sur les lèvres des disciples du Baptiste (1,38) qui deviendront les siens, et qui, à l'invitation de Jésus, vinrent et demeurèrent avec lui ce jour là (1,39) après que Jean l'ait indiqué comme «L'agneau de Dieu qui enlève le péché du monde» (1,29); nous sommes ici dans un processus d'adhésion à Jésus. Il se retrouve aussi sur les lèvres de Nathanaël «Le véritable Israélite en qui il n'est point d'artifice» (1,47): «Rabbi, tu es le Fils de Dieu, tu es le roi d'Israël» (1,49), qui n'est autre qu'une profession de foi. Il se retrouve enfin sur les lèvres de Marie de Magdala à laquelle le Ressuscité se fait reconnaitre: «Elle se retourna et lui dit en hébreu "Rabbouni" — ce qui signifie maître»; là encore la confession de foi n'est pas à mettre en doute. En somme, cette adresse peut introduire une profession de foi[37] ou une véritable quête ou recherche de Jésus. Mais il peut aussi être prononcé par des personnes impressionnées par les signes opérés par Jésus et qui ne vont pas loin dans leur signification. C'est le cas par exemple de la foule qui le recherche: «Rabbi, quand es-tu arrivé ici?», Jésus leur répondit: «En vérité, en vérité, je vous le dis, ce n'est pas parce que vous avez vu des signes que vous me cherchez, mais parce que vous avez mangé des pains à satiété» (6,25-26).

Nicodème peut-il s'apparenter à ceux-là ou aux premières citées? «"Rabbi" peut être une bonne entrée en matière, mais il faut voir la suite»[38].

2.1.2 Jésus est un διδάσκαλος selon Nicodème

L'analyse du terme διδάσκαλος peut aussi nous éclairer dans la compréhension de ces premiers mots de Nicodème. «Pour ses intimes, Jésus était, "le Maître" par excellence et, quand ils parlaient de lui, ce titre suffisait à le désigner clairement»[39]. Après sa profession de foi en Jésus (11,27) qui la lui demande (11,26), Marthe part informer sa sœur Marie de la présence du Maître: «Le Maître est là et il t'appelle» (11,28); après le lavement des

---

[37] Cf. J.M. AUWERS, «La nuit de Nicodème», 489. A ce niveau de l'intervention de Nicodème, vu que ce vocatif peut aussi bien cacher de bonnes que de moins bonnes intentions, il serait prématuré de porter un jugement de valeur sur son emploi. De toute évidence, le lexème Ῥαββί sur les lèvres des diverses personnes dans l'évangile de Jn ne sort pas du hasard et est toujours motivé par un événement, un fait ou une parole.

[38] J.M. AUWERS, «La nuit de Nicodème», 489. C'est d'ailleurs ce que pense aussi S. GRASSO, *Il vangelo di Giovanni*, 147.

[39] M.-É. BOISMARD – A. LAMOUILLE, *Synopse*, III, 117.

pieds de ses disciples, Jésus lui-même entérine les qualités qu'ils lui attribuent: «Vous m'appelez "le Maître et le Seigneur" ('Ο διδάσκαλος καὶ 'Ο κύριος) et vous dites bien, car je le suis. Dès lors, si je vous ai lavé les pieds, moi, le Seigneur et le Maître, vous devez vous aussi vous laver les pieds les uns aux autres» (13,13-14; Mc 14,14; Mt 26,18; Lc 22,11).

Tous ces emplois précités se situent dans une atmosphère pascale, l'atmosphère de sa passion-mort et résurrection. «Διδάσκαλος est un titre christologique qui sera approuvé par Jésus et associé par lui à κύριος (13,13-14). Διδάσκαλος et κύριος sont deux titres christologiques post-pascaux (cf. 20,16.28)»[40]. Cependant comme le dira Auwers,

> L'absence d'article en 3,2 montre que Nicodème reconnaît Jésus non comme son maître, mais comme un maître parmi d'autres. La réplique de Jésus au v. 10 fait ressortir par contraste le caractère vague de la formule de Nicodème. Car Jésus, lui, salue en Nicodème rien moins que le Magistère d'Israël: «Tu es le Maître d'Israël et tu ignores ces choses!»[41].

En fait, la formulation grammaticale du terme n'est pas claire, elle semble bien une apposition au verbe ἐλήλυθας qui confirme la traduction «Nous savons que tu es venu de Dieu en tant que maître». Ici, le sujet est bien le pronon personnel de la deuxième personne du singulier contenu dans la forme verbale ἐλήλυθας. Et le renvoi du terme en fin de phrase laisse tout le poids sur la venue ἀπὸ θεοῦ[42].

2.1.3 Le savoir de Nicodème

Qui sont les sujets et quel est l'objet du οἴδαμεν prononcé par Nicodème? En d'autres termes, à qui Nicodème fait-il allusion quand il parle à la première personne du pluriel (nous) et que sait-il exactement? Ce

---

[40] J.M. AUWERS, «La nuit de Nicodème», 490.

[41] J.M. AUWERS, «La nuit de Nicodème», 490. Pour une lecture plutôt positive sur l'identité de Jésus par Nicodème, cf. G.R. O'DAY, «John 3:1-21», 549, pour qui: «First, Nicodemus calls Jesus "Rabbi", an address that acknowledges Jesus as a "teacher" (cf. 1,38.49). Second, Nicodemus acknowledges that Jesus is a "teacher come from God". Although "from God" is a traditional way of speaking of religious figures as God's emissaries (e.g., John the Baptist in 1,6), that Jesus' origin is from God is also a crucial christological affirmation in the fourth Gospel (e.g., 1,1.18; 3,31; 6,38; 7,28-29) [...] Third, Nicodemus speaks to Jesus in the first-person plural ("we know"). Nicodemus does not speak to Jesus simply as an individual, but as a leader of his community. The first-person plural implies that Nicodemus's community shares in his positive acknowledgment of Jesus». A notre avis, cette affirmation de O'Day semble dire plus que le texte ne veuille exprimer et c'est ce que nous tenterons de montrer en étudiant le savoir de Nicodème.

[42] P. LÉTOURNEAU, *Jésus*, 135, n. 61.

«nous» qui est inclusif prend en compte sa personne à laquelle il faut ajouter d'autres sujets que l'évangile de Jn nous permettra de repertorier. Mais pour cela, il semble indispensable avant tout d'avoir connaissance du savoir exact de Nicodème.

Il sait avant tout que ἀπὸ θεοῦ ἐλήλυθας διδάσκαλος. Ayant déjà analysé διδάσκαλος, cherchons à saisir le sens de ce ἀπὸ θεοῦ ἐλήλυθας. Ἀπὸ θεοῦ évoque «les missions prophétiques de l'AT»[43]; Nicodème applique à Jésus «un stéréotype vétéro-testamentaire bien connu, tiré des missions prophétiques»[44] (cf. 1S 15,1; 16,1; 2Ch 24,19; 25,15; Za 2,15; Jr 25,15; Ez 2,4). Jésus serait-il alors un prophète? En Jn 13,3, lorsque ἀπὸ θεοῦ est appliqué à Jésus par l'évangéliste, c'est pour affirmer son origine divine, sa préexistence: εἰδὼς ὅτι πάντα ἔδωκεν αὐτῷ ὁ πατὴρ εἰς τὰς χεῖρας καὶ ὅτι ἀπὸ θεοῦ ἐξῆλθεν καὶ πρὸς τὸν θεὸν ὑπάγει. Nicodème ne semble pas dire la même chose. En effet,

> Dire de Jésus qu'il est ἀπὸ θεοῦ, c'est, en d'autres contextes, affirmer sa préexistence (13,3). Mais ici le complément porte moins sur le verbe ἐλήλυθας que sur l'attribut διδάσκαλος. Ce que Nicodème confesse, ce n'est pas que Jésus soit passé de la sphère divine à la sphère humaine, mais que Jésus est un maître accrédité par Dieu[45].

C'est donc à juste titre que Boismard et Lamouille traduisent avec raison: «Nous savons que tu es venu de la part de Dieu, comme Maître»[46]. A ce stade, Jésus n'est donc pas reconnu par Nicodème comme le Messie; si son affirmation se limitait à ἀπὸ θεοῦ ἐλήλυθας sans διδάσκαλος comme en 13,3 où elle se limite à ἀπὸ θεοῦ ἐξῆλθεν, on aurait dit qu'il s'agit d'une reconnaissance de la messianité de Jésus, de son origine divine; διδάσκαλος rend ambiguë ce qui aurait pu être une véritable profession de foi. Quand Jn applique la préposition ἀπὸ à Philippe (1,44), c'est pour désigner sa ville d'origine: *de* Bethsaïde; tout comme à Jésus pour son origine humaine: c'est Jésus, le fils de Joseph, *de* Nazareth (1,45)[47]. Or

---

[43] M.-É. BOISMARD – A. LAMOUILLE, *Synopse*, III, 118.

[44] R. VIGNOLO, *Personaggi*, 103.

[45] J. M. AUWERS, «La nuit de Nicodème», 490. Boismard et Lamouille vont plus loin en réduisant considérablement le sens de l'affimation de Nicodème sous un angle plutôt hypothétique: «D'une façon plus précise, Nicodème affirme que Dieu doit être avec Jésus, étant donné tous les "signes" qu'il accomplit» (M.-É. BOISMARD – A. LAMOUILLE, *Synopse*, III, 118).

[46] M.-É. BOISMARD – A. LAMOUILLE, *Synopse*, III, 120.

[47] Nous prenons ici le contre pied de Y. SIMOENS, *Selon Jean*, II, 184, qui se sert de cette argumentation par justifier la confession par Nicodème de l'origine divine de Jésus.

dans le cas de Nicodème, Jésus vient de Dieu ou de la part de Dieu, comme un maître, non comme Le Maître, un qualificatif bien reductif.

Nicodème sait ensuite que οὐδεὶς γὰρ δύναται ταῦτα τὰ σημεῖα ποιεῖν ἃ σὺ ποιεῖς. Ce qui est dit ici concerne les σημεῖα[48] de Jésus et son pouvoir de les accomplir, de les faire (δύναται [...] ποιεῖν ἃ σὺ ποιεῖς). Ce verbe δύναμαι qui est employé six fois dans notre texte est d'abord utilisé par Nicodème en référence aux σημεῖα de Jésus (v. 2) puis dans les cinq autres occurrences alternativement par les deux personnages sur les conditions d'accès au Royaume de Dieu (vv. 3.4.5.9). Le constat le plus frappant de l'usage de ce verbe dans notre péricope c'est que toutes les fois qu'il se retrouve sur les lèvres de Nicodème, il prend un caractère d'incertitude: οὐδεὶς γὰρ δύναται ταῦτα τὰ σημεῖα à cause de la période hypothétique de l'éventualité ἐὰν μὴ ᾖ ὁ θεὸς μετ' αὐτοῦ (v. 2) qui entache «d'irrégularité» sa première déclaration; mais plus, il prend même un caractère et une sensation d'impossibilité[49]: Πῶς δύναται ἄνθρωπος γεννηθῆναι γέρων ὤν; μὴ δύναται εἰς τὴν κοιλίαν τῆς μητρὸς αὐτοῦ δεύτερον εἰσελθεῖν καὶ γεννηθῆναι; (v. 5) Πῶς δύναται ταῦτα γενέσθαι; (v. 9). Attitude qui semble s'opposer à celle de Jésus où dans ses deux emplois du verbe δύναμαι, la sensation de possibilité (sous condition)[50] se dégage clairement: ἐὰν μή τις γεννηθῇ ἄνωθεν, οὐ δύναται ἰδεῖν τὴν βασιλείαν τοῦ θεοῦ (v. 3) ἐὰν μή τις γεννηθῇ ἐξ ὕδατος καὶ πνεύματος, οὐ δύναται εἰσελθεῖν εἰς τὴν βασιλείαν τοῦ θεοῦ (v. 5). Ainsi, «Il se crée une forte tension déterminée par l'usage même qu'en font les deux interlocuteurs: à la possibilité (sous condition) de Jésus s'oppose l'impossibilité absolue de Nicodème»[51].

Δύναμαι/οὐ δύναμαι qui se retrouve en d'autres endroits de l'évangile confirme bien ce constat. Elle apparaît d'abord sur les lèvres de Nathanaël: «'ἐκ Ναζαρὲτ *δύναταί* τι *ἀγαθὸν εἶναι*;» (1,46) et qui dit tout son scepticisme sur une éventuelle possibilité que le Messie vienne de Nazareth; mais aussi sur celles de Jésus: «οὐδεὶς δύναται ἐλθεῖν πρός με ἐὰν

---

[48] «Dans les textes néo-testamentaires, les actes prodigieux de Jésus liés à l'annonce du règne de Dieu sont désignés par: a) δύναμις, 119 fois, mais jamais en Jn qui peut être rendu comme "acte de puissance" et indique la force de Dieu qui agit en Jésus b) σημεῖον, 77 occurrences dont 17 en Jn, qui soulignent la connotation de "signe" qu'ont les miracles de Jésus c) τέρας, 16 fois dont 9 dans les Ac et seulement 3 fois dans les évangiles, qui peut se traduire par "prodige" d) les vocables moins fréquents ἔργον "œuvre prodigieuse" qui lie l'activité de Jésus avec l'action de Dieu dans l'histoire et l'hapax παράδοξα, "fait insolite" (Lc 5,26)» (A. BORRELL, «Miracolo», 853).

[49] Cf. G. GAETA, *Il dialogo*, 51.
[50] Cf. G. GAETA, *Il dialogo*, 51.
[51] G. GAETA, *Il dialogo*, 51.

μὴ ὁ πατὴρ ὁ πέμψας με ἑλκύσῃ αὐτόν» (6,44), «οὐδεὶς δύναται ἐλθεῖν πρός με ἐὰν μὴ ᾖ δεδομένον αὐτῷ ἐκ τοῦ πατρός» (6,65), et qui confirme cette possibilité (sous condition) ou mieux ce nouveau «pouvoir» offert à l'homme. Quand δύναμαι est prononcé par des Juifs: «Πῶς δύναται οὗτος ἡμῖν δοῦναι τὴν σάρκα [αὐτοῦ] φαγεῖν;» (6,52) et même par beaucoup des disciples de Jésus: «σκληρός ἐστιν ὁ λόγος οὗτος· τίς δύναται αὐτοῦ ἀκούειν;» (6,60), l'impossibilité d'une quelconque réalisation se confirme une fois de plus.

Pour revenir à δύναμαι au v. 2, il nous ramène indéniablement aux σημεῖα de 2,23, comme le confirme la plupart des commentateurs et critiques, et pour lesquels beaucoup à Jérusalem crurent en lui; mais peut aussi suggérer indirectement l'événement survenu au Temple (Jésus se présente comme le nouveau Temple de Dieu parmi les hommes) puisque la demande que lui font les Juifs est relative à un signe qui justifierait son agir, autrement quel signe légitimerait son comportement (2,19). Jésus est ainsi mis à l'épreuve sinon invité à donner plus de force à ce qu'il fait et à ce qu'il est à travers des signes. Il leur proposera le signe par excellence, suprême sinon ultime: «Détruisez ce temple et, en trois jours, je le relèverai» (2,19). Ce signe qui n'est pas compris et qui d'ailleurs ne leur fait pas sensation trouve son degré le plus bas dans ceux qui se font spectaculaires, qui attirent, qui agitent, qui émerveillent sans avoir un fondement solide parce que lorsqu'ils ne sont plus, la foi en lui perd ses racines, son point d'attache et d'équilibre. C'est d'ailleurs pourquoi, Jésus ne se fie pas à eux (2,24). Et cela n'est guère surprenant puisque pour Jn «sa série de sept "signes" (2,1-11; 4,46-54; 5,1-15; 6,1-15; 6,16-21; 9; 11) est une escalade. Les signes, pour lui, produisent la foi (2,11; 6,14; 11,42.45), mais cette foi n'est pas toujours solide (12,42)»[52]. Les signes ont pour but de susciter la foi mais «l'attachement aux "signes et prodiges" (4,48) empêche de croire Jésus sur parole et, plus tard, de croire les témoins qui l'ont vu ressusciter (20,25): heureux qui aura cru sans avoir vu!»[53]. Le vrai sens d'un événement miraculeux ne se trouve pas

---

[52] P. BEAUCHAMP, «Miracle. A. Théologie biblique», 888. C'est cette foi que Zevini appelle «la fede elementare fondata sui segni» (2,18.23) qui n'est autre qu'une foi superficielle, «una fede apparente, fondata sull'entusiasmo passeggero, sul sensazionale e su ciò che è troppo terreno, non approda ad una fede adulta, ad una comunione piena con Dio (cf. 5,13-16)». Puis il ajoute: «Coloro che hanno della fede una visione troppo interessata, che si ferma più sul sensazionale che sulla portata spirituale dell'azione di Gesù, non giungono ad una esperienza significativa con il divino» (*Vangelo secondo Giovanni*, 128).

[53] A. VANHOYE, «Foi. A. Théologie biblique», 569.

dans le fait lui-même, mais dans la réalité qu'il est possible de découvrir au-delà de ce qu'il est donné de voir. Ainsi, les signes accomplis par Jésus révèlent sa gloire et servent à porter vers la foi en lui ceux qui ont les yeux ouverts pour voir la vraie portée[54]. Alors que les synoptiques mettent un point d'honneur à considérer le miracle comme une conséquence de la foi, les miracles comme moyen adapté pour provoquer la foi: «Va! Ta foi t'a sauvé» (Mc 10,52), la réflexion johannique est diverse; les miracles sont signes dont le but explicite est de conduire à la foi en Jésus Messie et Fils de Dieu (Jn 20,31; cf. 2,11.23; 4,53; 11,45)[55].

Mais dans l'un comme dans l'autre cas, la foi n'est pas toujours évidente soit pour provoquer des miracles (Mt 13,58) soit pour conduire à la foi (Jn 12,37)[56]. Pour Nicodème, la mission de Jésus est authentifiée par les σημεῖα qu'il fait, c'est cela qui fait de lui un envoyé de Dieu comme un maître parmi tant d'autres. Attestation visible d'une chose qui ne se voit pas[57], le «signe» fait partie d'un vocabulaire qui joue un grand rôle dans le quatrième évangile[58]. L'évangile de Jean utilise deux termes pour désigner le concept de «signe»: le substantif σημεῖον (12X) et le verbe σημαίνειν (3X). Comme on peut le constater, le substantif semble caractériser le vocabulaire du quatrième évangile tandis que le verbe ne s'y trouve que trois fois (12,33; 18,32; 21,19). On peut le traduire par indiquer, faire connaître, signifier. Le verbe σημαίνειν est employé en Jean dans le contexte de la mort; il constitue un lien entre deux pôles dont l'un est une explication de l'autre. L'image est reliée à la réalité-mort. Quant au substantif σημεῖον, fréquent dans l'évangile de Jean, il est souvent le complément d'objet d'un verbe dont Jésus est le sujet: c'est Jésus qui produit le signe. En Jn 3,2, il est intéressant de noter que le signe est considéré comme une «preuve» de la communion de Dieu avec celui qui l'accomplit. Jn 3,2 est donc une réponse à la question posée en Jn 2,18; la même idée apparaît aussi en 9,33 où nous avons de nouveau, une allusion à des faits miraculeux réalisés par Jésus. Ici Nicodème fait allusion aux miracles, aux faits prodigieux réalisés par Jésus dans le

---

[54] A. BORRELL, «Miracolo», 853.

[55] Cf. A. CASALEGNO, «Segno», 1287; G.H. TWELFTREE, «Signs and Wonders», 779-780. Pour une étude plus approfondie sur les signes en Jn, cf. M. de JONGE, «Signs and Works», 117-140; Y.-M. BLANCHARD, *Des signes pour croire? A propos de l'épisode de Nicodème, se référer aux pp. 125-137; et plus généralement ID., «Signe», *DBS*, XII, 1281-1330.

[56] Cf. A. BORRELL, «Miracolo», 856.

[57] H. LESETRE, «Signe», 1718.

[58] Le quatrième évangile est aussi appelé, selon certains critiques, le «livre des signes». Ce titre veut montrer que la terminologie de signe y joue un grand rôle.

peuple. Or la symbolique johannique constitue un thème très riche. Dans la perspective de cet évangile, il faut parler de Signe-symbole qui authentifie la personne de Jésus et manifeste son mystère. Nicodème est très loin de cette compréhension des choses; pour lui, Jésus est un thaumaturge qui vient de la part de Dieu mais n'est pas le Messie, il est un parmi tant d'autres qui ont agit de la part de Dieu comme en témoigne les faits miraculeux qui sont à son actif.

Nicodème sait enfin que personne ne peut faire les signes que Jésus fait ἐὰν μὴ ᾖ ὁ θεὸς μετ' αὐτοῦ. Si nous faisons simplement une analyse grammaticale de cette proposition conditionnelle, elle est une période hypotétique de l'éventualité, non une période hypothétique de la réalité qui supposerait une condition certaine et une conséquence certaine (εἰ + indicatif). Dans le présent cas, nous avons ἐὰν + subjonctif qui signifie que la condition est incertaine ou indéterminée tandis que la conséquence est certaine[59]. Nicodème voudrait dire que la conséquence, à savoir les signes, est évidente puisqu'on peut effectivement vérifier que Jésus fait des signes et pour preuve sa popularité de thaumaturge; mais que Dieu soit avec lui, cela est une autre affaire, elle est incertaine, indéterminée; on peut l'admettre comme la refuter. En d'autres termes, en essayant de le paraphraser en termes plus simples, Nicodème ne dit autre chose que ceci: «personne ne peut faire les signes que tu fais si je suppose que Dieu est avec toi». L'inverse plus compréhensif est: «si je suppose que Dieu est avec toi alors personne ne peut faire les signes que tu fais». En fait «si Dieu n'est pas avec toi» pris positivement veut simplement dire «supposons que Dieu soit avec toi». Compris dans ce sens, c'est un langage qui fait grincer les dents et on s'aperçoit que l'interlocuteur de Jésus est bien dans les conjectures, dans les suppositions et discours d'idées.

Ὁ θεὸς μετ' αὐτοῦ est aussi une expression qui trouve ses racines dans le Vieux Testament. Elle est une expression pleine de réminiscences de l'AT pour ne pas dire à la suite de Schnackenburg que «C'est une expression judaïque vétérotestamentaire»[60] (cf. Gn 21,20; 26,24; 28,25; 31,3; Ex 3,12; Dt 31,2b; Jos 6,12; Jr 1,8). Cette formule est appliquée au prophète par excellence — que:

> [10] Nul autre prophète en Israël égalait, Moïse, lui que le Seigneur connaissait face à face, [11] lui que le Seigneur avait envoyé accomplir tous ces signes et ces prodiges dans le pays d'Egypte devant le Pharaon, ses serviteurs et tout

---

[59] Cf. F. POGGI, *Corso avanzato*, 194-196.
[60] R. SCHNACKENBURG, *Das Johannesevangelium*, I, 380. C'est aussi la position de R. BULTMANN, *The Gospel*, 134, n. 4.

son pays, ¹² ce Moïse qui avait agi avec toute la puissance de sa main, en suscitant toute cette grande terreur, sous les yeux de tout Israël (Dt 34,10-12),

— en Ex 3,12 quand le Seigneur l'envoie libérer son peuple: «Je serai avec toi». Le Seigneur non seulement lui donnera un signe mais mieux, il donne à Moïse d'accomplir trois signes qui l'accréditeront auprès des Hébreux (Ex 4,1-9). Nicodème reconnaitrait-il en Jésus le Nouveau Moïse, le prophète semblable à Moïse annoncé par Dt 18,18?

Dans le NT, l'expression «Dieu est avec lui», trouve sa signification plénière dans le nom donné à l'enfant qui naîtra et qui réalisera la prophétie messianique d'Is 7,14. L'enfant à naître s'appellera Emmanuel, Dieu-avec-nous (Mt 1,23; cf. Ac 10,38). Mais elle s'applique aussi à Marie (Lc 1,28), à Jean-Baptiste (Lc 1,66), à Joseph (patriarche) dans le discours d'Etienne et enfin aux premiers chrétiens (Ac11,21). Ὁ θεὸς μετ' αὐτοῦ n'est donc pas une formule exclusive utilisée pour désigner le Messie. Elle s'applique autant aux patriarches, aux juges, qu'aux rois et prophètes et à de simples serviteurs du Seigneur[61]. Encore là, sa déclaration ne suffit pas pour confirmer une foi pleine et entière.

Revenons après ce grand tour d'horizon sur le verbe οἶδα et ceux qui sont susceptibles d'en faire partie avec Nicodème. A qui donc se référait-il quand il dit οἴδαμεν? A ces πολλοὶ en 2,23 qui crurent en Jésus à cause des signes qu'il accomplissait mais auxquels lui, ne se fiait pas, ou aux gens de Jérusalem ou encore aux Pharisiens? De toute évidence, le lien de 3,1-21 avec 2,23-25 est assez évident. Le οἴδαμεν de Nicodème ferait référence à eux surtout quand il parle de signes dans sa première intervention.

Le verbe οἶδα en Jn a pour sujet des gens de Jérusalem qui disent savoir d'où est Jésus, tandis que, lorsque viendra le Christ, nul ne connaitra (γινώσκει) d'où il est (7,27); et quand Jésus leur répond, il leur appliquera avec ironie ce même verbe οἶδα: Κἀμὲ οἴδατε καὶ οἴδατε πόθεν εἰμί· καὶ ἀπ' ἐμαυτοῦ οὐκ ἐλήλυθα, ἀλλ' ἔστιν ἀληθινὸς ὁ πέμψας με, ὃν ὑμεῖς οὐκ οἴδατε. (7,28) avant de se l'appliquer à soi même: ἐγὼ οἶδα αὐτόν, ὅτι παρ' αὐτοῦ εἰμι κἀκεῖνός με ἀπέστειλεν. (7,29). Ce οἶδα se rapporte aussi aux Pharisiens qui continuent de charger l'aveugle-né guéri: Δὸς δόξαν τῷ θεῷ· ἡμεῖς οἴδαμεν ὅτι οὗτος ὁ ἄνθρωπος ἁμαρτωλός ἐστιν (9,24). Mais lui, ne se laisse pas intimider ou inquiéter et leur répond sans ambage: Εἰ ἁμαρτωλός ἐστιν οὐκ οἶδα· ἓν οἶδα ὅτι τυφλὸς ὢν ἄρτι βλέπω (9,25). Et quand il les interroge sur leur éventuel désir de devenir ses disciples, leur réaction est vive puis ils reviennent

---

[61] Cf. E. COTHENET, La chaîne, 39.

encore sur ce qu'ils savent: ἡμεῖς οἴδαμεν ὅτι Μωϋσεῖ λελάληκεν ὁ θεός, τοῦτον δὲ οὐκ οἴδαμεν πόθεν ἐστίν (9,29). La reprise de parole de l'aveugle-né guéri est pleine d'ironie et de vérité:

> ³⁰ C'est bien là, en effet, l'étonnant: que vous ne sachiez pas d'où il est, alors qu'il m'a ouvert les yeux! ³¹ Dieu, nous le savons [οἴδαμεν], n'exauce pas les pécheurs; mais si un homme est pieux et fait sa volonté, Dieu l'exauce. ³² Jamais on n'a entendu dire que quelqu'un ait ouvert les yeux d'un aveugle de naissance. ³³ Si cet homme n'était pas de Dieu, il ne pourrait rien faire (9,30-33).

On s'aperçoit très bien que Nicodème ne parlerait pas seulement en son nom propre, il serait la représentation des Pharisiens, de la classe dirigeante et peut-être aussi de ces gens de Jérusalem qui veulent en savoir plus sur le faiseur de miracles qui fait parler de lui[62]. En fait, Nicodème serait porteur d'une préoccupation qui serait en train de se généraliser et qui pousse le docteur de la Loi à une plus grande curiosité à travers des propos initiaux emprunts de respect, d'assurance mais aussi de flatterie avec un arrière fond drammatique, crucial: Qui est Jésus et quelle est sa place dans et par rapport au Judaïsme officiel?

Chaque fois que ses interlocuteurs ont prétendu le connaître, leur savoir s'est avéré superficiel, sans véritable fond, donc à côté de la plaque. Le parallélisme antithétique croisé le prouve bien:

v.2: οἴδαμεν ὅτι [...] διδάσκαλος
v. 10: σὺ εἶ ὁ διδάσκαλος [...] καὶ [...] οὐ γινώσκεις;

Au v. 2, Nicodème s'adresse à Jésus en disant: «οἴδαμεν ὅτι [...] διδάσκαλος». Le verbe οἶδα qui est employé 326 fois dans le NT diffère, même s'il n'est pas toujours facile de s'en apercevoir, du verbe γινώσκω (398 emplois)[63], «connaître» dont la signification johannique est la «communion» (1Jn 1,3), car elle est participation à une même vie (Jn 14,19s.),

---

[62] Cf. F. VOUGA, Le cadre, 17, qui fait une synthèse des avis sur le οἴδαμεν de Nicodème: «Le pluriel οἴδαμεν (nous savons) pourrait soit se rapporter aux πολλοί de 2,23-25 (Schlatter, Barrett etc.), soit montrer que Nicodème juge sur des critères qu'il a en commun avec ses confrères (Strathmann, Schnackenburg), soit indiquer qu'il représente un groupe de docteurs de la loi (Bultmann, Brown) ou, plutôt, ce groupe de Juifs hésitant que l'on retrouve en 12,42».

[63] Cf. I. de LA POTTERIE, «οἶδα et γινώσκω», 303-315. Les avis contraires ne manquent pas; on peut citer C.K. BARRETT, The Gospel according to St. John, 138, pour qui: «The verbs γινώσκειν and εἰδέναι seem to be used synonymously»; un point de vue partagé par C.H. DODD, The interpretation, 152, n. 3 ou encore par F. VOUGA, Le cadre, 17, qui soutient que «Jn emploie indifféremment les verbes οἶδα et γινώσκω

union parfaite dans la vérité de l'amour (17,26; cf. 1Jn 2,3s.; 3,16)[64]. En raison de sa racine (ιδ-), tout comme de son usage sémantique, Οἶδα reste lié au verbe voir et signifie «voir, savoir, connaître»[65], une connaissance d'un ordre intuitif, une connaissance directe à travers la pensée mais qui ne présuppose pas toujours que l'on ait vu avec les yeux (vision occulaire)[66].

Tandis que γινώσκω implique la foi, le croire, οἶδα suggère un savoir au sens abstrait, une connaissance historique et intellectuelle qui peut se baser comme dans le cas de Nicodème sur les ouï-dires ou ce qu'il aurait vu (les miracles ou signes). D'ailleurs comme le fait remarquer de La Potterie,

> Le mot οἴδαμεν est donc bien un rappel de θεωροῦντες. Cette «vue» des signes étant encore très humaine et extérieure, la «connaissance» qui en dérive ne l'est pas moins; ce terme οἴδαμεν, sur les lèvres de Nicodème, prend une nuance de suffisance et de satisfaction à peine voilée[67].

Il ne s'agit donc pas d'une connaissance au sens théologique du terme mais bien d'un savoir sans connaissance véritable de Jésus. L'expression «Nous le savons» ajoutée à ses qualités de Pharisien et de notable Juif pourrait suggérer le caractère représentatif de Nicodème qui vient enquêter sur Jésus mais aussi son intérêt personnel pour lui puisque nous avons affaire à un nom précis avec des qualificatifs qui lui sont attribués. Au bout du compte, Jésus dénonce l'incompréhension de Nicodème (v. 10), qui pourtant prétendait savoir qui il était. En définitive, le savoir de Nicodème et de ceux dont il est le représentant apparaît comme erroné et illusoire[68].

A ce niveau de notre étude, si nous établissons un parallèle entre l'envoi par les Juifs de messagers au Baptiste, qui a un caractère officiel (1,19.24) et la venue de Nicodème (3,1-2), on peut arriver à la conclusion que son identité et les circonstances (temporelles, causales) de sa venue, donnent un caractère plutôt officieux à sa démarche. Les envoyés des

---

(connaître)»; tandis que R. BULTMANN, «γινώσκω», 523-524 et H. SEESEMANN, «Οἶδα», 334-335, ignorent la question et s'intéressent plutôt au rapport du thème avec le gnosticisme.

[64] L. MONLOUBOU – F.M. DUBUIT, «Connaître», 137; cf. J. CORBAN – A. VANHOYE, «Connaître», 203.

[65] M. CARREZ – F. MOREL, *Dictionnaire Grec-Français*, 173.

[66] Cf. I. de LA POTTERIE, «οἶδα et γινώσκω», 304; Y. SIMOENS, «Conoscenza», 213.

[67] I. de LA POTTERIE, ««Naître de l'eau et de l'Esprit», 43-44.

[68] Comme le montre bien 6,42; 7,27-28; 8,14.19; 9,24 où successivement les Juifs, la foule et les Pharisiens prouvent leur méconnaissance de Jésus. Cf. J.M. AUWERS, «La nuit de Nicodème», 490.

Juifs voulaient s'enquérir de l'identité (pensaient-ils retrouver en lui le Messie) de celui que le Baptiste lui-même nomme: «La voix qui crie dans le désert» (Jn 1,23; cf. Is 40,3; Mt 3,3; Mc 1,3; Lc 3,4). Nicodème a la même préoccupation, à savoir, qui est exactement ce thaumaturge et «agitateur» qui fait de plus en plus parler de lui. Seulement le mode de la venue des uns diverge de sa venue à lui.

Faisons pour clore cette partie une simple comparaison entre l'affirmation de Nicodème et les affirmations ou témoignages de foi que nous rencontrons dans le quatrième évangile. C'est d'abord le Baptiste qui confesse et témoigne: «Voici l'agneau de Dieu qui enlève le péché du monde. C'est de lui que j'ai dit: "Après moi vient un homme qui m'a devancé, parce que, avant moi, il était"» (1,29-30); c'est ensuite André, qui dit à son frère Simon: «Nous avons trouvé le Messie!» — ce qui signifie le Christ (1,41) et qui est suivi par Philippe quand il va trouver Nathanaël et lui dit: «Celui de qui il est écrit dans la Loi de Moïse et dans les prophètes, nous l'avons trouvé: c'est Jésus, le fils de Joseph, de Nazareth» (1,45); et quand ce dernier rencontre Jésus, il ne peut que confesser: «Rabbi, tu es le Fils de Dieu, tu es le roi d'Israël»; ce sont encore les Samaritains qui disent à la femme: «Ce n'est plus à cause de ce que tu as dit que nous croyons; car nous l'avons entendu nous-mêmes, et nous savons qu'il est vraiment le Sauveur du monde» (4,42); après la multiplication des pains et son discours sur le pain de vie, tandis que beaucoup de ses disciples s'en retournèrent et cessèrent de faire route avec lui, Simon-Pierre répondant à Jésus lui dit: «Seigneur, à qui irions-nous? Tu as des paroles de vie éternelle. Et nous, nous avons cru et nous avons connu que tu es le Saint de Dieu» (6,68-69). Plus loin, c'est l'aveugle-né guéri qui le reconnait d'abord comme prophète face aux Pharisiens (9,17), ensuite comme étant de Dieu (9,33) avant de confesser face à Jésus: «Je crois, Seigneur» et il se prosterna devant lui (9,38). A Marthe, Jésus proclame: «Je suis la résurrection et la vie: celui qui croit en moi, même s'il meurt, vivra; et quiconque vit et croit en moi ne mourra jamais. Crois-tu cela?» (11,25-26), elle lui repond: «Oui, Seigneur, je crois que tu es le Christ, le Fils de Dieu, celui qui vient dans le monde» (11,27). Puis à son entrée à Jérusalem, la grande foule venue à la fête proclamait: «Hosanna! Béni soit celui qui vient au nom du Seigneur et le roi d'Israël!» (12,13). Après sa résurrection d'entre les morts, c'est Marie de Magdala, qui le confesse: «Rabbouni» quand le Réssuscité l'appelle par son nom (20,16); c'est Thomas l'incrédule, qui finit par professer sa foi: «Mon Seigneur et mon Dieu» (20,28); c'est enfin à une triple reprise Pierre qui affirme son amour pour son Seigneur (21,15-17).

Tandis que toutes ces confessions ou affirmations reconnaissent sans équivoque, sans ambiguïté et enfin sans aucun doute Jésus comme l'Agneau de Dieu, le Maître, le Messie, le Fils de Dieu, le Roi, le Christ, le Seigneur avec d'autres qualités afferantes, Nicodème est encore au stade des suppositions et d'une certaine reconnaissance ou acception basée sur les signes. Nicodème ne fait pas une confession de foi authentique; ses éloges à l'endroit de Jésus sont bien motivés par une «curiosité intéressée» qui peuvent ou non le conduire à la foi ou plus précisément au «croire» pour être en conformité avec le vocabulaire johannique de la foi. C'est là toute son ambiguïté[69].

2.2 *Les trois appels à être engendré d'en haut*

Le dialogue entre Jésus et Nicodème est charpenté au plan interne par trois déclarations de Jésus dont les deux premières sont fortement similaires sinon identiques «si ce n'est de la réinterprétation par Jésus du terme "d'en haut" par l'expression "d'eau et d'Esprit" ainsi que du verbe "voir" par l'expression "entrer dans"»[70], la troisième étant plus brève mais très significative et reprenant avec insistance l'expression γεννηθῆναι ἄνωθεν joint cette fois à δεῖ:

v. 3: Il répondit Jésus et lui dit: «Amen, amen, je te dis, *si quelqu'un ne fut pas engendré d'en haut*, il ne peut pas voir le royaume de Dieu».

v. 5: Il répondit, Jésus: «Amen, amen, je te dis, *si quelqu'un ne fut pas engendré d'eau et Esprit*, il ne peut pas entrer dans le royaume de Dieu».

v. 7: «Ne t'étonne pas que je te dise: "*il vous faut être engendré d'en haut*"».

Si on ajoute à cela le parallélisme entre les deux interventions de Nicodème où il pose des questions qui révèlent son incompréhension de

---

[69] Cf. P. LÉTOURNEAU, *Jésus*, 135, n. 62, qui fait le point sur la portée exacte de la confession de Nicodème, qui, aux yeux de l'évangéliste, est inadéquate puisque pour lui, Jésus est à la fois le Fils de l'Homme descendu du ciel et le Fils-Envoyé de Dieu. Ce que selon nous ne confesse pas en réalité Nicodème. S. Agrelo est aussi de cet avis: «Estas palabras no indican de por sí un conocimiento de origen sobrenatural. El fariseo afirma que conoce a Jesús como maestro enviado de Dios, y justifica su afirmación con un razonamiento que es simplemente humano» («A propósito de Jn 3,1-3», 239). A propos de cette ambiguïté de la démarche de Nicodème cf. aussi C. BENNEMA, *Encountering Jesus*, 80.

[70] P. LÉTOURNEAU, *Jésus*, 140.

l'«être engendré d'en haut», il y a donc parallélisme formel et thématique entre les vv. 3 et 5-8 et entre les vv. 4 et 9[71].

Un autre aspect d'ordre général qui est à relever sont les termes que nous retrouvons autour du verbe passif γεννηθῆναι. Il a pour sujet τις, ἄνθρωπος, τό, ὑμᾶς, comme pour dire que celui qui doit être engendré c'est tout homme, c'est l'humanité en général et au v. 7 avec ce ὑμᾶς, Nicodème avec tous ceux qu'il représente[72]. Le comment de l'être engendré, quant à lui, est mis en évidence par l'adverbe ἄνωθεν et par trois substantifs ἐξ ὕδατος, ἐκ τοῦ πνεύματος, ἐκ τῆς σαρκός, qui nécessitent qu'on s'y arrête pour en spécifier les sens en contexte johannique. Mais plus intéressant encore est la progression dans l'explication de l'expression γεννηθῆναι ἄνωθεν que nous dévoile le texte au fil des versets. En effet, le v. 4 sur les lèvres de Nicodème explique mal le v. 3 prononcé par Jésus tandis que le v. 6 explique mieux le v. 5 et enfin le v. 8 clarifie le v. 7. Il y a comme un enchaînement progressif et allant crescendo donné à la signification de l'expression γεννηθῆναι ἄνωθεν. En fait, les paroles de Jésus se présentent comme des appels à la nécessité d'être engendré:

2.2.1 1er appel: il est nécessaire d'être engendré d'en haut pour voir le Royaume de Dieu (v. 3)

Ἀμὴν ἀμὴν λέγω σοι, ἐὰν μή τις γεννηθῇ ἄνωθεν, οὐ δύναται ἰδεῖν τὴν βασιλείαν τοῦ θεοῦ.

Les premiers mots de Jésus à Nicodème sont une formule provenant du milieu chrétien judéo-hellénistique[73] et qui manifestent le «caractère de révélation» des paroles qu'elle introduit. La formule ἀμὴν ἀμήν,

> Joue un rôle important dans le développement argumentatif du texte: elle introduit les trois interventions de Jésus qui approfondissent ce qui les précède en y projetant un éclairage nouveau. En plus d'introduire un nouveau développement, la formule sert donc également à marquer le lien avec ce qui précède; ainsi 3,3 est relié à 3,2; 3,5-8 sont reliés à 3,4; 3,11-21 sont reliés à 3,9-10[74].

---

[71] Pour une étude approfondie sur l'analyse structurale de ces versets, cf. F. ROUSTANG, «L'entretien avec Nicodème», 338-344; G. GAETA, *Il dialogo*, 44-62; P. LÉTOURNEAU, *Jésus*, 140-150; M. GIRARD, *Le paradigme de la naissance*, 307-326; L.J. TOPEL, «Note on the Methodology», 211-220.

[72] Cf. G. GAETA, *Il dialogo*, 48.

[73] K. BERGER, *Die Amen-Worte Jesu*, 18.

[74] P. LÉTOURNEAU, *Jésus*, 143, n. 80; cf. J. JEREMIAS, «Characteristics of the *ipsissima*», 112-115; E. BORING, *Sayings of the Risen Jesus*; D.E. AUNE, *Prophecy in Early Christianity*, 164-165. A. MARCHADOUR, «Lire l'œuvre de Jean», 349, affirme que:

Quant à λέγω σοι, il n'est autre qu'une charge d'énonciation, à ne pas prendre pour une répétition, Il signifie: il lui dit *qu'il lui dit à lui*[75]. La proposition conditionnelle ἐὰν μή τις γεννηθῇ ἄνωθεν rappelle celle qu'on retrouvait déjà au v. 2b sur les lèvres de Nicodème: ἐὰν μὴ ᾖ ὁ θεὸς μετ' αὐτοῦ. Si dans le premier cas il s'agit à la limite d'une profession de foi manquée, ici la période hypothétique ἐὰν μή τις γεννηθῇ ἄνωθεν pose la condition nécessaire dont la finalité ou la conséquence est de «voir» le Royaume de Dieu: οὐ δύναται ἰδεῖν τὴν βασιλείαν τοῦ θεοῦ.

Les divers sens qu'on peut donner à γεννηθῇ ἄνωθεν dépendent des différentes combinaisons possibles entre les deux sens du passif du verbe γεννάω, qui peut signifier «être engendré» (principe masculin) et «être né» (principe féminin)[76] et les deux principaux sens de l'adverbe ἄνωθεν, «de nouveau» (sens temporel) ou «d'en haut» (sens local ou spatial)[77] étant entendu qu'il signifie aussi «depuis le commencement», ce dernier sens pouvant s'affaiblir en «de nouveau»[78]. Ainsi on peut comprendre cette expression de quatre manières: «être né de nouveau» ou «être né d'en haut» ou encore «être engendré de nouveau» ou «être engendré d'en haut»[79]. Laquelle de ces quatre significations faut-il retenir?

«Les linguistes y reconnaissent un élément purement "phatique", qui ne contient pas d'information nouvelle, mais qui appelle l'attention de l'interlocuteur sur l'importance de la communication qui suit».

[75] Cf. A. MARCHADOUR, *Les personnages*, 68.

[76] Cf. W. BAUER – W.F. ARNDT – F.W. GINGRICH, *Grec-English Lexicon*, 77.

[77] Cf. P. LÉTOURNEAU, *Jésus*, 394, nn. 43.44; G. GAETA, *Il dialogo*, 49. On retrouve ces deux sens chez des auteurs comme P.-M. BOUCHER, «Γεννηθῆναι ἄνωθεν (1ère partie)», 192-193, pour qui, l'adverbe signifie à la fois *desuper* (d'en haut) et *denuo* (de nouveau); ou encore P. POUCOUTA, *Et la vie s'est faite chair*, 91. Les traductions modernes n'en font pas non plus défaut puisqu'elles signalent en note les deux sens traditionnels de l'adverbe. Et pour ce qui est spécifiquement des valeurs spaciales (d'en haut, *desuper*) et temporelles (depuis les temps anciens, depuis le commencement, depuis le début, *de superioribus temporibus*), cf. P.-M. BOUCHER, «Γεννηθῆναι ἄνωθεν (2ème partie)», 568-595; ID., «Jn 3,3.7: Γεννηθῆναι ἄνωθεν (III)», 345-373; et enfin ID., «Jn 3,3.7: Γεννηθῆναι ἄνωθεν (IV)», 71-93. Au bout du compte, selon Boucher, il ne s'agit pas pour Nicodème d'entrer dans le sein maternel pour venir au monde, mais d'être engendré «d'en haut» pour pouvoir entrer dans le Royaume et connaître la «vie éternelle» (p. 88). Cf. aussi K.O. SANDNES, «Whence and Whither», 153-173.

[78] Cf. W. BAUER – *al.*, *Greek-English Lexicon*, 77.

[79] P. LÉTOURNEAU, *Jésus*, 393. Son mérite est d'envisager toutes les possibilités de sens dès le départ contrairement à des éminents critiques comme Bultmann, Brown ou Barret qui choisissent le sens «engendré» réfutant du coup celui de «naître» soutenu par Boismard et Lamouille. Cf. aussi P.-M. BOUCHER, «Γεννηθῆναι ἄνωθεν (1ère partie)», 194-196, qui fait comme Létourneau, ce tour d'horizon des combinaisons possibles de l'expression.

C'est le sens polysémique de ces termes (γεννηθῇ ἄνωθεν) qui donne la richesse mais aussi la complexité de la signification de l'expression.

Les avis ne manquent pas à ce propos. Les premiers sont ceux qui admettent que γεννηθῆναι ἄνωθεν doit se traduire par «être engendré d'en haut» [80] d'une part en raison de l'analogie qui existe entre γεννηθῆναι ἐκ et εἶναι ἐκ qui détermine l'origine de quelqu'un par rapport au père (cf. 8,44); et d'autre part parce qu'en Jn, il y a une claire équivalence entre les termes ἐκ τοῦ θεοῦ, ἐκ τοῦ οὐρανοῦ et ἄνωθεν (comparer 3,27; 6,65 et 19,11; également 3,31; 8,42 et 16,28). L'engendrement ἄνωθεν est donc un engendrement ἐκ τοῦ θεου (cf. 1,13; 1Jn 2,29; 3,9; 4,7; 5,1.4) et un engendrement ἐκ τοῦ οὐρανου (cf. 3,27.31; 8,23). C'est donc en raison de ces emplois johanniques univoques de ἄνωθεν et de la doctrine johannique de l'engendrement de «Dieu» qu'il faut retenir cette traduction. De plus, ils font remarquer que les évangiles n'attribuent pas une valence féminine à l'Esprit, qui est désigné en Jn 3,5 comme l'agent de l'engendrement. Il faut donc traduire «si quelqu'un n'est pas engendré» (au lieu de «n'est pas né» ou «à moins de naître») pour respecter le passif du verbe grec et sa connotation implicite de l'activité de Dieu en cette naissance[81].

Les seconds sont ceux qui traduisent l'expression par «être né de nouveau» et qui la justifient par le fait que Jn 3,3 (repris en 3,5) trouve son meilleur parallèle en Mt 18,3 (cf. Mc 10,15) où le verbe «changer» ou plus littéralement «se détourner», se «convertir» peut indiquer simplement le renouvellement de l'action indiquée par le verbe qui suit. Mt 18,3 signifierait alors: «si vous ne *re-devenez* pas comme les petits enfants, vous n'entrerez pas dans le royaume des cieux». Ainsi, le verbe «changer» du texte de Mt correspond à l'adverbe «de nouveau» du texte de Jn. Quand on fait appel aux textes influencés par la liturgie baptismale ancienne (1P 1,23; Tt 3,5; 1Jn 3,9) et à la tradition rabbinique qui comparait souvent le païen qui se convertissait au Judaïsme à un enfant nouveau-né, il y a là aussi des arguments en faveur de la traduction «être né de nouveau»[82].

Il y a enfin ceux qui sont plus conciliants et qui sont d'avis qu'il faut maintenir les deux sens de l'adverbe ἄνωθεν et que l'incompréhension

---

[80] Cf. R. BULTMANN, *The Gospel*, 135-136, n. 4, qui fait remarquer que le terme correspondant à ἄνωθεν en Araméen a seulement une signification spatiale et non temporelle; c'est aussi l'avis de Schnackenburg qui reconnaît qu'il n'existe pas en Araméen un mot qui, à lui seul, aurait la double signification du terme ἄνωθεν en grec (*The Gospel*, I, 367). Cf. aussi C.K. BARRETT, *The Gospel*, 172.
[81] X. LÉON-DUFOUR, *Lecture*, I, 289.
[82] Cf. M.-É. BOISMARD – A. LAMOUILLE, *Synopse*, III, 118.

CHAP. III: ANALYSE SÉMANTIQUE

de Nicodème repose surtout sur une mauvaise interprétation du verbe γεννάω, qui peut signifier à la fois «naître» et «engendrer». Ainsi,

> Il est facile d'imaginer une nouvelle naissance, mais pas une naissance d'en haut. Au contraire, on peut parler aussi bien d'un nouvel engendrement que d'un engendrement d'en haut. Aux vv. 5-6, c'est une mauvaise interprétation du verbe que Jésus veut corriger. L'objectif n'est pas une nouvelle naissance charnelle, ce qui nécessiterait effectivement une entrée préalable dans le sein maternel; il s'agit plutôt d'entrer (c'est-à-dire de naître) dans le Royaume de Dieu, ce qui nécessite un «engendrement» d'eau et d'Esprit (v. 5), un «nouvel» engendrement «d'en haut» (v. 3). Les deux sens de l'adverbe, temporel et local, peuvent être maintenus, mais un seul sens du verbe doit être retenu[83].

Pour Létourneau en effet, il s'agit là «d'une superposition de deux plans de réalité à l'aide de la double charge sémantique de l'adverbe ἄνωθεν»[84]; ce qui permet la comparaison conclusive suivante:

> Comme l'engendrement charnel est nécessaire pour entrer (naître) en ce monde, de même un engendrement spirituel (d'en haut, d'eau et d'Esprit) est nécessaire pour entrer (naître) dans le Royaume de Dieu. Pour passer de ce monde au Royaume de Dieu, il faut un «nouvel» engendrement, non pas comme le premier mais d'en haut[85].

Selon nous, cette dernière tentative de signification semble trop excessive, elle nous semble créer une surcharge et compliquer la compréhension de l'expression γεννηθῆναι ἄνωθεν; elle suggère une addition «d'en haut, d'eau et d'Esprit» qui, à notre avis, ne reflète pas la pensée de Jésus. En fait, «d'eau et d'Esprit» explique ou dévoile le sens de l'expression «d'en haut» puisque dans la logique du texte, c'est parce que Nicodème n'a pas compris que Jésus se voit obligé de préciser sa pensée. Tout au plus, Comme le reste de la discussion entre Jésus et Nicodème le montrera, ces quatres possibilités «théoriques» se ramènent finalement à deux choix «réels» d'interprétation, soit «naître à nouveau» (interprétation de Nicodème),

---

[83] P. LÉTOURNEAU, *Jésus*, 395. Un nombre important de traducteurs et commentateurs, tout en reconnaissant une double valeur potentielle à l'expression γεννηθῆναι ἄνωθεν, préfère adopter la traduction qui fait ressortir le verbe «naître» avec les deux sens de l'adverbe ἄνωθεν: *nasci desuper* (naître d'en haut) et *nasci denuo* (naître de nouveau) plutôt que le verbe «engendrer», ce qui n'est pas le cas dans cette étude.

[84] P. LÉTOURNEAU, *Jésus*, 395.

[85] P. LÉTOURNEAU, *Jésus*, 395. Cf. C.K. BARRETT, *The Gospel*, 171, qui pense qu'il s'agit d'une nouvelle naissance qui procède par engendrement d'en haut, d'eau et d'Esprit. Position qui n'est pas loin de celle de Létourneau et que nous réfutons.

soit «être engendré d'en haut» (sens voulu par Jésus)[86]. Comme la structure de la phrase l'indique, ce «γεννηθῇ ἄνωθεν» est posé comme condition nécessaire à la vision du Royaume de Dieu c'est-à-dire à la participation au salut. On peut noter qu'il n'y a pas de distinction temporelle entre l'apodose et la protase: dès que la condition est satisfaite, la protase peut se réaliser; en d'autres termes, dès que quelqu'un «est engendré d'en haut», il a la capacité de voir le Royaume de Dieu (cf. aussi 3,18.36). On dirait qu'il y a possibilité de concomitance, puisque la condition, à savoir l'«être engendré d'en haut» (ἐὰν + subjonctif) qui est incertaine, peut se réaliser ou non, étant une période hypothétique de l'éventualité; mais dès qu'elle est une réalité, la conséquence est certaine.

En définitive, Jésus parle à Nicodème d'une réalité spirituelle, à savoir être engendré «d'en haut» (ἄνωθεν) ou encore ἐκ τοῦ θεοῦ, ἐκ τοῦ οὐρανοῦ, de l'avis des premiers que nous soutenons. En effet, «en Jn, γεννηθῆναι désigne toujours l'origine: la plupart du temps ἐκ τοῦ θεοῦ ou ἐξ αὐτοῦ (1Jn 2,29; 3,9; 4,7; 5,1.4.18; Jn 1,13), ἐκ πνεύματος (3,5.6.8), ἐξ ὕδατος (3,5), ἐκ τῆς σαρκὸς (3,6), ἐκ θελήματος (1,13),→ ἄνωθεν (3,3.7)»[87]. Etre engendré d'en haut, c'est être engendré de Dieu qui est un mystère puisque

> La vérité des affirmations johanniques ne peut pas se montrer avec des expériences tangibles, puisque ce qui est dit de la naissance de Dieu va contre les données qu'on peut expérimenter (1Jn 3,9; cf. 1Jn 1,8-10). Les affirmations de Jn se meuvent dans le monde de la foi et ont une valeur pour qui, comme les croyants, est en communion avec Dieu (1Jn 1,3.6s.)[88].

Cette vérité ne peut se comprendre que si l'on tient compte de l'ensemble des réponses de Jésus mais aussi du monologue. Car dans le monologue, comme nous le verrons plus tard, Nicodème et ceux qu'il représente, seront invités à reconnaître le Fils de l'Homme, non seulement élevé, mais aussi descendu du ciel, comme unique sauveur pour avoir la vie éternelle; vie éternelle qui est du même champ sémantique que le Royaume de Dieu, sinon ramène à la même réalité. Puisque le terme βασιλεία, quasi absent, a dans la théologie johannique pour objectif équivalent la ζωή[89].

Il n'est donc pas ici question de naître «de nouveau» ou «à nouveau» au sens littéral, physique, matériel, terrestre ou naturel comme

---
[86] P. LÉTOURNEAU, *Jésus*, 143-144.
[87] F. BÜCHSEL, «γεννάω», 412.
[88] F. BÜCHSEL, «γεννάω», 413.
[89] U. LUZ, «βασιλεία», 540.

le comprend Nicodème. De toute évidence, l'idée de renaissance, de génération ou regénération ne peuvent lui être étrangères puisqu'aussi bien la tradition rabbinique que la théologie de l'AT en parlent[90].

Mais l'approfondissement et le dépassement johannique lui sont incompréhensibles. C'est donc le v. 4 en premier qui nous informe que Nicodème n'a pas compris c'est d'ailleurs pourquoi il ironise: «Comment un homme peut-il être engendré, étant vieux? Il ne peut pas, dans le ventre de sa mère, une seconde fois, entrer et être engendré?» (v. 4). Face à un Nicodème qui matérialise l'«être engendré d'en haut», Jésus précise sa pensée.

2.2.2 2ème appel: il est nécessaire d'être engendré d'eau et d'Esprit pour entrer dans le Royaume de Dieu (v. 5)

'Αμὴν ἀμὴν λέγω σοι, ἐὰν μή τις γεννηθῇ ἐξ ὕδατος καὶ πνεύματος, οὐ δύναται εἰσελθεῖν εἰς τὴν βασιλείαν τοῦ θεοῦ.

Reprenant la parole pour rendre ses propos accessibles à Nicodème, Jésus remplace γεννηθῇ ἄνωθεν par l'expression γεννηθῇ ἐξ ὕδατος καὶ πνεύματος et ἰδεῖν τὴν βασιλείαν τοῦ θεοῦ par εἰσελθεῖν εἰς τὴν βασιλείαν τοῦ θεοῦ[91]. Restant sauve dans les deux cas l'expression οὐ δύναται. En fait, deux nouveaux éléments sont introduits, à savoir l'expression ἐξ ὕδατος καὶ πνεύματος et le verbe εἰσελθεῖν. Pour Jésus donc, il faut être engendré «d'eau et d'Esprit» pour «entrer» dans le Royaume

---

[90] Dans la tradition rabbinique, selon M.-É. BOISMARD – A. LAMOUILLE, *Synopse*, III, 118, «On comparait souvent à un enfant nouveau-né le païen qui se convertissait au Judaïsme; sa conversion marquait comme un nouveau départ dans la vie [...] Dans le Christianisme, cette comparaison va prendre un sens plus profond, sens mystérieux pour l'interlocuteur de Jésus». R.E. BROWN, *Giovanni*, 182-184, quant à lui, s'appuyant sur les premiers stades de la théologie de l'AT et sur la pensée hébraïque post-exilique, conclut qu'«Il y avait au moins un fond vétéro-testamentaire limité qui pouvait permettre à Nicodème de comprendre que Jésus entendait proclamer l'arrivée des temps eschatologiques, quand les hommes seraient fils de Dieu». Enfin C. DODD, *L'interprétation*, 389, fait remarquer qu'«Il est toutefois drammatiquement approprié qu'un rabbi juif orthodoxe trouve l'idée de renaissance étrange, car en fait, malgré le formule courante: "le prosélyte est comme un enfant nouveau-né" et d'autres façons de parler similaires, le Judaïsme rabbinique autochtone ne semble pas avoir eu à cette époque de véritable doctrine de la régénération» et d'ajouter que la parole qui nous occupe ici se situe dans une sphère de pensée différente si on veut prendre pour antécédant direct de la doctrine johannique de la régénération, les synoptiques et plus particulièrement le texte de Mt 18,3: «Si vous ne devenez pas comme de petits enfants, vous n'entrerez pas dans le Royaume des cieux».

[91] Cf. M.-É. BOISMARD, «Le lavement des pieds», 16-18, pour qui, Jn 3,5 est une reprise de Jn 3,3 évoquant le baptême et le don de l'Esprit qui l'accompagnerait (p. 17).

de Dieu c'est-à-dire participer à la vie divine. L'averbe ἄνωθεν est expliqué par l'expression ἐξ ὕδατος καὶ πνεύματος. Autrement dit ἄνωθεν signifie ἐξ ὕδατος καὶ πνεύματος. Simplification ou complication? Vu que dans la suite du texte, l'accent est beaucoup plus mis sur l'Esprit dans les trois versets suivants, la difficulté se trouve donc au niveau de l'expression «d'eau et», unique emploi dans la péricope, qui est joint à «d'Esprit». S'il est plus facile de comprendre ἄνωθεν (d'en haut) au sens de πνεύματος, la présence de ὕδατος καὶ nécessite qu'on clarifie sa signification.

La première possibilité de sens qui est la plus commune, et dont nous avons fait cas à propos de l'interprétation baptismale du v. 5 (cf. histoire de l'interprétation de Jn 3,1-21), est celle qui consiste à lire ὕδατος καὶ comme faisant allusion au baptême et au don de la foi par l'Esprit qui est exprimé par πνεύματος[92].

Une seconde possibilité de compréhension de ὕδατος καὶ est de considérer le καί qui unit les deux mots dans cette construction comme un καί épéségétique, ce qui donnerait la signification suivante: «d'eau *c'est-à-dire* d'Esprit»[93] dans la mesure où le second terme est plus important

---

[92] Cf. en particulier R.E. BROWN, *Giovanni*, 186-190, qui donne à ce propos les diverses possibilités de sens et d'interprétation dans le contexte baptismal; I. de LA POTTERIE, «Naître de l'eau et de l'Esprit», 57-61; F. di FELICE, «La nascita dall'acqua e dallo Spirito (Giov. 3,5)», 301-307. Cette interprétation (baptême), comme celle qui consiste à dire que «That birth 'of water' refers to natural or physical birth, while birth 'of spirit' refers to a later spiritual birth», est battue en brèche par Larry Paul Jones qui considère, d'une part que «The parallel structure of Jesus' words in 3.3 and 3.5 invites the reader to consider the entiere clause, 'unless one is born of water and spirit' and not merely a part of it, a reiteration of 'unless one is born anew'. Both water and spirit play some part in birth ἄνωθεν», et d'autre part que «When the topic of baptism appears near the end of this chapter (3.22, 26) and at the beginning of the next chapter (4.1-2), the narrator makes no reference to the spirit. Similarly, in later reference to the imparting of the spirit the narrator makes no mention of baptism. Only John's predication that while he baptized with water, the one to come would baptize with the Holy Spirit (1.33) links the two terms, and nothing in that context associates either of them with birth ἄνωθεν» (L.P. JONES, *The Symbol of Water*, 70-71). Enfin, l'interprétation de D.F. FORD, «Meeting Nicodemus», 10, selon laquelle «Water and Spirit can, again, be general but also can refer to the human and divine origin of Jesus, water being connected with natural birth». Dans la même veine, Russell Fowler fait d'abord remarquer que «It is not true to say that no one can enter the Kingdom without baptism [...] but no one can enter without being twice born», avant de conclure sans ambages que «In verse 5 Jesus was speaking of physical and spiritual births and not of baptism» («Born of Water and the Spirit (Jn 3:5)», 159).

[93] I. de LA POTTERIE, «Naître de l'eau et de l'Esprit», 60, n. 1. Cf. L.P. JONES, *The Symbol of Water*, 71: «When Jesus says 'born of water', "that is to say", of spirit». Cf.

et porte l'accent (cf. σημεῖα καὶ τέρατα en 4,48; πατρὸς καὶ μαθὼν en 6,45), surtout que le mot πνεῦμα sera repris dans les trois vv. suivants. En outre on pourrait y voir une sorte d'*hendiadys* (hendiade) qui ferait traduire: «d'eau *qui est* Esprit», faisant transparaître la prophétie d'Ezéchiel: «Je verserai sur vous une *eau* pure [...] Je mettrai en vous un *esprit* nouveau [...] Je mettrai *mon esprit* en vous» (Ez 36,25-27), elle-même ramenant à Gn 1,2 qui suggère dans la prophétie que le don de l'Esprit correspondrait à une nouvelle création même si le texte ne parle pas explicitement d'«engendrement» nouveau[94] (cf. Ez 11,19; 37,14; Jr 31,33; Is 44,3).

La troisième possibilité de sens est que «d'eau et d'Esprit» a une resonance plutôt spacio-temporelle;

> Cela veut dire que l'accent s'est déplacé d'une vision indéterminée, mais riche de resonance dans le mouvement spacio-temporel de ἄνωθεν, à une considération plus précise et concrète de la renaissance. Ce caractère concret est exprimé de manière particulière à travers la mention de l'eau qui rend physique l'aspect temporel de ἄνωθεν: l'eau constitue le moment de passage entre le «premier» et le «ensuite» de la nouvelle vie. Opportunément, la mention de l'Esprit aide à préciser ce que nous pouvons appeler l'agent de la renaissance ou mieux sa nature transcendante; en d'autres paroles, nous pouvons aussi dire que la nouvelle vie se vérifie dans l'«espace» de l'Esprit, et en effet il se dit qu'il est généré «de l'Esprit»[95].

Enfin «d'eau et d'Esprit» pourraient suggérer les moyens ou agents par lesquels cette naissance a lieu, puisqu'ils sont tous deux gouvernés dans le texte par la préposition ἐκ (de)[96]; ou peut se traduire comme «naître d'eau spirituelle» ou encore «naître d'un élément spirituel»[97].

Pour notre part, ὕδατος καὶ πνεύματος ne signifie rien d'autre que «le signifiant et le signifié» dans son premier sens, c'est-à-dire que l'eau représente l'Esprit. Cette position se rapproche sinon coïncide avec la seconde possibilité de sens qui voit dans la conjonction les séparant un καί explicatif. C'est tout le symbolisme johannique qui est ici exprimé puisque

---

à propos du καί epéségétique, F. BLASS – A. DEBRUNNER – F. REHKOPF, *A Greek Grammar*, 228.

[94] X. LÉON-DUFOUR, *Lecture*, I, 292; cf. Y. SIMOENS, *Selon Jean*, II, 188-189, pour qui, le v. 5 renvoie en premier lieu à la «création» et à l'«alliance» avant le baptême et pour mieux en rendre compte.

[95] G. GAETA, *Il dialogo*, 51.

[96] Cf. F. BÜCHSEL, «γεννάω», 671; M. ZERWICK – M. GROSVENOR, *A Grammatical Analysis*, 292.

[97] Cf. B. F. WESTCOTT, *The Gospel*, 108.

«Dans les écrits johanniques, l'eau assume une signification métaphorique et eschatologique »[98]. En 3,5, la référence à l'eau pourrait se comprendre plus en profondeur avec les textes sur la Samaritaine (Jn 4,1-16) et sur le séjour de Jésus à Jérusalem durant la fête des tentes (Jn 7,37-39) où il est question de l'eau. En effet, parlant à la Samaritaine, Jésus promettait à tout homme l'eau qui deviendra une source jaillissant en vie éternelle. Un peu plus loin, cette eau jaillissant en vie éternelle, est expliquée par l'évangéliste: «Comme dit l'Ecriture: "De son sein couleront des fleuves d'eau vive". Il désignait ainsi l'Esprit que devaient recevoir ceux qui croiraient en lui» (7,37-39). L'eau est symbole de l'Esprit, l'eau «dit», sinon signifie l'Esprit que reçoivent les croyants, la vie de Dieu que reçoivent tous ceux qui adhèrent à Jésus[99]. L'Esprit lui-même symbolisant le «croire», qui n'est autre que cette vie de Dieu, aussi bien comme courroie de transmission que réalité intime. Il est nécessaire d'être engendré d'«eau-Esprit» qui

---

[98] L. GOPPELT, «ὕδωρ», 80. A propos de la signification à donner à ὕδατος καὶ πνεύματος, Zevini se situe dans la ligne d'une interprétation baptismale dans l'Eglise primitive mais reconnait en même temps que l'expression est: «Forse frutto di una rilettura posteriore dell'autore, che ha voluto arricchire così un testo antecedente». Et malgré la difficulté d'interprétation, «*nascere dall'acqua e dallo Spirito* è un invito a Nicodemo perché si lasci rigenerare dalla fede che, tramite lo Spirito, porta l'uomo ad incontrare la rivelazione di Gesù e a vivere con lui un'intima esperienza di comunione» (G. ZEVINI, *Vangelo secondo Giovanni*, 135).

[99] Une question soulevée en séminaire méthodologique lors de la présentation de cette partie du travail, sous la direction du Professeur Mario López Barrio, mérite une tentative de réponse: De la foi et de l'Esprit qui est premier, puisqu'on parle de l'Esprit que devait recevoir ceux qui croiraient en Jésus? Implicitement est soulevée la problématique de la foi qui est suscitée par l'Esprit ou de l'Esprit qui viendrait à la suite de la foi. La réponse peut être trouvée dans les paroles mêmes de Jésus qui dit en Jn 12,32: «Et moi, quand j'aurai été élevé de terre, j'attirerai à moi tous les hommes». L'élévation du Fils en croix qui coincide avec sa glorification «attire les hommes à lui» c'est-à-dire suscite en eux la foi au Christ, selon ce qu'on peut comprendre de Jn 6,44: «Nul ne peut venir à moi si le Père qui m'a envoyé ne l'attire, et moi je le ressusciterai au dernier jour». C'est donc le Père qui met dans le cœur des hommes de croire en son Fils puisque «Quiconque a entendu ce qui vient du Père et reçoit son enseignement vient à moi» dit Jésus dans la suite du même verset. On peut donc conclure que la foi est suscitée par l'Esprit Saint que Jésus transmet par son élévation-glorification mais aussi, puisque l'histoire du texte johannique et les thèmes qui y sont abordés sont développés à l'intérieur d'une communauté constituée et mature, l'Esprit aide à se souvenir et à comprendre, éclaire l'intelligence des disciples, complète et achève en eux la connaissance de Jésus-Christ: «Le Paraclet, l'Esprit Saint que le Père enverra en mon nom, vous enseignera toutes choses et vous fera ressouvenir de tout ce que je vous ai dit» (Jn 14,26); «J'ai encore bien des choses à vous dire mais vous ne pouvez les porter maintenant; lorsque viendra l'Esprit de vérité, il vous fera accéder à la vérité tout entière» (Jn 16,12-13).

CHAP. III: ANALYSE SÉMANTIQUE

ramène à une même réalité; ce qui ne peut que se recevoir puisqu'ici le passif semble ne pas trop engager l'action ou la responsalité de l'homme. C'est avant tout un don parce qu'il est œuvre de l'Esprit que symbolise l'eau. Ainsi, «Jésus réitère son exigence et son appel à un renouvellement total de l'existence humaine et la seule possibilité de salut est la vie nouvelle que l'homme ne peut que recevoir»[100] par la foi. «Croire» est donc avant tout un don qui se reçoit «d'en haut», qui se reçoit d'eau et d'Esprit, c'est-à-dire dans la forme et dans le fond. Comme on se reçoit d'un père et d'une mère, ainsi tout homme se reçoit de Dieu dans toutes ses composantes au moyen du «croire» qui lui permet une participation à sa vie même. Ainsi, sans réfuter l'allusion au baptême[101] qui se comprendrait à un second niveau de lecture au regard de la pratique sacramentelle dans la communauté johannique, Jésus invite avec empressement Nicodème à une véritable mue de son être tout entier et ce, par le don de la vie divine qu'il se doit de recevoir. Nicodème doit donc se recevoir «d'en haut» justement parce qu'en bon pharisien, il a, ou aurait la tentation de penser que le salut serait d'abord la conséquence de la pratique de la Loi, de la fidélité aux commandements.

Jésus s'explique encore plus en disant: τὸ γεγεννημένον ἐκ τῆς σαρκὸς σάρξ ἐστιν, καὶ τὸ γεγεννημένον ἐκ τοῦ πνεύματος πνεῦμα ἐστιν (v. 7), comme pour répondre à Nicodème qui matérialise et «biologise» cet engendrement. L'engendrement charnel produit l'être charnel, c'est-à-dire conduit à la naissance charnelle. Par contre, l'engendrement spirituel produit l'être spirituel, c'est-à-dire conduit à la naissance spirituelle, à l'entrée dans le Royaume de Dieu, à la participation à la vie divine, à la vie même de Dieu. C'est ce que l'évangéliste exprimait déjà dans le prologue quand il dit: «Ceux-là ne sont pas nés du sang, ni d'un vouloir de chair, ni d'un vouloir d'homme, mais de Dieu» (1,13). Ainsi,

> A l'expression γεννηθῆναι ἐκ τοῦ πνεύματος (3,6) correspond l'autre: γεννηθῆναι ἄνωθεν (3,3; 1,13). A l'εἶναι ἐκ τοῦ θεοῦ s'oppose l'εἶναι ἐκ τῶν κάτω, ἐκ τοῦ διαβόλου, ἐκ τοῦ κόσμου (8,23.42-47; 15,19), tout comme à γεγεννημένον ἐκ τοῦ πνεύματος s'oppose γεγεννημένον ἐκ τῆς σαρκὸς. D'un côté il y a équivalence entre πνεῦμα, ἄνω, θεός, de l'autre côté équivalence entre σάρξ, κάτω, διαβόλος, κόσμος[102].

---

[100] F. VOUGA, *Le Cadre*, 19.
[101] Cf. O. CULLMANN, *Les sacrements dans l'Évangile Johannique*, 168-171; H. KLOS, *Die Sakramente im Johannesevangelium*, 11-44; C. DODD, *The interpretation*, 310.
[102] E. SCHWEIZER, «πνεῦμα, πνευματικός», 1064.

> Qui «est né du πνεῦμα», n'est plus proie de la σάρξ (de la mort), mais il est lui-même esprit (Jn 3,6). Ce qui est aussi indiqué par les images «eau» (7,38; cf. Ez 36,25), «eau et sang» (19,34), et probalement «eau vive» (4,10.14c) comme «don» [δωρεά] avec lequel on entend — comme le «vin» donné à l'«heure» («maintenant») (2,1-13) — la révélation en Christ[103].

En Jn donc, πνεῦμα est essentiellement don du Seigneur et surtout du Seigneur glorifié[104]: «En effet, il n'y avait pas encore d'Esprit parce que Jésus n'avait pas encore été glorifié» (7,19c).

Ce qui est charnel est soumis aux contingeances de la chair c'est-à-dire à la fragilité, à la fugacité et même au mal (qui pourtant ne s'assimile pas toujours à elle; la chair en soi est bonne — puisque le Verbe s'est fait chair; pourtant elle est grevée d'une faiblesse congénitale[105]); tandis que ce qui est spirituel comme l'engendrement «d'en haut», de Dieu, du ciel, est pneumatique c'est-à-dire trouvant sa source ou découlant de Dieu, de la puissance de Dieu qui intervient dans le *Dasein humain* selon Bultmann, expression reprise par Vouga qui, en s'appuyant toujours sur lui, explique ce v. 6 en ces termes:

> Ce verset, qui a la forme d'un axiome, fonde les affirmations des vv. 5 et 7. En raison du fossé qui le sépare de Dieu, l'homme est incapable de fonder ou d'assurer son salut. Cette formule prédestinatienne n'exclut pas Nicodème du salut, mais lui montre une fois encore que la seule manière de le recevoir est de naître d'en haut. Le gain de l'existence authentique ne peut être qu'un miracle (Bultmann). En opposant ἐκ τῆς σαρκὸς (de la chair) à ἐκ τοῦ πνεύματος (de L'Esprit), Jn montre que l'homme est déterminé par son origine, et n'est pas maître de son existence: il ne peut exister que «de Dieu», «de la vérité», «de l'Esprit», ou «du monde», «du mensonge», «de la chair». Le *Woher* de l'homme détermine son *Wohin*, sa liberté s'il reconnaît son origine dans le Dieu créateur, son esclavage s'il la renie (Bultmann)[106].

En définitive donc, πνεῦμα se présente comme une puissance qui génère la vie, en opposition à la σάρξ et apparait comme un monde inaccessible à l'homme qui ne vit pas ἐν πνεύματι, avec la différence qu'ici la vie est élevée à une génération du πνεῦμα[107]. Ainsi, il y a deux principes vitaux: la chair et l'Esprit; chacun transmet la vie qu'il possède.

---

[103] J. KREMER, «πνεῦμα», 1021.

[104] J. KREMER, «Πνεῦμα», 1020.

[105] E. COTHENET, *La chaîne*, 42, pour qui dans ces antithèses, se manifeste le dualisme johannique, étant bien entendu qu'il ne s'agit pas d'un dualisme métaphysique comme le comprendra la gnose, mais d'un dualisme relatif.

[106] F. VOUGA, *Le Cadre*, 19 et n. 16.

[107] E. SCHWEIZER, «Πνεῦμα, πνευματικός», 1067.

2.2.3 3ème appel: il vous faut être engendré d'en haut (v. 7)

Plus que tout autre personne, c'est Jésus lui-même qui nous informe clairement de l'étonnement de Nicodème qui ironisait au v. 4: μὴ θαυμάσῃς ὅτι εἶπόν σοι, Δεῖ ὑμᾶς γεννηθῆναι ἄνωθεν. Le verbe θαυμάζειν décrit chez Jn l'étonnement de l'homme devant un signe ou une parole du Fils paradoxal qu'il ne comprend pas[108] (cf. 4,27; 5,20.28; 7,15.21; 1Jn 3,13). En fait Nicodème ne doit pas s'étonner que le salut ne puise résulter que de l'engendrement d'en haut (γεννηθῆναι ἄνωθεν), qui fait inclusion avec le v. 3 où cette même expression était incomprise par Nicodème. «En reprenant sa formulation initiale, Jésus redonne donc à l'expression toute son ampleur sémantique[109]. L'engendrement d'en haut n'a pas à étonner Nicodème même dans le cas d'un homme d'âge mûr, puisque:

> Déjà dans l'AT, les prophètes avaient annoncé la nouvelle alliance en termes de régénération ou de nouvelle création du peuple d'Israël, et celle-ci était souvent attribuée à l'Esprit du Seigneur (cf. Jr 31,31-34; Ez 11,19-20; 36,24-27). Is 66,7-14 décrit même l'avènement du Nouvel Israël en utilisant la métaphore d'une mère donnant naissance[110].

Nicodème ne devait pas s'étonner puisque:

> Les prophètes avaient parlé de l'effusion surabondante de l'Esprit de Dieu comme caractéristique des temps messianiques (cf. Is 4,4; 32,15; 59,21; Za 12,10; 13,1; Jl 3,1), effusion qui allait avoir comme effet une véritable transformation intérieure (cf. Ez 11,19-20; 36,24-27), qualifiée par les rabbins de création nouvelle, nouvelle naissance ou régénération. Dans certains textes comme Is 44,3; Jr 31,33; Ez 36,25-27; 47,1-12, la symbolique de l'eau était même directement associée à l'Esprit[111].

---

[108] F. VOUGA, *Le Cadre*, 19. Comme renchérit S. Grasso, «Gesù interpreta la reazione di Nicodemo, espressa precedentemente attraverso i suoi interrogativi, con il verbo *thaumazō*, che significa "stupirsi, guardare con sorpresa o stupore", invitandolo infatti a non meravigliarsi. Questo stato d'animo nel vangelo di Giovanni scaturisce sempre in relazione al modo in cui Gesù svolge la sua missione (Gv 4,27), ma sopratutto è posto sulle sue labbra per descrivere la situazione emotiva dei suoi interlocutori (5,20.28; 7,21)» (S. GRASSO, *Il vangelo*, 154).

[109] P. LÉTOURNEAU, *Jésus*, 147. Toutefois, il faut admettre avec lui qu'une transformation évidente a été opérée par rapport à l'énoncé du v. 3 même si le sens profond n'est pas vraiment affecté par cette transformation: «Le second membre, qui exprimait l'entrée dans le Royaume de Dieu comme but visé par la proposition conditionnelle, a été remplacé par le verbe auxiliaire δεῖ "il faut"» (*Ibid.*, 146).

[110] P. LÉTOURNEAU, *Jésus*, 153.

[111] P. LÉTOURNEAU, *Jésus*, 153.

Nicodème n'avait donc pas à s'étonner.

Si les énoncés des vv. 3 et 5 s'exprimaient sous la forme de conditions indispensables, au v. 7, il l'exprime de manière positive: il vous faut être engendré d'en haut. Avec l'usage du verbe auxiliaire δεῖ «il faut», qui signifie qu'une chose est nécessaire ou juste[112], «manifestation absolument parfaite de la volonté salvifique de Dieu, ouvre les yeux à l'homme lui faisant comprendre la disgrâce dans laquelle il se trouve et l'invite à avoir foi au salut qui lui est offert (Ac 4,12; 16, 30)»[113]. Il est complété par le pronon personnel ὑμᾶς se reférant soit à lui comme celui-là même qui se tient à distance des autres et qui n'a pas besoin d'être engendré d'en haut[114] soit à un auditoire plus large auquel le Jésus johannique adresse son appel:

> Les ὑμεῖς ne sont pas en premier lieu ni les gens dont parle 2,23-25, ni les pharisiens et chef des Juifs de 3,1, ni les Juifs en général, mais les lecteurs de l'évangile. En outre, Nicodème représente probablement des Juifs qui hésitent entre la synagogue et la communauté johannique (cf. par exemple 12,42). Ce sont eux aussi que désigne ὑμεῖς. Il est bien entendu cependant, qu'au-delà d'eux, c'est avec le judaïsme de son temps que Jn discute, de manière indirecte[115].

Nicodème ne doit pas s'étonner de la necéssité d'être engendré d'en haut c'est-à-dire d'Esprit car τὸ πνεῦμα ὅπου θέλει πνεῖ καὶ τὴν φωνὴν αὐτοῦ ἀκούεις, ἀλλ' οὐκ οἶδας πόθεν ἔρχεται καὶ ποῦ ὑπάγει· οὕτως ἐστὶν πᾶς ὁ γεγεννημένος ἐκ τοῦ πνεύματος (v. 8). Qu'il s'agisse d'une parabole ou d'une allégorie, οὕτως (ainsi, de cette façon) renvoie à ce qui précède et établit une relation d'égalité entre les deux phrases.

Tout comme l'hébreu רוּחַ qui a les significations de vent, souffle et esprit avec diverses nuances[116], le substantif verbal πνεῦμα, dérivé πνέω,

---

[112] W. GRUNDMANN, «δεῖ», 793; des 102 passages du NT où est employée cette formule dans ses diverses formes, 41 occurrences se retrouvent dans le corpus lucanien, qui démontre que Luc, grâce à son origine et à sa mentalité hellénistique, fait facilement recours au terme et l'emploie avec une claire préférence (*Ibid.*, 796); dans notre texte, l'expression reviendra au v. 14 à propos de la necéssaire elévation du Fils de l'Homme (cf. 12,34).

[113] W. GRUNDMANN, «δεῖ», 797-798.

[114] X. LÉON-DUFOUR, *Lecture*, I, 293.

[115] F. VOUGA, *Le Cadre*, 19; cette thèse est soutenue par R. Bultmann, R.E. Brown et R. Schnackenburg.

[116] P. REYMOND, *Dictionnaire d'hébreu et d'araméen bibliques*, 348. Dans l'AT, avec רוּחַ il est souvent explicitement désigné l'«Esprit» de Dieu, qui opère comme force vitale et confère en outre des dons particuliers ou inspire des personnes déterminées (J. KREMER, «Πνεῦμα», 1012).

désigne la force élémentaire de la nature et de la vie: vent, souffle, respiration[117].

> Dans le v. 8a, πνεῦμα signifie «vent» dans ce qu'il a d'incompréhensible et de fuyant, et c'est en cela qu'il ressemble à l'Esprit de Dieu. Mais il est important de noter que cette caractéristique n'est pas attribuée à l'Esprit, mais bien au pneumatique. De cette façon, il est fortement souligné le «caractère spécial» de celui qui est engendré de l'Esprit. Le croyant aussi, duquel le κόσμος ne connaît ni la provenance ni la destination, est desormais soustrait à la connaissance humaine[118].

Car «le vent, où il veut, souffle et sa voix tu entends, mais tu ne sais pas d'où il vient et où il va. Ainsi est, tout ce qui est engendré de l'Esprit». Cette petite comparaison qui superpose les réalités du vent et de l'Esprit, sert à démontrer que l'engendrement de l'Esprit, malgré son caractère mystérieux, n'en constitue pas moins une réalité[119]. La preuve en est que, même si l'on ne parvient pas à cerner la réalité mystérieuse du vent (mais tu ne sais pas d'où il vient et où il va), on ne met tout de même pas en doute son existence puisqu'on en ressent les effets (sa voix tu entends, étant entendu que φωνή a les significations de son, bruit, voix[120]). Ainsi en est-il de l'engendré de l'Esprit.

L'aspect mystérieux du vent est exprimé par l'impossibilité de connaître son origine et sa destination. En Jn, l'adverbe πόθεν est souvent employé pour manifester l'ignorance des gens sur les réalités du salut. Ainsi Nathanaël ignore d'où Jésus le connaît (1,48); le maître du repas ne sait pas d'où provient le bon vin (2,9); Nicodème ne sait pas d'où vient le vent/Esprit (3,8); la Samaritaine ignore d'où Jésus tient l'eau vive (4,11); les disciples ne connaissent pas la provenance du pain (6,5). A partir du chapitre 7, l'adverbe exprime l'ignorance des foules ou des Juifs sur la personne de Jésus: soit qu'ils pensent connaître (7,27) ou qu'ils ignorent (7,28; 9,29-30) d'où est Jésus. Devant cette ambiguïté, seul Pilate demandera directement à Jésus: «d'où es-tu?» (19,9). Quant à la formule «ποῦ + verbe aller/partir», elle est fréquente pour signaler la mauvaise interprétation du départ de Jésus (cf. 7,35; 8,14; 13,36; 14,5; 16,5). L'expression double (d'où [...] et où) exprime le mystère véritable de la personne de Jésus. Comprendre sa personne, c'est savoir d'où il

---

[117] J. KREMER, «Πνεῦμα», 1011. Dans le NT, πνεῦμα se trouve compressivement 379 fois, et seulement en 3 de ceux-ci (Jn 3,8; He 1,7; 2 Th 2,8) se trouve sans équivoque le sens originaire (fort) de vent, souffle (*Ibid.*, 1012.1013).

[118] E. SCHWEIZER, «Πνεῦμα, πνευματικός», 1069-1070.

[119] P. LÉTOURNEAU, *Jésus*, 148.

[120] M. CARREZ – F. MOREL, *Dictionnaire grec-français*, 261.

vient (d'auprès du Père) et où il va (auprès du Père). Croire en Jésus, Fils-Envoyé de Dieu, c'est accepter cette origine et cette destination. En révélant les paroles du Père au monde, Jésus a donné aux êtres humains la possibilité d'accepter et de connaître vraiment «qu'il est sorti d'auprès du Père», et de «croire que Dieu l'a envoyé»[121]. En reliant l'engendrement de l'Esprit au mystère de l'origine et de la destination du vent, l'évangéliste pouvait déjà mettre en relief, par anticipation allusive, l'enracinement christologique du salut.

«L'évangéliste ne s'appuie pas sur des connaissances météorologiques mais sur une tradition vétéro-testamentaire qui utilisait le mystère du vent pour symboliser l'impénétrabilité des voies de Dieu (cf. Qo 11,5; Pr 30,4; Si 16,21; 4 Esdr 4,5-11)»[122]. En effet, tout au long de l'évangile, le mystère de la personne de Jésus est exprimé par son origine et sa destination: croire en Jésus, c'est reconnaître qu'il vient du Père/du ciel et qu'il doit y retourner. Ce que Nicodème est encore loin de comprendre et d'accepter. Sa dernière intervention sans en être une preuve suffisante nous situe sur cette difficulté[123]: «Comment peuvent-elles ces choses devenir?» (v. 9). Ceux qui n'ont pas la foi ne savent pas d'où il est (cf. 9,29) et ne comprennent pas non plus son départ (cf. 8,22). Dans le même sens, pour comprendre l'action régénératrice de l'Esprit et le salut qui en découle, il faut répondre à la question «d'où il vient et où il va», appliqué d'abord à Jésus, ensuite à l'Esprit.

> Nicodème croyait savoir (3,2: nous savons). Il avait cherché à situer, à dépeindre Jésus, mais il s'était trompé, parce qu'il ne savait pas d'où il vient et où il va. Les signes de Jésus (2,23) étaient la voix de l'Esprit; Nicodème et tous ceux qu'il représente ont voulu les interpréter en fonction de l'origine judaïque de Jésus, dans les sillons de la «chair», de la tradition, du déjà connu (3,2: comme maître). Mais l'Esprit n'admet point de référence. La même chose arrivera à d'autres qui penseront de savoir mais en réalité, ne sauront pas (cf. 7,27s.33-36; 8,21s.). Nicodème possedait

---

[121] Ce paragraphe est l'analyse sémantique faite par Létourneau de l'adverbe πόθεν et de la formule ποῦ + verbe aller/partir en Jean (P. LÉTOURNEAU, *Jésus*, 148, n. 95).

[122] P. LÉTOURNEAU, *Jésus*, 148, n. 89. Comme le souligne L. Walter, le reproche de Jésus «signifie qu'un docteur juif pourrait trouver dans le Judaïsme les appuis qui lui font défaut pour "connaître" la Parole, c'est-à-dire pour l'entendre en croyant» (L. WALTER, «Jean III, 1-21: Selon la foi et l'incrédulité», 371).

[123] Nous partageons en partie la position de Vouga pour qui, la question de Nicodème relance provisoirement l'exposé (F. VOUGA, *Le Cadre*, 20). Si au plan littéraire et narratif, cela se justifie, son évolution spirituelle nous laisse encore perplexe et la grande question demeure celle-ci: pourquoi tant de difficultés à saisir Jésus?

un savoir de la «chair», de l'homme inaccompli, qui ne connaît pas le projet de Dieu[124].

C'est pourquoi d'ailleurs il se maintient sur la ligne du πῶς «comment» (3,4.9). En définitive, τὸ πνεῦμα est le vent qui symbolise l'Esprit[125]. Le Jésus johannique affirme par cette comparaison d'égalité:

> La libre grâce de Dieu: ce n'est que par l'activité de l'Esprit que l'homme peut être engendré d'en haut; l'activité de l'Esprit échappe aux calculs et aux possibilités de l'homme: il est comme le vent; on ne peut mettre la main sur lui, mais on peut voir ses effets: il y a des hommes qui croient[126].

Nicodème est dépossédé de son salut en même temps qu'il apprend que celui-ci ne peut lui être que donné[127], tout comme lui est donné l'effet du salut c'est-à-dire la foi. Ces effets ne sont pas d'abord l'œuvre de l'homme, mais bien de l'Esprit qui les communique. L'Esprit est l'origine et la source de la vie de foi des hommes qui croient. De même qu'on ne peut qu'entendre la voix du vent, de même on ne peut que constater la vie de foi des croyants et ce, parce que c'est l'Esprit qui est à l'œuvre et qui la communique. La foi comme «effet de l'Esprit» est donc un «don» et c'est cette dimension de la foi comme «don» qui est aussi et ainsi mise en lumière par le dialogue que nous avons tenté de parcourir. De même qu'on est engendré, de même on reçoit l'Esprit et ses effets: la foi et la vie de foi auxquelles Jésus appelle avec insistance Nicodème et tous ceux dont il est la représentation afin qu'ils se reçoivent d'en haut, d'eau-Esprit, dans la foi. Et quand en fin de dialogue (v. 10), Jésus reproche au

---

[124] J. MATEOS – J. BARRETO, *Il vangelo di Giovanni*, 180; cf. C. HUGHES SMITH, «Οὕτως ἐστὶν πᾶς ὁ γεγεννημένος», 181.

[125] Cf. C. HUGHES SMITH, «Οὕτως ἐστὶν πᾶς ὁ γεγεννημένος», 181.

[126] F. VOUGA, *Le Cadre*, 19-20. Cf aussi K. O. SANDNES, «Whence and Whither», 153-173, pour qui l'«être engendré d'en haut» est illustré par le vent en Jn 3,8, dont on peut expérimenter les effets sans connaître d'où il vient et où il va. Pour lui en définitive, «the whence and whither of both Jesus and faith are a reference to God in heaven». Toutefois il ne faut pas comprendre les verbes «croire» et «connaître» tout simplement comme des synonymes; nous sommes de l'avis de Bultmann, partagé par de La Potterie que: «La "connaissance", au sens johannique, est un moment structurant de la vraie foi: certes, chaque "connaissance" est, et il ne peut en être autrement, que connaissance de foi, il reste toujours ici-bas dans le domaine de la vie de foi; toutefois, chaque acte de foi n'est pas encore vraie "connaissance"; elle requiert un certain moment d'approfondissement, d'intériorisation, de maturation de la foi: une foi encore inopérante et superficielle n'est pas pour Jean une vraie "connaissance" du Christ et de son mystère; elle devient seulement "connaissance" quand la foi a pénétré toute l'âme, tout le cœur, toute la vie» (I. de LA POTTERIE, «La fede negli scritti giovannei», 296).

[127] Cf. F. VOUGA, *Le Cadre*, 20.

maître d'Israël sa méconnaissance de ces choses (l'être engendré d'en haut pour participer à la vie éternelle), il ne dit rien d'autre que de lui reprocher son manque de foi puisque:

> Γινώσκειν ne signifie en définitive pas autre chose que croire: on ne saurait dans tous les cas comprendre la foi et la connaissance comme deux étapes d'une progression: il n'y a pas de connaissance en dehors de la foi et la foi ne saurait se passer de la connaissance qui lui permet de se comprendre elle-même[128].

Comme le souligne avec force Marchadour «la réponse de Jésus déplace, déstabilise le savant Nicodème. Nicodème parlait de connaître; Jésus l'invite à renaître. Les deux mots ont la même étymologie, mais le second suppose un abandon, un départ»[129].

3. vv. 11-15: Discours: croire au témoignage sur le/du Fils de l'Homme élevé en croix

Nous sommes ici au centre de notre péricope qui, comme nous le justifions à la suite de notre proposition de structure, forme une unité littéraire[130]. En effet, deux champs sémantiques se dégagent à notre avis: le premier est relatif aux thèmes de «voir-témoigner-croire» (vv. 11-12) et le second à «la foi au Fils de l'Homme élevé» (vv. 13-15), qui entretiennent un lien fort à cause d'une part, de la récurrence de la thématique de la foi qui revient dans les deux ensembles, et d'autre part par la présence au v. 12 d'expressions s'accordant sinon relatives à la sphère spatiale du Fils de l'Homme (ἐπίγεια, ἐπουράνια) ayant un caractère d'annonce.

3.1 *Voir-Témoigner-croire (vv. 11-12)*

Après le troisième ἀμὴν ἀμὴν λέγω σοι à «caractère de révélation» et d'approfondissent de ce qui précède, le Jésus johannique substitue la deuxième et troisième personne du singulier, fréquentes dans le dialogue, par le Nous et Vous (ὃ οἴδαμεν λαλοῦμεν καὶ ὃ ἑωράκαμεν μαρτυροῦμεν,

---

[128] F. VOUGA, *Le Cadre*, 20; cf. R. BULTMANN, «γινώσκω», 524-525.

[129] Cf. A. MARCHADOUR, «Lire l'œuvre de Jean», 350.

[130] Si F. ROUSTANG, «L'entretien», 345, soutient l'unité des vv. 11-15, qu'il justifie par l'usage des mots crochets dans le texte, procédé très courant chez les sémites ; Létourneau préfère unifier les vv 11-13 pour satisfaire aux exigences formelles et thématiques (P. LÉTOURNEAU, *Jésus*, 157, n. 104) et les vv. 14-18 qui, selon lui, constituent une miniunité bipartite qui met en parallèle les vv. 14-15 et 16-18 à partir de l'homogénéité lexicale et thématique de ces deux unités (*Ibid.*, 172-173). Nous partageons plutôt l'avis du premier.

καὶ τὴν μαρτυρίαν ἡμῶν οὐ λαμβάνετε). Qui parle ici, à qui s'adresse-t-il et que dit-il? Plusieurs hypothèses se présentent à nous pour identifier le locuteur: allusion à la trinité selon les Pères de l'Eglise, témoignages de l'AT (Abraham et les prophètes) et de Jean-Baptiste, pluriel de majesté ou de compréhension, donner une couleur mystérieuse à son discours, la communauté des disciples, allusion ironique au οἴδαμεν de 3,2[131]. Qui parle et témoigne de ce qu'il a vu? Reccurrent dans les discours d'adieu johanniques (14,25; 15,11; 16,1.4.6.25.33), le verbe λαλέω[132] est utilisé par Jn pour parler de la Révélation[133] (3,34; 4,26; 12,36.41.48.49.50), il a valeur de révélation en ce sens qu'il n'est pas le verbe banal des conversations futiles[134].

> En Jn, ce verbe s'applique fréquemment à l'enseignement de Jésus. Ce dernier est ainsi désigné comme l'unique révélateur du Père: il dit les paroles de Dieu (3,34); il dit au monde ce qu'il a entendu auprès du Père (8,26), ce que le Père lui a enseigné (8,28), montré (8,38), et même prescrit (12,49). Ce qu'il dit, c'est la vérité entendue auprès du Père (8,40). De plus, Jésus révèle la parole de Dieu si fidèlement (12,50; cf. 14,10a), qu'il peut dire que c'est le Père lui-même qui, demeurant en lui, accomplit son œuvre (14,10). Parce qu'il en est ainsi, la parole prononcée par Jésus est non seulement

---

[131] Cf. R. SCHNACKENBURG, *Das Johannesevangelium*, I, 389, qui, dans un premier temps, passe en revue certaines de ces diverses hypothèses auxquelles il oppose des arguments avant de s'appuyer sur Jn 3,32 et 9,4 pour prendre la position suivante: «Das heißt, auf 3,11 angewendet: Die eschatologische Offenbarung, die niemand anders als Jesus möglich war, wird doch den Jüngern anvertraut und von ihnen übernommen und weitergetragen, so daß, wenn der Mund des irdischen Jesus verstummt, seine Jünger und Gesandten die gleiche Offenbarung weiterkünden. In diesem Sinn kann er sich mit ihnen zusammenfassen und hat er tatsächlich ihr Wirken als die verlängerung seines eigenen bezeichnet (13,20; vgl. Hier auch das λαμβάνειν ferner vgl. 15,20). Damit ist eine gewisse Überschreitung der Gesprächssituation gegeben, aber doch in beschränkter Weise, wie sie etwa auch 4,38; 17,18 vorliegt: Der Blick Jesu öffnet sich für die Zeit, da die Jünger sein „Zeugnis" in ihrer Verkündigung aufnehmen und zum ihrigen machen»; cf. également G. R. O'DAY, «John 3: 1-21», 551; F. VOUGA, *Le Cadre*, 20 ou encore X. LÉON-DUFOUR, *Lecture*, I, 296-297; M. MORGEN, *Afin que le monde*, 32-33. Un dernier avis mérite tout de même d'être rélévé quoique nous ne partageons pas ce point de vue. Pour B. E. REYNOLDS, «The Testimony of Jesus», 157-172, le «Nous» en 3,11, au regard du contexte littéraire, renverrait par inclusion de l'usage qu'en fait Jésus, à l'Esprit qui parle et témoigne avec Jésus.

[132] Sur 269 emplois dans le NT, les évangiles et les Actes en renferment 196 dont 59 en Jn et 59 dans les Ac. Λαλέω est parfois utilisé pour désigner la prédication des disciples (Ac 4,29.31; 8,25 etc.).

[133] Cf. R.E. BROWN, *The Gospel*, I, 132; I. de LA POTTERIE, «Jesus et Nicodemus», 259; F. VOUGA, *Le Cadre*, 20.

[134] COTHENET, *La chaîne*, 43.

e(E)sprit et vie (6,63) mais aussi jugement (12,48; cf. 8,26; 15,3.22). Même lorsque Jésus sera retourné auprès du Père, la révélation se poursuivra; en effet, Jésus continuera à prononcer la parole du Père (17,13), de façon ouverte (16,25.29) par le paraclet, l'Esprit de vérité (14,25-26; 16,13; cf. 14,30)[135].

Cela est naturellement le cas lorsque le verbe est appliqué à Jésus au singulier (par ex. 8,38) comme le fait remarquer Létourneau avant de demander s'il est toutefois légitime que la forme plurielle, qui associe d'une quelconque manière les disciples à Jésus, a le même sens[136]. Il répond à la question, et c'est aussi notre avis, en s'appuyant sur 15,15 lorsque Jésus dit à ses disciples: «Je ne vous appelle plus serviteurs, car le serviteur reste dans l'ignorance de ce que fait son maître; je vous appelle amis, parce que tout ce que j'ai entendu auprès de mon Père, je vous l'ai fait connaître». Les disciples sont pour ainsi dire associés dès maintenant à la mission révélatrice de Jésus avec la différence que c'est Jésus qui est l'initiateur de la révélation, eux lui sont associés en tant que récipiendaires de cette révélation qu'ils poursuivront avec l'assistance du Paraclet, l'Esprit de vérité (cf. 14,25-26)[137].

La même logique et question s'appliquent à μαρτυροῦμεν et ἑωράκαμεν. «Témoigner» et «voir» sont-ils aussi le fait ou le privilège des disciples?

«Μαρτυρέω»[138] signifie exercer la fonction de témoin. Aussi dans le NT, il indique avant tout déclarer ou confirmer un quelconque fait sur la base d'une connaissance directe, il s'agit d'actions individuelles déterminées ou d'événements de commune expérience»[139]. Et sur les 30 occurrences de μαρτυρία dans les écrits johanniques, 27 passages donnent la signification de témoignage sur Jésus-Christ et sur son mystère salvifique, rendu en vue de propager la foi et correspond à l'usage que Jean fait de μαρτυρέω[140].

En Jn le verbe «témoigner» est employé de différentes façons. Lorsque c'est Jésus lui-même qui témoigne, l'objet de son témoignage est souvent sa propre personne (8,12-14) ou une vérité de l'ordre du salut inaccessible pour

---

[135] Cf. P. LÉTOURNEAU, *Jésus*, 160, n. 113.
[136] Cf. P. LÉTOURNEAU, *Jésus*, 160, n. 113.
[137] P. LÉTOURNEAU, *Jésus*, 160-161.
[138] Le verbe μαρτυρέω se trouve 76 fois dans le NT: 63 fois à la voix active et 13 fois à la voix passive. La majorité des occurrences se trouve en Jn (33), 1-3 Jn (10) et en Ac (11). Cf. J. BEUTLER, «Μαρτυρέω», 286.
[139] H. STRATHMANN, «Μάρτυς», 1334.
[140] H. STRATHMANN, «Μάρτυς», 1347.

CHAP. III: ANALYSE SÉMANTIQUE 93

l'être humain (3,32; 18,37). Dans le premier cas, la validité de son témoignage se fonde sur le fait qu'il sait d'où il vient et où il va (cf. 8,14); dans le second, elle est fondée sur son origine céleste (cf. 3,31-32). Dans cette perspective, il serait difficile d'inclure les disciples comme sujet du témoignage au même titre que Jésus; d'ailleurs, le v. 13 nous l'interdit puisque «personne n'est monté au ciel». Mais il y a un autre emploi du verbe, lorsqu'il s'agit du témoignage porté par d'autres sur Jésus. Le verbe est ainsi appliqué à Jean-Baptiste (1,7.8.15.32.34; 3,26; 5,33), à la Samaritaine (4,39), à Dieu (5,32.37; 8,18), aux œuvres (5,36; 10,25), aux Écritures (5,39), au Paraclet, l'Esprit de vérité (15,26), et aux disciples (15,27; 19,35). Dans cette catégorie, l'application du verbe à Jean-Baptiste, à la Samaritaine et aux disciples est particulièrement significative pour notre propos. Le témoignage de ces trois témoins est essentiellement fondé sur l'expérience d'un événement du ministère de Jésus. Jean-Baptiste témoigne parce qu'il a vu l'Esprit descendre et demeurer sur Jésus (1,32-34); celui de la Samaritaine repose sur le fait que Jésus lui ait dit «tout ce qu'elle avait fait» (4,39); de même les disciples peuvent témoigner «parce qu'ils sont avec Jésus depuis le début» (15,27), c'est-à-dire qu'ils ont été témoins oculaires de son ministère (cf. aussi 19,35)[141].

Quant au verbe ἑωράκαμεν, il est à saisir selon la même logique et c'est encore Létourneau qui nous oriente à travers son analyse sémantique du verbe ὁράω[142] employé ici:

Mis à part notre verset, le parfait du verbe ὁράω a trois fois Jésus comme sujet (3,32; 6,46; 8,38; implicitement 1,18). A deux occasions l'objet de la vision est indéterminé mais situé lorsque Jésus était auprès du Père ou au ciel (8,38; 3,31-32); dans l'autre cas, c'est le Père lui-même qui est l'objet du voir (6,46; cf. 1,18). Les autres emplois de ce verbe au parfait servent soit à nier la vision du Père par qui que ce soit d'autre que le Fils (1,18; 5,37; 6,46), soit, positivement, à exprimer le regard qui se pose sur la personne de Jésus lors de sa présence ici-bas (6,36; 9,37; 14,7.9; 19,35; 20,18.25.29). Dans certains de ces cas, on peut penser que le verbe exprime la perception de foi puisque le regard peut atteindre le Père derrière la personne de Jésus

---

[141] P. LÉTOURNEAU, *Jésus*, 161.

[142] Ὁράω fait parti avec βλέπω, θεωρέω, des verbes de vision utilisés par Jn et qui continuent de susciter des discussions entre exégètes quant à la signification de chacun d'eux. Si pour certains chaque verbe exprime un type de vision du plus superficiel au plus profond jusqu'à la vision de foi, d'autres attribuent une signification propre aux différents verbes utilisés selon le contexte. Cf. J. ONISZCZUK, «Ruolo del versetto 9», 53, n. 4; P. LÉTOURNEAU, *Jésus*, 161, n. 114, qui tous deux nous ramènent à d'autres critiques traitant la question: cf. R.E. BROWN, *Giovanni*, 1442-1444; E. FRED, «Variations in the Language», 189; G. L. PHILLIPS, «Faith and Vision», 83-96.

(14,7.9). Toutefois, c'est toujours la personne historique de Jésus qui est l'objet immédiat du «voir»[143].

Et si nous ajoutons à ces références celles d'après Pâques, où l'expérience du Réssuscité par les disciples consiste tout d'abord à «voir» le Seigneur, il y a lieu de penser qu'elle peut signifier le regard ou la confession de foi. Quand Marie dit aux disciples: «J'ai vu le Seigneur» (20,18) ou lorsque les autres disciples disent à Thomas: «Nous avons vu le Seigneur» (20,25), c'est la véritable identité de Jésus comme Seigneur qui est perçue derrière la vision de sa personne. Et s'il reste difficile de décider s'il faut attribuer cette identification au regard lui-même ou au contexte post-pascal, il est au moins évident que le verbe «voir» englobe l'expérience du contact physique (le toucher, cf. v. 27) avec la personne de Jésus; en effet en 20,29 Jésus fait remarquer à Thomas son penchant pour l'expérience tangible de sa personne: «parce que tu m'as vu tu crois»[144]. Derrière donc l'usage de la forme plurielle «ὃ ἑωράκαμεν μαρτυροῦμεν», ce sont les disciples qui sont associés à Jésus mais pas au même titre.

> Le contenu de leur témoignage (les disciples) concerne leur expérience de la personne de Jésus durant son ministère terrestre. Bien que leur regard ait pu, par la foi, atteindre le mystère véritable de la personne de Jésus, c'est comme témoins occulaires de sa vie terrestre qu'ils sont appelés à témoigner (cf. 15,27)[145].

Quand en 1,14 l'évangéliste affirme: «Et le Verbe s'est fait chair et il a habité parmi nous et nous avons vu sa gloire, cette gloire que, Fils unique plein de grâce et de vérité, il tient du Père», il confirme par là que le regard du croyant se pose bel et bien sur la chair du verbe mais y discerne la gloire du Fils unique. Même constat en 19,35 quand il conclut le récit de la crucifixion: «Celui qui a vu a rendu témoignage, et son témoignage est conforme à la vérité, et d'ailleurs celui-là sait qu'il dit ce qui est vrai afin que vous aussi vous croyiez», le regard se pose sur l'événement concret de la vie de Jésus et conduit à la perception de foi. Les disciples témoignent en tout premier lieu de ce qu'ils ont vu et entendu de leur Maître et Seigneur Jésus-Christ. Comme l'explique Létourneau: «Lorsque Jésus témoigne de ce qu'il a vu et entendu, il s'agit de sa vision du Père et de sa connaissance des choses célestes. Lorsque les disciples sont

---

[143] P. LÉTOURNEAU, Jésus, 161-162.
[144] Cf. P. LÉTOURNEAU, Jésus, 161-162, n. 115.
[145] P. LÉTOURNEAU, Jésus, 162.

appelés à rendre témoignage, ils annoncent ce qu'ils ont vu du verbe incarné sur terre»[146]. Et même si à Philippe Jésus affirme: «ὁ ἑωρακὼς ἐμὲ ἑώρακεν τὸν πατέρα», celui qui m'a vu a vu le Père, «Ils demeurent toutefois dépendants de la personne de Jésus: leur vision du Père est médiatisée par la personne de Jésus. Ils sont donc témoins des choses célestes à un second dégré»[147].

En somme, la forme plurielle du v. 11 ramène, d'une part au v. 2, auquel elle s'oppose en ce sens que le savoir de Nicodème se base sur les signes que lui et tous ceux qu'il représente ont vu tandis que celui de Jésus et des disciples se base sur ce qu'ils ont vu et entendu auprès du Père; et d'autre part, ramène au témoignage des disciples, de la communauté johannique du temps de l'évangéliste, authentifié par Jésus «par voie de transposition»[148]. Ainsi, «Bien que Jésus soit l'unique agent de révélation, la communauté de vie des disciples avec lui durant sa vie terrestre leur a permis d'acquérir de première main la connaissance des choses célestes; ils peuvent dès lors lui être associés comme agents autorisés de la révélation»[149]. La suite du v. 11, καὶ τὴν μαρτυρίαν ἡμῶν οὐ λαμβάνετε est introduite par un καί adversatif[150] qui annonce par avance le refus de ce témoignage confirmé par οὐ λαμβάνετε. Et le témoignage de Jésus et celui de la communauté des disciples peine à être accepté sinon n'est pas reçu. Le verbe λαμβάνω employé ici dans sa forme négative a la double signification de «prendre, saisir» et «recevoir, accueillir»[151]. Dans le premier sens, largement fréquent dans les synoptiques, λαμβάνω caractérise par-dessus tout la terminologie de la nourriture et du repas (Mc 6,41; 8,1 par.; cf. aussi 7,27; complété par Mt avec 16,7.9s.) et reçoit une connotation eucharistique communautaire de l'Eglise des origines (Mc 14,22s. par.; 1Co 11,23s.; Lc 24,30.43 et Jn 21,23); dans le second sens d'accueillir, recevoir, λαμβάνω est plus fréquent et plus important du point de vue théologique[152]. Il suggère le croire, l'adhésion, l'accueil. Jésus et la communauté johannique à sa suite, fait l'amer constat que Nicodème et tous ceux dont il est le symbole et la représentation,

---

[146] P. LÉTOURNEAU, Jésus, 162-163.
[147] P. LÉTOURNEAU, Jésus, 163.
[148] P. LÉTOURNEAU, Jésus, 163.
[149] P. LÉTOURNEAU, Jésus, 163.
[150] R. SCHNACKENBURG, The Gospel, I, 377. Cf F. POGGI, Corso avanzato, 141-142.
[151] G. DELLING, «λαμβάνω», 21-22; M. CARREZ – F. MOREL, Dictionnaire grec-français, 149.
[152] A. KRETZER, «λαμβάνω», 149-150.

ne croient pas en leur témoignage, n'adhèrent pas aux choses d'en haut et n'accueillent pas la révélation. Λαμβάνω signifie ou pourrait signifier tout simplement croire ou passer à la foi, comme nous le faisait remarquer plus haut Mollat:

> En Jean, en dehors du verbe «πιστεύω» (96 mentions) qui désigne le fait de croire en Jésus, il faut ajouter tout un ensemble d'expressions, qui désignent équivalemment l'acte de foi ou le passage à la foi: «recevoir» Jésus (1,12; 5,43; 13,20) ou «recevoir» son témoignage (3,11.32ss.) ou «recevoir» ses paroles (12,48) etc.[153].

Πιστεύω et λαμβάνω sont donc à comprendre équivalemment comme le soutient Roustang:

> Il est difficile de trouver un mot araméen pour traduire à la fois recevoir et croire. On peut supposer plus simplement que le lien entre les deux vocables se fait par l'idée de témoignage, en rapport constant avec celle de la foi (cf. 1,7; 4,39; 5,37-38 etc.). De plus Notre-Seigneur aurait bien pu dire: «Et vous ne croyez pas à mon témoignage». Il est vrai que cette expression ne se trouve jamais dans notre évangile. On la rencontre pourtant une fois dans la première épître (1Jn 4,10) mise en parallèle avec l'autre expression: «recevoir le témoignage» (1Jn 5,9). Quoi qu'il en soit les expressions «recevoir» et «croire» semblent bien synonymes. Jn 1,12 en est la preuve, puisque ce verset serait le confluent de deux témoins du texte portant l'un ἔλαβον et l'autre ἐπίστευουσαν[154].

Poursuivant, le Jésus johannique semble enfoncer le clou quand il affirme: «εἰ τὰ ἐπίγεια εἶπον ὑμῖν καὶ οὐ πιστεύετε, πῶς ἐὰν εἴπω ὑμῖν τὰ ἐπουράνια πιστεύσετε;». Ici apparaît pour la première fois le verbe πιστεύω dans sa forme négative à propos des ἐπίγεια et positivement à propos des ἐπουράνια. Les deux propositions en présence sont des conditionnelles; la première étant une période hypothétique de la réalité (εἰ + indicatif aoriste) tandis que la seconde (ἐὰν + subjonctif) est une période hypothétique de l'éventualité[155] renforcée par πῶς. Au plan grammatical donc, εἰ τὰ ἐπίγεια εἶπον ὑμῖν καὶ οὐ πιστεύετε peut être considéré comme la protase de la seconde, ce qui reviendrait à comprendre plus simplement: lorsque Jésus a parlé des (simples) choses terrestres, ils n'ont pas cru; il n'est donc pas étonnant que, s'il leur parle des choses célestes, ils ne croient pas non plus[156].

---

[153] D. MOLLAT, «La foi dans le quatrième évangile», 92.
[154] ROUSTANG, «L'entretien», 345, n. 15.
[155] Cf. F. POGGI, *Corso avanzato*, 194-196.
[156] Cf. P. LÉTOURNEAU, *Jésus*, 164.

Cette affirmation peut être comprise de deux manières: la première est que le εἰ + indicatif aoriste de la protase indique que, jusqu'à présent, Jésus n'a fait que parler des choses terrestres auxquelles Nicodème et les «siens» n'ont pas cru et s'apprêterait à dire les choses célestes dont il doute fort qu'ils y croient, d'ailleurs ἐάν + subjonctif de l'apodose met en relief la probabilité que ses auditeurs n'y croient pas. Donc, Jésus n'a pas encore dit les choses célestes et ce qu'il a dit jusqu'à présent sont les choses terrestres. Cette première ligne de sens est difficilement soutenable puisqu'à un niveau primaire de compréhension, les interventions de Jésus sur l'engendrement d'en haut ne peuvent être réduites et comprises seulement comme des réalités ou vérités terrestres; et l'analyse sémantique des verbes λαλέω, ὁράω et μαρτυρέω, appliqués à Jésus, permet difficilement de qualifier le contenu de leur objet de «choses terrestres»[157].

La seconde manière de comprendre ce v. 12 est qu'il ramène directement au témoignage de Jésus et de la communauté des disciples (v. 11) sur ce qu'ils ont vu et dont ils témoignent mais qui n'est pas accepté, accueilli, reçu, cru. C'est donc Létourneau qui a raison quand il explique que: «L'évidence du refus déjà constaté de croire aux choses terrestres sert de base argumentative pour motiver le reproche concernant le refus de croire aux choses célestes»[158]. Le v. 12, dans ce sens, aurait véritablement pour fonction d'annoncer la révélation dans les versets suivants dont le v. 11 en était l'annonce. Sans rompre avec tout le discours précédent sur l'être engendré d'en haut, ce qui suivra se présente comme l'approfondissement de ce qui a été déjà dit et dont le constat d'échec est frappant. N'oublions pas que Nicodème avait déjà du mal à comprendre les propos de Jésus, ce qui l'avait d'ailleurs étonné. Puisqu'à la lumière de ce qu'est le visiteur nocturne, il paraissait évident pour lui et eux, de saisir son langage et plus encore d'accueillir l'être engendré d'en haut que la révélation vétéro-testamentaire avait évoqué. Les discussions exégétiques sur la signification et le contenu de ces choses terrestres et célestes restent encore ouvertes[159].

---

[157] Cf. P. LÉTOURNEAU, *Jésus*, 164.

[158] P. LÉTOURNEAU, *Jésus*, 165.

[159] Cf. F. VOUGA, *Le Cadre*, 21, qui résume bien les interprétations données à ἐπίγεια (les choses terrestres) et à ἐπουράνια (les choses célestes) : 1) pour la majorité des exégètes ἐπίγεια désigne la nécessité de la nouvelle naissance et ἐπουράνια indique la venue du Fils 2) ἐπίγεια décrit un enseignement en paraboles, tandis que ἐπουράνια indique un enseignement direct au sens de 16,25 ou Mc 4,11-12 3) ἐπίγεια désigne la Révélation terrestre de Jésus, et ἐπουράνια l'activité de Jésus élevé par le Paraclet. Cf. aussi P. LÉTOURNEAU,

98   PREMIÈRE PARTIE: ANALYSE SYNCHRONIQUE

Toutefois, ἐπίγεια pourrait suggérer une signification qui ne se réduise pas au seul contexte[160], ou une allusion aux processus se déroulant sur la terre, comme le baptême ou le don de l'Esprit qui peuvent être exposés à Nicodème[161]; par ailleurs ἐπουράνια renverrait soit aux événements cachés «au ciel» dont dispose seul le Fils de l'Homme, puisque nul n'y est monté sinon celui qui y est descendu[162], soit à ce qui est soustrait aux yeux humains[163]. Nous pensons qu'il ne faut pas perdre de vue une signification qui tienne compte d'un paraléllisme d'opposition déjà présent dans le dialogue:

> La quête de Nicodème est ainsi celle de tous ceux qui, quelque soit leur savoir prétendu — n'oublions pas que Nicodème se présente d'emblée bardé d'un savoir qui n'est pas seulement le sien (3,2: οἴδαμεν) —, ont toutes les peines du monde à passer du savoir au croire, des ἐπίγεια aux ἐπουράνια. Ce dont il a besoin, c'est d'un engendrement, d'un passage de l'économie de la chair à celle de l'Esprit (3,6)[164].

Subtilement, Nicodème et tous ceux qui lui sont semblables sont donc invités à croire au témoignage de Jésus et de la communauté des disciples (communauté johannique); témoignage de ce qu'ils ont vu, de ce dont ils ont fait l'expérience et qu'ils continuent d'expérimenter.

3.2 *La foi au Fils de l'Homme élevé (vv. 13-15)*

A partir du v. 13-15, tout le discours du Jésus johannique sera centré sur le Fils de l'Homme auquel il faut croire pour avoir la vie éternelle.

Jésus, 165-166, nn. 123.124, qui fait la synthèse des diverses interprétations sur les choses célestes et les choses terrestres et prend une position assez intéressante à la suite de Schnackenburg, Léon-Dufour: «A notre avis, ce ne sont pas seulement les réalités matérielles terrestres, telles que la naissance ou le souffle du vent, qu'il faut inclure dans les choses terrestres, mais tout l'enseignement sur la régénération d'en haut, d'eau et d'Esprit; on pourrait également y incorporer les paroles de Jésus sur le Temple (2,13-22) ainsi que les signes opérés par Jésus (du moins la partie matérielle des signes) [...] Il doit ensuite en dévoiler le contenu christologique: cet engendrement d'en haut n'est possible que par l'élévation du Fils de l'Homme (v. 14-15), préalable au don de l'Esprit (cf. 7,39), et par la foi au Fils de Dieu (v. 16-18). Ce sont des choses célestes parce qu'elles concernent l'achèvement du salut dans la personne du Fils de l'Homme et du Fils de Dieu. C'est le mystère jusque-là inaccessible et que seul Jésus peut révéler parce qu'il vient du ciel» (n. 124).

[160] H. SASSE, «ἐπίγειος», 440. Cf. aussi J. G. van der WATT, «Knowledge of Earthly Things?», 289-310, pour qui, τα ἐπίγεια refers to the human acceptance of the birth from above through the Spirit without being able to understand it properly.

[161] O. MICHEL, «ἐπίγειος», 1300.

[162] O. MICHEL, «ἐπίγειος», 1300-1301.

[163] O. MICHEL, «ἐπουράνιος», 1363.

[164] C. GRAPPE, «Les nuits de Nicodème», 282.

Avant de nous attarder sur l'importance que revêt ici le verbe actif πιστεύω, qui ne ramène pas, comme dans le cas de l'«être engendré d'en haut» à la foi dans sa dimension de «don» mais bien d'«acceuil, confession», ce qui supposerait la participation active de l'homme, arrêtons nous à la figure du Fils de l'Homme dans ces versets.

Καὶ οὐδεὶς ἀναβέβηκεν εἰς τὸν οὐρανὸν εἰ μὴ ὁ ἐκ τοῦ οὐρανοῦ καταβάς, ὁ υἱὸς τοῦ ἀνθρώπου (v. 13): La difficulté majeure de ce verset est causée par le parfait ἀναβέβηκεν sur les lèvres de Jésus. Ramène-t-il à l'ascension pascale de Jésus? Au risque de créer un anachronisme puisqu'on comprendrait mal que le Jésus historique parle de son ascension au passé et tout juste au v. 14 parle de son élévation en croix comme un événement futur (οὕτως ὑψωθῆναι δεῖ τὸν υἱὸν τοῦ ἀνθρώπου). Ou s'agit-il d'un présent duratif qui élimine l'anachronisme mettant ainsi l'accent sur la montée au lieu de le mettre sur la descente? Ou encore se réfère-t-il à une autre ascension, celle-là préexistante, constituant l'installation d'office précédant la descente missionnaire et le retour postérieur à l'état de gloire?[165] Si nous considérons que Καὶ οὐδεὶς ἀναβέβηκεν εἰς τὸν οὐρανὸν signifie qu'il n'y a jamais eu de montée d'homme au ciel sinon (sauf, à part le fait que) qu'un est descendu du ciel à savoir le Fils de l'Homme, alors la thèse de l'ascension tombe[166] et l'accent est plutôt mis dans la construction de la phrase sur le deuxième membre: εἰ μὴ ὁ ἐκ τοῦ οὐρανοῦ καταβάς, ὁ υἱὸς τοῦ ἀνθρώπου[167]. Ainsi le verset se comprendrait dans un sens exclusif et restrictif; οὐδεὶς + verbe suggererait qu'aucun homme n'est monté au ciel non pour le plaisir d'y monter mais pour voir les choses célestes et ensuite en redescendre pour en témoigner; mais à l'inverse εἰ μὴ + verbe attribuerait cette capacité ou ce privilège seul au Fils de L'Homme qui en est descendu. A la suite donc de Létourneau qui lui-même s'appuie sur Moloney et Ruckstuhl, 3,13 signifie: «Personne n'est monté au ciel, mais quelqu'un (en) est descendu, le Fils de l'Homme»[168] mais plus encore, dans une construction élliptique dont les deux membres sont en opposition comme dans le

---

[165] Cf. P. LÉTOURNEAU, *Jésus*, 167-172, qui passe en revue toutes les hypothèses d'interprétation de ce verset avant de soutenir en partie la position de Moloney selon laquelle le v. 13 nie d'abord toute ascension d'homme au ciel et affirme ensuite la descente du Fils de l'Homme.

[166] Cf. X. LÉON-DUFOUR, *Lecture*, I, 301, qui rejette cette thèse de la montée de Jésus au ciel appliquée à ce verset soutenue entre autres par A. Loisy, R. Bultmann, D. Mollat, R.E. Brown.

[167] Cf. P. LÉTOURNEAU, *Jésus*, 170-171.

[168] P. LÉTOURNEAU, *Jésus*, 169.

verset précédent à propos du témoignage de Jésus et de la communauté johannique de ce qu'ils ont vu mais qui se heurte à l'irrecevabilité:

> Et personne n'est monté au ciel, (et a vu les choses célestes), sauf celui qui est descendu du ciel, le Fils de l'Homme, (il les a vues)[169].

Selon Zevini, et c'est cela aussi notre avis, ce verset s'inspire de textes apocalyptico-judaïques du livre d'Enoch et de plusieurs passages vétérotestamentaires (Is 52,13; Jr 31,1-10; Ps 3,3; 21,1-6; 50,15; Pr 30,4; Dn 4,19; 11,36) et met l'accent sur l'origine et non l'ascension de Jésus[170]. Jésus est avant tout l'unique révélateur des choses célestes.

> Notre verset porte donc sur la capacité de révéler les choses célestes. Seul celui qui possède les choses célestes peut en être le révélateur autorisé. Or personne n'a pu monter au ciel afin de connaître ces choses célestes. Le seul qui les connaisse c'est Jésus, le Fils de l'Homme, non pas parce qu'il est monté au ciel, mais parce qu'il en est descendu[171].

Notre verset ne nie pas l'ascension définitive des grands personnages tels que Moïse, Elie ou Ezéchiel mais la possibilité qu'ils y soient montés pour recevoir la révélation de ce qu'ils ont transmis[172]. C'est donc le Fils de l'Homme seul qui a la capacité de transmettre les choses

---

[169] P. Létourneau, *Jésus*, 170. Cf. P. A. Cavallero, «Alcance teologico de μὴ + indicativo», 484: «La construcción elíptica εἰ μή, equivalente al latín nisi y al español "sino", es muy frecuente», por ejemplo, Jn 19,15; 1Jn 2,22; Ap 2,16.17; 9,4; 13,17; 14,3; 19,12; 21,27 (n. 3).

[170] Cf. G. Zevini, *Vangelo secondo Giovanni*, 139. Cf. aussi E. Cothenet, *La chaîne*, 44-45, qui soutient que ce titre de «Fils de l'Homme» caractérise la manière dont Jésus parle de sa mission, tant dans les synoptiques que dans le quatrième évangile, ce qui n'exclut pas une spécificité de l'usage johannique (cf. 1,51 ou l'allusion à l'échelle aperçue par Jacob à Béthel est évidente: c'est désormais par le Fils de l'Homme que s'établit la communication entre le ciel et la terre). Les fonctions de jugement (Mt 25,31-46) et de salut (Jn 3,17-21) lui sont attribuées. Aussi, comme dans les synoptiques, l'annonce de la passion et de la résurrection est mise en relation avec la figure du Fils de l'Homme. Selon la TOB, cette expression évoque l'autorité d'un personnage à venir (Mt 16,27; 19,28; 25,31-32; 26,64; Lc 17,24; Jn 5,26-29); cet emploi est sans doute inspiré de Dn 7,13. Elle évoque aussi la condition présente de Jésus, sa faiblesse, son dénuement (Mt 8,20), ses souffrances (Mt 17,22-23; 20,18; 26,2.24.45 par.; Mc 8,31; Jn 6,53). Une troisième catégorie de textes combine les deux emplois ci-dessus, évoquant à la fois la présence et l'autorité de Jésus (Mt 9,6 par.; 12,8 par.; 13,37; Jn 9,35). La conclusion de la TOB est que Jésus a peut-être préféré ce titre nouveau et mystérieux pour éviter celui de Christ-Messie, que l'usage populaire interprétait en un sens difficilement compatible avec l'Évangile (voir Mc 8,29-33). Cf. TOB, 1801.

[171] P. Létourneau, *Jésus*, 171.
[172] P. Létourneau, *Jésus*, 171, n. 142.

d'en haut, les choses célestes parce que justement de là il est descendu, il est un témoin compétent parce qu'il a pu constater sur place les mystères d'en haut contrairement à toute autre figure apocalyptique. C'est ce qu'exprimait Meeks quand il affirme: «Only he can tell about "heavenly things", because only he has descended from heaven — and no one else has ascended»[173]. Ainsi, tout autre témoignage que le sien «devient secondaire et ne peut faire le poids dans la balance»[174]. Compris dans ce sens, ce verset devient plus digeste et établit un lien avec ce qui précède.

Et si selon Grasso, dans la stylistique et phrasiologie johannique, c'est souvent qu'il fait parler Jésus durant sa mission terrestre comme s'il était déjà ressuscité, il reste cependant vrai que son ascension au ciel est une confession de foi formulée par la communauté johannique[175]. Au plan synchronique, la nécessité de cette élévation sera formulée au v. 14 à travers le recours à une typologie[176] très originale en forme d'analèpse[177], le serpent d'airain (Nb21,8-9): καὶ καθὼς Μωϋσῆς ὕψωσεν τὸν ὄφιν ἐν τῇ ἐρήμῳ, οὕτως ὑψωθῆναι δεῖ τὸν υἱὸν τοῦ ἀνθρώπου. Pour la première fois, le Jésus johannique annonce sa passion (cf. 8,28 et 12,32) «avec ce mystérieux "il faut" (δεῖ) qui ne saurait s'appliquer à une fatalité aveugle, mais bien à l'accomplissement de l'Écriture, où le croyant reconnaît un signe de l'agapè divine»[178]. Ici aussi comme en d'autres points de notre texte, les exégètes sont partagés sur le sens à donner au parallèle ὑψόω/ ὑψωθῆναι. Tous s'accordent pour reconnaître la spécificité johannique de la signification de l'élévation du Fils de l'Homme qui semble plus compressive et synthétique, tandis que la tradition chrétienne primitive distingue bien des étapes dans le parcours de Jésus. En effet, chez Paul comme chez les synoptiques, la croix est souffrance, humiliation et l'exaltation-glorification suit la passion tandis que chez Jn, l'élévation en croix *s'identifie*[179] à la glorification du Fils de l'Homme ou *symbolise*[180] (au sens fort) l'élévation en gloire ou encore *désigne*[181] l'élévation dans la gloire.

---

[173] W.A. MEEKS, «The Man from Heaven», 52.
[174] P. LÉTOURNEAU, *Jésus*, 172.
[175] Cf. S. GRASSO, *Il vangelo di Giovanni*, 159-160.
[176] Cf. F. HAHN, «υἱός», 1708; E. COTHENET, *La chaîne*, 45.
[177] Cf. S. GRASSO, *Il vangelo di Giovanni*,161.
[178] E. COTHENET, *La chaîne*, 45.
[179] Cf. F. ROUSTANG, «L'entretien», 346.
[180] Cf. X. LÉON-DUFOUR, *Lecture*, I, 303.
[181] Cf. E. COTHENET, *La chaîne*, 46.

La signification de ὑψόω qui a donné lieu à des recherches très intéressantes mais aussi problématiques les unes des autres rendent souvent difficile le sens de ce verbe dans son contexte johannique[182]. C'est pourquoi il s'avère intéressant de s'arrêter un peu sur sa signification. Et à notre sens, c'est Létourneau qui nous aide le mieux. Selon lui, s'il est vrai que Jn se sert de l'image de l'élévation du serpent d'airain pour montrer une autre élévation, celle du Fils de l'Homme, la différence fondamentale est que d'un côté, le salut apporté est physique dans le cas des hébreux au désert tandis que de l'autre, ce salut est plus-que-physique puisqu'il donne la vie éternelle[183]. Mais plus encore le verbe «élever» (ὑψωθῆναι au passif) renvoie au passif du verbe crucifixier (σταυρωθῆναι) sans pour autant se réduire à lui[184].

Le verbe ὑψόω, tout en exprimant un mouvement vers le haut (le tertium comparationis), avait l'avantage de signifier une élévation plus importante

---

[182] Cf. X. LÉON-DUFOUR, *Lecture*, I, 302, n. 57 et surtout P. LÉTOURNEAU, *Jésus*, 175-177 et nn. 151-159.

[183] Cf. P. LÉTOURNEAU, *Jésus*, 174.

[184] Létourneau (*Jésus*, 388-389) qui reprend l'état de la question fait par NICHOLSON, *Death as Departure*, 141, rassemble en fonction de cinq types d'interprétation de l'emploi johannique du verbe ὑψόω le sens de l'expression:

1. ὑψόω = σταυρόω, «crucifier». Le verbe vise uniquement la crucifixion de Jésus (Bernard).

2. ὑψόω = σταυρόω + quelque chose de plus. Le verbe vise premièrement la crucifixion de Jésus mais laisse place à un aspect d'exaltation (Moloney, Morris, Ruckstuhl, Thüsing).

3. ὑψόω vise la crucifixion comme telle en tant que premier acte de l'ascension/exaltation (Barrett, Blank, Brown, Forestell, Lindars, Schnackenburg, Schneider).

4. ὑψόω se réfère premièrement à l'élévation au ciel. Le verbe implique cependant que cette élévation se réalise par l'élévation en croix (Bultmann, Dodd, Hamerton-Kelly, T. Müller).

5. ὑψόω ne se réfère aucunement à la crucifixion (Odeberg).

Comme on peut le constater, la question est de savoir si le verbe «élever» se réfère à la crucifixion, à l'exaltation, ou à une superposition des deux concepts qui peut tout de même laisser place à une priorité de l'un par rapport à l'autre.

Un premier élément de réponse nous est fourni par la comparaison établie en 3,14 entre l'élévation du serpent dans le désert (cf. Nb 21,8s.) et l'élévation du Fils de l'Homme. En fait, bien que l'élévation elle-même soit le *tertium comparationis* des deux événements, le verbe «élever» ne se trouve ni dans le TM (שים), ni dans la LXX (τίθημι). Si Jean avait voulu signifier uniquement la mise sur le bois ou la crucifixion, il aurait pu reprendre tout simplement le verbe τίθημι de la LXX ou utiliser le verbe σταυρόω (cf. Mt 26,2; Lc 24,7). Selon donc Létourneau et nous partageons son avis, l'emploi délibéré du verbe ὑψόω exprime donc certainement l'intention de dire plus que le simple fait de l'élévation en croix.

que la mise en croix, celle de la remontée au ciel. En accord avec Ac 2,33 et 5,31 (cf. Ph 2,9), le sens du verbe «élever» en Jn vise ainsi l'élévation au ciel (= ascension/intronisation/glorification; cf. 6,62; 8,28; 12,32-34). En fait, l'originalité johannique par rapport à la tradition chrétienne primitive réside précisément dans le fait que l'ascension/glorification de Jésus n'est pas rattachée à l'événement de la résurrection mais est ramenée au moment même de l'élévation en croix[185].

En fait, face au double sens du verbe ὑψόω, qui au plan littéral indique la crucifixion et au plan métaphorique vise l'exaltation, l'évangéliste peut avec ce seul verbe se référer à l'élévation en croix (crucifixion), à l'élévation au ciel (ascension), et même à l'élévation de rang (exaltation, glorification)[186]. Ce qui est significatif, c'est la transformation opérée par Jean sur un élément de la tradition. Dans les synoptiques, la résurrection et la glorification subséquente viennent remédier à un processus préalable d'humiliation et de souffrances qui trouvait son sommet dans la mise à mort sur la croix. Jean place dans l'ombre l'aspect d'humiliation et de souffrance du Christ, ce qui le conduit à choisir un verbe qui ne fasse pas directement référence à la crucifixion de Jésus. Pour lui, la remontée glorieuse du Fils de l'Homme au ciel, qui s'opère par la croix, est la seule nécessité pour le salut[187].

Et cette élévation du Fils de l'Homme, au ciel par la croix, est destinée à la vie éternelle au moyen de la foi: «Il faut que soit élevé le Fils de l'Homme, afin que tout qui croit en lui ait vie éternelle». «Croire» est la condition posée pour avoir la vie. C'est la troisième fois que ce verbe à l'actif apparaît dans notre texte. Dans les deux premiers cas (v. 12), πιστεύω est à la forme absolue tandis qu'ici, il est suivi de la préposition ἐν + datif (αὐτῷ) et au v. 16, de la préposition εἰς + accusatif (αὐτόν). Jn emploie presque toujours le verbe «croire» avec εἰς[188](cf. 1,12; 2,11.23; 3,16.18.36; 4,39; 6,29; etc.) ou encore à l'absolu, sans objet (cf. 1,7.50; 3,12.18b; 4,41.42.53; 5,44; 6,36.47.64; etc.). Dans notre péricope, l'auteur fait:

Tout d'abord quatre fois l'emploi absolu, sans aucune préposition ni complément d'objet direct ou indirect (vv. 12.15.18). Cet emploi prégnant du verbe sans aucune autre détermination revient 34 fois dans l'évangile et 1 fois dans 1Jn 4,16. Cet emploi absolu insiste sur l'aspect globalisant de la foi et de la relation qu'elle engendre entre l'homme et

---

[185] P. Létourneau, *Jésus*, 175-176.
[186] P. Létourneau, *Jésus*, 176, n. 155.
[187] P. Létourneau, *Jésus*, 177, n. 157.
[188] Cf. R. Schnackenburg, *The Gospel*, I, 397.

son Seigneur. Cette relation n'est pas un morcellement d'attitudes ou d'actes, mais un tout, qui englobe la personne dans son ensemble.

Et deux fois l'emploi de «πιστεύω» avec la préposition «εἰς» (vv. 16.18). Inconnue du grec profane et des LXX, elle se retrouve 38 fois dans Jean et 1Jn contre 8 emplois dans tout le reste du Nouveau Testament. Cette «construction ne dit pas seulement qu'on tient pour vrai ce que quelqu'un déclare (c'est le sens du verbe avec le datif), mais indique aussi une véritable adhésion à sa personne [...] La foi chrétienne en Jésus est toujours désignée par cette formule "πιστεύω εἰς"» (Jn 12,44.46; 14,1.12; 17,20; 1Jn 5,10.13)[189]. «Cette formule décrit le dynamisme profond de la foi qui porte vers le Christ et vers le Père»[190]. C'est la formule "πιστεύω εἰς" qui donne in extenso l'objet de la foi; il s'agit d'adhérer personnellement et en toute assurance à Jésus-Christ, Fils Unique de Dieu, Fils de l'Homme, envoyé par le Père pour sauver l'humanité et être la Lumière du monde, afin de faire de nous les fils de son Père devenu par lui notre Père. De ce Dieu-Père, l'homme Jésus est la révélation[191].

L'expression πιστεύω ἐν αὐτῷ[192] pourrait donc suggérer en ce v. 14, qu'il faut tenir pour vrai c'est-à-dire croire au témoignage du ou sur le Fils de l'Homme conformément au sens du verbe avec le datif (tenir pour vrai ce que quelqu'un déclare) et au reproche de Jésus à Nicodème (vv. 11-12) sur le refus d'accepter le témoignage que lui, et la communauté des disciples portent à leur attention. Et le témoignage, le voici: «Comme Moïse éleva le serpent dans le désert, ainsi il faut que soit élevé le Fils de l'Homme, afin que tout qui croit en lui ait vie éternelle». Jn réinterprétant Nb 21,8-9 nous apprend que dans l'épisode du désert, il s'agissait de voir le serpent élevé pour vivre, c'est-à-dire pour conserver sa vie physique. Dans le récit johannique, il ne faut plus seulement voir, mais aussi croire, ce qui procure une vie plus-que-physique, la vie éternelle. C'est par la foi au Fils de l'Homme élevé au ciel que le croyant obtient la vie éternelle.

---

[189] I. de LA POTTERIE, «Naître de l'eau et de l'Esprit», 49; cf. J. DUPONT, «Nom de Jésus», 527-528.

[190] I. de LA POTTERIE, «La fede negli scritti Giovannei», 291.

[191] L. MONSENGWO, «La foi dans les écrits johanniques», 14.

[192] Pour des critiques comme R. Schnackenburg (*The Gospel*, I, 397), R.E. Brown (*The Gospel*, I, 133), C.K. Barrett ou encore R. Bultmann, les termes ἐν αὐτῷ ne devaient pas être rattachés à πιστεύω mais bien à ἔχῃ parce que l'expression ἔχῃ ἐν revient plus dans les écrits johanniques (14,30; 16,33; 20,31; cf. 1Jn 4,16) et Jn préfère d'habitude utiliser πιστεύω εἰς ou πιστεύω à l'absolu. Selon eux, ce choix de placer l'expression devant le verbe πιστεύω se justifie par le fait que l'accent veut être mis sur la fonction médiatrice de vie éternelle du Fils de l'Homme élevé; par lui et en lui, le croyant obtient la vie éternelle.

En définitive, on comprend aisement que les vv. 11-15 se présentent comme la première réponse de Jésus à Nicodème qui s'était présenté à lui bardé de savoir. Dans un premier temps, il l'invitait à comprendre la foi comme un don qui se reçoit, mais Nicodème était incapable de saisir ce langage sûrement à cause de son attachement à la Loi, seul gage de salut pour lui. Jésus, tout en ironisant s'était étonné de la non-connaissance (v. 10) de son interlocuteur, de son manque d'acceuil dans la foi de la révélation. Dans ce second temps, puisqu'il demandait: «Comment peuvent-elles ces choses devenir?» (v. 9), Jésus lui répond, comme si nous reprenions à notre compte ses propos: «non par ton savoir mais par la foi au témoignage du Fils de l'Homme élevé au ciel par la croix». Si donc dans la partie précédente, la responsabilité de l'homme ne se trouvait pas engagée puisque la foi était présentée comme un don, ici l'homme doit non seulement regarder le Fils de l'Homme élevé par la croix mais plus encore croire en son témoignage qui n'est autre que son élévation par la croix; il y a donc un choix décisif à faire de la part de Nicodème qui est invité à l'accueil du témoignage du Fils de l'Homme. Ainsi, au régime de la Loi, caractérisé par l'action de Moïse et dont Nicodème en est la représentation succède le régime de la foi au Fils de l'Homme, Jésus auquel la communauté des disciples croit et le reconnait comme le sauveur du monde (4,42)[193]; au régime du savoir succède le régime de la connaissance.

4. vv. 16-18: Discours: Dieu aimant sauve le monde par la foi *au Fils unique engendré*

Les vv. 11-15 avaient pour centre l'élévation du Fils de l'Homme en croix auquel il fallait croire pour avoir la vie éternelle. Sans être en rupture avec ce qui précède, les vv. 16-18 entretiennent ce lien au moyen de l'expression récurrente πᾶς ὁ πιστεύων ἐν αὐτῷ ἔχῃ ζωὴν αἰώνιον (v. 15) que nous retrouvons au v. 16: πᾶς ὁ πιστεύων εἰς αὐτὸν μὴ ἀπόληται ἀλλ' ἔχῃ ζωὴν αἰώνιον. Pour la première fois dans notre chapitre, nous rencontrons le titre de «Fils unique-engendré» qui rappelle le μονογενοῦς (1,14) et le μονογενὴς θεὸς (1,18) du prologue: τὸν υἱὸν τὸν μονογενῆ (v. 16) [...] τοῦ μονογενοῦς υἱοῦ τοῦ θεοῦ (v. 18), qui encadre ces trois versets constituant ainsi une unité littéraire. On rencontre aussi pour la première fois dans ce chapitre les termes κόσμος présents aussi dans le prologue (1,9.10), κρίνω, σῴζω, δίδωμι, ἀποστέλλω. On rencontre enfin

---

[193] Cf. E. COTHENET, *La chaîne*, 47.

le substantif θεός qui avait disparu depuis le v. 2 et un emploi abondant de conjonctions explicatives γάρ, ἵνα, ὅτι.

Le double parallélisme[194] constaté dans la construction de ces trois versets,
  (16ab) Οὕτως γὰρ ἠγάπησεν ὁ θεὸς τὸν κόσμον, ὥστε τὸν υἱὸν τὸν μονογενῆ ἔδωκεν
  (17a) οὐ γὰρ ἀπέστειλεν ὁ θεὸς τὸν υἱὸν εἰς τὸν κόσμον
et
  (16cd) ἵνα πᾶς ὁ πιστεύων εἰς αὐτὸν μὴ ἀπόληται ἀλλ' ἔχῃ ζωὴν αἰώνιον
  (17b-18) ἵνα κρίνῃ τὸν κόσμον, ἀλλ' ἵνα σωθῇ ὁ κόσμος δι' αὐτοῦ. ὁ πιστεύων εἰς αὐτὸν οὐ κρίνεται· ὁ δὲ μὴ πιστεύων ἤδη κέκριται, ὅτι μὴ πεπίστευκεν εἰς τὸ ὄνομα τοῦ μονογενοῦς υἱοῦ τοῦ θεοῦ,

permet d'établir une signification des termes et expressions à partir d'une interprétation synonymique: selon cette construction, ἔδωκεν signifierait ἀπέστειλεν tandis que μὴ ἀπόληται aurait pour sens οὐ κρίνεται et ζωὴν αἰώνιον renverrait à σωθῇ. Sans être catégorique, nous dirions qu'un terme éclaire la signification de l'autre[195]. En effet, le v. 16 est l'énoncé-clé qui est ensuite expliqué aux vv. 17-18. L'autre aspect important dans cette recherche de signification est le jeu des oppositions constaté ici:

> En Jn, l'opposition «se perdre» — «avoir la vie éternelle» est à ce point courante (cf. Jn 3,16; 6,27.39-40; 10,10.28; 12,25) qu'on ne peut douter de l'équivalence entre «ne pas se perdre» et «avoir la vie éternelle». Il en va également de même entre «être sauvé» et «avoir la vie éternelle» (comparer 5,34 et 5,39-40; 10,9 et 10,10; 12,47 et 12,50 à l'exception de 11,12 et 12,27 qui ne visent pas le salut éternel comme tel). La triade «ne pas se perdre» — «avoir la vie éternelle» — «être sauvé» est donc johanniquement synonymique[196].

Pour la première fois, le verbe ἀγαπάω[197] fait son apparition dans l'évangile de Jn et désigne «L'amour de choix, l'amour de don, l'amour

---

[194] Cf. X. LÉON-DUFOUR, *Lecture*, I, 305; P. LÉTOURNEAU, *Jésus*, 179-180. A propos de la construction syntaxique différente des vv. 16 et 17 qui ne remet pas en cause le parallélisme de ces versets, cf. M. MORGEN, *Afin que le monde*, 101-104.

[195] Par exemple, M. Morgen (*Afin que le monde*, 101) fait remarquer que l'expression «vie éternelle» dépasse le mot «être sauvé», au sens où elle engage dans un avenir infini. Les verbes «condamner-sauver» définissent une action plus ponctuelle.

[196] P. LÉTOURNEAU, *Jésus*, 183.

[197] «Il verbo "amare" (= agapaō) viene usato soprattutto in Gv 13–17 (ventitré delle trentasette ricorrenze) e nella maggioranza dei casi esprime la relazione tra Dio e Gesù; Gesù e i discepoli, i discepoli tra loro:

de pure générosité, dans lequel se noue la relation entre le Père et le Fils (3,35 et 14,31) et où se fonde la relation au monde, ce monde si souvent dépeint sous une sombre figure, et qui pourtant est l'objet de l'amour de Dieu»[198] (cf. 1Jn 4,9s). Que l'emploi de κόσμος ici, soit «global, neutre»[199] ou «neither quite neutral nor quite negative»[200] ou encore désignant «those human beings who are at odds with Jesus and God (1:10; 7:7; 15:18-19)»[201], il est la sphère de la création et de l'histoire, destinataire de l'action salvifique de Dieu[202] et se présente comme ayant besoin de salut[203], de redemption[204]. Comme le dira Léon-Dufour et c'est notre avis,

> Selon l'implication évidente du texte, le monde a besoin d'être sauvé, c'est donc que sa condition est ou bien encore incertaine, inachevée ou bien positivement menacée. Depuis le prologue, le lecteur sait du reste que le monde «fut par lui (le logos)» et que «le monde ne l'a pas connu» (1,10). Sur cet arrière-fond, l'amour de Dieu apparaît comme redoublé face à la situation risquée du «monde»[205].

C'est pourquoi Dieu dans son amour incommensurable, «donne» (du verbe δίδωμι) le Fils unique-engendré afin que quiconque croit en lui ait vie éternelle. Le verbe δίδωμι à l'aoriste (ἔδωκεν) doit-il être interprété au sens de «livrer» (παρέδωκεν, cf. Rm 8,32; Gal 2,20 etc.) comme le pensent certains auteurs[206], qui est traditionnelement utilisé (au passif) à propos de la mort de Jésus en croix, ou se référant aux souffrances expiatoires du serviteur du YHWH en Is 53,6.12 ou encore au sacrifice d'Isaac (Gn 22,2.12), puisque le texte parle de fils «unique», qui équivaut

---

– Il Padre ama il Figlio (Gv 3,35; 10,17; 15,9-10; 17,23-24.26);
– Il Figlio ama il Padre (Gv 14,31);
– Gesù ama i suoi (Gv 11,5; 13,1.33.34; 14,21; 15,9.12.17; 21,20);
– L'amore tra i discepoli (Gv 13,34-35; 15,12-13.17; 17,26);
– Gli uomini devono amare Gesù (Gv 14,15.21.23-24.28; 21,15-16);
– L'amore del Padre per i discepoli (Gv 14,21.23; 17,23)» (S. GRASSO, *Il vangelo di Giovanni*, 163, n. 61). Cf. A. CHARBONNEAU, «Jésus en croix», 20.

[198] E. COTHENET, *La chaîne*, 47.
[199] X. LÉON-DUFOUR, *Lecture*, I, 306; cf. S. GRASSO, *Il vangelo di Giovanni*, 163.
[200] R. SCHNACKENBURG, *The Gospel*, I, 399.
[201] G. R. O'DAY, «John 3: 1-21», 552.
[202] S. GRASSO, *Il vangelo di Giovanni*, 163.
[203] Cf. X. LÉON-DUFOUR, *Lecture*, I, 306.
[204] Cf. R. SCHNACKENBURG, *The Gospel*, I, 399.
[205] X. LÉON-DUFOUR, *Lecture*, I, 306.
[206] Cf. R. SCHNACKENBURG, *The Gospel*, I, 399; R.E. BROWN, *The Gospel*, I, 134; R. BULTMANN, *The Gospel*, 153, n. 3.

à «bien-aimé»[207]? Ou faut-il identifier ἔδωκεν (3,16) avec ὑψωθῆναι (3,14) en faisant fi du changement du schème christologique du Fils de l'Homme (= l'élévation en croix/au ciel, 3,14-15) à celui du Fils-envoyé, sens critiqué par Létourneau?[208]. Comme nous le disions plus haut, ἔδωκεν correspondrait à ou aurait pour synonyme ἀπέστειλεν dans la mesure où Dieu qui «donne» le Fils unique-engendré ne fait rien d'autre que de l'«envoyer» dans le monde. L'incarnation s'identifie ainsi à l'envoi en mission de Jésus par le Père ou encore le fait de donner de la part de Dieu se précise dans l'envoi du Fils dans le monde. Ce Fils unique-engendré auquel il faut «croire» pour «ne pas se perdre» mais avoir la vie éternelle.

Avec l'apparition au v. 17 du verbe κρίνω qui s'oppose à σῴζω[209], on comprend par là même que οὐ κρίνεται (v. 18) signifierait bénéficier du «salut» et donc «avoir la vie éternelle» tandis que ἤδη κέκριται aurait pour sens «ne pas être sauvé» selon le principe du jeu des oppositions même s'il faut avec prudence nuancer ces équivalences. L'adverbe de temps ἤδη renforce son sens en l'actualisant: c'est déjà, dès maintenant que le jugement est prononcé selon qu'on croit ou qu'on refuse de croire en Jésus. Κρίνω a ici le sens de «condamner»[210] selon l'admirable thèse de Blank que de nombreux commentateurs soutiennent: «Le thème du jugement (κρίσις, κρίμα, κρίνω) comporte une double signification en Jn, celle du jugement (*Gericht*) au sens du jugement eschatologique, et celle de la décision, du verdict (*Entscheidung*). L'idée de séparation est toujours présente»[211]. Bien que le Fils ne soit pas venu pour condamner mais pour sauver le monde, sa présence effectue inévitablement un

---

[207] Cf. X. LÉON-DUFOUR, *Lecture*, I, 307, n. 67; P. LÉTOURNEAU, *Jésus*, 180, n. 167: «La correspondance avec le sacrifice d'Isaac (Gn 22) résiderait dans le fait que dans les deux cas un Père livre son fils à la mort et que cet acte profite à toutes les nations (Gn 22,18; cf. Sir 44,21; *Jub*.18,15) [...] Cette idée est renforcée par le qualificatif "μονογενῆ" apposé au titre "Fils" en Jn 3,16. En effet, l'adjectif "μονογενής" traduit normalement dans la LXX le terme יחיד du TM (cf. Jg 11,34; Ps 22 (21),21; 35 (34),17). Or יחיד est souvent lui-même traduit dans la LXX par l'adjectif ἀγαπητός (cf. Gn 22,2.12; Jr 6,26; Am 8,10; Za 12,10), comme c'est le cas pour Isaac en Gn 22. Qualifier un fils par יחיד peut donc signifier à la fois qu'il s'agit d'un fils unique et d'un fils bien aimé».

[208] P. LÉTOURNEAU, *Jésus*, 181.

[209] Cf. S. GRASSO, *Il vangelo*, 165.

[210] J. BLANK, *Krisis*, 41; cf. R. E. BROWN, *The Gospel*, I, 134; X. LÉON-DUFOUR, *Lecture*, I, 308, n. 68: Κρίσις, κρίνω signifie d'abord «juger, discerner», mais en fonction du contexte ils peuvent comporter la nuance des mots κατάκρισις, κατάκρίνειν: «condamner»; cf. D.E. FREED, «Variations in the Language», 181-182; S. GRASSO, *Il vangelo*, 166.

[211] J. BLANK, *Krisis*, 42.

jugement, une séparation entre ceux qui sont sauvés et ceux qui sont condamnés. Pour Jn, vie éternelle et jugement de condamnation ne sont pas réservés à la fin des temps: ils se réalisent dans le présent, dès la rencontre avec Jésus; ils sont actualisés. La décision qu'un individu prend à ce moment en face de la personne de Jésus fixe son destin éternellement (eschatologie réalisée, anticipée); pour Jn, le jugement final, c'est à dire la séparation eschatologique entre sauvés et condamnés, ceux qui ont cru et ceux qui ont refusé de croire est déjà realisé[212]. En definitive «ne pas être condamné» équivaudrait à «avoir la vie éternelle», et le jugement serait opposé à la vie éternelle (cf. 5,24; 8,50-51; 12,47-48.49-50).

Les expressions πᾶς ὁ πιστεύων εἰς αὐτὸν μὴ ἀπόληται (v. 16c) et ὁ πιστεύων εἰς αὐτὸν οὐ κρίνεται (18a) se correspondent parfaitement puisque μὴ ἀπόληται et οὐ κρίνεται renvoient à la même réalité, c'est-à-dire être bénéficiaire du salut, de la vie éternelle. Et Jn s'explique mieux encore: ὁ δὲ μὴ πιστεύων ἤδη κέκριται, ὅτι μὴ πεπίστευκεν εἰς τὸ ὄνομα τοῦ μονογενοῦς υἱοῦ τοῦ θεοῦ. Le jugement (condamnation) est sans équivoque pour celui qui refuse de croire et la raison (ὅτι) est simple: il a refusé de croire dans le nom de l'unique-engendré Fils de Dieu.

> Le verbe croire est ici au parfait (μὴ πεπίστευκεν), ce qui met en évidence le refus obstiné de croire: celui qui refuse de croire, et persiste dans cette voie, est déjà jugé. Par ailleurs, l'objet du verbe n'est pas «lui» (= le Fils) mais «le nom du Fils unique». Or dans le monde sémitique, le nom fonctionne comme un symbole de la personnalité (Dodd, Bultmann, Schnackenburg). Croire dans le nom du Fils unique de Dieu, c'est reconnaître en Jésus le Fils de Dieu envoyé pour sauver le monde. Si donc, dans les faits, le Fils ne réussit pas à sauver tous ceux atteints par l'amour du Père, c'est que l'effet salvifique de la mission ne s'actualise que dans la reconnaissance en Jésus du Fils unique envoyé dans le monde par le Père[213].

---

[212] Cf. P. LÉTOURNEAU, *Jésus*, 185 et nn. 180.181. Mais comme le fait remarquer de La Potterie, «Sono dunque gli uomini stessi che pronunciano la loro *auto-condanna*, rifiutando di riconoscere in Gesù il Figlio unigenito venuto nel mondo. Il "giudizio" diventa così un "auto-condanna" (la κρίσις si trasforma in una κατάκρισις)» («Il giudizio di Gesù», 59).

[213] P. LÉTOURNEAU, *Jésus*, 184, n. 179. «Croire en lui et croire en son nom» est commenté par Origène à propos de Jn 2,23-25 et semble s'opposer à la position de Létourneau sur la signification de l'expression «croire dans le nom»: «On peut se demander pourquoi Jésus ne s'est pas fié à des hommes dont la foi est attestée. Il faut répondre à cette question que ce n'est pas à ceux qui croient "en lui" que Jésus ne se fie pas, mais à ceux qui croient "en son nom"; car il y a une différence entre croire "en lui" et croire "en son nom". Par exemple, l'homme qui ne sera pas soumis au jugement

En conclusion, croire en lui, c'est immédiatement «avoir la vie» (cf. 3,36; 5,24; 6,47); inversement, par le refus de croire, l'homme s'autodétermine pour la mort (définitive) qu'implique bibliquement le verbe «être jugé». On s'aperçoit encore une fois, après les vv. 11-15, où la responsabilité de l'homme était déjà engagée, contrairement aux vv. 1-10, où il semblait passif puisque «croire» se présentait à lui comme un «don», que c'est l'homme qui est mis en face de sa responsabilité de choix, d'accueil ou de confession de sa foi en Jésus, Fils unique-engendré de Dieu envoyé pour sauver les hommes. Nicodème et tous ceux dont il est le «porte-parole» sont sauvés ici et maintenant à la seule condition d'accepter de reconnaître Jésus comme le Fils de l'Homme élevé en croix, le Fils unique-engendré, envoyé de Dieu pour sauver les hommes. La présence de Jésus Messie dans le monde, requiert une prise de position. Selon que celle-ci soit positive ou négative à son égard, les hommes se situent d'emblée en deux conditions contraires. «Telle est la *krisis* que suscite la rencontre de Jésus avec ses auditeurs au temps de son ministère, ou de Jésus avec tous ceux à qui l'Évangile est annoncé»[214]. Dieu ne condamne personne, c'est l'homme qui peut refuser l'offre de Dieu; tout se décide donc pour l'homme du côté de l'homme, affronté au don de «la lumière» qui fera son apparition au v. 19.

5. vv. 19-21: Conclusion: jugement-invitation à *venir à la lumière*

A la suite de Roustang[215], il faut reconnaître le lien existant entre les vv. 16-18 et 19-21 sans pour autant les confondre, car ils se différencient par leur sujet et leur vocabulaire. Les vv. 19-21 expliquent la nature de ce jugement auquel aboutit le v. 18 et entretiennent le lien avec ce qui précède, tout d'abord par le substantif κρίσις (αὕτη δέ ἐστιν ἡ κρίσις) dont la forme verbale κρίνω servait à déterminer aux vv. 17-18, le sort du croyant par rapport à celui de l'incroyant. Le lien est ensuite entretenu par le même mot ἀγαπάω qui vient ouvrir l'une et l'autre section: «Tellement il aima, Dieu, le monde...» (v. 16) — «Ils aimèrent, les

---

à cause de sa foi n'est pas jugé parce qu'il croit "en lui" et non "en son nom": le Seigneur dit en effet: "Qui croit en moi n'est pas jugé", et non "Qui croit en mon nom n'est pas jugé". Il ne dit pas non plus: "Qui croit en moi est déjà jugé". Sans doute, qui croit en son nom croit, et c'est pourquoi il ne mérite pas d'être déjà jugé, mais il est inférieur à qui croit en lui. C'est pourquoi Jésus ne se fie pas à celui qui croit en son nom. Par conséquent, il faut s'attacher à lui plus qu'à son nom» (ORIGÈNE, *Commentaire sur Jean*, II, Livres VI et X, 307-310).

[214] X. LÉON-DUFOUR, *Lecture*, I, 309.
[215] Cf. F. ROUSTANG, «L'entretien», 349-350.

CHAP. III: ANALYSE SÉMANTIQUE

hommes...» (v. 19); dans l'un et l'autre encore on rencontre le même jeu savant des conjonctions, la même alternance de la pensée du positif au négatif. Enfin Jn a utilisé respectivement dans ces deux petits morceaux des expressions clefs qui se répondent: «πιστεύω εἰς» et «ἔρχομαι πρὸς». Tandis que précédemment il s'agissait d'amour de Dieu, de croire au Fils unique-engendré, du monde et de jugement, ici il est plutôt fortement question de τὸ φῶς et de τὰ ἔργα. Ces trois versets peuvent être considérés comme la conclusion à l'entretien d'une part parce qu'ils rappellent par leur vocabulaire le début du récit et d'autre part par son caractère sentenciel qui fait penser à la clôture d'un procès.

L'expression αὕτη δέ ἐστιν ἡ κρίσις signifie «voici la séparation, la condamnation». C'est la preuve du caractère dramatique[216] de l'évangile de Jean qui, comme le pensent des critiques (de La Potterie, Léon-Dufour, Zevini), est la narration d'un long procès entre Jésus et le monde dans lequel les rôles sont inversés et Jésus se voit condamné par les Juifs[217]. Mais ici, c'est le jugement du monde, des hommes qui est à l'ordre du jour en face de la lumière (τὸ φῶς) qui se présente à eux: τὸ φῶς ἐλήλυθεν εἰς τὸν κόσμον καὶ ἠγάπησαν οἱ ἄνθρωποι μᾶλλον τὸ σκότος ἢ τὸ φῶς· ἦν γὰρ αὐτῶν πονηρὰ τὰ ἔργα. Ce v. 18, à première lecture, évoque le prologue où le thème de la «lumière» occupe une place de choix: καὶ τὸ φῶς ἐν τῇ σκοτίᾳ φαίνει, καὶ ἡ σκοτία αὐτὸ οὐ κατέλαβεν (1,5), Ἦν τὸ φῶς τὸ ἀληθινόν, ὃ φωτίζει πάντα ἄνθρωπον, ἐρχόμενον εἰς τὸν κόσμον. (1,9). Or nous savons par le prologue que le terme «lumière» caractérise le λόγος, le verbe de Dieu qui n'est autre que Jésus-Christ envoyé dans le monde. Nous savons aussi par le prologue que ce Logos-Lumière n'est pas accueilli par la ténèbre s'opposant de fait à elle. Nous savons enfin par ce prologue que le Logos était la vraie lumière qui, venant dans le monde, éclaire tout homme mais que ὁ κόσμος αὐτὸν οὐκ ἔγνω (1,10).

Ces premières remarques mettent en lumière d'une part, l'opposition entre φῶς et σκοτία et d'autre part, une certain équivalence entre κόσμος et ἄνθρωποι. Et lorsque nous revenons à notre verset, ce qui était dit dans le prologue semble se confirmer puisque le v. 19 se situe avant tout dans le prolongement immédiat du v. 18, d'où le thème du jugement est repris: de même que Dieu par amour donna le Fils unique-engendré en l'envoyant dans le monde (vv. 16-17), de même la lumière est venue dans le monde (v. 19); et de même que celui qui croit en lui n'est pas jugé et que

---
[216] Cf. X. Léon-Dufour, *Lecture*, I, 312.
[217] Cf. I. de La Potterie, «Il giudizio di Gesù», 59-62; G. Zevini, *Vangelo*, 141.

celui qui ne croit pas est déjà jugé (v. 18), de même voici le jugement (v. 18): celui qui pratique le mal hait la lumière (v. 20) tandis que celui qui fait la vérité vient à la lumière (v. 21). Mais en fait, que signifie τὸ φῶς ἐλήλυθεν εἰς τὸν κόσμον sinon que «Le don/envoi du Fils dans le monde est paraphrasé en termes de venue de la lumière dans le monde»?[218]; et que peut bien vouloir dire καὶ ἠγάπησαν οἱ ἄνθρωποι μᾶλλον τὸ σκότος ἢ τὸ φῶς sinon que «Le jugement annoncé pour celui qui ne croit pas est interprété en termes de préférence des hommes pour la ténèbre plutôt que pour la lumière»?[219] On peut d'ailleurs remarquer comme le dira Létourneau que «Le couple antithétique "celui qui croit [...] celui qui ne croit pas" du v. 18 est lui aussi reformulé aux vv. 20-21 avec les expressions "ne pas venir à la lumière [...] venir à la lumière"»[220].

Ainsi le parallélisme entre «croire au Fils» et «venir à la lumière» est supporté par l'équivalence johannique entre «croire en Jésus» et «venir à Jésus» (comp. 6,35b et 6,35c; 6,44-45 et 6,47; 6,64 et 6,65; 7,37 et 7,38)[221]. L'emploi du parfait «ἐλήλυθεν», à caractère duratif[222], indique que la venue de la lumière en Jésus est valide pour le futur: Aucun autre jugement ne viendra se substituer à celui qui a eu lieu avec la venue historique de Jésus.

Nous comprenons ainsi que la «lumière», si elle peut signifier la «ζωή eschatologique» selon Bultmann[223], il n'en demeure pas moins qu':

> En Jn, c'est Jésus lui-même qui est la Lumière véritable et la vie (cf. 1,4.9; 8,12; 9,5; 11,25; 12,46;14,6). Or c'est en tant que Logos (cf. 1,1-4.9) et Fils Révélateur du Père (cf. 1,14.18) que Jésus est la lumière du monde. C'est sa parole qui donne la vie et révèle le Père (cf. 5,24.25; 6,63.68; 8,43.47; 10,27-28; 12,46-47; 14,9-10.24). La lumière peut donc désigner à la fois Jésus dans sa personne ainsi que la révélation qu'il apporte pour le salut du monde. Il est la lumière venue dans le monde pour que celui qui croit ne demeure pas dans les ténèbres (12,46). Par la révélation qu'il apporte en tant que lumière, il est le chemin, la vérité et la vie, sans qui personne ne peut aller vers le Père (cf. 14,6)[224].

---

[218] P. LÉTOURNEAU, *Jésus*, 187.
[219] P. LÉTOURNEAU, *Jésus*, 187.
[220] P. LÉTOURNEAU, *Jésus*, 187.
[221] P. LÉTOURNEAU, *Jésus*, 187, n. 184; cf. R. SCHNACKENBURG, *The Gospel*, I, 407; I. de LA POTTERIE, *La vérité dans Saint Jean*, II, 487.
[222] Cf. R. SCHNACKENBURG, *The Gospel*, I, 404, pour qui ce parfait indique «A perpetual challenge to men, asking then to choose faith and salvation or unbelief and judgment».
[223] Cf. R. BULTMANN, *The Gospel*, 42 et n. 4.
[224] P. LÉTOURNEAU, *Jésus*, 188, n. 186.

Dans les écrits johanniques, l'usage néotestamentaire de lumière et ténèbre atteint son point culminant. En eux est aussi présent le sens littéral. Φῶς[225] est la lumière naturelle de la lampe (Jn 5,35), la clarté (3,20s.) que fuit le méchant (mauvais) comme personne qui a en horreur la lumière. Φῶς est la clarté du jour, qui sert d'image à la présence de la révélation, laquelle ensuite se manifeste comme identique au révélateur. Et l'identification de la lumière avec la révélation et de la révélation avec le révélateur, indique une élimination de la spéculation métaphysique et cosmologique. C'est en cela que l'évangile de Jn se distingue fondamentalement de la gnose. La lumière désigne non Dieu, mais la manifestation de Dieu en Jésus. Enfin, on peut noter que Jésus n'est pas «lumière» ou «une lumière», un qui fait lumière en un sens figuré, mais il est «la vraie lumière»; l'article déterminatif indique l'exclusivité de la révélation[226]. L'expression τὸ φῶς ἐλήλυθεν εἰς τὸν κόσμον signifie en définitive que Jésus, don/envoyé et révélateur du Père se présente aux hommes comme «objet de foi», celui auquel il faut croire; mais le constat est amer et décevant: ἠγάπησαν οἱ ἄνθρωποι μᾶλλον τὸ σκότος ἢ τὸ φῶς. A Jésus don/envoyé et révélateur du Père, les hommes ont préféré la ténèbre c'est-à-dire ont refusé de croire en lui, qui pourtant est la vraie lumière donnant la vie qui s'oppose au jugement, à la condamnation.

La finale de ce v. 19, ἦν γὰρ αὐτῶν πονηρὰ τὰ ἔργα, constitue un problème sémantique à résoudre: ils aimèrent, les hommes, plus la ténèbre que la lumière; «en effet, étaient mauvaises leurs œuvres». La problématique du verset réside dans l'emploi de ἔργον dont il faut spécifier le sens mais en forte dépendance de la signification exacte de la conjonction γάρ. Deux propositions se dégagent nettement pour résoudre la difficulté:

Si nous attribuons à γὰρ son sens causal habituel[227], alors le verset se traduira comme suit: ils aimèrent, les hommes, plus la ténèbre que la lumière; «car étaient mauvaises leurs œuvres». La proposition serait de fait causale et la décision de l'homme devant la lumière dépendrait des œuvres mauvaises déjà accomplies avant la venue de la lumière. On parlera alors de la doctrine de l'élection selon Barrett[228] ou de la théorie de

---

[225] Sur 73 témoins que comporte le NT de l'usage de cette expression, l'évangile de Jn l'emploie 23 fois tandis que 1Jn a 6 occurrences (H. RITT, «φῶς, φωτός», 1854).

[226] H. CONZELMANN, «φῶς», 468-471.

[227] Cf. F. POGGI, Corso avanzato, 143.

[228] Cf. C.K. BARRETT, The Gospel, 182. Selon lui, il faut faire la distinction entre deux groupes d'hommes aux vv. 20 et 21 qui semblent exister avant leur confrontation à la lumière. Plus grave, il ne semble pas y être question d'une transformation de «ceux

la prédestination selon Bultmann[229]. Selon ces visions, les œuvres mauvaises seraient ainsi la cause radicale de l'incrédulité, autrement c'est parce qu'on agit mal qu'on ne peut croire[230].

Mais comme le critique Létourneau, et nous partageons son avis, ce sens causal de γὰρ diminue considérablement la liberté de choix de l'homme face à la lumière[231] et cette explication de l'incrédulité, qui repose en fait sur l'interprétation morale qui est faite des «œuvres mauvaises», ne sont que la manifestation de la nature corrompue et pécheresse de l'homme, conception morale plus paulinienne (Rm 3,27s.; 4,2.6; Gal 2,16; 3,2.5.10-12) que johannique[232], car le quatrième évangile ne connait en fait qu'un seul péché, à savoir l'incrédulité comme le soutient Léon-Dufour[233]; et de poursuivre:

> La conduite bonne de l'homme n'est jamais vue dans la Bible comme condition préalable à la foi religieuse. Dans la pensée juive, les œuvres bonnes sont certes de toute première importance, mais elles le sont justement parce qu'elles correspondent à la Loi que Dieu a révélée à Israël et à laquelle le Juif a *déjà* adhéré comme parole de Dieu: ses actes justes sont l'expression, donc la conséquence, de son attitude religieuse profonde[234].

Selon une deuxième possibilité de signification, on attribuerait à la conjonction γὰρ le même sens que la particule δὲ qui sert à introduire un développement ou une continuation de l'idée précédente[235]. La traduction dans ce cas serait: ils aimèrent, les hommes, plus la ténèbre que la lumière; «en effet, étaient mauvaises leurs œuvres». Cette ligne de sens nous semble préférable puisqu'elle maintient l'équilibre ou l'équation de

---

qui font le mal» en personnes «qui font la vérité». Il situe l'arrière-plan de cette vision dans la doctrine vétéro-testamentaire de l'élection.

[229] Cf. R. BULTMANN, *The Gospel of John*, 158, n. 2. Pour lui, cette idée de prédestination se retrouve surtout dans la doctrine gnostique de la φύσεισωζόμενος. La théorie de la prédestination des croyants sur la base de la φύσις est l'expression de la certitude du salut et sert à soulager l'angoisse causée par le fait que la plupart des hommes ne croient pas. Mais derrière tout cela repose la conviction que la nature réelle de l'homme devient apparente dans sa decision de foi ou de non-foi.

[230] Cf. H. CONZELMANN, «φῶς», 477-478. A ce niveau de notre analyse, il faut faire tout de même une précision. L'homme qui agit mal convaint difficilement d'être une personne qui croit comme à l'inverse l'homme qui agit bien convaint efficacement de sa croyance.

[231] P. LÉTOURNEAU, *Jésus*, 189.

[232] P. LÉTOURNEAU, *Jésus*, 190, n. 191; X. LÉON-DUFOUR, *Lecture*, I, 314.

[233] X. LÉON-DUFOUR, *Lecture*, I, 313.

[234] X. LÉON-DUFOUR, *Lecture*, I, 313-314.

[235] P. LÉTOURNEAU, *Jésus*, 190, n. 192.

deux moments: la préférence pour la ténèbre qui se révèle dans les mauvaises œuvres. Cette valeur de continuation du γὰρ exclut toute forme de causalité qu'on pourrait déduire. En fait,

> Le v. 19d n'exprimerait donc pas la cause de l'incrédulité mais plutôt une manifestation concrète: la préférence des hommes se montre clairement dans leurs œuvres. L'incrédulité des hommes (v. 18) s'enracine dans leur préférence pour la ténèbre (v. 19c) et se manifeste concrètement par leurs œuvres mauvaises (v. 19d)[236].

Il n'y a donc pas les œuvres mauvaises qui seraient la cause de l'incrédulité ou à l'inverse l'incrédulité qui serait la conséquence des œuvres mauvaises. Il y a l'incrédulité qui est mise à jour ou qui est dévoilée par les œuvres mauvaises, on dirait dans une certaine mesure que les deux moments s'entrelassent. Mais à quoi se réfère ici πονηρὰ τὰ ἔργα?

La réponse peut se trouver dans ce que dit Jn à propos de l'œuvre de Dieu. En 6,28-29, aux Juifs qui demandent à Jésus: que devons nous faire afin d'œuvrer aux œuvres de Dieu? Jésus répond: l'œuvre de Dieu, c'est que vous croyiez en celui qu'il a envoyé. De cette intervention de Jésus, on peut conclure que pour Jn, l'œuvre de Dieu ou «l'œuvre qui plaît à Dieu»[237], est la foi en Jésus envoyé du Père et par conséquent, l'œuvre mauvaise serait le refus de croire en Jésus. On peut donc dire que l'œuvre mauvaise, c'est l'incrédulité elle-même, le fait de ne pas croire en Jésus, le Fils-Envoyé du Père ou du moins que les œuvres mauvaises sont presque identiques à l'incrédulité dans ses diverses manifestations; elles sont la manifestation de l'incrédulité et non l'œuvre moralement mauvaise qui causerait l'incrédulité[238]. Ainsi, ces œuvres mauvaises ont plus une valeur eschatologique que morale. Comme le confirmera Létourneau, cette interprétation des œuvres mauvaises est conforme à la notion johannique d'œuvre, puisque les œuvres mauvaises peuvent être comparées antithétiquement avec l'œuvre de Dieu, qui consiste à croire en Jésus, l'Envoyé du Père (cf. 6,28-29). En effet les Juifs font l'œuvre de leur père, le diable (8,41a.44), qui est menteur et père du mensonge, et qui cherche dès les débuts à faire périr l'homme (8,44); c'est pourquoi ils

---

[236] P. LÉTOURNEAU, *Jésus*, 190. C'est d'ailleurs pourquoi Schnackenburg affirme que la faute ne peut être que du côté des hommes qui, en dépit de tout ce que Dieu fait pour les sauver (v. 16s.) et de la claire (v. 32) et incontestable (cf. 8,45s.) révélation du Fils, peuvent encore fermer leur cœur à la Lumière (R. SCHNACKENBURG, *The Gospel*, I, 405).

[237] X. LÉON-DUFOUR, *Lecture*, I, 315.

[238] Cf. I. de LA POTTERIE, «Jesus et Nicodemus: de revelatione», 276-277; J. BLANK, *Krisis*, 110.

n'aiment pas Jésus (8,42), n'écoutent pas sa parole (8,43.44) et cherchent même à le tuer (8,40)[239].

Les vv. 20-21 sont introduits par un γὰρ qui a la même signification que le précédent puisqu'il s'agit ici d'une exposition plus développée de ce qui vient d'être dit et que nous avons tenté d'expliquer: ἦν γὰρ αὐτῶν πονηρὰ τὰ ἔργα. Ici aussi les mêmes difficultés de succession chronologique se posent: «Tout en effet qui pratique des mauvaises choses, hait la lumière et ne vient pas à la lumière, afin que ne soient pas reprouvées ses œuvres». L'expression ὁ φαῦλα πράσσων précède-t-elle le οὐκ ἔρχεται πρὸς τὸ φῶς? «Or celui qui fait la vérité vient à la lumière afin que soient manifestées ses œuvres qu'en Dieu elles ont été accomplies»; ὁ ποιῶν τὴν ἀλήθειαν est-elle antérieure à l'expression ἔρχεται πρὸς τὸ φῶς? De toute évidence, la signification des expressions en présence semble se préciser par l'existence d'un parallélisme antithétique: à ὁ φαῦλα πράσσων correspond antithétiquement ὁ ποιῶν τὴν ἀλήθειαν; tandis qu'à l'expression οὐκ ἔρχεται πρὸς τὸ φῶς, correspond antithétiquement ἔρχεται πρὸς τὸ φῶς[240]. Enfin il y a synonymie entre πονηρὰ τὰ ἔργα du v. 19 et ὁ φαῦλα πράσσων du v. 20. Que peuvent donc bien signifier «pratiquer les mauvaises choses» et «faire la vérité» dans leurs relations aux expressions «ne pas venir à la lumière» et «venir à la lumière»?

Si pour Brown ὁ ποιῶν τὴν ἀλήθειαν signifie dans l'AT «to keep faith»[241] ou «maintenir la parole donnée»,

> On reconnaît généralement que cette expression renvoie à l'hébreu עשׂה אמת qui désigne en Ne 9,33 la fidélité de Dieu dans l'accomplissement des engagements de l'alliance; en 2Ch 31,20, elle désigne le comportement droit du roi Ezéchias en regard des prescriptions de la Loi. De ces emplois, on peut conclure que «faire la vérité» pouvait signifier «prouver sa fidélité» mais aussi «agir moralement, avec droiture et justice» [...] Ainsi, «faire la vérité» n'a plus uniquement le sens de «pratiquer la justice, la droiture». A cette signification simplement morale s'ajoute une dimension nouvelle: l'expression rattache maintenant l'agir humain à une *norme*, à la volonté de Dieu *révélée* aux hommes et exprimée dans la *Loi*; elle signifie: pratiquer la justice en observant la Loi. Jean va reprendre cette identification de la «vérité» avec la «Loi» mais va substituer au second terme l'idée de révélation apportée par Jésus. Il va ensuite réinterpréter l'expression «faire la vérité»: il ne s'agit plus de conformer ses

---

[239] P. LÉTOURNEAU, *Jésus*, 190, n. 194.
[240] Cf. P. LÉTOURNEAU, *Jésus*, 190.
[241] Cf. R.E. BROWN, *The Gospel*, I, 135; C.K. BARRETT, *The Gospel*, 182.

actes à cette révélation mais d'accepter et de s'approprier progressivement cette révélation[242].

Quant à l'expression τὰ φαῦλα πράσσειν, bien que peu fréquente dans le NT,

> On la retrouve encore en Jn 5,29; 2Co 5,10; cf. Jc 6,16. En Rm 9,11 et 2Co 5,10, il y a opposition entre «faire le bien» (ἀγαθὸν) et «faire le mal» (φαῦλον); les expressions ont manifestement une valeur morale. La même opposition se retrouve en Jn 5,29: «οἱ τὰ ἀγαθὰ ποιήσαντες [...] οἱ δὲ τὰ φαῦλα πράξαντες». Or, comme le contexte l'indique clairement, Jn n'applique pas ces termes au comportement moral du croyant. En raison du parallélisme évident entre les 5,22-24 et 5,27-29, «celui qui fait le bien», c'est celui qui «honore le Fils comme il honore le Père» (v. 23) ou, en d'autres termes, qui «écoute ma parole et croit en celui qui m'a envoyé» (v. 24). De là, il est clair que celui qui «fait le mal», c'est celui qui n'honore pas le Fils, ne l'écoute pas et ne croit pas en lui. D'autre part, notons que Jn 3,16-21 et 5,19-30 ont plusieurs autres thèmes en commun: le jugement, l'envoi du Fils par le Père, l'obtention de la vie éternelle, etc. Or dans ce contexte, il semble tout à fait probable de supposer l'équivalence des expressions «ποιῶν τὴν ἀλήθειαν» (3,21) et «τὰ ἀγαθὰ ποιήσαντες» (5,29), d'autant plus que chacune d'elles est opposée à la même formule contraire «τὰ φαῦλα πράσσειν» (3,20 et 5,29). Et puisqu'en 5,29 «faire le bien» équivaut à «honorer le Fils comme le Père» (c'est-à-dire reconnaître en lui l'envoyé du Père), «écouter sa parole» et «croire en son Envoyeur», alors le sens de «faire la vérité» doit lui être synonyme ou, à tout le moins, appartenir au même processus de foi[243].

De ces propositions sémantiques découlent les conclusions suivantes: les expressions πονηρὰ τὰ ἔργα, ὁ φαῦλα πράσσων, appartiennent au champ sémantique de l'incrédulité, du refus d'accepter la révélation et le révélateur, Jésus, Fils-Envoyé du Père auquel il faut croire. Si donc les oeuvres mauvaises sont la manifestation concrète de la préférence des hommes pour la ténèbre, de leur refus de croire, alors l'expression «pratiquer le mal» doit elle aussi faire référence au refus de croire des hommes, un refus persistant comme le pense Brown pour qui, le participe présent (ὁ πράσσων) indique qu'il ne s'agit pas d'un pécheur occasionnel mais de quelqu'un qui s'obstine à refuser la lumière, c'est une question

---

[242] P. LÉTOURNEAU, *Jésus*, 191, n. 197.
[243] P. LÉTOURNEAU, *Jésus*, 192, n. 198; cf. R. HEILIGENTHAL, «ἔργον», 1372, pour qui l'œuvre de l'homme peut être qualifiée comme ἀγαθὸν, καλὸν (Mt 5,16; Ac 9,36; Rm 2,7 et passim), ou bien comme πονηρόν, νεκρόν, ἄκαρπον (Col 1,22; He 6,1; 9,14; Eph 5,11).

de mal radical[244] qui se situe dans la continuité de ce qui avait été dit au v.18 à propos de celui qui ne croit pas: ὁ δὲ μὴ πιστεύων [...] ὅτι μὴ πεπίστευκεν qui signifiait déjà selon Létourneau «celui qui ne croit pas [...] parce qu'il n'a-pas-commencé-et-continué-à-croire»[245].

Quant aux expressions ὁ δὲ ποιῶν τὴν ἀλήθειαν, ἔρχεται πρὸς τὸ φῶς, elles appartiennent au champ sémantique du croire, de la foi à ce Fils unique-engendré, révélateur et don du Père au monde. C'est donc en faisant la vérité qu'on vient à la lumière mais pas dans le sens où le «faire la vérité» soit avant ou après le «venir à la lumière» au risque de donner des explications «morale», «chrétienne» ou «éthique» à «faire la vérité», ce qui fait difficulté et changerait le sens en contexte de l'expression. «Faire la vérité» et «venir à la lumière» ne se situent pas dans une logique de cause à effet mais comme le souligne de La Potterie, en Jn la vérité, dans sa réalité objective, désigne la révélation apportée par le Christ et actualisée en nous par l'Esprit; quant à la lumière, elle désigne elle aussi la révélation, mais cette fois-ci considérée en elle-même et en son origine[246]. Toujours selon lui, cet emploi de «vérité» et de «lumière» pour la révélation peut d'ailleurs remonter à la tradition juive qui applique les deux concepts à la Loi: «vérité» présente la Loi comme norme d'action tandis que «lumière» décrit davantage la Loi de Dieu comme source de connaissance (φῶς γνώσεως) ou de révélation[247]. On ne peut donc pas opérer une telle distinction temporelle et considérer le «faire la vérité» comme cause ou comme effet du «venir à la lumière». Une comparaison entre 3,21 et 6,45 nous amène à rapprocher les expressions «ποιῶν τὴν ἀλήθειαν» et «ὁ ἀκούσας παρὰ τοῦ πατρὸς καὶ μαθών»: «faire la vérité» exprime donc la docilité envers la parole du Père qui attire les hommes par l'enseignement même de Jésus. «Faire la vérité» est ainsi constitutif de la genèse même de la foi, tout comme «venir à la lumière»[248]. On peut donc conclure au regard de 6,35 que «venir à Jésus» est synonyme de «croire à Jésus» comme nous le faisait remarquer Mollat plus haut et que nous reprenons totalement à souhait pour la beauté et la pertinence de sa pensée:

> En Jean, en dehors du verbe «πιστεύω» (96 mentions) qui désigne le fait de croire en Jésus, il faut ajouter tout un ensemble d'expressions, qui désignent

---

[244] Cf. R.E. BROWN, Lecture, I, 149.
[245] P. LÉTOURNEAU, Jésus, 192.
[246] Cf. I. de LA POTTERIE, La vérité, II, 494.514.
[247] Cf. I. de LA POTTERIE, La vérité, II, 492-496.
[248] P. LÉTOURNEAU, Jésus, 192-193, n. 200; Cf. I. de LA POTTERIE, La vérité, II, 492-496.

équivalemment l'acte de foi ou le passage à la foi: «recevoir» Jésus (1,12; 5,43; 13,20) ou «recevoir» son témoignage (3,11.32ss.) ou «recevoir» ses paroles (12,48); «venir à» Jésus (5,40; 6,35ss.44 ; 7,37-39); l'«écouter» ou écouter sa voix ou sa parole (5,24ss.37; 6,45; 8,43.47; 10,27; 12,47); le «suivre» (8,12 ;10,27); «demeurer en» lui (15ss.) ou «demeurer dans sa parole» (8,31; cf. 5,38; 15,7) ou «dans son amour» (15,9ss.). L'équivalence ou du moins le rapport intime de ces expressions avec la foi est certain. Elles sont presque toujours mises explicitement en parallèle avec la foi: «Qui vient à moi n'aura plus jamais faim, qui croit en moi n'aura jamais soif» (6,35); «Si quelqu'un a soif qu'il vienne à moi, et qu'il boive, celui qui croit en moi» (7,37-38). De même que «suivre Jésus», c'est devenir son disciple (8,12; 10,27), «venir à Jésus» est une expression métaphorique de la foi: «Qui vient à moi n'aura plus jamais faim, qui croit en moi n'aura jamais soif» (6,35). Le même parallélisme se retrouve en 7,37-38 (voir aussi 5,40; 6,37.44.45.65; cf. 4,39-41; 10,41-42). L'acte de foi, en effet, se définit adéquatement dans le vocabulaire johannique comme un passage à la foi[249].

En 3,21, «venir à la lumière» peut ainsi signifier l'aboutissement final de la foi complète en Jésus, la lumière du monde. Pour y arriver, il faut «faire la vérité», c'est-à-dire s'ouvrir à la révélation que le Fils apporte et se l'approprier progressivement[250]. Cothenet le souligne magistralement: «Faire la vérité pour un grec, c'est un non-sens, la vérité se contemple, elle n'est pas de l'ordre de l'action [...] *Alètheia* désigne ainsi les dispositions de droiture, de loyauté, de fidélité à l'idéal entrevu. Celui qui se laisse ainsi conduire par sa conscience est en marche vers la lumière»[251].

Enfin faut-il le dire, les deux propositions finales des vv. 20 et 21 sont elles aussi construites sous forme d'un parallélisme antithétique où ἵνα μὴ ἐλεγχθῇ τὰ ἔργα αὐτοῦ est opposé à ἵνα φανερωθῇ αὐτοῦ τὰ ἔργα ὅτι ἐν θεῷ ἐστιν εἰργασμένα. Étant entendu que les verbes «ἐλεγχθῇ» et «φανερωθῇ» sont synonymes[252] puisqu'il ramènent tous deux à la même réalité, à savoir faire apparaître ou mettre à nu ce qui n'est pas apparent ou ce qui est caché volontairement; cette manifestation au grand jour, qui a pour objet «les œuvres mauvaises» d'un côté et «les œuvres accomplies en Dieu» de l'autre. C'est Létourneau, qui plus que tout autre auteur, nous aura beaucoup aidés dans cette analyse sémantique, qui nous permet

---

[249] D. MOLLAT, «La foi dans le quatrième évangile», 92.

[250] P. LÉTOURNEAU, *Jésus*, 192; cf. I. de LA POTTERIE, *La vérité*, II, 518; J. BLANK, *Krisis*, 107.

[251] E. COTHENET, *La chaîne*, 49.

[252] Cf. P. LÉTOURNEAU, *Jésus*, 193 et n. 203, qui s'appuie sur des critiques comme R. Bultmann, C.K. Barrett, R. Schnackenburg et I. de La Potterie.

de mettre un terme à cette recherche de signification du texte, sur la troisième dimension de la foi présente dans notre péricope:

> On ne doit considérer ces œuvres ni comme cause antérieure à la venue/non-venue vers la lumière, ni comme conséquence ultérieure de cette venue/non-venue. S'il y a deux moments distincts, ils se situent à l'intérieur du processus même de la foi: entre le moment de la décision pour Jésus et l'aboutissement à la foi parfaite, il y a un cheminement, une intériorisation progressive de la parole de Jésus, une appropriation croissante de la révélation [...] La pratique du mal et celle de la vérité font référence à l'incrédulité et à la foi comme attitudes intérieures de l'homme devant le Christ. La foi de celui qui fait la vérité ne se manifeste extérieurement que dans la venue effective vers Jésus, venue qui se concrétise dans tout le processus d'accueil, d'intériorisation et d'appropriation de la vérité de Jésus[253].

6. Synthèse

L'étude sémantique de Jn 3,1-21 nous a permis dans un premier temps de nous intéresser à la présentation de Nicodème le Pharisien, un chef des Juifs, qui nuitamment vient rencontrer Jésus et dont la présentation est en nette opposition sinon contradiction avec la démarche qu'il fait (3,1-2a). Dans un second temps, nous nous sommes intéressés aux propos initiaux de Nicodème qui ne se sont pas révélés une confession de foi authentique. En réaction, nous avons des prises de paroles de Jésus centrées sur l'«être engendré d'en haut» (3,2b-10) qu'il explique à Nicodème par l'expression «être engendré d'eau et d'Esprit» et qui désignent en définitive le «croire» ou la foi. A travers cette réaction, Jésus entend recentrer le débat mettant ainsi à nu la déroute du maître Juif Nicodème. Ce dialogue ponctué de malentendus et d'ironie traduit la différence du niveau de compréhension entre Jésus et son interlocuteur. Le troisième moment a consisté à cerner la première grande réponse de Jésus qui, dans un discours, invite le savant-ignorant, à croire au témoignage que lui

---

[253] P. LÉTOURNEAU, *Jésus*, 194, prend ainsi le contre pied de ce que pense Bultmann pour qui, la venue à la lumière manifeste la nature véritable, cachée de l'homme. Bien que l'homme prenne sa décision sur la base de ses œuvres passées, cela se fait de telle sorte que c'est la décision elle-même qui donne au passé son véritable sens. C'est à partir de la décision pour ou contre le Christ que les œuvres passées sont jugées comme «mauvaises» ou «faites en Dieu» (cf. R. BULTMANN, *The Gospel*, 158-159); pour Létourneau, ces propos sont de nature et contribuent à brouiller les esprits; puisqu'on ne peut pas mettre en relation les œuvres antérieures avec la decision présente sans du même coup établir un lien causal préétabli entre les deux. A moins de pouvoir admettre que celui qui pratique le mal aime la lumière et vient à la lumière (n. 205). Réponse non sans ironie!

CHAP. III: ANALYSE SÉMANTIQUE 121

(Jésus) et la communauté des croyants rendent au Fils de l'Homme élevé en croix (3,11-15). L'avant dernier moment du monologue en forme de discours permet toujours à Jésus et à la communauté des disciples d'inviter Nicodème et tous ceux dont il est la représentation à se rendre à l'évidence que c'est par la foi au Fils unique engendré, don amoureux de Dieu à l'humanité, que l'on acquiert la vie éternelle (3,16-18). Enfin, l'ultime moment de cette analyse sémantique qui est aussi la conclusion de notre texte (3,19-21), tout comme 3,1-2a constituait l'introduction à la péricope, permet à Jésus de faire à son visiteur nocturne une invitation à venir à la lumière c'est-à-dire à lui dont la réponse d'acceptation ou de refus en constitue le jugement et que les œuvres reflètent. Ainsi, c'est le «croire» ou la foi en Jésus qui constitue l'invitation centrale de toute la péricope d'où son caractère parénétique qui se fait découvrir au fil de la lecture du texte.

En somme, le dialogue entre Jésus et Nicodème (2b-10) a mis en lumière le «croire» comme un «don» qui se reçoit d'en haut. Il est nécessaire d'être engendré d'«eau-Esprit»; ce qui ne peut que se recevoir puisqu'ici le passif semble ne pas trop engager l'action ou la responsalité de l'homme. C'est avant tout un don parce qu'il est œuvre de l'Esprit que symbolise l'eau. De même qu'on est engendré, de même on reçoit l'Esprit et ses effets: le «croire» et la vie de foi auxquels Jésus appelle avec insistance Nicodème et tous ceux dont il est la représentation afin qu'ils se reçoivent d'en haut, d'eau-Esprit, dans la foi.

Les deux parties suivantes (11-15 et 16-18) ont mis un point d'honneur à présenter la foi au Fils de l'Homme, Fils unique-engendré, don/Envoyé et révélateur du Père, dans sa dimension d'«accueil» et donc de confession, comme deuxième dimension du «croire», qui engage la responsabilité de l'homme, qui peut accepter ou refuser de croire en Jésus-Chrit, malgré l'invitation urgente au «croire» qui lui est faite. Si donc dans la partie précédente, la responsabilité de l'homme ne se trouvait pas engagée puisque le «croire» était présenté comme un don, ici l'homme doit non seulement regarder le Fils de l'Homme élevé par la croix mais plus encore croire en son témoignage qui n'est autre que son élévation par la croix; il y a donc un choix décisif à faire de la part de Nicodème qui est invité à l'accueil du témoignage du et sur le Fils de l'Homme, Fils unique-engendré.

La troisième dimension du «croire» que sont les «œuvres» n'est ni la cause ni la conséquence de l'adhésion ou du refus de croire. Comme nous avons tenté de le démontrer, elle est une manifestation concrète à l'intérieur du croire ou du non croire. Ces manifestations se situent à l'intérieur du processus même de la foi: entre le moment de la décision pour Jésus et l'aboutissement à la foi parfaite, il y a un cheminement, une intériorisation progressive de la parole de Jésus, une appropriation croissante de la révélation.

Nicodème et ceux dont il est la représentation, sont invités à rentrer dans ce triple mouvement du «croire» en Jésus. Nicodème a-t-il accepté ou non de faire ce chemin, de faire route avec Jésus? Notre analyse narrative tentera de répondre à cette complexe question.

CHAPITRE IV

Analyse narrative de Jn 3,1-21

C'est en nous servant des résultats de notre analyse sémantique, que nous abordons cette étude narrative de notre texte, qui nous permettra de voir successivement le déroulement de l'intrigue, les personnages en présence, l'importance du malentendu et de l'ironie dans la trame narrative, le point culminant de la narration et l'attitude de Nicodème, et enfin le lecteur. Il faut souligner d'avance que notre analyse portera sur les personnages, leurs actions et les rapports qu'ils entretiennent entre eux. Nous optons pour cette approche parce que selon Egger l'analyse narrative peut se définir comme «la sémantique du texte, dans la mesure qu'elle étudie principalement deux lignes de signification, à savoir les actions (ligne de signification de la parole "agir") et les personnages agents»[1].

1. Intrigue de révélation et histoire interrompue

Des modèles[2] que nous propose la méthode narrative, le schéma quinaire[3] semble le mieux adapté pour une analyse de Jn 3,1-21. Appliqué à notre récit, nous avons:

---

[1] W. EGGER, *Metodologia*, 125.
[2] On peut citer entre autres «la séquence élémentaire de Bremond», «le modèle des actants de Greimas» (cf. W. EGGER, *Metodologia*, 129-140); «le modèle de Labov», «le modèle sémiotique» ou «programme narratif sémiotique» (cf. J-L. SKA, «*Nos pères nous ont raconté*», 32-33; D. MARGUERAT – Y. BOURQUIN, *Pour lire les récits bibliques*, 66-69).
[3] Cf. D. MARGUERAT – Y. BOURQUIN, *Pour lire les récits bibliques*, 58-66: «Tout récit se définit par la présence de deux bornes narratives (Situation initiale et Situation finale), entre lesquelles s'établit un rapport de transformation. La transformation fait passer le sujet d'un état dans un autre état, mais ce passage doit être déclenché (Nouement)

Situation initiale (ou *Exposition*): La venue à Jésus de nuit de Nicodème (3,1-2a)

Nouement: Dialogue centré sur l'être engendré d'en haut ou d'eau-Esprit et incapacité à comprendre de Nicodème (3,2b-10)

Action transformatrice: Monologue centré sur l'identité de Jésus au quel il faut croire pour avoir la vie éternelle (3,11-21)

Dénouement: Suspension narrative ou histoire interrompue

Situation finale: A l'attention du lecteur

La *Situation initiale* (ou *Exposition*)[4] de notre péricope met en scène les deux protagonistes du récit: Nicodème, un homme avec un nom précis, le pharisien, chef des Juifs fait mouvement vers Jésus, il vient le rencontrer de nuit, temps important dans la symbolique johannique. C'est le premier contact direct entre Jésus et une autorité juive dans l'évangile de Jn. Jusqu'à présent, il s'agissait des disciples, des Juifs et des habitants de Jérusalem en général qui avaient contact avec lui. Quant à Jésus, on sait depuis la fin du chapitre 2, qu'il a opéré de nombreux signes à Jérusalem pour lesquels beaucoup crurent en lui mais lui, se méfiait d'une telle foi basée sur les signes, désignation johannique du miracle (2,23-25). C'est donc en terrain miné qu'avance Nicodème[5] où la foi basée sur les signes pose problème à son interlocuteur et n'est tout simplement pas digne de confiance, cette foi est dépourvue de tout crédit. Le décor est ainsi planté au lecteur qui a déjà un certain nombre d'informations importantes pour la suite du récit.

Le *Nouement* (ou *Nœud*)[6] est déclenché par les propos ambigus de Nicodème. En lieu et place d'une profession de foi, c'est d'un savoir

---

et appliqué (Dénouement). D'où le schéma quinaire (son nom vient du chiffre 5 en latin); ce schéma porte à cinq le nombre d'étapes dont se compose typiquement l'intrigue» (*Ibid.*, 58). Cf. aussi J-L. SKA, «*Nos pères nous ont raconté*», 33-34.

[4] Cf. D. MARGUERAT – Y. BOURQUIN, *Pour lire les récits bibliques*, 59: «Elle fournit au lecteur les éléments d'information nécessaires pour comprendre la situation que le récit va modifier. Cette Exposition précise le qui, le quoi et (parfois) le comment». Le qui: Nicodème vient à Jésus, le quoi: savoir un peu plus sur Jésus à cause de ses signes, le comment: de nuit.

[5] D. MARGUERAT – Y. BOURQUIN, *Pour lire les récits bibliques*, 41.

[6] «Le nouement (nœud) constitue le déclenchement de l'action. C'est ici qu'en général, la tension narrative s'amorce. Le détonateur peut être l'énoncé d'une difficulté, d'un conflit, d'un incident, d'une entrave apportée à la résolution d'un problème» (D. MARGUERAT – Y. BOURQUIN, *Pour lire les récits bibliques*, 59). La difficulté dont il est question ici est l'incompréhension de Nicodème qui a du mal à saisir le langage de Jésus.

(v. 2) dont Nicodème fait part à Jésus et dont la venue est déjà viciée par son caractère nocturne qui ne signifie rien d'autre que s'approcher en conservant des résistances. La réponse de Jésus déstabilise son interlocuteur (v. 3) au point qu'il étale son ignorance (v. 4), poussant Jésus à mieux s'expliquer (vv. 5-8), mais une fois encore, il étale son non-savoir (v. 9) au grand étonnement de Jésus (v. 10) qui s'aperçoit que son interlocuteur ne saisit pas ce qui semble à ses yeux évident pour un maître d'Israël, rompu aux Écritures. L'intellectuel Nicodème se révèle en grand déphasage avec Jésus.

L'*Action transformatrice*[7] consiste pour Jésus à tenter de résoudre la difficulté due à l'immobilisme de Nicodème. Tout le monologue se présente comme le dévoilement de sa personne auquel Nicodème est invité à croire. Successivement Jésus se présente comme le Témoin authentique et véridique (v. 11), le Fils de l'Homme élevé en croix (vv. 13.14), le Fils unique-engendré/don-envoyé du Père (vv. 16-18), la Lumière des hommes (vv. 19-21). On constate bien que nous avons affaire à une intrigue de révélation dont «L'action transformatrice consiste en un gain de connaissance sur un personnage de l'histoire racontée»[8], en l'occurrence Jésus, qui s'est dévoilé progressivement au fil du récit. Le point culminant étant l'évocation de son élévation en croix comme le signe par excellence donné aux hommes afin que quiconque croit en lui, ait la vie éternelle. C'est à juste titre donc que Marchadour a pu dire que le monologue qui prolonge l'entretien de Jésus avec Nicodème constitue un des sommets christologiques de l'évangile de Jean[9]. Quelle sera la réaction de Nicodème? Aura-t-il une attitude d'adhésion ou de refus à la personne de Jésus?

Le *Dénouement*[10] attendu, au sens strict, ne viendra pas à la fin du récit; l'histoire est interrompue à ce stade. On parle alors de suspension narrative. Suspens donc! Tout au plus, on peut admettre au plan littéraire qu'il est projeté ou reporté, vu que le parcours narratif de Nicodème n'est

---

[7] Elle vise, toujours selon Marguerat, «La liquidation de la difficulté, ou du manque, ou de la perturbation annoncée par le récit. La dynamique transformatrice peut consister en un acte ponctuel ou en un long processus de changement. Classiquement, c'est là que se situe le pivot (*turning point*) du récit». *Turning point* qui n'arrivera pas jusqu'au v. 21, clôture du récit.

[8] D. MARGUERAT – Y. BOURQUIN, *Pour lire les récits bibliques*, 81.

[9] A. MARCHADOUR, «Lire l'œuvre de Jean», 350.

[10] «Le dénouement est l'étape symétrique du nouement. Il énonce la résolution du problème annoncé. Il décrit les effets de l'Action transformatrice sur les personnes concernées ou la manière dont la situation se rétablit dans son état antérieur» (D. MARGUERAT – Y. BOURQUIN, *Pour lire les récits bibliques*, 60). Il est difficile de dire qu'il y a évolution chez Nicodème en raison de son intervention au v. 9 et de la réaction de Jésus au v. 10.

pas achevé. Son intervention en 7,50-52 pourrait, toute proportion gardée, être considérée comme le dénouement, au regard de l'interprétation que le texte permet de faire, surtout qu'une fois encore, Nicodème ne répond pas à ses pairs entretenant le silence et le suspens constatés à la fin de Jn 3,1-21. Ce qui pourrait constituer ici le dénouement serait alors son intérêt et sa prise de position contraire à celle de ses pairs et donc sa défense de la cause de Jésus, si cette interprétation est retenue[11].

La *Situation finale*[12] étant laissée aux bons soins du lecteur: «Cette astuce de suspension narrative pousse le lecteur à s'impliquer lui-même en imaginant comment se conclura l'histoire racontée»[13]. Aussi pourrait-on considérer ici Jn 19,38-42 comme la situation finale du parcours de Nicodème si nous voulions nous engager dans une analyse complète de son parcours narratif. Mais au plan strict, la fin de Jn 3,1-21 permet au lecteur de lire le texte dans la direction qui lui semble la meilleure, ayant conscience de la complexité du Nicodème johannique, qui est celui là même qui participera à l'ensevelissement de Jésus et dont les interprétations à propos de son discipolat sont aussi diverses que contradictoires.

2. Les personnages

2.1 *Nicodème: le savant non sachant (un personnage plat)*

C'est bien lui qui ouvre le récit avec une accumulation de titres que lui confère le narrateur et qui ne saurait le réduire à un personnage de

---

[11] Bien qu'ayant conscience que la narrative permet de faire appel aux deux autres passages où Nicodème refait surface en Jn pour rendre notre étude plus complète, nous optons plutôt pour une analyse du parcours ultérieur de Nicodème dans notre étude de la Tradition, qui nous permettra d'étudier et son intervention en Jn 7,50-52 et sa présence au lieu de la sépulture de Jésus en Jn 19,39-42, comme textes illuminants Jn 3,1-21, aux fins de répondre à la problématique de son discipolat ou de son adhésion à Jésus.

[12] La Situation finale, d'après Marguerat qui correspond à l'inversion de la Situation initiale par liquidation du manque, expose «la reconnaissance du nouvel état (après l'élimination de la difficulté) ou le retour à la normale (après disparition de la perturbation)», D. MARGUERAT – Y. BOURQUIN, *Pour lire les récits bibliques*, 60. Il n'en est pas question dans notre récit.

[13] D. MARGUERAT – Y. BOURQUIN, *Pour lire les récits bibliques*, 65. Il faut souligner que le schéma quinaire, s'il s'applique mieux aux récits de miracles comme lieu privilégié, peut aussi bien servir à analyser d'autres textes sans toujours reproduire les cinq étapes suggérées; dans certains récits, l'une ou l'autre étape peut être absente mais cela ne remet pour autant pas en cause la validité de son application. C'est par exemple le cas de la parabole du Père miséricordieux, traditionnellement appelée parabole du fils prodigue, où le texte ne nous dit pas ce qu'est devenu le fils aîné (Lc 15,1-32), laissant au lecteur de poursuivre l'acte de lecture en s'impliquant à travers son imagination.

second plan ou à un figurant: Nicodème est un homme parmi les pharisiens, un chef des Juifs, un érudit des Écritures. Au début, il se présente avec l'assurance — non sans suffisance — de quelqu'un qui sait de quoi il parle (nous savons, οἴδαμεν), pas seulement à titre personnel, mais aussi à titre collectif comme l'atteste le οἴδαμεν et au regard des signes opérés par le thaumaturge Jésus qui suscite la curiosité de beaucoup, lui qui serait venu comme un maître parmi tant d'autres, de la part de Dieu comme les prophètes et non comme le Messie. A la première intervention de Jésus, son savoir bascule et bute sur le thème de l'être engendré d'en haut, qui n'est autre qu'une invitation à se rendre à l'évidence que la foi n'est pas d'abord une question de savoir, mais un don qu'il faut accueillir. Nicodème ne comprend rien à ce langage qui d'une certaine façon le maintient dans son état statique, il n'a pas bougé d'un iota et finit par se réduire à un seul trait: un personnage plat, qui éprouve bien des difficultés à croire en Jésus. Quand au v. 10, Jésus lui reprochera sa méconnaissance de ces choses là, c'est pour lui signifier au-delà du caractère intellectuel que peut revêtir une telle affirmation, son incrédulité, son inacceptation de Jésus comme Messie. Nicodème continue de conserver ses résistances de départ, surtout que le texte ne nous fait pas part d'une quelque évolution, il reste donc comme statique, ce qui révèle sa difficulté à croire et par delà lui, ceux dont il est la représentation.

2.2 *Jésus: protagoniste principal (un personnage rond, bloc)*

Bien que cité laconiquement au début de la péricope, Jésus devient très vite protagoniste principal du récit. C'est d'ailleurs à lui que vient Nicodème. A un Nicodème, qui pensait avec son argumentation, venir à bout de lui ou du moins le convaincre de ce qu'il pense de sa personne, se présente un Jésus qui le dépossède d'abord de la conduite du dialogue avant de le déposséder de son savoir (v. 10). Technique bien johannique qui met Jésus au cœur de l'intrigue, lui permettant de se dévoiler, de se révéler progressivement comme le Témoin authentique et véridique (v. 11), le Fils de l'Homme élevé en croix (vv. 13.14), le Fils unique-engendré/don-envoyé du Père (vv. 16-18), la Lumière des hommes (vv. 19-21). Comme le souligne Marchadour:

> Dans tous les évangiles, Jésus occupe la place centrale du début jusqu'à la fin. Il est le personnage autour de qui l'intrigue est construite. Même si les évangiles ne sont pas une biographie de Jésus, ils représentent, chacun avec ses choix d'écrivain, un parcours sélectif de paroles et de faits de Jésus, à travers lesquels celui-ci se fait connaître aux hommes, et surtout fait connaître le message du Père qui l'a envoyé. Ce qui vaut pour les quatre évangiles est plus

apparent dans l'évangile de Jean. On a dit avec justesse que — il cite Tolmia — «l'intrigue de l'évangile peut être résumée ainsi: la révélation de l'identité de Jésus, le Fils de Dieu, et les réactions (positives ou négatives) à cette révélation»[14].

En première instance, Jésus est un personnage rond, une figure construite à l'aide de plusieurs traits[15] et qui est le protagoniste principal de notre récit; il est «habillé» au fur et à mesure qu'on avance dans le récit avec des qualités dont on a plus ou moins connaissance depuis le premier chapitre, où on assiste comme ici à une accumulation de titres: en Jn 1, Jésus est Logos (1,1.14); Dieu (1,18); vie et lumière (1,4.5.9); Fils unique 1,14.18; Fils de Dieu (1,34); Messie (1,41.45); roi d'Israël (1,49); Fils de l'Homme (1,51), titres qui lui sont attribués par l'évangéliste ou par les disciples. En Jn 3,1-21, c'est Jésus lui-même et avec lui, la communauté des disciples qui reconnaissent en lui le Témoin authentique et véridique (v. 11), le Fils de l'Homme élevé en croix (vv. 13.14), le Fils unique-engendré/don-envoyé du Père (vv. 16-18), la Lumière des hommes (vv. 19-21). Nous pouvons ainsi dire avec Marchadour que:

> Tous ces titres font partie de l'univers religieux des Juifs du Ier siècle. Ils qualifient le Messie dans la littérature biblique, et en particulier dans les textes de Qumrân. Cela veut dire qu'ils sont déjà chargés de sens, lourds de plusieurs siècles de relectures, d'attentes et d'utopie. Mais cela signifie aussi que Jésus sera conduit, par son enseignement et gestes prophétiques, à prendre ses distances avec ces qualificatifs, tout en les revendiquant[16].

Mais s'il est vrai que le récit révèle au fur et à mesure Jésus, à travers ses rencontres avec divers personnages et en particulier ici avec Nicodème une figure représentative, il est encore plus vrai que ce n'est pas Jésus qui change d'aspect ou de figure, comme les autres personnages qui peuvent passer de l'incrédulité à la foi, du doute à la pleine adhésion ou de la curiosité au refus catégorique et systématique d'accepter sa messianité. Reprenons pour clore ce point la splendide pensée de Culpepper pour qui, dans l'évangile de Jean, le personnage de Jésus ne subit pas de modification au long du récit, c'est le regard et la connaissance des

---

[14] A. MARCHADOUR, *Les personnages*, 10; cf. D.F. TOLMIA, *Jesus Farewell to the disciples*, 43.

[15] Comme le confirment l'explication qu'en donnent D. MARGUERAT – Y. BOURQUIN, *Pour lire les récits bibliques*, 86-88, à propos de ce qu'est un personnage rond, à la différence d'un personnage plat qui est une figure résumée à un seul trait.

[16] A. MARCHADOUR, *Les personnages*, 10-11.

témoins et des lecteurs qui changent[17]. Ainsi Jésus passerait du stade de personnage rond au statut de personnage bloc puisqu'en réalité il conserve un rôle invariable tout au long du récit[18]. Ce sont les personnages qu'il rencontre qui le découvrent et non le contraire; c'est donc une «christologie en récit»[19] qui est à l'ordre du jour dans la péricope.

3. Le malentendu et l'ironie johannique

L'intrigue de notre récit est construite sur un malentendu[20], puisque la première intervention de Jésus ($\gamma\epsilon\nu\nu\eta\theta\hat{\eta}$ $\check{\alpha}\nu\omega\theta\epsilon\nu$ au v. 3) n'est pas comprise par Nicodème qui la saisit au sens matériel, littéral (v. 4) suscitant l'explication ou la clarification de ses premiers propos (v. 5). La technique narrative du malentendu est ici confirmée et systématiquement exploitée comme c'est fréquemment le cas dans le quatrième évangile: «Jésus fait une déclaration ambiguë, soit parce qu'elle est imagée, soit parce qu'elle contient un sens caché. Ceux qui l'entendent l'interprètent littéralement ou s'insurgent contre sa déclaration. Le plus souvent, l'explication correcte est ensuite fournie par Jésus ou (moins fréquemment) par le narrateur»[21].

---

[17] Cf. R.A. CULPEPPER, *Anatomy*, 104.

[18] Cf. D. MARGUERAT – Y. BOURQUIN, *Pour lire les récits bibliques*, 86.

[19] A. MARCHADOUR, *Les personnages*, 11.

[20] Les cas de malentendu ne manquent pas en Jn: ce sont souvent les Juifs qui sont pour la plupart victimes de malentendu (2,19-22; 3,3-5; 7,33-36; 8,21-22; 8,31-36; 8,56-58), mais aussi la foule (6,32-35; 12,28-29), les disciples (4,31-34; 11,15-16; 13, 36-38; 14,4-6; 14,8-9), Marthe (11,23-25) et Marie (20,15-16); en un mot: tous les interlocuteurs de Jésus; de plus on peut dire que tout le chapitre 8 n'est qu'un long malentendu tout comme tout le procès de Jésus (18,1–19,30) et spécialement sa comparution devant Pilate (18,28–19,16), cf. F. VOUGA, *Cadre*, 32-33.

[21] D. MARGUERAT – Y. BOURQUIN, *Pour lire les récits bibliques*, 151; C'est donc Jésus, qui le plus souvent, provoque le malentendu (2,19-22; 4,8-15; 7,33-36; 8,21-22), comme le confirme Vouga qui ajoute à titre d'exemple ceci: «L'entretien avec la Samaritaine est caractéristique à cet égard: au fur et à mesure de l'entretien, Jésus par son attitude et ses affirmations, oblige son interlocutrice à s'interroger et à le questionner; c'est à cela que contribue notamment son affirmation énigmatique du v. 10. On retrouverait ce même procédé argumentatif en 2,19-22; 3,3-5; 4,31-34; 7,33-36; 8,21-22 etc. Même si les interlocuteurs de Jésus ne comprennent pas où il veut en venir ni qui il est, Jésus tente toujours à nouveau, par ses propos, de les amener à mettre en question l'objet de leur recherche, leur compréhension de l'existence et leur mode d'être» (*Le cadre*, 33). cf. aussi P. LÉTOURNEAU, *Jésus*, 381-395, qui dans son Annexe A consacré au «Schéma johannique de révélation et procédé littéraire du malentendu», s'étend largement sur le rôle du malentendu dans les textes johanniques de révélation et fait un tour d'horizon des propositions de schémas depuis Bernard, Bultmann, Boismard, Leidig en

Ce malentendu est un procédé rhétorique qui alerte le lecteur et lui signale les fausses voies de compréhension[22] comme celle proposée et dans laquelle Nicodème veut le conduire. Mais plus que cela, l'une de ses fonctions importantes consiste à manifester Jésus comme l'unique révélateur: l'incompréhension des interlocuteurs trahit leur non-savoir, et c'est le cas pour Nicodème qui prétendait savoir, et met en relief le fait que Jésus est l'unique véritable «connaissant»[23]. Ainsi le malentendu fournit l'occasion d'expliquer le sens des paroles de Jésus et de développer plus à fond des thèmes importants[24]. Il est en définitive au service de la théologie (christologie) johannique[25]. Une question importante demeure: le malentendu ici chercherait-il à ridiculiser Nicodème ou à étaler aux yeux du lecteur sa sottise? Ce serait faire un faux procès à Jean puisque le malentendu vise un saut qualitatif des interlocuteurs de Jésus, un déplacement, un changement[26] de vision et de conviction de Nicodème. En définitive,

---

passant par Cullmann, Vouga, Leroy, Nicholson, Meeks et bien d'autres. De toute évidence, les avis restent partagés à ce propos.

[22] D. MARGUERAT – Y. BOURQUIN, *Pour lire les récits bibliques*, 151.

[23] P. LÉTOURNEAU, *Jésus*, 385-386. L'évangéliste utiliserait donc le malentendu pour faire progresser la révélation apportée par Jésus. A la suite de Cullmann, un certain nombre d'auteurs voient dans le malentendu la conséquence des expressions à double sens dont l'interlocuteur choisirait le sens non voulu par Jésus. Cette prise de position est contestée par Létourneau qui affirme que les deux seuls cas véritables d'expressions à double sens engendrant l'incompréhension des interlocuteurs de Jésus sont l'expression «γεννηθῆναι ἄνωθεν» de 3,3 et le verbe «ὑψόω» en 12,32.34; puis il ajoute à la suite de Boismard («Le lavement des pieds (Jn 13,1-17)», 12) et de R. BULTMANN, *The Gospel*, 135, n. 1, que de façon générale, c'est tout un énoncé de Jésus qui peut être mal interprété (*Ibid.*, 383 et n. 11). Tandis que Jésus parle des réalités spirituelles, ses interlocuteurs comprennent au plan des réalités matérielles.

[24] Cf. R. A. CULPEPPER, *Anatomy*, 152.

[25] Cf. F. VOUGA, *Le cadre*, 18.33. Selon lui et à la suite de Bultmann, «Le malentendu n'a pas un caractère fortuit: il tient à la conception fondamentale que Jn a de la révélation; lorsque l'homme veut ou doit appréhender celle-ci, il y a nécessairement malentendu» (F. VOUGA, *Le cadre*, 33). Marguerat est aussi de cet avis et est encore plus explicite quand il affirme que «Si l'on examine l'ensemble des malentendus johanniques, on constate que le procédé s'attache aux points centraux de la christologie johannique: la mort, la résurrection et la glorification de Jésus (2,19-21; 6,51-53; 7,33-36; 8,21-22; 12,32-34; 13,36-38; 14,4-6; 16,16-19). Les autres malentendus concernent, tour à tour, l'identité et la nature des enfants de Dieu, qu'il s'agisse de leur "naissance" (3,3-5), du "pain dont ils se nourrissent" (6,32-35), de "l'eau qui les désaltère" (4,10-15), de leur "liberté" (8,31-35), etc.» (D. MARGUERAT – Y. BOURQUIN, *Pour lire les récits bibliques*, 151-152).

[26] Cf. D. MARGUERAT – Y. BOURQUIN, *Pour lire les récits bibliques*, 152.

> La fonction la plus claire des malentendus est d'établir une distinction bien marquée entre *insiders* et *outsiders*, entre ceux qui comprennent Jésus et ceux qui le comprennent pas. Les explications des malentendus attirent le lecteur dans le cercle des insiders [...]. Un autre effet des malentendus est de supprimer tous les doutes ou les perceptions erronées sur les points essentiels de la théologie johannique. [...] La fonction la plus significative des malentendus, toutefois, est d'enseigner aux lecteurs — sur lesquels nous reviendrons en dernier point de cette analyse narrative — comment lire l'évangile. Ils attirent leur attention sur les métaphores, les doubles sens et les significations plurielles contenus dans l'évangile[27].

Pour finir, disons avec Vouga que Jn met en évidence le malentendu qui naît devant Jésus parce qu'il est le Révélateur paradoxal qui ne se laisse pas saisir dans les catégories de pensée humaine[28], qui n'est pas du monde et ne se laisse pas appréhender de manière immédiate par celui-ci[29].

Quant à l'ironie[30], elle intervient à deux reprises dans notre péricope (vv. 2 et 10). D'abord le savoir catégorique de Nicodème (v. 2) n'est pas dénué d'ironie puisque son raisonnement contient une erreur théologique apparente et inacceptable aux yeux de ses pairs pharisiens et docteurs: les signes n'indiquent pas nécessairement la présence de Dieu (cf. 9,16.24.29)[31].

---

[27] R.A. CULPEPPER, *Anatomy*, 164-165, cité par D. MARGUERAT – Y. BOURQUIN, *Pour lire les récits bibliques*, 152.

[28] F. VOUGA, *Le Cadre*, 18.

[29] F. VOUGA, *Le Cadre*, 33.

[30] Elle peut se définir comme le procédé littéraire par lequel l'auteur du texte disjoint la réalité que connaît le lecteur et l'apparence que les protagonistes du récit prennent pour la réalité (F. VOUGA, *Le Cadre*, 33, reprenant la définition proposée par D.W. WEAD, *The literary Devices in John's Gospel*, 47-68).

[31] P. LÉTOURNEAU, *Jésus*, 139, n. 75. Comme explique-t-il: «À l'intérieur du raisonnement de Nicodème, on peut déjà noter un vice d'argumentation qui serait certainement souligné par ses pairs docteurs. En effet, dans la problématique du discernement entre vrais et faux prophètes, il faut certifier la présence de Dieu pour conclure à l'origine divine de la mission (envoi). Selon cette ligne de pensée, Nicodème fonde sa reconnaissance de l'envoi divin de Jésus par un principe formel: "personne ne peut faire ces signes [...] si Dieu n'est pas avec lui". Mais ce principe est faux car les magiciens et les faux prophètes peuvent aussi faire des signes même si Dieu n'est pas avec eux (cf. Ex 7,11.22; 8,3; etc.). Face à cela, Dt 13,1-6 stipule qu'un signe n'est pas un critère de discernement décisif; il faut surtout que la parole du prophète soit conforme à la Loi du Seigneur, aux commandements qu'il a donnés. Cette même problématique se retrouve en Jn 9, en particulier au v. 16 où il est fait mention du schisme entre les pharisiens: certains acceptent la mission divine de Jésus en raison des signes; d'autres le considèrent comme un pécheur parce qu'il ne respecte pas le sabbat» (*Ibid.*, 136, n. 65).

On remarque aussi le caractère presque toujours ironique du verbe οἴδαμεν sur les lèvres des Juifs (6,42; 7,27; 9,29; 11,49-50). Chaque fois qu'ils prétendent savoir, «leur savoir d'autorité leur est toujours fatal narrativement; ou bien ils énoncent une vérité dont ils sont inconscients, ou bien ils énoncent une erreur»[32]. C'est pourquoi on est en droit de penser que le «nous savons» de Nicodème en 3,2 est tout imprégné d'ironie et «C'est le moyen de l'évangéliste pour attirer l'attention du lecteur sur le caractère inadéquat de la confession christologique qui suit»[33].

Ensuite l'ironie intervient au v. 10, en réplique aux paroles de Nicodème au v. 2: A Nicodème qui prétendait savoir (οἴδαμεν) que Jésus était un maître (διδάσκαλος), Jésus rétorque que c'est précisément lui, Nicodème, le maître reconnu d'Israël (ὁ διδάσκαλος τοῦ Ἰσραὴλ) — bien sûr pas dans le sens que Nicodème soit le maître par excellence d'Israël, mais pour signifier que la fonction de maître en Israël était bien connue — pourtant il ne sait pas (ταῦτα οὐ γινώσκεις;) qu'il faut se recevoir de Dieu par la foi non par la Loi, qui est avant tout un don, dont la finalité est le salut. Or le propre du maître est de savoir et d'enseigner ce qu'il sait; en tant que maître reconnu, Nicodème devrait savoir. L'ironie est d'autant plus marquée qu'il est pris en flagrant délit d'ignorance concernant la foi et le salut, premiers domaines de connaissance que l'on s'attend à trouver auprès d'un maître en Israël et pourtant, il n'avoue que son ignorance: «Πῶς δύναται ταῦτα γενέσθαι;»[34]. En définitive, l'ironie de Jésus prend un caractère dramatique et autant le non-savoir de Nicodème est mis en évidence par le caractère ironique du v. 10, autant le savoir de Jésus est relevé par la position emphatique du verbe qui l'exprime.

---

[32] P. LÉTOURNEAU, *Jésus*, 139, n. 75.
[33] P. LÉTOURNEAU, *Jésus*, 139, n. 75.
[34] Cf. P. LÉTOURNEAU, *Jésus*, 152-153. F. VOUGA, *Le cadre*, 34, s'appuyant sur Wead et Kierkegaard, distingue «deux types d'ironie: l'ironie de type *socratique* qui s'attaque aux prétentions de l'interlocuteur pour lui montrer son ignorance et celle de *Sophocle* qui vise à dévoiler la vraie situation dans laquelle les partenaires se trouvent pour les amener à bien se comprendre. Ces deux types d'ironie se trouvent étroitement liés dans le quatrième évangile: ils sont réunis dans l'argumentation de Jésus qui tente de faire passer ses interlocuteurs d'une compréhension de soi à une autre, de la non-vie à la vie. L'ironie du Révélateur a bien la corrosivité de la première, puisqu'il s'agit de déposséder l'homme des certitudes derrière lesquelles il s'abrite et pourrait rester prisonnier; l'entretien de Jésus avec la Samaritaine montre comment, dans le but d'amener son interlocutrice à croire, Jésus doit toujours à nouveau faire table rase des certitudes que celle-ci croit pouvoir rééditer. Le seul point fixe auquel Jésus tolère que l'interlocuteur aboutisse, c'est la foi au Fils paradoxal. Ainsi l'ironie ne peut plus être cette infinie négativité qu'elle était chez Socrate».

En somme, alors que Nicodème était venu s'enquérir de l'identité de Jésus et de sa place dans le Judaïsme, et donc venu enquêter sur Jésus, celui-ci déplace et transcende le débat en invitant plutôt son visiteur et ceux qu'il représente à l'accueil de la révélation. L'entretien avec Nicodème met donc en relief l'absolue nécessité d'une action décisive de Dieu, aussi radicale que celle de la naissance. Nicodème est donc invité à laisser l'action de Dieu faire naître en lui la connaissance du Fils. Mais Nicodème ne comprend pas. Sa double interrogation: Comment? (vv. 4.9) montre qu'il reste à la périphérie d'un langage hautement théologique qu'il ne peut pénétrer. D'ailleurs il a une vision trop humaine des choses.

Par le jeu du malentendu et de l'ironie, Jean met en lumière l'impossibilité de Nicodème à comprendre le langage spirituel de Jésus et la possibilité offerte à Jésus de révéler le mystère de l'engendrement d'en haut. C'est ce qu'exprime Marchadour quand il affirme:

> Le dialogue entre Jésus et l'envoyé des pharisiens tourne vite court, avant même qu'il ait été engagé en vérité. Cela tient en grande partie à la stratégie de Jésus, mais aussi à l'étonnante faiblesse de l'argumentation du maître pharisien. Jésus, invité à entrer dans un débat d'école sur sa place et son rôle dans l'organigramme religieux de son temps, ne respecte pas les règles du jeu. Par un déplacement stratégique, il déstabilise son interlocuteur. Celui qui n'était que délégué se retrouve tout à coup mis à nu par le questionnement de Jésus. C'est ce dernier qui désormais prend la direction de l'échange [...] Devant l'orientation existentielle de l'échange, Nicodème apparaît curieusement inerte et maladroit. On y voit la marque de l'écrivain qui joue ainsi sur le thème du malentendu, grâce auquel Jésus peut introduire sa révélation[35].

Ainsi Nicodème, malgré son savoir (pharisien et membre du Sanhédrin donc grand connaisseur de la Torah et enseignant du peuple), reste du côté de la chair et s'enferme dans des questionnements stériles[36].

4. Effacement, grande révélation et silence de Nicodème

Venu comme un maître, porte-parole du mouvement pharisien auprès de Jésus (3,2), pour se faire une idée plus précise sur l'identité de celui-ci, c'est lui qui doit affronter une épreuve pour laquelle il échoue et qui lui vaut ce jugement sévère de Jésus[37]: «Tu es le maître d'Israël, et ces choses, tu ne connais pas?» (3,10). Le dialogue s'interrompt. S'ouvre

---

[35] A. MARCHADOUR, *Les personnages*, 67-68.
[36] Cf. A. MARCHADOUR, *Les personnages*, 69.
[37] A. MARCHADOUR, *Les personnages*, 69.

alors un monologue à la troisième personne, assumé par un «nous» et adressée à un «vous» comme l'a pensé savamment Marchadour[38]: «Amen, amen, je te dis que ce que nous savons, nous disons et ce que nous avons vu, nous témoignons et notre témoignage, vous ne recevez pas», déclaration attestant qu'il ne s'agit pas seulement de Jésus et de Nicodème sur le fond, mais bien de deux groupes qui sont en discussion[39]: derrière Jésus il y a la communauté des disciples ou communauté johannique tandis que Nicodème est associé à tous ceux-là qui au temps de l'évangéliste et par delà éprouvent des difficultés à professer Jésus comme Messie.

> Nicodème est devenu ici une figure. A travers lui, la confrontation nocturne et vraie entre le judaïsme et Jésus s'achève sur un malentendu: celui-là même qui continue de séparer chrétiens et juifs. Il porte sur l'identité de Jésus. Pour les uns (Nicodème et de nombreux juifs de son temps), c'est un prophète envoyé par Dieu. Pour les autres (les chrétiens), il est un être que ne peuvent voir que ceux qui renaissent d'eau et d'esprit[40].

Ainsi débute la révélation finale centrée sur Jésus. En effet, aussi bien grammaticalement que narrativement, Nicodème s'efface au milieu du récit, précisément à l'instant où la révélation se fait plus intense, au moment où est donnée la réponse sur l'identité de Jésus, qu'il était venu chercher. La raison à cela n'est pas à rechercher ailleurs que dans l'habitude de Jn de faire disparaître les personnages de la scène dès qu'ils ne sont plus indispensables à son récit[41]. C'est le cas de la Samaritaine qui disparaît de la scène et on ne sait réellement ce qu'elle est devenue à la fin du récit (4,1-42) même si intentionnellement on l'incluerait dans ces samaritains qui lui disent à la fin du récit: «Ce n'est plus seulement à cause de tes dires que nous croyons; nous l'avons entendu nous-mêmes et nous savons qu'il est vraiment le Sauveur du monde»; c'est aussi le cas du paralytique en 5,1-30 qui disparait du récit après avoir informé les Juifs sur l'identité de son sauveur du jour. C'est pourquoi faut-il ne pas s'étonner que l'entretien de Jésus avec Nicodème ne s'achève pas, mais laisse abruptement la place au discours christologique qui suit. On ne nous dit ni que Nicodème a fini par croire ni qu'il s'est endurci face à Jésus. En fait,

---

[38] A. MARCHADOUR, *Les personnages*, 69-70.
[39] Cf. J. Zumstein qui parle du genre littéraire du débat d'école en trois phases (3,1-3.4-8.9-12) caractérisé par des questions de Nicodème auxquelles Jésus répond en approfondissant l'argumentation (J. ZUMSTEIN, *L'Évangile selon Saint Jean* (1–12), 110).
[40] A. MARCHADOUR, «Lire l'œuvre de Jean», 350.
[41] Cf. F. VOUGA, *Le Cadre*, 16.

La communauté, face au Judaïsme, est amenée à préciser l'identité de Jésus et à se séparer de courants Juifs, pourtant proches d'elles (comme l'était Nicodème) parce qu'ils ne sont pas prêts à confesser en Jésus le Révélateur de Dieu, le Fils par qui Dieu a dit son dernier mot aux hommes. On peut penser à des Juifs proches de Jésus, mais qui se heurtent aux exigences christologiques, à des crypto-chrétiens qui n'ont pu faire le pas, comme ceux dont parle Jean: «Toutefois, il est vrai, même parmi les notables, un bon nombre crurent en lui, mais à cause des Pharisiens ils ne se déclaraient pas, de peur d'être exclus de la synagogue» (12,42-43)[42].

Tout le monologue est une invitation à la foi en Jésus avec une succession des qualificatifs ramenant à sa personne, preuve que nous avons affaire à un texte de révélation. En définitive Nicodème, invité à la foi en Jésus l'Unique-engendré venu donner la vie au monde, ne fait pas cette découverte et n'y entre pas, challenge qui aurait pu changer le cours de son histoire; il s'est absenté là ou l'on attendait une réponse décisive et existentielle de sa part. Il y a donc un goût d'inachevé dans cette première rencontre malgré la densité du message que porte le texte. C'est donc au lecteur de prolonger le dialogue, la rencontre dans le sens le plus juste ou du moins dans la direction qui lui semble la meilleure mais en tenant compte du devenir de Nicodème. Si on peut parler d'échec dans cette rencontre initiale, elle ne peut en réalité qu'être provisoire. Et c'est ce que suggère la notion de parcours, attendons donc de voir!

5. Le lecteur

On peut penser comme Roustang en positivant d'avance le devenir de Nicodème dans sa relation à Jésus ou même son contraire avec Schnackenburg pour les plus sceptiques. Le lecteur que nous sommes, veut garder une attitude intermédiaire qui saisit toute la difficulté de Nicodème, qui peut être, en bien d'autres circonstances de la vie, la sienne. Se taire ou garder le silence n'est pas forcement la preuve d'un quelconque consentement, mais il peut, et à notre sens, renvoyer à la difficulté réelle que pose la situation. Nicodème est dans une situation qui aurait pu être la nôtre. Il reste sûr qu'on souhaiterait un saut qualitatif de sa part, mais les choses ne sont pas souvent aussi simples qu'on le pense. Le narrateur avait déjà averti le lecteur que Nicodème venait à Jésus de nuit et donc avec des résistances; Jésus a-t-il réussi à convaincre Nicodème de sortir de ses résistances? C'est plutôt l'inverse qui est la véritable problématique:

---

[42] A. MARCHADOUR, «Lire l'œuvre de Jean», 351, dans l'encadré qu'il intitule «la rupture entre juifs et chrétiens».

Nicodème acceptera-t-il de se défaire de ses pesanteurs? Là se trouve tout l'enjeu pour tout lecteur de tout temps car pour croire en Jésus, il faut se décharger du fardeau de l'incrédulité et du doute pernicieux qui ne peut conduire au salut, à la connaissance de Jésus-Christ. En faisant appel au malentendu et à l'ironie, l'évangéliste invitait tout lecteur à se défaire de ses savoirs pour se laisser conduire dans la connaissance de l'unique véritable Révélateur du Père, croire en lui.

Nicodème tombe dans un silence révélateur ou est absent selon l'expression qu'on veut lui appliquer et le récit reste suspendu, engageant Nicodème et tout potentiel lecteur sur «*The Long Way*», ce long chemin de maturation et de prise de décision, chemin fait d'embûches, d'hésitations, de doutes mais aussi de découvertes et qui finit toujours par situer le personnage que cela soit en bien ou en mal, en adhésion ou en non adhésion.

Conclusion partielle

Notre analyse synchronique de Jn 3,1-21, sans avoir la prétention d'avoir épuisé la méthode, s'est voulue d'abord une approche préliminaire du texte permettant d'établir et de fixer notre péricope à travers sa délimitation en amont et en aval et la critique textuelle. Elle s'est ensuite voulue une analyse linguistico-syntaxique centrée sur le lexique c'est-à-dire les termes importants nous permettant de donner un sens à notre texte dans son fonctionnement interne, la logique, la stylistique du texte, la proposition de structure et enfin une tentative de traduction. Notre troisième étape, l'analyse sémantique a cherché à donner une signification au texte en tenant compte de notre préoccupation de départ: Nicodème est-il disciple ou non de Jésus? A-t-il adhéré ou non à Jésus? Tout en explicitant les expressions et termes relevants, nous avons mis en relief la centralité du thème du «croire» qui traverse la péricope dans sa triple dimension de don-accueil (confession)-manifestation. La dernière étape de cette première partie de notre travail qui n'est autre que l'analyse narrative nous aura permis, à travers l'étude de l'intrigue, des personnages, l'usage du malentendu et de l'ironie, l'importance de la révélation centrée sur Jésus lui-même et l'étude du lecteur d'arriver à la conclusion suivante: Nicodème s'efface du récit à l'heure de la révélation de l'identité de celui qu'il était venu chercher ou sur lequel il enquêtait; ainsi tombe-t-il dans un silence qui déroute le lecteur d'hier et d'aujourd'hui.

En somme, Nicodème qui était invité par Jésus à accueillir la foi dans sa triple dimension, à accueillir la révélation, ne nous situe pas à la fin du récit sur ce qu'il est devenu, ou du moins l'évangéliste ne nous en donne pas la réponse à cause certainement des objectifs qu'il s'assigne et qu'il donne au texte. Provisoirement, on dirait que l'essai a échoué ou plus positivement qu'il n'est pas réussi. Si nous tenons compte de la lecture diachronique du texte que nous allons aborder dans les lignes qui suivent, la conclusion provisoire nous oblige à reconnaitre que Nicodème nous engage avec lui sur un long chemin, «*A Long Way*» qui permet d'entretenir le suspens au terme de cette lecture synchronique. Puisque ce long chemin en lui-même ne nous garantit pas l'adhésion de Nicodème, c'est l'analyse de Jn 3,1-21 dans sa dimension diachronique qui nous permettra à terme de répondre à cette épineuse mais combien intéressante question: Nicodème est-il oui ou non disciple de Jésus?

DEUXIÈME PARTIE

ANALYSE DIACHRONIQUE DE JN 3,1-21

INTRODUCTION

Cette seconde partie de notre travail, qui se veut une application de la méthode historico-critique à notre texte, tentera de restituer la péricope dans et à travers son histoire; parce que l'analyse diachronique ou histoire du texte avant sa rédaction finale[1], consiste selon Egger, à regarder le texte sous l'aspect de sa formation dans la mesure où «les textes néotestamentaires sont le résultat d'un processus de reélaboration et transmission, orale et écrite, qui a pris beaucoup de temps»[2].

Notre première étape dans cette étude aurait pu être la critique textuelle, si nous ne l'avions pas déjà abordée au début de notre analyse synchronique[3], justement parce que «la première démarche avant tout travail sur les textes (et quelle que soit la méthode employée) est l'établissement du texte dans le travail de critique textuelle»[4]. C'est pourquoi nous consacrerons cette première phase à la critique littéraire de Jn 3,1-

---

[1] Cf. W. EGGER, *Metodologia*, 169. A ce propos, il fait bien la différence qui existe entre l'analyse synchronique et celle dite diachronique: «I procedimenti di analisi sincronico aprono la via al senso del testo indicando le strutture presenti in esso. Invece i metodi di analisi diacronica consentono di comprendere l'opera scritta illustrandone le vicende antecedenti alla redazione definitiva del testo». Mais comme le souligne si bien la Commission Biblique Pontificale (COMMISSION BIBLIQUE PONTIFICALE, *L'interprétation de la Bible dans l'Église*, 34), cette méthode doit inclure une analyse synchronique des textes au risque de réduire les possibilités de sens qu'ils offrent; en fait, il y a interdépendance et avec l'aide d'autres méthodes et approches, elle ouvre au lecteur moderne l'accès à la signification du texte de la Bible. C'est donc à juste titre que nous nous engageons dans cette étude historico-critique pour rendre notre étude, dans la mesure du possible, plus complète.
[2] W. EGGER, *Metodologia*, 170.
[3] Cf. Chapitre I, 3. Critique textuelle.
[4] J. NIEUVIARTS, «Le Nouveau Testament: Histoire du texte», 126. C'est ce que confirme W. EGGER, *Metodologia*, 43, quand il affirmait bien avant: «Nell'occuparsi degli scritti neotestamentari, uno dei primi compiti consiste nell'accertarci che il testo di cui disponiamo concordi con quello uscito dalle mani dell'autore».

21, qui consistera à mettre en évidence les étapes de sa rédaction (reélaboration des sources, couches et archétype ou modèle originaire)[5]. La seconde étape de notre recherche sera l'étude de l'histoire de la tradition de notre péricope, qui nous permettra de retracer l'évolution suivie par la tradition ou la transmission de ce que nous recevons comme un texte construit. Elle nous permettra aussi d'étudier le ou les genres littéraires correspondants aux différentes phases de la transmission et le *Sitz im Leben* ou le «contexte de vie». Nous finirons cette deuxième partie par la critique de la rédaction qui mettra en lumière l'intervention du rédacteur, les destinataires et l'intention de l'auteur[6].

---

[5] Cf. W. EGGER, *Metodologia*, 172.

[6] Cette phase de l'étude diachronique d'un texte s'intéresse à la forme finale du texte. Elle étudie les modifications qu'un texte peut subir avant d'être fixé dans son état final. Deux points de vue qui se complètent, à la suite de Egger dans sa *Metodologia*, 196, éclairent la signification et les objectifs de la critique de la rédaction: Celle de la Commission Biblique Pontificale qui fait remarquer q'«Alors que les étapes précédentes ont cherché à expliquer le texte par sa genèse, dans une perspective diachronique, cette dernière étape se termine par une étude synchronique: on y explique le texte lui-même, grâce aux relations mutuelles de ses divers éléments et en le considérant sous son aspect de message communiqué par l'auteur à ses contemporains. La fonction pragmatique du texte peut alors être prise en considération» (COMMISSION BIBLIQUE PONTIFICALE, *Interprétation de la Bible dans l'Eglise*, 32); et celle de Nieuviarts pour qui «La tâche consiste à repérer le travail opéré par un auteur sur les matériaux qu'il reçoit de la tradition: modifications ou remaniements, lieu de leur insertion dans son propre ouvrage, etc. L'objectif est toujours de tenter de comprendre les intentions théologiques sous-jacentes à l'activité rédactionnelle d'un auteur. Quel est son projet? Toute péricope étudiée doit ainsi être resituée dans l'ensemble plus vaste dont elle provient et auquel elle appartient. [...] La critique de la rédaction, en plus de valoriser la forme finale du texte, permet, en quelque sorte, une synthèse des résultats recueillis au cours des autres étapes de l'analyse historico-critique. Elle réhabilite également le rédacteur dans sa double fonction d'auteur et de théologien que, dans une certaine mesure, l'étude morcelée de ses textes lui avait ravie.» («Le Nouveau Testament: Histoire du texte», 128-129).

CHAPITRE V

Critique littéraire de Jn 3,1-21

Selon Egger, si dans le cas des synoptiques, la critique littéraire consiste à clarifier les rapports d'interdépendance entre les évangiles, en Jn, elle aide plutôt à déterminer le processus de formation de cette œuvre pour accéder «alle vicende teologiche delle communità giovannee»[1]. C'est pourquoi nous nous appesantirons sur les différents stades du développement littéraire du texte. Mais avant et chaque fois que cela sera nécessaire, il serait bon de faire quelques remarques sur le lexique, l'unité du texte, ses relations avec d'autres passages qui nous permettrons de déterminer sa composition primitive et sa paternité.

1. Problèmes littéraires posés par Jn 3,1-21

Dans notre analyse synchronique, nous affirmions que Jn 3,1-21 forme une unité littéraire à étudier[2] que nous avons justifié, ayant une logique déroutante et souvent difficile à saisir[3] et une structure qui ne fait

---

[1] W. EGGER, *Metodologia*, 173. A cet effet, voici ce qu'il affirme: «Gli scopi della critica letteraria sono molteplici: nel caso dei sinottici cerca di chiarire i rapporti di interdipendenza tra i Vangeli e di ricostruire le fonti; nel Vangelo di Giovanni si propone di evidenziare le tappe della redazione (rielaborazione di fonti, strati e archetipi); nell'epistolario attribuito a Paolo va chiarito innanzitutto se alcune lettere siano in realtà compilazioni di lettere originariamente distinte (es. 1 e 2Cor; 1Ts; Fil), e poi un'eventuale dipendenza letteraria di lettere più recenti dalle antecedenti (Ef da Col; 2Ts da 1Ts). Il discorso valido per la critica litteraria giovannea si può allargare anche ad altri studi "La critica letteraria non ha fine a se stessa, ma è un aiuto per individuare il processo di formazione di questa opera e insieme accedere alle vicende teologiche della comunità giovannee"» (W. EGGER, *Metodologia*, 172-173).

[2] Cf. Chap. I, 2. Délimitation.

[3] Cf. Chap. II, 3. La logique du texte.

pas l'unanimité[4]. En plus des difficultés précitées qui sont utiles pour une analyse synchronique du texte, il est bon de retenir quelques unes qui aident à une étude diachronique et même d'en relever d'autres, utiles à cette seconde phase de notre recherche.

En effet, les ruptures constatées dans le dialogue ne sont pas sans conséquences pour déterminer le processus de formation de la péricope. La première difficulté est bien la délimitation du passage du dialogue au monologue. Où s'achève le dialogue et où commence le long discours de Jésus?[5] Et comment expliquer cette brusque interruption du monologue et un passage à l'épisode de Jean Baptiste introduit par une narration au v. 22? Si dans le dialogue, le thème principal était l'être engendré d'en haut, le monologue révélait le Fils unique-engendré, envoyé du Père auquel il faut croire pour avoir la vie tandis que l'épisode du Baptiste parle du baptême. Sans nier le lien qui existe entre ces épisodes, il est tout de même flagrant de constater une difficulté de délimitation du dialogue et du monologue (v. 10 ou 12); tout comme il n'est pas aisé d'expliquer le passage d'un monologue à une narration aux vv. 21 et 22. Sans oublier qu'à l'intérieur même du monologue, un changement de ton se fait sentir à partir du v. 16, «Une rupture est introduite par rapport à ce qui précède. Jésus continue de parler. Mais il parle maintenant à la troisième personne et dans des termes autres que ceux de l'expression habituelle de "Fils de l'Homme", sans plus même s'adresser à un ou des interlocuteurs»[6].

Et comme Jn 3,1-21 n'est pas une péricope isolée (elle se situe dans un ensemble plus vaste, d'abord dans le chapitre 3 et plus largement dans l'évangile de Jean), les problèmes qu'elle pose ne peuvent donc se réduire au seul texte en présence. Par exemple, concernant toujours ce chapitre 3, l'épisode de Jean Baptiste où il est question d'une discussion entre les Juifs et les disciples de Jean à propos du baptême que pratiquerait Jésus, est suivi d'une réponse du Baptiste en forme de discours (Jn 3,22-36). Le problème ici est de savoir si l'on peut attribuer tout le discours (vv. 27-36) à Jean Baptiste vu là aussi la rupture qui s'opère au plan thématique à partir du v. 31. Tandis qu'aux vv. 27-30, Jean Baptiste rétablit la vérité sur son identité en affirmant qu'il n'est pas le Christ mais bien l'ami de l'époux, on voit le ton changer au v. 31. Le discours qui suit est plutôt centré sur le témoignage de celui qui vient d'en haut auquel il faut croire pour avoir la vie éternelle (vv. 31-36). Ces versets

---

[4] Cf. Chap. II, 5. Une structure discutée.

[5] Cf. J. ZUMSTEIN, *L'Évangile selon Saint Jean* (1–12), 110-111 et n. 9 à propos de la discussion sur le point litigieux de la délimitation entre le dialogue et le monologue.

[6] Y. SIMOENS, *Selon Jean*, II, 192-193.

situés à cet endroit du texte, rejoignent le monologue de Jésus, dont les thèmes sont repris mais se trouvent sur les lèvres du Baptiste. Difficulté donc: quelle est la place originelle de ces versets? Faut-il les maintenir comme appartenant au discours de Jean Baptiste ou sommes nous en droit de les considérer comme faisant partie du monologue de Jésus et si oui où faut il les insérer?[7] Cela pose évidemment la question de la composition primitive de Jn 3,1-21[8]. Mais avant d'y arriver essayons d'aborder un autre problème de critique littéraire non moins important pour la compréhension de sa composition littéraire.

2. L'expression ὕδατος καί en Jn 3,5

Nous avons relevé la difficulté que constitue ce v. 5 aussi bien dans l'histoire de l'interprétation de Jn 3,1-21[9] que dans notre analyse sémantique de la péricope[10]. Face au problème que constitue l'expression ὕδατος καί qui n'apparait qu'à cet endroit du texte, alors que partout ailleurs dans le dialogue, il n'est question que d'«être engendré de l'Esprit», il parait nécessaire de faire recours à la critique littéraire pour résoudre la difficulté surtout que ὕδατος καί est omis de certains manuscrits sans qu'ils ne soient cités[11] et donc, sans qu'il n'y ait aucune preuve contre

---

[7] M. Morgen soulève dans son livre *Afin que le monde*, 29-37, les problèmes majeurs de Jn 3 en donnant une relevance particulière aux ruptures du dialogue, aux essais de division, à l'unité thématique et à la délimitation des unités textuelles. A propos des ruptures du dialogue (pp. 29-30), voici ce qu'elle dit: «Jn 3 se compose d'un entretien de Jésus avec Nicodème. Ce dernier n'est présenté qu'en 3,1, mais les partenaires en présence sont déjà campés en 2,23-25. Le dialogue se poursuit par un monologue de Jésus; il n'est toutefois pas aisé de délimiter le passage du dialogue au monologue à la hauteur des versets 10-12. Le ton change en 3,22. On passe brutalement du discours à la narration; celle-ci ne fait qu'introduire un nouveau dialogue, de type différent, au sujet de Jean Baptiste et du baptême. Après ce passage narratif, on retrouve dans les versets 31-36 le ton du discours; ce sont apparemment les mots de Jean Baptiste, à la suite de son témoignage aux versets précédents. En fait, ces paroles rejoignent tellement le discours de Jésus à Nicodème dans les versets précédents (11-21), que d'emblée on s'interroge sur la place primitive des versets 31-36». Cf. aussi à ce propos C. S. MARINELLI, «Gv 3,31-36: verso la ricerca di un soggetto verbale», 401-420.

[8] L'interruption de l'unité d'un texte est un indice important en critique littéraire: «Quando un testo unitario viene interrotto con l'introduzione di una tematica estranea, si può dedurre con una certa verosimiglianza che la prima stesura del testo è stata rielaborata» (W. EGGER, *Metodologia*, 176).

[9] Cf. Introduction, 4.1 Un texte sacramentel.

[10] Cf. Chap. III, 2.2.2 2ème appel: il est nécessaire d'être engendré d'eau et d'Esprit pour entrer dans le Royaume de Dieu (v. 5).

[11] Cf. Apparat critique NA[27], 253.

l'authenticité de cette expression[12]. En somme, ὕδατος καί ferait-elle partie du texte primitif ou serait elle un ajout postérieur du rédacteur?[13].

Partons des tenants des deux couches rédactionnelles parmi lesquels on peut citer Rudolf Bultmann et Ignace de La Potterie.

Pour Bultmann en effet, Jésus explique γεννηθῆναι ἄνωθεν en le remplaçant dans ce verset par l'expression γεννηθῆναι ἐκ πνεύματος. Il met en doute l'authenticité des paroles ὕδατος καί parce que pour lui, elles sont une insertion du rédacteur ecclésiastique qui voulait mettre en lien la renaissance avec le sacrement du baptême[14].

Quant à de La Potterie[15], il affirme que les mots ὕδατος καί n'appartiendraient pas au texte primitif, ils auraient été ajoutés postérieurement pour mettre le verset en accord avec la doctrine et la pratique sacramentelle de l'Église primitive. Mais il va plus loin en faisant remarquer que cette explication par la distinction des couches littéraires peut se comprendre de deux façons différentes: l'interprétation la plus radicale conclut que c'est l'Église qui est à l'origine de cette addition, postérieurement à la composition de l'évangile; affirmation qu'il bat en brèche au motif que l'expression ὕδατος καί n'est appuyée par aucun témoin de la tradition textuelle. L'autre interprétation soutenue par les critiques catholiques admet que ces mots sont simplement secondaires en ce sens qu'ils ne remontent pas à l'entretien de Jésus lui-même avec Nicodème: ils auraient été ajoutés dans la suite par l'évangéliste à l'époque où il rédigeait son texte. Avant de faire remarquer que pour un verset en apparence si simple, les interprétations se sont avérées variées. De La Potterie distingue dans son interprétation du v. 5 un texte primitif (si quelqu'un ne naît de l'Esprit) et un texte actuel (si quelqu'un ne naît de l'eau et de l'Esprit). A la suite donc de Bultmann, ὕδατος καί est un ajout de l'évangéliste, alors qu'il compose son évangile, qui insère dans le texte l'enseignement postérieur du Christ sur la nécessité du baptême[16].

---

[12] Cf. R.E. BROWN, *Giovanni*, 187.

[13] A propos de cette discussion cf. M. PAMMENT, «John 3:5: "Unless One is Born"», *NovT* 25 (1983) 189-190.

[14] Cf. R. BULTMANN, *Das Evangelium*, 98, n. 2. Cette position est soutenue par F.-M. BRAUN, *Jean le théologien*, III, 86, qui admet lui aussi l'ajout du rédacteur.

[15] I. de LA POTTERIE, «Naître de l'eau et de l'Esprit», 39-40.

[16] C'est ce que confirme l'auteur en ces termes: «Si on lit les vv. 3-8 sans les mots ὕδατος καί, rien ne change, quand on considère le texte uniquement du point de vue de sa composition littéraire. Lorsque le thème du v. 5 est repris et expliqué aux vv. 6 et 8, il n'y est plus fait aucune mention de l'eau; seule la formule "naître de l'Esprit" y reçoit un commentaire. Bref, les deux mots ὕδατος καί ont, littérairement parlant — non du point de vue théologique selon lui — un caractère nettement secondaire: ils se présentent

CHAP. V: CRITIQUE LITTÉRAIRE

Contrairement à ces premiers critiques, qui soutiennent l'idée d'un ajout postérieur de l'expression, d'autres grandes figures de l'exégèse historico-critique moderne sont d'un avis différent sinon opposé. Là aussi retenons deux figures emblématiques que sont Charles Kingsley Barrett et Rudolf Schnackenburg[17].

Pour le premier (Barrett),

> There is no textual ground whatever for the omission of ὕδατος καί, as an interpolation; they are undoubtedly the work of the writer who published the Gospel, and must therefore be interpreted as a part of the text. The juxtaposition of water and spirit (cf. Ezek. 36,25-27) calls to mind the Baptist's predication (1,26; cf. 1,33) and also the latter part of this chapter (3,29-34), where the relation and the contrast between Jesus and John seem to drive home this part of the dialogue[18].

Le second (Schnackenburg) n'est pas en reste puisqu'il rejette l'idée d'un ajout postérieur de la part du rédacteur ecclésiastique, prenant du coup le contre pied de Bultmann, et ce, par manque d'appui ou de fondements suffisants. D'ailleurs il ajoute que la critique textuelle ne donne pas de raison pour douter de l'appartenance de ὕδατος καί à la constitution originale de l'évangile et ce, à cause de la faiblesse des preuves textuelles. Un autre argument selon lui, serait le grand intérêt pour la théologie

---

comme une surcharge rédactionnelle. Mais cette addition semble avoir été faite à un texte dont la structure était déjà fixée pour l'essentiel. L'explication la plus obvie, c'est que dans la catéchèse johannique plus ancienne, il était uniquement question de la régénération par l'Esprit: cela devait d'ailleurs refléter substantiellement ce que Jésus, précédemment, avait dit à Nicodème. Plus tard, le Christ allait promulguer lui-même la nécessité du baptême chrétien; et c'est à partir de cet enseignement postérieur du Maître et de la pratique de l'Eglise primitive que Jean, en composant son évangile, aura bloqué dans ce discours le thème primitif de la naissance ἐκ πνεύματος, et le thème postérieur, celui de la nouvelle naissance ἐξ ὕδατος» (I. de LA POTTERIE, «Naître de l'eau et de l'Esprit», 51). Cette thèse est partagée par M. COSTA, «Simbolismo battesimale», 374; cf. aussi F. di FELICE, «La nascita dall'acqua e dallo Spirito», 302s. Dans cette même veine, nous affirmons déjà dans notre analyse synchronique qu'il faut faire cette interprétation à un second niveau de lecture.

[17] Auxquels il faut ajouter J. BLIGH, «Four Studies in John, II: Nicodemus», 40-51 et H. STRATHMANN, Il Vangelo di Giovanni, 120s., qui ne soutiennent pas l'hypothèse de l'ajout postérieur de l'expression ὕδατος καί. Si pour des raisons de critique littéraire, il faut soutenir l'argument d'un ajout du rédacteur de l'expression «d'eau et», la critique textuelle oblige à la reconnaître comme faisant parti du texte, donc naturelle ou authentique, soutient Strathmann.

[18] C. K. BARRETT, The Gospel according to St. John, 208-209. Il refuse l'idée d'un quelconque ajout postérieur; aussi bien la transmission du texte que l'association de l'eau et de l'Esprit en Ez 36,25-27 seraient des arguments contre cet ajout postérieur.

sacramentelle qui en veut pour preuve que la «génération par l'Esprit» se réalise concrètement dans le baptême[19].

Une position plus intermédiaire est celle de Raymond Brown qui nuance ses propos concernant la discussion autour de cette expression. Non seulement pour lui, il n'y a aucune preuve textuelle contre l'authenticité de la phrase «d'eau et» mais en plus,

> The baptismal motif that is woven into the text of the whole scene is secondary; the phrase «of water» in which the baptismal motif expresses itself most clearly may have been always part of the scene, although originally not having a specific reference to Christian Baptism; or the phrase may have been added to the tradition later in order to bring out the baptismal motif[20].

A notre avis, si la critique textuelle n'apporte pas de preuve contre le maintien de l'expression dans le verset, la critique littéraire montre bien que ὕδατος καί est une surcharge, un corps étranger[21], un peu comme

---

[19] Cf. R. SCHNACKENBURG, *Das Johannesevangelium*, I, 383; toutefois, il reconnaît que le baptême d'eau n'est pas l'intérêt principal mais bien la naissance par l'Esprit et donc de Dieu: «Dennoch bleibt bestehen, daß nicht die Wassertaufe (als äußerer Ritus und äußerliches Erfordernis) der eigentliche Blickpunkt ist, sondern die „Zeugung aus dem Geiste (Gottes)", also jener grundlegende Heilsvorgang, der für die Urkirche (nach der Anordnung ihres Herrn) nur eben an das Taufsakrament gebunden war. Deswegen zielt die Belehrung Jesu gegenüber Nikodemus nicht unmittelbar auf die Taufe, sondern auf die Neuschaffung durch den Geist Gottes» (*Ibid.*). Le point de vue de G. GAETA, *Il dialogo*, 66, rejoint ceux de Barrett et de Schnackenburg mais sous un angle synchronique et plus particulièrement structural: «Dibattere se si debba o meno prendere in considerazione, per tornare al v. 5, la formulazione attuale ovvero privarla dell'ὕδατος καί, è simplicemente arbitrario. Noi abbiamo mostrato che, malgrado l'espressione torni una sola volta, si viene tuttavia a trovare in un sistema di riferimento in cui svolge un ruolo preciso ed irrinunciabile, sistema in cui l'intervento di Nicodemo del v. 4 è parte integrante. La dottrina della rigenerazione e quella del battesimo (se di dottrina vogliamo parlare) si presentano, dunque come un tutt'uno inscindibile, colto da perspettive diverse ed intercomunicanti e con riferimento interno all'interpretazione che Nicodemo ha dato delle parole di Gesù». Pour notre part, si l'analyse formelle du texte est importante, elle n'est pas suffisante pour expliquer ὕδατος καί, qui se présente comme une surcharge dans la logique du texte. Cette critique littéraire s'avère donc nécessaire pour saisir le fonctionnement du texte dans toute sa complexité au-delà de sa forme ou de sa structure.

[20] R.E. BROWN, *The Gospel*, I, 143. Nous avons soutenu dans notre analyse sémantique que ὕδατος καί pouvait bien avoir une signification epéségétique ou explicative et non copulative, qui à coup sûr, donnerait à un premier niveau de compréhension une signification baptismale.

[21] Selon l'expression de S. A. Panimolle qui, après un excellent état de la question, qui nous a inspiré à propos de la critique littéraire de ce v. 5, l'explique en ces

«un cheveu dans la soupe», qu'il faut toutefois maintenir dans son état actuel, par faute de preuve textuelle contraire à son maintien; tout en ayant à l'esprit qu'il est plus probable qu'il s'agisse d'un ajout postérieur, d'une seconde couche rédactionnelle, signifiant à un premier niveau de compréhension l'eau symbolisant l'Esprit, l'Esprit lui-même symbolisant la foi qui ne signifie rien d'autre que le don de la foi au regard de son emploi en contexte; et à un second niveau de compréhension faisant allusion au baptême au regard de la pratique sacramentelle dans la communauté johannique comme nous le relevions dans notre analyse sémantique du verset.

3. La composition primitive de Jn 3,1-21

On peut tout nettement distinguer, à propos de la composition primitive de Jn 3,1-21, deux groupes de critiques de par leur prise de position: il y a d'abord ceux qui soutiennent la thèse des déplacements en vue de la constitution primitive du texte[22] et ensuite ceux qui sont d'avis que la logique du texte est en faveur du maintien dans son état actuel.

Parmi les plus en vue soutenant divers déplacements de versets, il faut citer Bultmann, Schnackenburg et Boismard.

Pour R. Bultmann, à Jn 3,1-21, il faut ajouter 3,31-36 qu'il intitule tout entier «la venue du Révélateur comme la κρίσις pour le monde». Pour lui Jn 3,31-36 appartient, au regard du style et du thème qu'il aborde, au discours de Jésus qui débute au v. 11. Aussi, n'hésite-t-il pas à recomposer le texte comme suit: 3,1-21.31-36 suivis du témoignage de

---

termes: «L'analisi litteraria invita a considerare secondaria l'espressione "dall'acqua e". In tutto il dialogo si parla sempre e solo della nascita dall'alto o dallo Spirito, la nascita dall'acqua del v. 5 non è ripresa e sviluppata nel resto della conversazione. I vari parallelismi sinonimici tra i vv. 3.5.7. e 8 sono assai eloquenti in merito. Si osservino le frase in sinossi ed apparirà subito che la locuzione in esame è un corpo estraneo, anche se dobbiamo ammettere che essa è stata aggiunta dall'evangelista nella redazione finale della sua opera:

"*Se uno non* nasce *dall'alto*" (v. 3)
"*Come può* nascere un uomo...? Può forse entrare... e nascere?" (v. 4)
"*Se uno non* nasce da ACQUA e *Spirito*" (v. 5)
"Ciò che è nato dalla carne, è carne e ciò che è nato *dallo Spirito...*" (v. 6)
"*Voi dovete* nascere *dall'alto*" (v. 7)
"*Così è chiunque* è nato *dallo Spirito*" (v. 8)» (S.A. PANIMOLLE, *Lettura pastorale*, I, 322-323). Cf. aussi M. COSTA, «Simbolismo battesimale», 369-383.

[22] Pour l'état de la question, cf. J. BLANK, *Krisis*, 53-56 ou encore R. BULTMANN, *The Gospel*, 131, n. 5; on pourra aussi consulter S.A. PANIMOLLE, *Lettura pastorale*, I, 321-322; M. MORGEN, *Afin que le monde*, 64-66.

Jean Baptiste (vv. 22-30)[23]. Il justifie bien cette nouvelle composition par la logique thématique interne à la section[24].

Quant à R. Schnackenburg, il soulève le problème de la critique littéraire de la péricope, en faisant remarquer dans un premier temps, que le dialogue avec Nicodème ne comprenait au début, que les vv. 1-12, puisqu'au v. 12, Jésus s'adresse pour la dernière fois à Nicodème à la seconde personne du singulier. Il fait ensuite remarquer que les vv. 13-21, qui sont une «exposition kérygmatique» indépendante, similaire à celles de 1Jn, sont le fruit d'un résumé du message de Jésus par l'évangéliste, en relation avec le dialogue entre Jésus et Nicodème; et qui sera par la suite incorporé dans l'évangile, durant sa rédaction, par le disciple de cet évangéliste. Mais le καί qui débute cette exposition suggère que les vv. 13-21 ne sont pas le début de ce discours kérygmatique. Enfin, il note que les vv. 31-36, qui sont totalement étrangers à l'épisode du Baptiste, de par leur contenu, s'adaptent bien à l'exposition kérygmatique dont il est la première partie. En somme, avec Schnackenburg, nous avons l'ordre suivant: Jn 3,1-12 suivi des vv. 31-36 qui précèdent les vv. 13-21 et enfin l'épisode du Baptiste aux vv. 22-30[25]. Ordre qui nous semble assez cohérent et plus justifié par rapport à celui de Bultmann et sur lequel nous reviendrons.

Enfin M.-É. Boismard (aux dires de Morgen qui résume bien sa pensée),

> Dans son commentaire du quatrième évangile, [il] développe davantage encore l'hypothèse à propos de 3,31-36, compte tenu du parallélisme avec 3,11s. Les versets 11-13 viennent en doublet avec 31b-34. Primitivement l'entretien avec Nicodème se composait de 3,1-3.9-10.31b-34. Les versets 11-13 sont une relecture des versets 31b-34. Le déplacement de 3,31b-34 a entraîné l'introduction du verset 31a, pour faire le lien avec l'épisode sur Jean Baptiste à Aenon. Le rédacteur reprend le fameux *anôthen*. Les versets 14-21 constituent un discours de jugement qui a connu également plusieurs

---

[23] Cf. R. BULTMANN, *The Gospel*, 131.167.

[24] R. BULTMANN, *The Gospel*, 131-132: «The structure of the ch. as a whole is then quite simple. If for the time being we set 3,22-30 on one side as an appendix in which the μαρτυρία of the Baptist is heard again after the Revealer's witness to himself, then the main section falls into three sub-sections, all of which are related to the theme of the coming of the Revealer as the κρίσις of the world: 1) 3,1-8, the coming of the Revealer is explained by the necessity of rebirth; 2) 3,9-21, the coming of the Revealer as the κρίσις of the world; 3) 3,31-36, the authoritative witness of the Revealer».

[25] Cf. R. SCHNACKENBURG, *Das Johannesevangelium*, 375. Cf. aussi ID., «Die "situationsgelösten" Redestücke in Joh 3», 88-99. Les vv. 31-36 suivis des vv. 13-21 sont une exposition ou discours kérygmatique selon lui.

CHAP. V: CRITIQUE LITTÉRAIRE   151

étapes. M.-É. Boismard fait ressortir la parenté des versets 19-21 et 35-36. A l'origine de cet ensemble se trouve un discours qui provient de Jn II-A (3,14.16b.18a): il se lisait, au niveau de Jn II-A, dans le contexte du chapitre 12. Lorsque Jn II-B compose un discours de jugement, il complète 3,11-13 par 3,19-21.35-36 et déplace 3,14.16b.18a dans le chapitre 12[26].

Mais à côté de ces défenseurs de la thèse des déplacements en vue de la reconstitution du texte primitif, il y a le groupe des critiques qui maintiennent tout simplement le texte dans son état actuel sans en apporter de modification ou faire des déplacements. Deux figures retiennent notre attention: Charles Dodd et Raymond Brown.

Le premier, dans son interprétation du quatrième évangile, reconnaît un retour abondant des idées du dialogue avec Nicodème dans les vv. 31-36. Toutefois, Dodd rejette l'idée qui consiste à considérer «les vv. 31-36 comme une continuation directe des vv. 11-21 et d'écarter les vv. 22-29 comme une interpolation accidentelle»[27]. Car dira-t-il «Cette suggestion est séduisante, mais quand on a ôté ces versets de leur contexte actuel, il n'est pas si facile de leur trouver une place satisfaisante ailleurs, et sur ce point, les critiques qui ont proposé une nouvelle répartition sont en désaccord»[28], avant de conclure non sans humour qu'il faut maintenir ces versets à leur place puisqu'ils récapitulent, selon un mode de pensée habituel du quatrième évangile, la perspective d'ensemble du chapitre 3[29].

---

[26] Cf M.-É. BOISMARD – A. LAMOUILLE, *Synopse*, III, 112-117. Nous tenons cette synthèse de M. MORGEN, *Afin que le monde*, 65-66, avec laquelle nous sommes d'avis que la pensée de Boismard est trop complexe et fait surgir des réserves et interrogations: «Cette solution paraît compliquée et on peut se demander si de telles retouches, par versets morcelés, sont réellement possibles». Tout comme étaient avant Boismard, un peu difficiles et même étranges, la thèse de J. G. Gourbillon pour qui, Jn 3,1-13.31-36.22-30 contiendrait le matériel manquant dans la seconde partie du chapitre 12 («La parabole du serpent d'airain», 213-226); et celle de S. Mendner qui pense que la scène de Jn 3 aurait eu lieu après Jn 7,45-52, le dialogue avec Nicodème dans son contexte actuel étant un déplacement tardif dû à son lien avec l'épisode de la purification du temple («Nikodemus», 293-323). Tout aussi insoutenable est l'affirmation de J. Bligh («Four Studies in John, II: Nicodemus», 40ss.) selon laquelle Jn 3 viendrait après le chapitre 9.

[27] C. DODD, *Interprétation*, 394. Sa thèse est le contre pied de ce que proposait Bultmann qui faisait suivre les vv. 1-21 par les vv. 31-36.

[28] C. DODD, *Interprétation*, 394.

[29] «Si, à titre d'expérience, nous ne prenons pas les vv. 22-30 en ligne de compte, nous constatons que les vv. 31-36 s'apparentent assurément au discours qui précède, mais on ne peut pas dire qu'ils en soient la suite attendue. Il est à peu près certain que, si les manuscrits avaient placé le v. 31 immédiatement après le v. 21, les critiques

Le second, Brown qui reprend à son compte l'idée de Dodd selon laquelle, le développement des idées suit un enchaînement logique jusqu'au v. 21[30], évacue comme lui, le problème littéraire des confins du dialogue et du monologue en critiquant les propositions de rupture dans le texte aux vv. 13 et 16 avant de conclure:

> These detailed arguments support our general observations (pp. 136-137) of homogeneity of style and of inclusions that hold the whole passage together. Of course the evangelist has been at work in this discourse, but his work is not of the type that begins at a particular verse. All Jesus' words come to us through the channels of the evangelist's understanding and rithinking, but the Gospel presents Jesus as speaking and not the evangelist[31].

Pour notre part, la proposition de Schnackenburg semble la meilleure, même si elle ne fait pas l'unanimité. Comme le fait remarquer Morgen, la plupart des commentateurs sont d'avis que les vv. 31-36 viennent mieux dans la bouche de Jésus que dans celle de Jean Baptiste et ont une parenté avec le dialogue à ne regarder que les thèmes qui y sont abordés[32]. Quant à l'endroit où il faut les situer, malgré les arguments contraires de Dodd, Brown, Gaeta ou encore celle de Bultmann qui les situe

---

auraient noté une coupure, car il n'y a pas de relation immédiate entre l'idée de jugement par la lumière des vv. 17-21, et celle de suprématie du Christ, l'Unique descendu du ciel pour porter témoignage de ce qu'il a vu, et qui est le thème des vv. 31-32. Ces versets font écho à 11-14. Les vv. 31-36 ne sont pas tant une suite du discours qui précède qu'une récapitulation de ses idées maîtresses, avec quelques ajouts. Ce genre de récapitulation est en accord avec la technique de l'auteur, mais il n'y a pas de règle qui exige qu'elle suive immédiatement le passage récapitulé: elle peut le suivre, ou ne pas le suivre» (C. DODD, *Interprétation*, 394-395).

[30] Cf. R.E. BROWN, *The Gospel*, I, 149, qui ne manque pas de critiquer ouvertement Schnackenburg à propos du v. 13: «Schnackenburg argues strongly that vs. 12 is the last verse of the real discourse. It has the last "you" in this section [...] It is true that in vss. 13ff. there is a shift into the third person, but this is not unusual in John; in the other places where it occurs there is not the slightest evidence that jesus has stopped speaking»; mais aussi les défenseurs d'un changement de sujet à partir du v. 16: «The last clauses of 15 and 16 are the same, and it does seem arbitrary to attribute them to different speakers».

[31] R.E. BROWN, *The Gospel*, I, 149. Tout comme Brown, G. Gaeta refuse l'hypothèse de Schnackenburg en la traitant d'arbitraire, son analyse structurale de Jn 3,11-21 confirme sa prise de position puisqu'il montre clairement le caractère unitaire de ses versets construits en forme chiasmique (*Il dialogo*, 99ss.).

[32] Cf. M. MORGEN, *Afin que le monde*, 64-65 ou encore J. G. GOURBILLON, «La parabole du serpent d'airain», 213-226. Toutefois, il faut relativiser cette prise de position qui est la nôtre, puisque Jn a pour habitude de revenir sur des termes ou des thèmes qu'il a précédemment abordé. Dans le style johannique, un thème n'est jamais épuisé,

après le v. 21, la proposition de Schnackenburg est plus vraisemblable en ce sens que les vv. 11-12 qui parlent de témoignage, des ἐπίγεια et des ἐπουράνια, s'accordent bien avec les vv. 31-33 qui eux aussi, reviennent sur les notions de témoignage, de l'ὁ ὢν ἐκ τῆς γῆς et de l'ὁ ἐκ τοῦ οὐρανοῦ[33]. Tout comme nous pensons que le v. 13 qui suit le v. 36 se présente comme la raison pour laquelle il faut croire au Fils. Vu sous cet angle, la proposition de Schnackenburg, sans s'imposer absolument, reste pour l'heure la meilleure, faisant ainsi de tout le discours une exposition kérygmatique. Si nous ajoutons à cette première conclusion notre signification du dialogue, qui est une invitation à la foi dans sa triple dimension, alors on se rend bien compte que la proposition de Schnackenburg, nous conforte dans ce que nous disions dans notre analyse synchronique, à propos de toute la péricope: elle est un appel pressent à la foi au Fils[34].

---

il est très souvent traité un peu plus loin. Certains auteurs voient dans les vv. 31-36, une synthèse théologique sur l'identité du Révélateur, après le long développement christologique que constitue l'entretien avec Nicodème, dans lequel un même mot ou un même motif est développé de manière intensive dans un passage donné, comme c'est le cas de la rencontre de Jésus et de la femme de Samarie où le verbe *proskuneô* est utilisé à plusieurs reprises en Jn 4,20-24. La même Morgen n'hésite pas à faire des précisions sur ce retour à une thématique antérieure en Jn : «On perçoit davantage chez Jean des relectures qui approfondissent une thématique et qui, par voie de sédimentation, offrent un complexe thématique cohérent» (M. MORGEN, *Afin que le monde*, 80). En ce sens ce que dit Zumstein nous illumine: «La technique utilisée pour composer les vv. 31-36 témoigne d'un processus de relecture. En effet, ce passage présuppose l'existence d'un texte source (hypotexte) — ici 3,3-21 — qui fournit les matériaux permettant la rédaction du texte second (hypertexte) [...] Ce texte second se présente comme un petit condensé de la théologie joh. Son caractère second permet de supposer qu'il est le fait de la rédaction finale de l'évangile» (J. ZUMSTEIN, *L'Évangile selon Saint Jean* (1–12), 130).

[33] Cf. R. SCHNACKENBURG, *The Gospel*, I, 362.

[34] Morgen tente de répondre à une interrogation assez intéressante qu'il faut noter: Comment comprendre que les vv. 31-36, se retrouvent dans le texte actuel après l'épisode sur le Baptiste? Elle justifie ce déplacement par le rapport que ces versets peuvent entretenir avec la péricope sur Jean Baptiste et plus précisément par le lien qu'on peut faire entre Christologie et Sotériologie : «En conclusion, la solution est à chercher — ce sera notre hypothèse — du côté des conceptions du groupe johannique par rapport à Jean Baptiste. En effet, l'école johannique ne s'est pas seulement attachée à préciser une christologie, mais également une sotériologie. Si Jean Baptiste se déclare l'envoyé (3,28), s'il a des disciples, s'il baptise, comment dès lors marquer la différence avec Jésus, qui, lui aussi, est envoyé, qui a des disciples, qui baptise? Pour trouver la différence entre les deux, il convient d'examiner les éléments "sotériologiques" utilisés dans les énoncés sur Jean Baptiste et de voir ensuite comment, de manière très abrupte, le quatrième évangile les confronte aux énoncés sur le salut advenu dans la personne de

4. Jn 3,1-21 a-t-elle une paternité johannique?

Au delà des divers déplacements que l'on pourrait faire dans la tentative de reconstituer le texte primitif, un autre problème littéraire mérite notre attention: Celui de la paternité de la péricope. Jn 3,1-21 provient-il dans son entièreté de Jean, la péricope serait-elle entièrement une œuvre johannique? Cela pose indéniablement la question d'emprunts littéraires et des influences qui ramènent à une problématique assez intéressante: Faut-il parler d'emprunts littéraires ou d'influences qu'aurait subi le texte johannique? Une chose est sûre, même si la démarcation n'est pas toujours facile à faire, parler d'influence ramènerait plutôt à l'histoire de la tradition. C'est pourquoi à ce niveau de notre étude nous parlerons de sources ou plus précisément d'emprunts littéraires. Où Jean puise-t-il pour construire son texte?[35]

Les propositions ne manquent pas non plus ici. Commençons par Rudolf Bultmann qui voit en Jn 3,1-21 une source gnostique, qui a été réélaborée par l'évangéliste avec l'ajout d'une introduction (2,23-25), tandis qu'un rédacteur postérieur aurait inséré en divers lieux du texte des ajouts[36]. Toutefois pour lui, Jn 3,11-13 appartiendrait à la source pré-johannique tandis que

---

Jésus Christ. En ce sens, la péricope sur Jean Baptiste et sa place dans le chapitre 3 de Jean jouent certainement un rôle dans l'évolution du discours sotériologique johannique» (M. MORGEN, *Afin que le monde*, 67-68). A propos de la comparaison entre Jésus et Jean Baptiste, cf. «2. Les missions d'annonce du jugement-salut de Jean Baptiste et de Jésus» aux pp. 84-87 du même ouvrage. Contrairement à cette position qui est la nôtre, Zumstein fait une remarque qui mérite une attention particulière de par sa conclusion théologique plus que par son analyse du texte bien que justifiée que nous ne soutenons pas: «L'examen attentif du texte ne décèle pourtant aucun signal de lecture qui indiquerait un changement de la voix narrative. Selon le contexte immédiat, le seul locuteur possible est Jean. [...] La reprise des motifs des paroles du Jésus joh dans la bouche du Baptiste est pleine de sens. Elle signifie que la première grande révélation du Jésus joh (3,1-21) a été reçue dans la foi, que le premier grand témoin se l'est approprié» (J. ZUMSTEIN, *L'Évangile selon Saint Jean* (1–12), 130).

[35] Cf. S.A. PANIMOLLE, *Lettura pastorale*, I, 323-324, dont nous nous sommes inspirés à ce propos.

[36] Cf. R. BULTMANN, *Das Evangelium des Johannes*, 91ss. A ce propos, l'auteur suggère par exemple: La transformation par l'évangéliste de l'idée «être descendu du ciel», suggérée par la source gnostique par l'idée de «renaissance», commune à la tradition chrétienne au v. 3 (p. 96 n. 5); la possible présence au v. 4 d'une objection typique sur l'insistance de la nécessité de renaître, présente dans les religions gnostiques mystiques (p. 97 n. 1); l'usage par Jn de l'idée gnostique de l'origine de la personne dont il se sert pour décrire la nature de la personne, qui s'exprime dans ses paroles et dans ses actes (p. 97-98 n. 3); le sens de πνεῦμα qui équivaudrait à celui de νοῦς dans le dualisme gnostique où νοῦς signifie le don envoyé par dieu, avec lequel l'homme doit être baptisé afin d'achever en lui la Gnosis (p. 98 n. 2); le caractère antithétique du discours de

les vv. 14ss. seraient une composition de l'évangéliste tout comme les vv. 16-21 qui s'appuient sur la source ou en userait des parties[37].

Un autre critique qui soutient avec quelques réserves le gnosticisme comme une des sources de provenance de Jn 3,1-21, est H. M. Teeple pour qui, seul Jn 3,2 serait de la source, tandis que l'éditeur serait l'auteur de 2,23b-25 et de 3,1b.3a.4-7a.8-12.17-18; Jn 3,3b.7b.13-15.16 (?).19-21(?) étant probablement de la source gnostique[38].

A côté de ces auteurs très méticuleux sur les sources de Jn 3,1-21, on peut relever ceux qui le sont moins de par leur prise de position plus généralisante et moins morcelante. C'est le cas de B. Noack qui fait remarquer que les vv. 14s.16 et 18 seraient des logia tandis que chaque verset du dialogue peut être considéré en soi comme tel[39]; ou encore celle de G. Richter pour qui, dans la péricope de Jn 3,1ss., le quatrième évangéliste aurait réélaboré une antique tradition[40].

Enfin on peut citer les défenseurs du caractère unitaire de la péricope dont G. Gaeta se fait l'interprète et le défenseur:

> Gli studi stilistici di Ed. Schweizer, E. Ruckstuhl e B. Noack hanno mostrato l'unitarietà formale del quarto vangelo, lasciando così cadere l'ipotesi dell'utilizzazione di una qualsivoglia fonte scritta, sinottici compresi. Il nostro lavoro, che è partito presupponendo questa unitarietà di stile e di concezione, la conferma ora limitatamente alla pericope presa in esame. Tutto quanto abbiamo detto fin qui porta in effetti ad escludere che i discorsi attribuiti dall'evangelista

---

révélation présent au v. 6 qui est caractéristique en général de la littérature de révélation du dualisme gnostique (p. 100 n. 2); le malentendu à propos de la σάρξει du πνεῦμα, toujours au v. 6 qui est typique de l'anthropologie gnostique (p. 100 n. 4) repris par Paul et Jean; la reprise par Jean de l'idée gnostique de rédemption appliquée à la personne de Jésus (p. 102 n. 1) ou encore celles des ἐπίγεια (v. 12), du υἱὸς τοῦ ἀνθρώπου (v. 13), de κατὰ- et d'ἀνάβασις (v. 13) qui ont pour source la Gnose.

Évidemment, la thèse de Bultmann, bien qu'ayant le mérite de repasser au peigne fin la péricope dans sa relation à ses probables sources, tend à vider surtout le dialogue de sa substance. L'impression que donne cet auteur, est que le dialogue n'est fait que d'emprunts (surtout gnostiques) au point qu'on se demanderait si rien n'est de Jean sinon la reélaboration et des ajouts postérieurs et poserait surtout le problème de l'historicité du récit. Et puis Jn aurait-il connaissance de toutes les sources gnostiques dont il fait mention? Rien n'est sûr. Nous y reviendrons dans l'histoire de la tradition à propos des relations de la pericope avec le gnosticisme.

[37] Cf. R. BULTMANN, *Das Evangelium des Johannes*, 109, n. 1 et 110, n. 3.
[38] Cf. H.M. TEEPLE, *The Literary Origin*, 173-175. Cette position qui est proche de celle de Boismard tend elle aussi à morceler le texte et n'est pas soutenable à notre avis. Les mêmes arguments contre la thèse de Boismard sont valables ici aussi.
[39] Cf. B. NOACK, *Zur johanneischen Tradition*, 19s.
[40] Cf. G. RICHTER, «Zum sogenannten Taufetext Joh 3,5», 102s.

a Gesù debbano essere considerati «in toto» o per gran parte come entità preesistenti, inserite in un quadro narrativo elaborato dall'evangelista per far loro da supporto. L'analisi letteraria ha al contrario mostrato l'esistenza di una così forte organizzazione interna del testo, una disposizione delle sue parti così studiata, da non lasciare dubbi sull'unicità del disegno di fondo. Tratti narrativi, reflessione personale dell'autore, stile dialogico e monologo non si sovrappongono l'uno all'altro, né mostrano significative difficoltà di fusione; e ciò che può lasciare perplessi, come i continui mutamenti di tono, gli stacchi bruschi ovvero un certo squilibrio nella distribuzione della materia, ha la sua spiegazione nell'originalità con cui l'evangelista elabora la sua riflessione sulla vita di Gesù ed insieme i dati della tradizione e della sua cultura[41].

A notre avis et à la suite de Panimolle[42], au regard du style et du lexique de Jn 3,1-21, seules deux expressions sont de nature à poser problème. Il s'agit d'abord dans le dialogue (3,1-10), de l'expression ἡ βασιλεία τοῦ θεοῦ, avec ses deux occurrences ici (vv. 3.5) et nulle part ailleurs dans le corpus johannique (évangile et épîtres), souvent remplacé par Jean par l'expression ζωὴ αἰώνιος, mais fréquent dans les synoptiques[43]; et ensuite dans le monologue (3,11-21) du substantif σκότος qui est un hapax n'apparaissant qu'ici dans les écrits johanniques[44].

---

[41] G. GAETA, *Il dialogo*, 149-150.

[42] Cf. S.A. PANIMOLLE, *Lettura pastorale*, I, 324, qui lui, prend en compte Jn 2,23-3,21 comme unité littéraire ayant une paternité johannique et que nous soutenons par ailleurs pour les mêmes raisons que nous évoquerons à propos de Jn 3,1-21.

[43] Selon M. SCHMIDL, *Jesus und Nikodemus*, 159, la sentence pourrait s'être développée à partir de Mt 18,3; Mc 10,15 («Si vous ne devenez pas comme des enfants, vous n'entrerez pas dans le royaume des cieux»); tandis que B. LINDARS, «John and the Synoptic Gospel», 287-294, explique les ressemblances et les divergences entre la phrase johannique et la synoptique sur la base d'un développement à partir d'un dire araméen. Toutefois c'est la proposition de S. Grasso qui nous semble la plus intéressante: «Quest'ultima espressione, che non fa parte della fraseologia del Quarto vangelo, forse è un residuo di un *logion* sinottico? Il termine "regno", che non ricorre frequentemente nel racconto giovanneo perché è sostituito dalla parola "vita"/*zōē*, è adoperata ancora nell'interrogatorio davanti a Pilato, quando il governatore gli chiede se egli sia re. Gesù risponde: "Il mio regno non è di questo mondo. Se il mio regno fosse di questo mondo, i miei servitori si batterebbero perché non sia consegnato ai giudei. Quindi il mio regno non è di quaggiù". Pilato gli disse: "insomma tu sei re". Gesù replicò: "Tu lo dici che io sono re" (Gv 18,36-37). Oltre alla parola *basileia* il Quarto vangelo attribuisce a Gesù anche la parola *basileus*, con la specificazione "Israele" (Gv 1,49; 12,13), "dei giudei" (Gv 18,33.39; 19,19.21a.b) o senza specificazione (Gv 12,15; 18,37a.b; 19,3.12. 14.15a.b)» (S. GRASSO, *Il vangelo di Giovanni*, 150). On ne peut donc nier à cette expression, et c'est notre point de vue, un certain ancrage dans le quatrième évangile même.

[44] Tandis que les substantifs *skotia* (ténèbre) et *nyx* (nuit) apparaissent ailleurs et sont du même champ sémantique que *skótos*.

A l'exception donc de ces expressions rares, on peut constater un style typiquement johannique en Jn 3,1-21 où les figures stylistiques rencontrées se retrouvent bien ailleurs dans la littérature johannique: les oppositions, le jeu ou l'alternance du positif et du négatif, les termes polysémiques, le parallélisme, le chiasme, le malentendu et l'ironie, l'inclussion etc. (cf. Chap. II, 4. Un style varié dans une double inclussion). Mais aussi un lexique caractéristique du quatrième évangéliste avec l'usage de locutions comme: ἀμὴν ἀμὴν λέγω σοι, γεννηθῆναι ἄνωθεν, γεννηθῆναι ἐκ; ou encore de termes et expressions habituels à Jean: πνεῦμα, σάρξ, ἔρχομαι (πρὸς), λαλέω, μαρτυρέω, μαρτυρία, πιστεύω (εἰς), ὑψόω, ἀναβαίνω εἰς, καταβαίνω, κόσμος, ἀγαπάω, κρίνω, κρίσις, φῶς, ζωὴ αἰώνιος, ὁ υἱὸς ὁ μονογενής, ἔργον, ἀποστέλλω εἰς τὸν κόσμον etc. C'est pourquoi nous sommes en droit de conclure avec Panimolle que Jn 3,1-21 est bel et bien une œuvre johannique:

> Di fronte a così numerose espressioni preferite dal quarto evangelista e dinanzi ad un lessico e ad uno stile caratteristici di Giovanni, come si potrà dubitare della paternità di questo brano? Se inoltre si mette sulla bilancia il fattore struttura, allora non si potrà contestare minimamente l'origine giovannea di questa pagina [...] La struttura, il lessico, lo stile sono tipicamente giovannei. In questo brano abbiamo un esempio dell'arte sublime del quarto evangelista che sa comporre dialoghi di alto livello artistico e di profondo contenuto teologico. Giovanni era un genio che sapeva creare scene drammatiche vive e impressionanti, sviluppando una tematica teologica altrettanto sublime. Il dialogo con Nicodemo, come anche il colloquio con la samaritana, sono due pagine di profondissima teologia, di squisita arte drammatica e di eccezionale valore letterario[45].

Mais dire que la péricope est typiquement johannique ne signifie pas forcement ou absolument qu'il n'y ait pas eu de retouche rédactionnelle de la part de l'évangéliste ou de l'un de ses disciples, comme nous l'a si bien montré la surcharge rédactionnelle que constitue l'expression ὕδατος καί. Qui pourtant n'altère en rien la signification que nous lui avons donnée dans la phase synchronique de notre étude. Et même si les vv. 31-36 peuvent être considérés comme faisant parti du monologue, notre conclusion est sans appel: Jn 3,1-21 est un appel urgent à la foi au Fils. C'est cela la conclusion de cette analyse littéraire qu'il faut retenir au moment où nous voulons aborder l'histoire de la tradition de notre péricope.

---

[45] S.A. PANIMOLLE, *Lettura pastorale*, I, 324.

CHAPITRE VI

Étude de la Tradition de Jn 3,1-21

Dans cette phase nous tenterons de répondre aux questions suivantes: D'où vient le texte? Comment et pourquoi s'est-il transformé? Peut-on cerner la parole originale? Et pourquoi a-t-elle été ainsi transformée dans sa transmission? Etant entendu que dans cette transformation, on voit apparaître en général des éléments qui reflètent la vie de la communauté qui transmet cette tradition[1]. C'est pourquoi après avoir cherché la monture originelle de notre péricope, la tradition qui la sous-tend et son genre littéraire, nous ferons une étude des textes bibliques et extrabibliques susceptibles d'avoir influencé et qui illuminent notre péricope. A toutes fins utiles, nous voulons terminer cette démarche par les textes de l'évangile de Jean qui illuminent Jn 3,1-21 dans son ensemble et qui nous aident à répondre à notre problématique fondamentale, à savoir si oui ou non Nicodème est disciple de Jésus ou plus simplement s'il a adhéré à lui.

---

[1] J. NIEUVIARTS, «Le Nouveau Testament: Histoire du texte», 128. La définition de Egger est intéressante: «Per "critica delle tradizioni" s'intende il metodo, con "storia delle tradizioni" si indicano sia i fatti connessi con la trasmissione dei testi, sia quelli legati all'attività di determinati gruppi di tradenti. Il compito della critica delle tradizoni consiste nel ricostruire le singole pericopi e i brevi testi autonomi originariamente in circolazione, sia nella loro forma più antica, sia nelle modificazioni subite nel corso della trasmissione. Inoltre se ne descrivono la caratteristica e la specificazione di genere letterario nelle diverse fasi, si evidenziano le situazioni concrete e comunitarie nelle quali i testi furono usati nelle diverse tappe, e infine si stabiliscono i gruppi di tradenti e le leggi secondo cui tali scritti vengono formati e modificati» (W. EGGER, *Metodologia*, 182). Ce que la Commission Biblique Pontificale résume de fort belle manière: «La critique des traditions situe les textes dans les courants de tradition, dont elle cherche à préciser l'évolution au cours de l'histoire» (*Interprétation*, 32).

1. Monture originelle de Jn 3,1-21: *Sitz im Leben*, tradition et genre littéraire

En partant des déplacements opérés par Schnackenburg dans la critique littéraire, il semble soutenable que le point de départ principal de notre péricope soit l'affirmation solennelle de Jésus: Ἀμὴν ἀμὴν λέγω σοι, ἐὰν μή τις γεννηθῇ ἄνωθεν, οὐ δύναται ἰδεῖν τὴν βασιλείαν τοῦ θεοῦ (3,3). Cette parole de Jésus, selon Morgen, entraîne une question de Nicodème: Πῶς δύναται ταῦτα γενέσθαι; (3,9), puis l'étonnement de Jésus: Σὺ εἶ ὁ διδάσκαλος τοῦ Ἰσραὴλ καὶ ταῦτα οὐ γινώσκεις; (3, 10). En fait, la question de Jésus est destinée à ouvrir le discours de révélation des vv. 31-36 pour préciser le ἄνωθεν[2]. Il est fort probable que cette monture originelle constituée des vv. 3.9-10.31-36 soit à la base des développements ultérieurs du texte.

L'intervention de Nicodème au v. 4 et la réplique de Jésus en forme de discours (vv. 5-8) se présentent comme un développement postérieur, le v. 4 (incompréhension de Nicodème) constituant le premier point de tension du texte[3]. Si l'on soustrait les vv. 4-8 de la péricope, on s'aperçoit en effet que le dialogue se réduit à son unité textuelle la plus brève, relativement homogène et en soit conclue et cohérente[4]. Il s'est agi pour Jésus de préciser ce qu'il entendait par ἄνωθεν face à l'incompréhension de Nicodème: «Celui qui vient d'en haut est au-dessus de tout» (3,31a), ἄνωθεν signifiant «d'en haut», précision servant à ouvrir tout de suite son discours kérygmatique qui a toutes les caractéristiques d'une proclamation sous forme de catéchèse qui n'est autre qu'un condensé christologique:

ὁ ὢν ἐκ τῆς γῆς ἐκ τῆς γῆς ἐστιν καὶ ἐκ τῆς γῆς λαλεῖ. ὁ ἐκ τοῦ οὐρανοῦ ἐρχόμενος [ἐπάνω πάντων ἐστίν·][32] ὃ ἑώρακεν καὶ ἤκουσεν τοῦτο μαρτυρεῖ, καὶ τὴν μαρτυρίαν αὐτοῦ οὐδεὶς λαμβάνει. [33] ὁ λαβὼν αὐτοῦ τὴν μαρτυρίαν ἐσφράγισεν ὅτι ὁ θεὸς ἀληθής ἐστιν. [34] ὃν γὰρ ἀπέστειλεν ὁ θεὸς τὰ ῥήματα τοῦ θεοῦ λαλεῖ, οὐ γὰρ ἐκ μέτρου δίδωσιν τὸ πνεῦμα. [35] ὁ πατὴρ ἀγαπᾷ τὸν υἱὸν καὶ πάντα δέδωκεν ἐν τῇ χειρὶ αὐτοῦ. [36] ὁ πιστεύων εἰς τὸν υἱὸν ἔχει

---

[2] M. MORGEN, *Afin que le monde*, 68-69.

[3] C'est ce que confirme Egger quand il affirme que: «Per cogliere lo sviluppo e le modificazioni di un testo, e quindi stabilire una cronologia relativa dei vari strati della tradizione, si inizia cercando i punti di tensione del testo. Se in effetti si notano dei contrasti, in particolare tenendo presente il genere letterario unitario e l'orientamento del lettore (scopo dello scritto), si puo supporre che il testo sia stato fissato attraverso stratificazioni successive» (W. EGGER, *Metodologia*, 184).

[4] Cf. W. EGGER, *Metodologia*, 183. C'est ce texte de base qui, toujours selon Egger, sera modifié, entre autres, par les situations de la communauté, par les intérets de groupes déterminés d'acteurs et par le contact avec d'autres genres littéraires.

ζωὴν αἰώνιον· ὁ δὲ ἀπειθῶν τῷ υἱῷ οὐκ ὄψεται ζωήν, ἀλλ' ἡ ὀργὴ τοῦ θεοῦ μένει ἐπ' αὐτόν. (3,31b-36).

Tous les thèmes qui y apparaissent gravitent autour de (ou sont gréffés à) la personne du Fils, celui qui vient d'en haut, dont il faut recevoir le témoignage, auquel il faut croire pour avoir la vie éternelle. C'est à lui en effet que le Père donne l'Esprit sans mesure et il l'aime et a tout remis entre ses mains.

Ce court dialogue proviendrait d'une tradition de base orale ou écrite utilisée par l'évangéliste que Boismard nomme le Document C[5] tandis que Brown l'intitule l'Étape 1[6] dans le processus de formation du quatrième évangile. On peut soutenir avec Morgen s'agissant du *Sitz im Leben* et de la tradition sous-jacente à cette péricope primitive que:

> Ce niveau initial de la tradition johannique est marqué par l'évangélisation des premières communautés johanniques et garde sans doute encore les traces du kérygme reçu et transmis dans ce milieu spécifique. Cette tradition johannique première a évolué de manière indépendante, sur la base d'un kérygme initial[7].

---

[5] A ce propos, Boismard pense que non seulement le Document C apparaît plus proche, sous certains aspects, de la tradition synoptique que de l'évangile actuel de Jn (*Synopse*, III, 45), mais aussi que la source principale de Jn II-A est le Document C (p. 46), Jn II-B ayant pour source principale le texte de Jn II-A (p. 47); avant de dire plus loin: «Sous sa forme la plus ancienne, le récit de l'entretien de Jésus avec Nicodème ne comprenait que les vv. 1-3 (moins une glose), 9-10 et 31b-34; il remonterait à Jn II-A qui l'aurait composé à partir d'une "parole" de Jésus rapportée par la tradition synoptique (3,3)». Même si nous critiquions dans la critique littéraire de notre péricope la composition d'ensemble de Jn 3,1-21 faite par Boismard, qui morcèle exagérément le texte, celle de sa monture originelle ne s'éloigne pas de trop de la proposition faite par Schnackenburg, que suit Morgen et nous avec. Tous reconnaissent à un niveau minimum que les paroles de Jésus en Jn 3,3 seraient le point de départ de notre texte. Toutefois, M. Morgen (*Afin que le monde*, 79-80) à la suite de R.E. Brown (*The Gospel*, I, 131) tout en reconnaissant que les vv. 5-8 forment une unité thématique en forme d'inclussion que Boismard supprime dans sa tentative de recomposition du texte, fait une autre proposition: «Le passage sur la naissance de l'Esprit rend compte, au contraire, de la tonalité spécifique du johannisme, dès le niveau traditionnel. Il manifeste la puissance de Dieu à l'œuvre dans l'homme: l'Esprit opposé à la chair manifeste l'activité dynamique de Dieu» (M. MORGEN, *Afin que le monde*, 79).

[6] Brown, s'inspirant de Dodd écrit à ce propos: «Au commencement, il y a des souvenirs de ce que Jésus avait fait et dit, mais pas les mêmes que ceux conservés dans les synoptiques (partculièrement en Mc); peut-être la différence provient-elle du fait qu'à l'encontre de la tradition présynoptique, les souvenirs de Jean n'étaient pas d'origine apostolique classique» (R.E. BROWN, *Que sait-on du Nouveau Testament?*, 406; cf. ID., *The Gospel*, I, XLVII).

[7] M. MORGEN, *Afin que le monde*, 69. C'est C. Dodd (*Tradition Historique*, 22) qui

Surtout que:

> Les traditions apparentées, comme celle qui sera supposée derrière Jn 3, ne constituent pas de véritables parallèles synoptiques et ne peuvent être mises en synopse. Elles sont plûtot l'expression de la tradition johannique première, à l'instar de la tradition prémarcienne, sans en être pour autant dépendantes sur le plan littéraire[8].

Et s'il est évident que cette monture originelle de notre péricope est un dialogue, la question fondamentale est celle de savoir s'il s'agit d'un dialogue didactique ou d'un dialogue de controverse? Dans le cas des synoptiques (apophtegmes), ces controverses et dialogues didactiques sont selon Bultmann[9] des scènes idéales, qui illustrent par un cas concret une maxime que la communauté fait remonter à Jésus, tirant pratiquement toujours leur origine d'une action ou d'un comportement de Jésus, à quoi l'adversaire s'arrête pour lancer son attaque sous forme de reproche ou de question. On peut remarquer que «Dans ces dialogues, il y a donc un lien organique très étroit entre la question posée à Jésus et la réponse qu'il donne. En fait, la question fait partie intégrante du dialogue et introduit directement la réponse de Jésus, qui se trouve contrainte par le thème de la question»[10]. Contre cette thèse de Bultmann, nous sommes d'avis avec Morgen, résumant le point de vue de Simon Légasse, qu'il y a tout de même une différence notable entre dialogue didactique et controverse:

> Dans le dialogue didactique, la polémique ne constitue pas le point de départ. Le dialogue didactique se greffe davantage sur une discussion herméneutique; c'est pourquoi il peut être comparé aux discussions rabbiniques. Dans le cas de la controverse, l'attitude de Jésus — sans doute l'attitude du

---

est l'interprète classique de cette thèse de la tradition «indépendante» quand B. Lindars préfère parler de tradition ayant évolué «différemment» (cf. *John*, 47-48).

[8] M. MORGEN, *Afin que le monde,* 69. Toutefois, il faut distinguer avec elle que: «Dans une première phase de la tradition johannique, on trouve des traditions parallèles aux traditions synoptiques, d'autres qui leur sont apparentées et d'autres encore qui ne ressemblent en rien au matériau des évangiles synoptiques» (*Ibid.*).

[9] Cf. R. BULTMANN, *L'histoire de la tradition synoptique,* 59-60. Selon lui, le dialogue didactique a généralement (pas toujours) la forme d'une controverse. Mais comme le souligne Morgen, il (le dialogue didactique) partage toujours, en revanche, certains caractères avec la controverse, ce qui rend difficile la précision du genre littéraire. Et elle cite à titre d'exemple, la parole de Jésus dans le récit de la guérison de l'homme à la main sèche (Mc 3,1-6), ou la parole de Jésus sur le tribut à César (Mc 12,13-17) qui toutefois, présentent des *Sitz im Leben* différents (M. MORGEN, *Afin que le monde,* 69-70). Cf. aussi P. LÉTOURNEAU, *Jésus,* 133, n. 58.

[10] P. LÉTOURNEAU, *Jésus,* 133, n. 58.

Jésus de l'histoire — provoque une réaction d'hostilité de la part de l'entourage. Quant au dialogue didactique, dont l'origine traditionnelle semble elle aussi remonter au Jésus de l'histoire, il laisse entrevoir des discussions neutres, voire relativement positives entre Jésus et les scribes[11].

Dans la péricope johannique, s'il est vrai que Nicodème vient à Jésus motivé par les signes qu'il opère dans le peuple, ce qui est en accord avec la thèse de Bultmann selon laquelle, ces controverses et dialogues didactiques tirent pratiquement toujours leur origine d'une action ou d'un comportement de Jésus, il n'est pourtant pas vrai que Nicodème pose une question à Jésus ou lui fait un reproche. Il fait à notre avis, comme nous avons tenté de le démontrer dans l'analyse sémantique de notre texte, une déclaration qui aurait pu être une belle profession de foi, mais qui ne réussit pas soulignant tout de même son intéret pour Jésus. Avec Létourneau on peut affirmer qu':

> Il ne s'agit pas d'une controverse comme au chapitre 9 où le débat s'engage à partir d'un miracle particulier opéré le jour du Sabbat (9,14) [...] L'intervention de Nicodème servira à orienter christologiquement la scène, sans pour autant contraindre Jésus à une question particulière de controverse[12].

En définitive, s'agissant de la monture originelle de notre péricope, il serait plus juste de parler d'un dialogue didactique (catéchèse primitive) qui a certainement des ressemblances avec les récits de dialogue didactiques de la tradition synoptique: nous avons en Jn 3,3.9-10.31-36, un dialogue didactique sur les conditions du salut[13] et qui constituerait le point de départ dans le processus de formation de Jn 3,1-21. En fait, Jésus saisit l'occasion de ce dialogue sur les conditions du salut (vv. 3.9-10.31a) pour orienter christologiquement le débat (vv. 31b-36).

2. **Les synoptiques**

Pour comprendre l'enracinement traditionnel de notre péricope, intéressons nous avant tout à l'affirmation de départ de Jésus (3,3) qui est au cœur, sinon serait le point de départ de cette histoire de la tradition:

---

[11] M. MORGEN, *Afin que le monde,* 70 ; cf. S. LÉGASSE, «Scribes», 266-281.

[12] P. LÉTOURNEAU, *Jésus,* 133 n. 58. Nous ne sommes toutefois pas d'avis avec son affirmation selon laquelle l'intervention de Nicodème ne fait pas parti du dialogue, mais plutôt du cadre narratif de l'épisode. Notre position est que Nicodème introduit la conversation mais Jésus le déposède très tôt de la direction du débat. Et puis un dialogue ne commence pas forcement par une question, il peut partir d'une affirmation.

[13] Cf. M. MORGEN, *Afin que le monde,* 69. J. Zumstein parlera du genre littéraire du débat d'école (*L'Évangile selon Saint Jean* (1–12), 110).

ἀμὴν ἀμὴν λέγω σοι, ἐὰν μή τις γεννηθῇ ἄνωθεν, οὐ δύναται ἰδεῖν τὴν βασιλείαν τοῦ θεοῦ. Un fait remarquable soulevé par de nombreux auteurs est la présence de l'expression βασιλεία τοῦ θεοῦ, n'apparaissant en Jean qu'en 3,3.5, tandis qu'elle est très fréquente dans les synoptiques où par ailleurs on retrouve des formules qui lui sont semblables à en croire Létourneau: «Entrer dans le Royaume des cieux/de Dieu» (Mt 5,20; 7,21; 18,3; 19,23-24; 23,13; Mc 10,15; Lc 18,17; cf. Jn 3,5), «voir le Royaume de Dieu» (Mc 9,1; Lc 9,27; cf. Jn 3,3), «entrer dans la vie» (Mt 18,8-9; 19,17; Mc 9,43-45)[14]. Surgissent alors les questions suivantes: Jn 3,3.5 dépendrait-il de la tradition synoptique? Et plus encore, de laquelle d'elles (Mc, Mt, Lc) est-il le plus proche ou proviendrait-il? Ou bien serait-il tributaire de traditions autres que ces synoptiques? Des critiques comme Becker, Boismard, Braun, Dodd, Leroy, Lindars ou Schnackenburg supposent «Une dépendance plus ou moins étroite (littéraire ou traditionnelle) de Jn 3,3.5 par rapport à Mt 18,3, ou par rapport à Mc 10,15, ou même par rapport aux deux à la fois»[15]. Par exemple, la thèse de départ de Lindars repose sur l'existence d'une source originale commune en Araméen:

> The question whether John used one or more of Synoptic Gospels continues to be hotly debated. It is obvious that John is indebted to other sources for much of his information. But where his material overlaps the Synoptic Gospels, it is more difficult to decide whether he is using independent traditions or not. In one case, however, it can be shown that he had a saying of Jesus which he received in a Greek form transmitted independently of the forms in Mark and Q. All go back to a common Aramaic original[16].

Pour lui en effet, s'il est improbable que Jean ait travaillé directement sur la parole de la tradition araméenne. Il soutient tout de même que derrière toutes ces formes grecques, il y aurait un original araméen que l'on peut retraduire en grec de la façon suivante: «ἀμὴν λέγω ὑμῖν, ἐὰν μη τις γένηται ἄνωθεν ὡς παιδίον, οὐ δύναται εἰσελθεῖν εἰς τὴν βασιλείαν τοῦ θεοῦ»[17].

---

[14] P. LÉTOURNEAU, *Jésus*, 398. Cf. J. PAINTER, «Quest Stories in John 1–4», 55-58.

[15] C'est ainsi que Létourneau synthétise dans son Annexe B sur la tradition et la rédaction de Jn 3,1-21, la pensée de ces grands critiques (*Jésus*, 397). Cf. G. R. BEASLEY-MURRAY, «John 3,3.5: Baptism, Spirit and the Kingdom», 167-170 pour un véritable tour d'horizon des sources de Jn 3,3.5; J. W. PRYOR, «John 3.3,5. A Study in Relation», 71-95; cf. enfin J. ZUMSTEIN, *L'Évangile selon Saint Jean (1–12)*, 110.

[16] B. LINDARS, «John and the Synoptic Gospels», 287.

[17] B. LINDARS, «John and the Synoptic Gospels», 290. Cf. P. LÉTOURNEAU, *Jésus*, 397. Notre critique à de telles initiatives est que cette thèse de Lindars est tellement

Leroy quant à lui, ne se réfère pas à un original araméen, mais prend comme point de départ Mc 10,15 et montre comment Jn 3,3 se situe à la fin d'un processus de réinterprétation, dont la version de Mt 18,3, sur laquelle nous reviendrons, constitue une étape intermédiaire[18]. Sans pouvoir donc affirmer une dépendance directe entre Jn 3,3 et Mt 18,3, l'auteur soutient la possibilité d'un développement historico-traditionnel entre Jn 3,3 et Mt 18,3 semblable à celui qui existe entre Mt 18,3 et Mc 10,15; ce qui fait conclure l'auteur en ces termes: «On dira plutôt qu'une tradition assez ancienne, peut-être orale, s'est transmise dans les différentes communautés sous des formes plus ou moins évoluées»[19].

Mais au cœur de ce débat, d'après Létourneau, «Leroy (*Rätsel*, 128), comme bien d'autres (par exemple Dodd, *Historical Tradition*, 358-359), hésite à parler de dépendance directe de Jean par rapport à la tradition synoptique»[20]. Toutefois poursuit-il, «Ces différentes positions s'accordent cependant sur la reconnaissance de l'enracinement dans une même tradition des énoncés de Mt 18,3; Mc 10,15; Lc 18,17 et Jn 3,3»[21], ce que nous tenterons à notre tour de vérifier.

2.1 *Marc*

Commençons notre parcours par la confrontation de Jn 3,3 (repris avec quelques modifications au v. 5) avec le texte marcien qui lui semble le plus proche, à savoir Mc 10,15:

Jn 3,3	Mc 10,15
Ἀμὴν ἀμὴν	ἀμὴν
λέγω σοι,	λέγω ὑμῖν,
ἐὰν μή τις	ὃς ἂν μὴ
γεννηθῇ	δέξηται
ἄνωθεν,	

---

hypothétique que nous n'avons pas l'intention de nous engager avec lui dans cette voie de compréhension de nos versets à étudier. Cet original araméen étant virtuel et cette reconstruction grecque n'existant pas sous nos yeux ou n'ayant pas de support vérifiable, avec tout le respect que nous devons à sa pensée, nous serons plus sympathique à la proposition de Leroy qui est plus réaliste, à notre sens, et qui travaille à partir de et sur ce qui existe, le texte final que nous pouvons vérifier. Toutefois, nous nous servirons de certaines des argumentations de Lindars qui sont assez intéressantes pour notre étude.

[18] H. LEROY, *Rätsel und Missverständnis*, 128-129.
[19] H. LEROY, *Rätsel und Missverständnis*, 128.
[20] P. LÉTOURNEAU, *Jésus*, 399.
[21] P. LÉTOURNEAU, *Jésus*, 399.

	τὴν βασιλείαν τοῦ θεου
	ὡς παιδίον,
οὐ δύναται	οὐ μὴ
ἰδεῖν	εἰσέλθῃ εἰς
τὴν βασιλείαν	αὐτήν.
τοῦ θεοῦ.	

Mis en synopse, la triple confrontation au plan contextuel, formel (composition des versets) et sémantique permet d'aboutir aux conclusions suivantes:

Les contextes sont différents: dans le récit marcien, des gens amènent des enfants à Jésus pour qu'il les touche mais les disciples les rabrouent. Ce qui suscite l'indignation de Jésus qui saisit l'occasion pour les inviter à laisser venir à lui les enfants car le Royaume des cieux est comparable à ceux qui sont comme eux (Mc 10,13-14), avant d'ajouter notre verset 15 qui est au coeur du débat. Le contexte ici est celui de la bénédiction des enfants que les disciples veulent leur réfuser. Tandis que dans le texte johannique, il est question d'un chef des Juifs qui vient rencontrer Jésus certainement à cause des signes qu'il opère (Jn 2,23–3,2a). Il s'agit plutôt en Jean d'une personne de la classe dirigeante (Nicodème), qui veut en savoir un peu plus sur la personne de Jésus et donc poussé par une certaine curiosité. Déjà à ce niveau de notre analyse, on s'aperçoit bien qu'il n'est pas question d'un texte parallèle à celui de Mc 10,13-16 à propos de Jésus et des enfants.

La composition des versets fait apparaître un parallélisme qu'on peut établir entre les deux proclamations solennelles (Ἀμὴν ἀμὴν λέγω σοι/ἀμὴν λέγω ὑμῖν), l'impossibilité d'expérimenter le Royaume de Dieu (οὐ δύναται ἰδεῖν τὴν βασιλείαν τοῦ θεοῦ/οὐ μὴ εἰσέλθῃ εἰς αὐτήν) et au centre des deux versets, deux propositions, conditions pour expérimenter le Royaume de Dieu (ἐὰν μή τις γεννηθῇ ἄνωθεν/ὃς ἂν μὴ δέξηται τὴν βασιλείαν τοῦ θεοῦ ὡς παιδίον). Avec Barnabas Lindars, on peut remarquer en plus que:

> Thus John is similar to Mark in using the third person singular form, although the idiom (ἐὰν μή τις) makes a third alternative method of representing the indefinite subject. John also agrees with Mark in having τοῦ θεοῦ. Moreover, John's οὐ δύναται for οὐ μὴ should not be regarded as a significant variation as it probably does not represent a different underlying Aramaic text[22].

Il est clair, au regard de ces divers parallélismes, que l'on peut faire des rapprochements sans toutefois les confondre ou les assimiler.

---

[22] B. LINDARS, «John and the Synoptic Gospels», 289.

CHAP. VI: ÉTUDE DE LA TRADITION

Il reste la signification à donner à nos deux versets pour se rendre compte du rapprochement ou non qu'on peut établir entre eux: il s'agit en Marc d'«accueillir» le Royaume de Dieu comme «un enfant» (ὃς ἂν μὴ δέξηται τὴν βασιλείαν τοῦ θεοῦ ὡς παιδίον) pour «entrer» (avoir accès, οὐ μὴ εἰσέλθῃ εἰς αὐτήν) dans ce Royaume tandis qu'en Jean, il est question d'«être engendré d'en haut» (ἐὰν μή τις γεννηθῇ ἄνωθεν) pour «voir» le Royaume de Dieu (οὐ δύναται ἰδεῖν τὴν βασιλείαν τοῦ θεοῦ). «Accueillir» le Royaume de Dieu comme «un enfant» ne signifie rien d'autre que se convertir. En effet,

> Mc 10,15 énonce la nécessité de recevoir le Royaume comme des enfants pour y entrer. Ce texte fait référence à la conversion exigée par Jésus (cf. Mc 1,15), référence encore plus évidente dans la variante de Mt 18,3: «ἐὰν μὴ στραφῆτε καὶ γένησθε ὡς τὰ παιδία». Le dialogue qui suit entre Jésus et le riche constitue en fait une application concrète de cette exigence. Se convertir pour accueillir le Royaume, c'est non seulement suivre les préceptes de Moïse, mais surtout opérer un revirement complet de son existence, dans le cas présent vendre ses biens et suivre Jésus[23].

L'action ou la contribution de l'homme est demandée sinon elle est une exigence dans ce processus. Ce qui n'est pas le cas dans le verset johannique. Il s'agit en Jn 3,3 d'«être engendré d'en haut», d'où une certaine passivité et une mise en relief de ce qu'on reçoit plutôt comme un don. Il faut donc se recevoir d'en haut c'est-à-dire de Dieu. Létourneau l'exprime si bien quand il affirme:

> L'exigence de Jésus, dans le récit johannique, est plus radicale et ne dépend aucunement du pouvoir de l'être humain. Il ne s'agit pas d'une conversion, d'un retournement de sa manière de vivre; il s'agit d'une nouvelle génération, de l'acquisition d'une nouvelle origine qui transforme l'être dans sa racine. Pour entrer dans le Royaume, il ne suffit pas d'être de la descendance d'Abraham (génération de la chair), il faut être de la descendance de Dieu, il faut être engendré d'en haut, d'eau et d'Esprit (génération de l'Esprit)[24].

---

[23] P. LÉTOURNEAU, *Jésus*, 404, n. 16.
[24] P. LÉTOURNEAU, *Jésus*, 404, n. 16. Nous parlerons tout simplement «d'être engendré d'en haut» c'est-à-dire recevoir la foi par l'Esprit qui nous la communique comme don de Dieu; comme notre analyse sémantique a tenté d'en rendre compte et où par ailleurs nous avions critiqué la surcharge faite par Létourneau en accumulant d'en haut, d'eau et d'Esprit alors qu'on pouvait comprendre «d'eau et d'Esprit» du v. 5 comme l'eau symbolisant ou ramenant à l'Esprit qui communique le don de la foi. Ce qui a motivé en nous de retenir cette analyse de l'auteur est le fait qu'il dise dès le départ que cette transformation ne dépende pas du pouvoir, de la capacité de l'homme.

On s'aperçoit que dans l'un comme dans l'autre cas, la conversion ou l'être engendré d'en haut, la finalité, est l'entrée dans le Royaume de Dieu c'est-à-dire la participation à la vie divine ou la vision du Royaume de Dieu c'est-à-dire la participation au salut. La première conclusion serait donc que les deux versets entretiennent un lien traditionnel sans pour autant être forcement dépendants l'un de l'autre. Les conditions pour avoir le salut diffèrent mais la finalité reste la même. On ne peut s'empêcher de constater qu'il y a certainement un matériau ancien à l'arrière-fond de Mc 10,15 comme à l'arrière fond de Jn 3,3 qu'on peut désigner comme une catéchèse sur le salut[25].

Mais notre investigation voudrait s'étendre au-delà de l'épisode de Jésus et des enfants en Mc 10,13-16 pour la simple raison que la péricope du riche (Mc 10,17-31) contient des éléments pouvant nous permettre de faire un rapprochement avec l'épisode de Nicodème (Jn 3,1-21). Ces éléments sont entre autres:

En Mc, celui qui vient à Jésus est une personne indéterminée (εἷς, quelqu'un)[26] qui pose une question (Διδάσκαλε ἀγαθέ, τί ποιήσω ἵνα ζωὴν αἰώνιον κληρονομήσω;) qu'on peut rapprocher de la première intervention de Nicodème, à la différence que ce dernier ne pose pas une question ('Ραββί, οἴδαμεν ὅτι ἀπὸ θεοῦ ἐλήλυθας διδάσκαλος...). A ne s'en tenir qu'aux premiers propos dans les deux cas, Jésus est reconnu comme un διδάσκαλος et la formulation de la question en Mc (le riche) et de l'affirmation en Jn (Nicodème) part bien d'un éloge fait à Jésus.

Le verbe δύναμαι est bien présent dans les deux textes et sert à interroger sur les conditions du salut: si la question du riche (Mc 10,17) fait référence au verbe ποιέω (faire) dans la perspective de la vie éternelle, c'est surtout le verbe «pouvoir» qui est fort remarquable. La question de Nicodème porte sur comment pouvoir faire (Jn 3,4.9), comme la question de l'homme riche porte sur «que faire pour hériter la vie éternelle?» (Mc 10,17) et celle des disciples en Mc 10,26 et par., sur «qui peut être sauvé?» (τίς δύναται σωθῆναι;)[27].

Enfin Mc 10,17.30 comprennent l'expression «la vie éternelle». Morgen fait bien de souligner que «L'attestation *zôè aiônios* est valorisée

---

[25] Cf. M. MORGEN, *Afin que le monde*, 74.

[26] Tandis qu'en Matthieu, c'est un jeune homme riche (Mt 19,20) et dans les deux récits lucaniens, il s'agit d'abord d'un chef (ἄρχων) en Lc 18,18-23 qu'on peut bien rapprocher de la présentation de Nicodème qui est lui aussi un chef (Jn 3,1) et ensuite au début de l'épisode sur le Bon Samaritain (Lc 10,25-28), la mention fait cas d'un légiste. Cf. M. MORGEN, *Afin que le monde*, 72.

[27] Cf. M. MORGEN, *Afin que le monde*, 73.

dans cet ensemble synoptique ; elle est toujours attestée deux fois: Mc 10,17.30; Mt 19,16.29; Lc 18,18.30»[28] et on peut bien la rapprocher au niveau traditionnel de Jn 3 avec les emplois de «Royaume de Dieu» en Jn 3,3.5 et dans la suite de l'évangile l'expression «vie éternelle» pour parler des réalités du royaume[29]. Une tradition sous-jacente sur les conditions du salut est encore perceptible à ce niveau de notre analyse.

Enfin avec Bultmann, il serait intéressant de souligner que les vv. 17-22 du récit de Mc constituent un apophtegme indépendant des vv. 23ss.[30] puisque ce n'est qu'à partir du v. 23 que reprennent les contacts immédiats avec l'épisode précédent sur Jésus et les enfants (Mc 10,13-16). En effet, si on enlève les vv. 17-22 de Mc, on retrouve:

> Une ossature narrative commune entre les récits synoptiques et le récit johannique: parole initiale sur l'entrée dans le Royaume (Mc 10,15 et Jn 3,3; cf. Mt 18,3) — étonnement et incompréhension de l'interlocuteur (Mc 10,24.26 et Jn 3,4.7) — reprise sous une forme différente et amplification de l'énoncé initial (Mc 10,24-25 et Jn 3,5-7) — distinction de deux ordres par rapport au salut (Mc 10,27 et Jn 3,6.8) — nouvelle intervention de l'interlocuteur (Mc 10,25 et Jn 3,9 ; cf. Mt 19,27) — explication finale de Jésus sur le salut (Mc 10,29-31 et Jn 3,11-21; cf. Mt 19,28-30)[31].

---

[28] M. MORGEN, *Afin que le monde*, 73.

[29] Cf. M. MORGEN, *Afin que le monde*, 73-74. A ce propos, l'analyse de T. SÖDING, «Wiedergeburt aus Wasser und Geist», 202, sur la question de la ressemblance de l'expression johannique *zôè aiônios* avec l'expression *basileia tou theou* des synoptiques, est intéressante pour notre étude: La première sensibilise davantage au salut comme *don* (*Heilsgabe*); la deuxième marque plutôt *l'entrée en vigueur de l'œuvre divine* du salut (*Heilswirken Gottes*). Le récit de l'entretien de Jésus avec Nicodème est le lieu de cette transformation de «règne» à «vie [éternelle]». Le royaume annoncé par Jésus est la vie éternelle qu'il est venu apporter par sa présence dans le monde. Cette remarque, aux dires de M. MORGEN, *Afin que le monde*, 74, permet de souligner l'intérêt que Jean porte à la gestion du salut reçu, par le croyant. Cette analyse rejoint parfaitement notre vision de la vie en Dieu comme «don» selon l'évangéliste Jean.

[30] Cf. R. BULTMANN, *L'histoire de la tradition synoptique*, 37-38.

[31] P. LÉTOURNEAU, *Jésus*, 407-408. A la suite de Bultmann, il justifie bien sa thèse: «Ainsi, on pourrait peut-être penser que l'apophtegme des v. 17-22 fut inséré à un certain moment entre les v. 16 et 23 auparavant consécutifs. Plusieurs indices portent à le croire. Premièrement, on rétablit ainsi une séquence moins bouleversée. Jésus vient de dire qu'il faut accueillir le Royaume de Dieu comme un enfant pour y entrer (v. 15). Continuant ensuite son enseignement aux disciples, il leur dit: "Comme il sera difficile d'entrer dans le Royaume de Dieu" (v. 23ss.). Il suffit alors d'enlever les mots "à ceux qui ont des richesses", qui ont dû être ajoutés lors de l'insertion de l'apophtegme, pour créer un lien moins brusque. D'ailleurs, ces mots sont absents de la reprise au v. 24».

Ces remarques confirment bien notre première conclusion, à savoir que probablement, on peut lire derrière les deux textes une certaine tradition en forme de catéchèse sur le salut qui toutefois seraient à distinguer l'une de l'autre. De toute évidence, plusieurs indices portent non seulement à croire que Jean ait été en contact au moins avec cette partie de la tradition sous-jacente aux évangiles synoptiques[32], et cela avant la rédaction finale de Mc, mais aussi que dans la tradition synoptique (Mc 10,13s. par.), le développement s'est fait autour de la nécessité de la conversion comprise à un niveau éthique comme un renoncement aux richesses quand dans la tradition johannique, le salut est lié au motif de l'être engendré d'en haut[33].

2.2 *Luc*

Le verset de cet évangile qui se rapproche de Jn 3,3 est indiscutablement Lc 18,17 qui reprend textuellement, mot à mot Mc 10,15: «ἀμὴν λέγω ὑμῖν, ὃς ἂν μὴ δέξηται τὴν βασιλείαν τοῦ θεοῦ ὡς παιδίον, οὐ μὴ εἰσέλθῃ εἰς αὐτήν». La confrontation des deux péricopes dont ils sont extraits, montre bien que Lc 18,15-17 est un texte parallèle à Mc 10,13-16, tout comme l'épisode du riche en Mc 10,17-31 et celui du notable en Lc 18,18-30, mis en synopse sont deux péricopes parallèles (cf. Mt 19,16-30) avec de petites différences qui n'altèrent pas considérablement la signification de ces péricopes[34]. On retiendra avec Lindars que Mc 10,15 = Lc 18,17[35], sans qu'il ne s'attarde à sa relation à Jn 3,3 contrairement à ce qu'il fait, s'agissant de Mc 10,15 ou encore à propos de Mt 18,1-5 et 19,13-15, sur lesquels nous reviendrons dans le point suivant. Sans dire absolument et catégoriquement que la tradition lucanienne

---

A ne s'en tenir qu'à ce seul argument, Nous partageons et soutenons cette argumentation de Létourneau, même s'il n'est pas exclu que l'exégèse puisse toujours trouver une explication et un lien entre les versets d'une même unité littéraire qui semblent ne pas concorder et cela, surtout à partir d'une analyse synchronique du texte.

[32] Cf. P. LÉTOURNEAU, *Jésus*, 409.

[33] Cf. M. MORGEN, *Afin que le monde*, 74-75.

[34] Si en Mc 10,13-16, ce sont des enfants (παιδία) que les disciples rabrouent, en Lc 18,15-17 ce sont des bébés (βρέφη), qui ramènent à une même signification; dans les récits suivants nos deux péricopes, il y a tout de même une différence; en Mc 10,17-31, il s'agit de quelqu'un (εἷς) qui vient à Jésus tandis qu'en Lc 18,18-30, il est question d'un chef (ἄρχων) avec en plus, l'omission dans la version lucanienne du v. 31 de Mc, verset que maintient Mt en 19,30. Cf. R. MEYNET, *Il vangelo secondo Luca*, 649, qui fait aussi remarquer que Lc ne reprend pas le verset final du parallèle marcien (Mc 10,16) de la péricope.

[35] Cf. B. LINDARS, «John and the Synoptic Gospels», 287.

présente en Lc 18,17 dépend de la tradition marcienne de Mc 10,15, on pourrait conclure, toute proportion gardée, avec Lindars que «The number of similar, but probably independent, sayings involved suggests that each evangelist has drawn on his stock of saying on these themes»[36]. Cela pourrait signifier que cette catéchèse sur les conditions du salut présente en Jn 3,3, que nous avons retrouvé différemment en Mc 10,15, se retrouve aussi en Lc 18,17. Seulement, cette tradition lucanienne se fait plus proche et même en grande proportion égale à la tradition marcienne, à cause de la plus forte similitude du contexte, de la forme des versets en question et de la signification qu'on peut donner à chacun d'eux.

2.3 *Matthieu*

Au dire de critiques comme Boismard et Lindars, Mt 18,3 est le meilleur texte parallèle à Jn 3,3 (repris en 3,5)[37]. Il s'insère dans un contexte différent de celui de la bénédiction des enfants en Mc 10,13-16 et Lc 18,15-17. Cette péricope, à propos de Jésus et des enfants, se retrouve au chapitre suivant en Mt 19,13-15 où manque notre fameux verset, on parlerait d'omission[38].

Pour revenir à Mt 18,3, il est bon de le comparer avec Mc 10,15, avant sa confrontation d'avec Jn 3,3 pour éventuellement vérifier s'il constitue

---

[36] B. LINDARS, «John and the Synoptic Gospels», 288.

[37] Cf. M.-É. BOISMARD – A. LAMOUILLE, *Synopse*, III, 118, qui se limite à un parallélisme sémantique pour soutenir cette thèse selon laquelle Jn 3,3 reprend une parole du Christ attestée par Mt 18,3: «En Mt 18,3, le verbe ''changer'', ou plus littéralement ''se détourner'', ''se convertir'', suppose un verbe araméen (*tôb*) [...] Jésus ayant parlé en araméen, la "parole" de Mt 18,3 pourrait aussi bien signifier: "si vous ne *re-devenez* comme les petits enfants, vous n'entrerez pas dans le royaume des cieux". Le parallélisme avec Jn 3,3 est alors évident: le verbe "changer" du texte de Mt correspond à l'adverbe "de nouveau" du texte de Jn». Cf. aussi B. LINDARS, «John and the Synoptic Gospels», 288, qui soutient que Mt 18,3 est préférable à Mc 10,15, et il justifie sa prise de position un peu plus loin (*Ibid.* 290).

[38] Lindars nous explique bien le pourquoi et le sens de cette omission: «Matthew's omission of the saying from the blessing of the children was not simply due to his wish to use it elsewhere, for it is characteristic of his style to use the same saying twice, as already observed in connection with the saying on service. In this case, however, he decided not to use it, presumably in the interests of abbreviation. He was able to do so, because the pericope reads perfectly well without it. But if this is true of his understanding of the pericope, it is surely true also of the tradition behind Mark. The possibility lies open that the saying was not originally part of the pericope, but was inserted by Mark into his source. If so, we must reckon with another possibility, that Mark has to some extent adapted the saying in the process» (B. LINDARS, «John and the Synoptic Gospels», 288).

une étape intermédiaire entre la version marcienne et johannique:

Mt 18,3	Mc 10,15
Ἀμὴν	ἀμὴν
λέγω ὑμῖν,	λέγω ὑμῖν,
ἐὰν μὴ	ὃς ἂν μη
στραφῆτε	δέξηται τὴν
καὶ γένησθε	βασιλείαν τοῦ θεου
ὡς τὰ παιδία,	ὡς παιδίον,
οὐ μὴ	οὐ μὴ
εἰσέλθητε εἰς	εἰσέλθῃ εἰς
τὴν βασιλείαν	αὐτήν.
τῶν οὐρανῶν.	

L'étude comparée de ces deux versets au plan contextuel, formel et sémantique fait ressortir en substance les remarques suivantes que nous épousons à la suite de Lindars:

> In fact there are good reasons to conclude that Matthiew's is the better version of the two. (i) The rhythm of Matthew's version is superior to Mark's. In Mt. 18.3 both the conditional clause and the apodosis consist of verb(s) plus adverbial phrase (ὡς τὰ παιδία, εἰς τὴν βασιλείαν τῶν οὐρανῶν). In Mk. 10.15 the full phrase of the apodosis has been taken into the protasis as object of the verb, thus destroying the balance. (ii) Mark's δέξηται is dictated by the context, and shows the influence of the earlier pericope (Mk. 9. 33-37). Jesus has just said that the kingdom belongs to such persons as children (τοιούτων, verse 14, cf. 9.37), and so it has to be received as such. But it is difficult to see any real distinction between receiving it and entering it, so that the saying is most tautologous. On the other hand, Matthew retains Mark's δέξηται in Mt. 18.5, so that it is unlikely that he has removed it from the saying in verse 3. (iii) Mark's version has singular παιδίον, although the plural would suit the context better in view of verse 14. Hence the singular has been carried over from the source. Matthew's version requires the plural τὰ παιδία, but if he were dependent upon Mark he would surely have retained the indefinite ὅς plus παιδίον, seeing that he has ὅστις [...] ὡς τὸ παιδίον τοῦτο in the very next verse (18.4). Hence, whereas Mark has adapted his source, Matthew has left his intact. (iv) Finally, and most important for our argument, Matthew's στραφῆτε καὶ γένησθε is a Semitism = 'become again', as has been recognized long since by Jeremias. Examples in the Septuagint show that the Hebrew idiom was not infrequently translated in this way, though it is not clear how far the translators understood the Hebrew in adopting it. But whether the translator of the saying in Mt. 18.3 understood the idiom, or used στραφῆτε, as most commentators assume,

to mean 'be converted', it can scarcely be doubted that in this particular atthew preserves the saying as it was translated from the underlying Aramaic untouched[39].

Mais au-delà des préférences que les deux textes proposent à notre appréciation, nous remarquons surtout qu'il y a passage de la simple mention de l'accueil du Royaume comme un enfant en Mc 10,15 à la véritable conversion: il ne suffit plus d'accueillir le Royaume comme un enfant, il faut devenir comme des enfants (Mt 18,3)[40].

Pourrait-on parler à ce stade de notre recherche d'un développement historico-traditionnel en Mt qui se baserait sur Mc ou serait-il plus juste de parler tout simplement d'un enracinement dans une même tradition? Il reste risqué de penser que Mt reprend tout simplement Mc, le copiant parce qu'il l'a sous les yeux, en y ajoutant quelque chose pour marquer sa différence. Certainement qu'ils puisent tous deux dans une tradition préexistante contenue dans les logia de Jésus mais surtout, chacun la reçoit et la communique en fonction de sa communauté. Peutêtre faut-il être prudent avec Lindars qui disait un peu plus haut que «The number of similar, but probably independent, sayings involved suggests that each evangelist has drawn on his stock of saying on these themes».

Terminons ce point de notre étude par la confrontation de Mt 18,3 avec Jn 3,3. Il ne fait l'ombre d'aucun doute que ces deux versets peuvent être rapprochés[41]:

---

[39] B. LINDARS, «John and the Synoptic Gospels», 288-289.

[40] Cf. P. LÉTOURNEAU, *Jésus*, 398.404, n. 16.

[41] P. Létourneau élargie son étude comparée à l'épisode de l'entretien de Jésus avec le jeune homme riche en Mt 19,16-30 (Mc 10,17-31; Lc 18,18-30) qui entretient de nombreux liens avec Jn 2,23–3,21 dans le sens qu'on retrouve dans les deux textes une ossature narrative commune: «Difficulté d'entrer dans le Royaume de Dieu (Mt 19,23-24; Jn 3,3-5.7) — incapacité de l'homme/capacité de Dieu (Mt 19,26; Jn 3,6.8) — nécessité de l'élévation/intronisation du Fils de l'Homme (Mt 19,28; Jn 3,14) — pour l'obtention de la vie éternelle (Mt 19,29; Jn 3,15)» (P. LÉTOURNEAU, *Jésus*, 401). Puis il conclut son analyse à ce propos en des termes que nous apprécions à leur juste valeur: «A notre avis, il doit y avoir une même tradition derrière les deux textes, tradition que Jean modifie et adapte à son point de vue. Le texte synoptique est orienté sotériologiquement et énonce les exigences morales demandées à l'homme pour le salut [...] En Jn, cette tradition a été considérablement remaniée en raison d'une conception eschatologique différente et de l'orientation nettement christologique du texte. L'eschatologie y est "actualisée", au sens où le salut et le jugement sont définitivement opérés dans le temps présent du ministère de Jésus [...] Cette actualisation johannique de l'eschatologie pourrait expliquer une première modification de la tradition reprise par Jean» (*Ibid.*, 402).

Mt 18,3	Jn 3,3
Ἀμὴν	Ἀμὴν ἀμὴν
λέγω ὑμῖν,	λέγω σοι,
ἐὰν μὴ	ἐὰν μή τις
στραφῆτε	γεννηθῇ
καὶ γένησθε	ἄνωθεν,
ὡς τὰ παιδία,	
οὐ μὴ	οὐ δύναται
εἰσέλθητε εἰς	ἰδεῖν
τὴν βασιλείαν	τὴν βασιλείαν
τῶν οὐρανῶν.	τοῦ θεοῦ.

Comme nous l'ont déjà montré les approches sémantiques de Boismard et Lindars qui se rejoignent en bien des points, il s'agit surtout dans ces deux versets mis en synopse, de s'apesantir sur la signification du centre de chaque verset: quel sens revet les expressions στραφῆτε καὶ γένησθε ὡς τὰ παιδία et γεννηθῇ ἄνωθεν? En effet, c'est à ce niveau que se joue la similitude ou la différence entre ces deux paroles de Jésus — surtout que l'expression «Royaume de Dieu» (βασιλεία τοῦ θεοῦ), si fréquente dans les synoptiques, trouve son équivalence ici en Jean dans la même expression et dans l'expression «Royaume des cieux» (βασιλεία τῶν οὐρανῶν), que préfère beaucoup plus Matthieu — au vu de la forte similitude entre le début et la fin de chaque verset, qui toutefois souligne déjà une diversité de choix de la part de chaque évangéliste. Γεννηθῇ ἄνωθεν signifie depuis le début de notre étude «être engendré d'en haut» tandis que στραφῆτε καὶ γένησθε ὡς τὰ παιδία désignait un peu plus haut selon Létourneau, la conversion dans sa signification la plus évidence au regard de la version marcienne (δέξηται). En effet en Mc 10,15, il faut accueillir le Royaume de Dieu c'est-à-dire se convertir tandis qu'en Mt 18,3, il ne suffit pas de changer mais en plus il faut devenir comme les enfants, expression manifeste de cette conversion. A ne regarder que la forme de ces expressions et leur signification, on ne peut que conclure avec Lindars que:

> It is now clear that John's version of the saying presupposes an original identical with the form underlying Matthew, except for one feature, i.e. γεννηθῇ ἄνωθεν for στραφῆτε καὶ γένησθε ὡς τὰ παιδία. It will now be shown that the difference between these expressions provide the crucial evidence for the independence of the tradition used by John, and also illustrate his method of handling the tradition for the sake of his theology[42].

---

[42] B. LINDARS, «John and the Synoptic Gospels», 290.

En fait dans la tradition synoptique, il s'agissait de se convertir pour entrer ou voir le Royaume de Dieu ou des cieux, tandis qu'en Jean, il faut être engendré d'en haut pour expérimenter la réalité du Royaume. L'exigence johannique ne dépend pas de la personne, elle est un don, c'est cela la grande différence. Il faut admettre un lien traditionnel entre Jn 3,3 et Mt 18,3 comme variante de Mc 10,15 ou avec plus de prudence, que Jean a été au moins en contact avec cette partie de la tradition sous-jacente aux évangiles synoptiques et cela avant la rédaction finale de Marc[43]. A notre avis, il ne faut pas parler comme Leroy d'un processus de réinterprétation, dont la version de Mt 18,3 serait une étape intermédiaire entre Mc 10,15 et Jn 3,3; encore moins d'un original araméen que Lindars tente de reconstruire et de traduire en grec. Ce qui nous est donné de constater, c'est qu'un même verset prend des orientations théologiques selon la communauté et son milieu de vie. Morgen a donc raison de dire que:

> Ce rapprochement des traditions synoptiques et johanniques n'implique pas nécessairement un lien de parenté littéraire entre ces traditions: Jean ne reprend pas un matériau traditionnel présynoptique qu'il reformulerait différemment. Il semble plutôt que la tradition johannique initiale soit indépendante,

---

[43] Mais comme le confesse Létourneau qui se veut à la fois prudent et rassurant : «Il nous est cependant impossible, dans le cadre de cette recherche, de préciser à quel moment et dans quel état particulier il a reçu cette tradition. Une comparaison entre les versions de *Mc* et de *Mt* montre que, même en dehors de la tradition johannique, un processus d'évolution caractérisait déjà cette partie de la tradition, processus orienté vers l'accentuation de l'aspect christologique et possiblement l'actualisation de l'eschatologie. En ce sens, on remarque une affinité plus marquée de *Jn* avec *Mt* qu'avec *Mc-Lc*. Pour le moment, nous ne disposons pas d'une théorie rédactionnelle apte à préciser davantage ce lien *Jn-Mt*. Une chose est toutefois certaine, Jean a considérablement remanié cette tradition. Cependant, malgré les nombreuses et profondes modifications qu'il a apportées, on discerne encore de nombreux points de contact entre Jean et cette tradition en ce qui concerne l'organisation des matériaux et la présence de certains thèmes» (P. LÉTOURNEAU, *Jésus*, 409). Avant lui, Charles Dodd faisait remarquer les nombreux parallèles entre 1 Jn et Mt dans son commentaire sur les épîtres johanniques tout comme Boismard, qui accepte cette influence que sur des passages bien précis, comme il a l'habitude de le faire en morcelant les textes (cf. P. BENOIT – M.-É. BOISMARD, *Synopse*, II, 48; M.-É. BOISMARD – A. LAMOUILLE, *Synopse*, III, 111-117). La critique de Létourneau à ce propos mérite d'être soutenue: «Or, de ces versets attribués à Jean III, seul le v. 15 semble touché par notre comparaison avec le récit matthéen. Nous ne pouvons donc pas nous appuyer sur la théorie de Boismard puisque, selon celle-ci, c'est à Jn II-B que sont attribués les vv. 1-14, auteur qui n'a pas subi l'influence de la rédaction matthéenne» (P. LÉTOURNEAU, *Jésus*, 407). Il faut donc se garder de toute prise de position catégorique car toutes nos thèses en la matière ne sont que propositions exégétiques susceptibles d'éclairer le texte qu'on étudie.

et qu'elle tienne son originalité du fait de son développement dans un contexte socio-religieux différent. Mais il convient de s'exprimer ici avec beaucoup de prudence; les rapports de Jean avec les synoptiques sont si complexes qu'il est impossible de brandir des certitudes. Jn 3 s'enracine dans un dialogue de type didactique qui, dans le milieu johannique, porte essentiellement sur l'homme en quête de salut et devient dès lors un dialogue de révélation. Il n'est pas étonnant dès lors de constater des rapprochements avec l'expression des milieux gnostiques, hantés par les questions philosophico-religieuses sur la destinée de l'homme comme le note avec justesse B. Lindars. Dans la tradition synoptique (Mc 10,13 s. et par.), le développement s'est fait autour de la nécessité de la conversion comprise à un niveau éthique comme un renoncement aux richesses; dans la tradition johannique, le salut est lié au motif de la nouvelle naissance. Ce motif est habilement noué avec celui de l'accès aux choses d'en haut, suivant une thématique bien connue du judaïsme hellénistique[44].

Un autre passage de l'évangile de Matthieu qu'on peut rapprocher de notre péricope de Jean est extrait de l'épisode du jeune homme riche en Mt 19,16-30 que Létourneau rapprochait dans nos notes, un peu plus haut, de Jn 2,23–3,21. Le verset dont il est question est Mt 19,28, une autre parole (logion) de Jésus dans laquelle il dit: «'Ἀμὴν λέγω ὑμῖν ὅτι ὑμεῖς οἱ ἀκολουθήσαντές μοι ἐν τῇ παλιγγενεσίᾳ, ὅταν καθίσῃ ὁ υἱὸς τοῦ ἀνθρώπου ἐπὶ θρόνου δόξης αὐτοῦ, καθήσεσθε καὶ ὑμεῖς ἐπὶ δώδεκα θρόνους κρίνοντες τὰς δώδεκα φυλὰς τοῦ Ἰσραήλ». Ici le terme et thème qu'on peut rapprocher est sans nul doute celui de παλιγγενεσίᾳ. Selon Bauer, πάλιν + γίνομαι fait référence à la nouvelle création universelle et le verbe γίνομαι et le terme παλιγγενεσία peuvent s'appliquer autant à la création et au renouvellement du cosmos, qu'à la naissance et à la régénération de l'être humain[45]. Ce n'est pas un terme johannique et il

---

[44] M. MORGEN, *Afin que le monde*, 74-75.
[45] Cf. W. BAUER, *Wörterbuch zu den Schriften*, 1202. Cf. P. LÉTOURNEAU, *Jésus*, 402. Selon Morgen, «Le mot *palingenesia* semble connaître deux acceptions, légèrement différentes. L'une serait plutôt dans la ligne stoïcienne d'un renouvellement du monde, au sens individuel et cosmique; l'autre veine, plus proche du judaïsme, envisagerait davantage une rénovation de type apocalyptique. Cette dernière forme serait celle de Matthieu: "Le contexte montre, écrit P. Bonnard, qu'il s'agit de la création nouvelle de la Palestine et du monde entier, que l'espérance juive attendait pour un avenir plus ou moins proche". La mention johannique de l'activité de l'Esprit (Jn 3,5-8) — poursuit Morgen — invite à un rapprochement avec la conception matthéenne du renouvellement. La conception johannique de la nécessité de renaître "d'en haut" ou "à nouveau" rejoint toutefois davantage l'acception de ce terme dans les écrits de l'hermétisme. Ces textes philosophico-religieux en développent le thème dans les religions à mystères: l'accès à la nouvelle naissance se fait par la scansion de formules incantatoires. On ne

est méconnu de la tradition synoptique sauf qu'il n'apparait qu'en Mt; l'autre attestation néotestamentaire se trouve en Tt 3,5 à propos du baptême. Cette attestation matthéenne, aux dires de Morgen, est intéressante à reveler, puisqu'elle se situe dans le contexte du «jeune homme riche»: or, c'est une des péricopes qui présente des points communs avec Jn 3[46] mais à l'inverse, offre un hapax synoptique, «avoir la vie éternelle» (Mt 19,16), expression plutôt johannique. Pour elle donc,

> Matthieu juxtapose le renouvellement (palingenesia) à l'annonce de la venue du Fils de l'Homme: «En vérité, je vous le déclare: lors du renouvellement de toutes choses, quand le Fils de l'Homme siégera sur son trône de gloire, vous qui m'avez suivi, vous siégerez vous aussi sur douze trônes pour juger les douze tribus d'Israël»[47].

Ainsi la perspective eschatologique traditionnelle, selon laquelle la manifestation glorieuse du Fils de l'Homme a lieu lors de la parousie à la fin des temps, l'obtention de la vie éternelle est le résultat du jugement universel final, moment qui marque la fin du présent éon et accomplit le renouvellement de toutes choses[48]. En Jean, ce moment de l'intronisation glorieuse du Fils de l'Homme et du jugement est ramené à celui de l'élévation en croix, et selon la démonstration de Létourneau, la dimension cosmique et universelle de l'événement est fortement relativisée au profit de sa dimension individuelle; avant d'ajouter — et c'est cela le plus important dans ce paragraphe —

> Ce changement de perspective est signifié par la modification des termes: l'évangéliste emploie le verbe γεννάω au lieu du verbe γίνομαι; on passe de «παλιγγενεσία», «la palingénèse, nouvelle création en Mt 19,28 à "γεννηθῇ ἄνωθεν", "la re-génération d'en haut" en Jn 3,3»[49].

---

retrouve aucune trace de ces pratiques mystagogiques dans le quatrième évangile. Mais il y a une parenté sur le plan de la présentation du thème comme condition du salut: la nécessité de naître d'en haut ou de nouveau présentée par Jésus à Nicodème, comme condition de salut et comme condition de vie éternelle est à envisager sur le plan individuel et présentement. Le passage de Jn 3,5-8 sur la parabole de l'Esprit amène l'auteur johannique à une formule originale pour dire cette nouvelle naissance: "naître de l'Esprit"» (M. MORGEN, *Afin que le monde*, 78-79).

[46] Cf M. MORGEN, *Afin que le monde*, 78. Pensons par exemple, aux rapprochements narratifs émis par P. LÉTOURNEAU, *Jésus*, 401, qui confirment bien ce que dit Morgen.

[47] M. MORGEN, *Afin que le monde*, 78.

[48] Cf. P. LÉTOURNEAU, *Jésus*, 402.

[49] P. LÉTOURNEAU, *Jésus*, 402-403. Il fait bien de souligner à la suite de Bauer (*Wörterbuch*, 307) que le verbe γεννάω s'applique plus spécifiquement aux êtres vivants, soit au sens d'«engendrer» soit au sens de «naître».

En somme, la conclusion de ce tour d'horizon entre Jean et les synoptiques nous permet tout simplement d'affirmer le contact qui se serait établi entre eux et non une dépendance du premier par rapport aux trois autres. L'affirmation de Jésus en Jn 3,3 serait le point de départ de la tradition sous-jacente à notre péricope. De sa confrontation avec le texte marcien qui lui serait le plus proche par la forme et dans le fond (Mc 10,15), il résulte qu'à l'arrière-plan de ces deux textes, il existe une catéchèse sur le salut qu'il faut toutefois distinguer dans les deux versets. La même conclusion peut être tirée quant à Lc 18,17, qui reprend mot à mot le texte de Mc 10,15. Mais des trois synoptiques, le passage qui semble véritablement proche de Jn 3,3 est indiscutablement Mt 18,3 qui se présente comme son meilleur parallèle. Sans parler d'un développement historico-traditionnel Mc-Mt-Jn, nous affirmerons plutôt, toute proportion gardée, l'existence d'un lien traditionnel ou au moins d'un contact entre ces trois passages, restant sauves l'indépendance et l'originalité du texte de Jean qui a mûri dans la communauté johannique. Les sémitismes et tautologies déscellés de part et d'autres par Lindars ou les divers rapprochements qu'on peut établir entre Jn 3,3 et les synoptiques à quelques niveaux que ce soit, sont à n'en point douter la preuve, si nous tenons compte des parallélismes que nous avons tenté de mettre en relief, des arguments en faveur de ce contact, toutefois Jean garde son indépendance et toute sa différence et donc son originalité.

Mais notre investigation dans la recherche de textes illuminant notre péricope ne peut s'arrêter à ce point, puisqu'en dehors des synoptiques, d'autres textes permettent des rapprochements avec Jn 3,1-21; en particulier avec son noyau original (Jn 3,3) et surtout son développement immédiat (Jn 3,5ss.).

3. Les épîtres du Nouveau Testament

Dans les écrits pauliniens, le passage qui se rapproche le plus de la thématique présente dans le dialogue entre Jésus et Nicodème, est sans conteste Tt 3,5 où on peut lire: «Οὐκ ἐξ ἔργων τῶν ἐν δικαιοσύνῃ ἃ ἐποιήσαμεν ἡμεῖς ἀλλὰ κατὰ τὸ αὐτοῦ ἔλεος ἔσωσεν ἡμᾶς διὰ λουτροῦ παλιγγενεσίας καὶ ἀνακαινώσεως πνεύματος ἁγίου» et qu'on peut traduire «Non par les œuvres de justice que nous fîmes, mais selon sa miséricorde, il nous sauva à travers un bain de regénération et de renouvellement d'Esprit Saint»[50]. Les vv. 6-7 sont aussi intéressants pour la compréhension

---

[50] Les traductions adoptées par les diverses éditions bibliques divergent un peu selon les termes utilisés, à ne s'en tenir à quelques éditions d'autorité, même si dans le

de ce qui vient d'être dit: «Cet Esprit, il l'a répandu sur nous avec abondance par Jésus Christ notre Sauveur, afin que, justifiés par sa grâce, nous devenions, selon l'espérance, héritiers de la vie éternelle». Qu'il s'agisse d'un bain de regénération, de renaissance ou de nouvelle naissance, la réalité du baptême et de l'Esprit Saint n'échappent pas au texte. Il s'agit ici d'une part, du bain de la regénération (*palingenesia*) faisant référence au baptême, et d'autre part, du renouvellement (*anakainôsis*) par l'Esprit Saint qui se conjuguent, bien que différents dans notre verset, dans l'éfficacité du salut. Comme le souligne Morgen:

> La proximité avec la thématique johannique de la naissance d'eau et d'Esprit comme condition d'entrée dans le royaume de Dieu (Jn 3,5) est incontestable. Dans Jn 3, on ne trouve aucun des deux termes spécifiques, ni *paligenesia* (renaissance), ni *anakainôsis* (renovation). Mais la thématique du renouvellement eschatologique évoquée par la *palingenesia*, ainsi que le motif de la nouveauté dans l'Esprit, sont bien présents[51].

Boismard, quant à lui, reconnait en Jn 3,5, une allusion indéniable au baptême qui rejoint bien Tt 3,5-7; puis il ajoute que ce texte paulinien, d'origine liturgique, montre avec ceux de Pierre, Jacques et Jean (1P 1,23; Jc 1,17-18; Jn 1,12-13 et probablement aussi 1Jn 3,9; 1Jn 5,18), l'importance du thème de la nouvelle naissance dans l'Église primitive, en même temps que son évolution. Plus intéressante est sa conclusion: «Au thème de la nouvelle naissance par la parole, certainement plus archaïque, a succédé celui de la nouvelle naissance par l'Esprit communiqué lors du baptême; Jn 3,5 est, comme Tt 3,5-7, un témoin de cette évolution»[52].

---

fond elles semblent toutes ramener aux mêmes réalités: la BJ traduit: «Il ne s'est pas occupé des oeuvres de justice que nous avions pu accomplir, mais, poussé par sa seule miséricorde, il nous a sauvés par le bain de la régénération et de la rénovation en l'Esprit Saint», quand la TOB en rend compte en ces termes: «Il nous a sauvés non en vertu d'œuvres que nous aurions accomplies nous-mêmes dans la justice, mais en vertu de sa miséricorde, par le bain de la nouvelle naissance et de la rénovation que produit l'Esprit Saint», tandis que celle de LSG traduit ainsi: «Il nous a sauvés, non à cause des œuvres de justice que nous aurions faites, mais selon sa miséricorde, par le baptême de la régénération et le renouvellement du Saint-Esprit». Cette dernière traduction contient déjà l'interprétation qui est faite du texte à propos du baptême.

[51] M. MORGEN, *Afin que le monde*, 83. C'est d'ailleurs la raison pour laquelle conclura-t-elle que le texte de Jn 3 comprend d'importants éléments qui en feront une excellente «catéchèse baptismale» avant d'ajouter que la thématique baptismale semble bien présente à l'arrière-plan de Jn 3. Et nous, de renchérir en faisant remarquer que seulement à un second niveau de lecture.

[52] M.-É. BOISMARD – A. LAMOUILLE, *Synopse*, III, 121. Et selon lui, Saint Paul utilise de façon systématique l'opposition chair/Esprit, même si elle n'est pas méconnue de la

Quant aux épitres de Saint Pierre, elles aussi nous fournissent un seul véritable passage qu'on peut rapprocher de Jn 3,3.5. Ce texte, tout comme le texte paulinien de Tt 3,5, dont nous venons à peine de parler, influencés par la liturgie baptismale selon Boismard[53], est 1P 1,23 où on peut lire: «ἀναγεγεννημένοι οὐκ ἐκ σπορᾶς φθαρτῆς ἀλλὰ ἀφθάρτου διὰ λόγου ζῶντος θεοῦ καὶ μένοντος» («re-engendrés (ἀναγεγεννημένοι) non d'une semence périssable mais impérissable par la parole vivante de Dieu et permanente»). Ici, le participe parfait passif, seconde personne pluriel, qui dérive du verbe γεννάω (ἀνα + γεννάω) nous fait penser au dialogue de Jésus avec Nicodème (Jn 3,1-10) où il est question d'être d'engendré. En Jean, on est engendré d'en haut, d'eau et d'Esprit, de Dieu, en 1P 1,23, on est re-engendré (ἀναγεγεννημένοι, du verbe ἀναγεννάω) d'une semence impérissable par la parole de Dieu.

Cette même thématique de l'engendrement sinon de l'enfantement par la parole de Dieu se retrouve en Jc 1,17-18:

[17] Πᾶσα δόσις ἀγαθὴ καὶ πᾶν δώρημα τέλειον ἄνωθέν ἐστιν καταβαῖνον ἀπὸ τοῦ πατρὸς τῶν φώτων, παρ' ᾧ οὐκ ἔνι παραλλαγὴ ἢ τροπῆς ἀποσκίασμα. [18] βουληθεὶς ἀπεκύησεν ἡμᾶς λόγῳ ἀληθείας εἰς τὸ εἶναι ἡμᾶς ἀπαρχήν τινα τῶν αὐτοῦ κτισμάτων.

Le verbe utilisé ici ἀποκυέω (ἀπεκύησεν) signifie «mettre au monde, enfanter» et que la TOB traduit par «engendrer» tandis que sa signification d'«enfantement» est gardée par la BJ.

La thèse de Boismard semble bien se confirmer, si nous tenons compte des diverses dates de rédaction de ces épîtres qu'il faut situer, soit avant Jean, soit dans la même fourchette de temps que celle de

---

tradition synoptique (Mt 26,41 = Mc 14,38) ou de la première épître de Pierre (3,18; 4,6). Puis il ajoute: «Trois passages sont spécialement proches de Jn 3,5-6 parce que l'opposition "chair/Esprit" y est lié, soit au thème de l'entrée dans le royaume de Dieu, soit à celui de la nouvelle naissance. En 1Co 15,45-50, Paul commence par affirmer que, lors de la parousie, le Christ agira comme "esprit vivifiant" (cf. Jn 6,63, de Jn II-B); puis, après avoir opposé le "spirituel" au "psychique", il conclut : "Je vous le dis, frères, que 'chair et sang' ne peut hériter du royaume de Dieu" (v. 50). En Ga 5,16-21, il commence par développer l'antithèse "chair/esprit" (vv. 16-18), puis il énumère quelles sont les "œuvres de la chair" (vv. 19-20) et il termine en affirmant que "ceux qui agissent ainsi n'hériteront pas du royaume de Dieu" (v. 21). En Rm 8,2ss., l'antithèse "chair/Esprit" court tout au long des v. 2 à 13; aux vv. 14-17, il précise que c'est l'Esprit qui nous rend "fils de Dieu", "enfants de Dieu", et donc "héritiers" des réalités eschatologiques: la résurrection (vv. 10-11) et la glorification (vv. 18-30). Le texte johannique peut donc se comprendre à la lumière des textes pauliniens» (*Ibid.*, 121-122).

[53] Cf. M.-É. BOISMARD – A. LAMOUILLE, *Synopse*, III, 118.

l'évangile⁵⁴. Il a donc vraisemblablement raison de dire qu'à l'engendrement par la parole succède l'engendrement par l'eau, symbole de l'Esprit qui purifie les hommes de toutes leurs mauvaises actions, ce qui fait penser ou ramener à l'engendrement par l'eau symbole de l'Esprit communiqué au baptême.

Enfin dans les épîtres johanniques, si à la suite de Jn 1,12-13, la thématique de l'«être engendré» ou de l'«être né» selon la traduction qu'on adopte, est reprise en 1Jn 3,9 et 1Jn 5,18, c'est surtout 1Jn 5,6-8 qu'on peut rapprocher de Jn 3,5:

⁶ Οὗτός ἐστιν ὁ ἐλθὼν δι' ὕδατος καὶ αἵματος, Ἰησοῦς Χριστός, οὐκ ἐν τῷ ὕδατι μόνον ἀλλ' ἐν τῷ ὕδατι καὶ ἐν τῷ αἵματι· καὶ τὸ πνεῦμά ἐστιν τὸ μαρτυροῦν, ὅτι τὸ πνεῦμά ἐστιν ἡ ἀλήθεια. ⁷ὅτι τρεῖς εἰσιν οἱ μαρτυροῦντες, ⁸ τὸ πνεῦμα καὶ τὸ ὕδωρ καὶ τὸ αἷμα, καὶ οἱ τρεῖς εἰς τὸ ἕν εἰσιν,

où l'eau est associée au sang et à l'Esprit pour rendre témoignage. Nous avons aussi vu que l'interprétation copulative de l'eau et de l'Esprit en Jn 3,5 était possible sauf que nous avons plutôt opté pour une signification épéségétique ou explicative sinon symbolique (l'eau ramenant à l'Esprit qui communique le «croire»). Traditionnellement, 1Jn 5,6-8 est interprété comme faisant allusion aux sacrements du salut, en référence à l'eau (Baptême) et au sang (Eucharistie) qui coulent du côté transpercé du Christ en croix (de laquelle naît l'Église), qui communique son Esprit quand il expire en Jn 19,28-37⁵⁵.

---

⁵⁴ Cf. R.E. BROWN, *Que sait-on du Nouveau Testament?*, à propos des dates de rédaction de chacune de ces épîtres par rapport à l'évangile de Jean.

⁵⁵ Pour une étude plus approfondie sur la discussion herméneutique de l'«eau» et du «sang» en Jean, cf. R.E. BROWN, *La mort du Messie*, 1297-1301 ou encore Y. SIMOENS, *Selon Jean*, III, 853-857. Brown par exemple, pose des questions qui méritent d'être relevées: Si on suppose que Jean décrit un événement réel, quelle cause physiologique peut avoir conduit un cadavre à rendre du sang et un liquide qui ressemble à de l'eau? Au vu de l'intention théologique de l'auteur, Jean utiliserait-il un symbolisme hellénistique (Jésus aurait dans les veines le liquide divin qui était le sang des dieux) pour représenter Jésus comme divin? Jean utilisait-il le sang et l'eau dans une intention antignostique? Enfin, Jean songerait-il à Jésus en tant qu'agneau pascal ou, de façon plus générale, victime sacrificielle, en cherchant à montrer qu'il répondait à l'exigence que le sang de la victime s'écoule au moment de la mort pour pouvoir servir à l'aspersion? Mais alors pourquoi l'écoulement d'eau? Sa réponse est que la mort de Jésus est signifiée par le sang, et l'Esprit promis coulant de son sein est signifié par l'eau (p. 1300). Y. Simoens (*Selon Jean*, III, 856) quant à lui, fait une interprétation en rapport avec la notion d'alliance : «Pour respecter les attaches avec les synoptiques et l'Exode (24,8), comme d'ailleurs pour suivre le mouvement de la phrase johannique elle-même: ce *sang* est *le sang de l'alliance*. L'eau, dans ce cas, est *l'eau de la nouvelle alliance* (Ez 36,27)». Contrairement à l'interprétation traditionnelle qui est faite de 1Jn 5,6-8 à

Synthétiquement, nous dirons donc à la fin de ce point, que les thèmes de *paligenesia* (renaissance), qui fait référence au baptême ou au bain de la regénération et d'*anakainôsis* (renovation), ramenant au renouvellement par l'Esprit Saint en Tt 3,5, tout comme ceux de ἀναγεννάω (re-engendrer) en 1P 1,23, qui parle d'être re-engendré d'une semence impérissable par la parole de Dieu, ou encore de ἀποκυέω (enfanter) en Jc 1,17-18, qui traite d'enfantement ou d'engendrement par une parole de vérité, permettent des rapprochements possibles avec Jn 3, en particulier avec le dialogue en 3,1-10, et plus précisément avec Jn 3,5; surtout que la thématique baptismale et/ou de l'«engendrement d'en haut» ne sont pas à exclure de l'interprétation de ces différents textes. Aussi dans le corpus johannique, en particulier dans les épîtres, c'est 1Jn 5,6-8 qui permet un véritable rapprochement avec Jn 3,5 de par son caractère sacramentel qu'on retrouve en seconde lecture de ce v. 5 du chapitre 3 de l'évangile de Jean.

4. L'Ancien Testament

La thématique de l'engendrement d'eau et d'Esprit présente en Jn 3,3-8 et plus particulièrement au v. 5, tout comme celle de l'opposition chair/Esprit (v. 6) ne sont pas absentes des textes de l'AT même s'ils ne les développent pas de manière continue et amplement. La tradition prophétique ne se soustrait pas à l'annonce du don de l'Esprit de Dieu comme le fait marquant de l'époque méssiannique comme le démontre Boismard:

> Is 32,15 annonce que cet Esprit d'en haut se répandra sur les Israélites. Le prophète Joël parle d'une effusion universelle de cet Esprit qui atteindra toute chair (Jl 3,1ss.). Cette venue de l'Esprit sera à l'origine d'une conversion; grâce à lui, les Israélites observeront les lois et les coutumes que Dieu leur a prescrites, comme le précise Ez 36,25-27[56].

---

propos des sacrements du salut auxquels ils se réfèrent, Ben Witherington III propose une signification au texte un peu proche de celle de Brown: «It would seem more probable that here, as in 1John 3.5, water refers to physical birth, in which case we may say (in light of 1.1 and 4.2 which help prepare for these verses) that the three that testify are the Incarnation, the Death, and the Holy Spirit. These three are also major themes in the Fourth Gospel as well. Jesus in a special sense is able to come to the believer because of the objective fact of his Incarnation and his work on the cross and the subjective application of the benefits of these two by the Holy Spirit» (B. WITHERINGTON III, «The Waters of Birth», 160).

[56] M.-É. BOISMARD – A. LAMOUILLE, *Synopse*, III, 121. Son commentaire à ces paroles prophétiques d'Ez 36,25-27 est que l'eau est symbole de l'Esprit qui purifie les

Brown interprète ces textes dans une perspective eschatologique, tout comme Boismard et Schnackenburg, et reconnaît que: «In several passages the themes of water and spirit are joined as they are in John iii 5»[57], qu'il justifie lui aussi, en s'appuyant sur ces belles paroles prophétiques d'Ezéchiel:

> [25] Je répandrai sur vous une eau pure et vous serez purifiés; de toutes vos souillures et de toutes vos ordures je vous purifierai. [26] Et je vous donnerai un coeur nouveau, je mettrai en vous un esprit nouveau, j'ôterai de votre chair le coeur de pierre et je vous donnerai un coeur de chair. [27] Je mettrai mon esprit en vous et je ferai que vous marchiez selon mes lois et que vous observiez et pratiquiez mes coutumes (36,25-27).

S'agissant enfin des témoins de l'opposition «chair/Esprit», aux dires de Morgen dont la réflexion éclaire notre connaissance de cette thématique,

> Les textes d'Ezéchiel (36,26; 37,6.8) et de Jl (3,1) sur la renovation de l'homme et de la communauté sont précieux. Ces textes se situent dans une perspective eschatologique; ils annoncent une recréation et un renouvellement anthropologique. Ainsi, en Ez 37 la venue transformante de l'Esprit est une «communication» divine qui resserre les liens avec Dieu: «L'Esprit vient "en vous"»; «Je ferai de vous "mon" peuple». «L'ensemble du texte a une allure d'annonce du salut», car «la communauté de l'Esprit du Seigneur promet à la communauté broyée une restauration sans précédent par la *participation au souffle même de Dieu*» (expression qu'elle emprunte à R. Kuntzmann, «Saint Esprit (Ezéchiel)», in *DBS* XI (60) 148). Le texte de Joël (Jl 3,1; voir Ac 2,17) offre la même perspective eschatologique: «Quiconque invoquera le nom du Seigneur sera sauvé» (Ac 2,21). Ce verset donne le ton à l'ensemble du discours de Pierre et interprète l'événement de Pentecôte comme l'avènement du salut. Cette spécificité du salut eschatologique dans la formule «sera sauvé» a déjà été relevée chez Luc. Sans prolonger davantage l'enquête, on peut dire que certains textes prophétiques annoncent l'avènement d'une renovation anthropologique au moyen du couple «chair-esprit»: C'est une annonce eschatologique du salut[58].

Nous constatons globalement que le texte d'Ez 36,25-27 est un texte central et illuminatif, bien sûr pas tout seul, aussi bien pour la thématique de l'«être engendré d'eau et d'Esprit» que pour celle de l'opposition «chair/Esprit» mais dans une perspective plutôt eschatologique comme

---

hommes de toutes leurs mauvaises actions comme nous le faisions remarquer à propos des épîtres du NT.

[57] R.E. BROWN, *John*, I, 140. Cf. aussi R. SCHNACKENBURG, *The Gospel*, I, 370.
[58] M. MORGEN, *Afin que le monde*, 80-81.

nous l'ont démontré les analyses de grands critiques comme Boismard, Brown, Schnackenburg ou encore Morgen.

Notre investigation dans l'AT sur d'autres thématiques présentes en Jn 3,1-21 serait intéressante pour avoir une vision globale par rapport aux traditions sous-jacentes à la péricope. Par exemple la thématique de l'élévation du Fils de l'Homme en croix (Jn 3,14-15)[59] et celle de la formule d'envoi comme lieu sotériologique par excellence de notre péricope (Jn 3,16-17)[60] peuvent faire l'objet d'un approfondissement. Mais nous voulons nous arrêter aux deux premières thématiques à savoir l'«être engendré d'eau et d'Esprit» et l'opposition «chair/Esprit» et donc focaliser notre attention sur la tradition qui sous-tend le noyau originel et le développement immédiat de notre texte.

5. Textes intertestamentaires et rabbiniques

Des rapprochements sont possibles entre notre péricope et d'autres textes anciens antérieurs ou de la même époque que notre texte. Les textes intertestamentaires et rabbiniques témoignent de l'importance de l'Esprit Saint lors de l'avènement eschatologique selon des auteurs comme Schnackenburg, Brown, Boismard, Keener ou encore Morgen[61] qui en veulent pour preuve les attestations du livre des jubilés (2ème siècle avant J.C) et des manuscrits de Qumrân. Par exemple en *Jub.* 1,23-25, la connection entre le don de l'Esprit et le fait de devenir des enfants de Dieu est clairement affirmée: «Je créerai en eux un Esprit saint et je les purifierai [...] Je serai leur Père et ils seront mes enfants». Ce passage révèle clairement la création d'un Esprit saint lié à la thématique de la filiation. A Qumrân, au temps de Jésus et de Nicodème, celui qui entrait dans la communauté essénienne avait

---

[59] Dans sa contribution critique, «Le Fils de l'Homme élevé en vue de la vie éternelle (Jn 3,14-15 éclairé par diverses traditions juives)», 5-17, Michèle Morgen, comme elle sait si bien le faire, nous transporte dans l'univers qui se trouve à l'arrière-plan traditionnel de ces deux versets. Elle souligne l'allure midrashique des vv. 14-15 en faisant appel à des textes targumiques de l'AT et aux interprétations de Philon d'Alexandrie pour justifier les rapprochements possibles qu'on peut établir entre eux.

[60] Par exemple, le chapitre III du livre de M. MORGEN, *Afin que le monde*, 105-119, est consacré à l'histoire de la tradition de la thématique de «L'envoi du Fils pour le salut en Jn 3,17» où elle passe en revue non seulement les auteurs qui ont contribué à la construction d'une histoire de la tradition de ce verset, mais en plus, elle fait un tour d'horizon des textes pauliniens et de l'AT qui illuminent ce verset.

[61] Cf. R. SCHNACKENBURG, *The Gospel*, I, 370; R.E. BROWN, *John*, I, 140; M.-É. BOISMARD – A. LAMOUILLE, *Synopse*, III, 121; C.S. KEENER, *The Gospel of John*, I, 542; M. MORGEN, *Afin que le monde*, 80.

connaissance ou du moins était instruit sur la rénovation ou la purification par un esprit de sainteté au jour de la divine visitation quand Dieu enlèvera l'esprit de mensonge de l'homme: «Il le purifiera de toutes les actions mauvaises par le moyen de l'Esprit Saint; comme des eaux purifiantes, il repandra sur lui l'esprit de vérité» (1 QS IV,21). Cette renovation ou purification par un esprit de sainteté est comprise par Morgen comme une voie d'accès au salut; elle permet l'entrée dans la communauté des saints, pour un destin éternel (1 QH III,22), «afin qu'il se tienne en faction devant toi avec l'armée éternelle et tes esprits de sainteté; afin qu'il se renouvelle avec tout ce qui est et qui sera» (1 QH X,11-13)[62].

Notre conclusion à ce succinct paragraphe sera celle de Morgen qui, en accord avec Brown, s'exprime en ces termes:

> Jn 3 ne se réfère pas aux textes mentionnés de manière explicite, mais il n'est pas abusif de les placer sur la trajectoire, en arrière-fond des versets 5-8. La naissance d'en-haut équivaut à une régénération par l'Esprit. Nicodème comme Maître en Israël devait s'attendre à ce renouvellement spirituel eschatologique. La chair n'est pas niée, ni même dépréciée, mais le domaine de l'Esprit ne peut être que «d'en haut», de Dieu. Les temps nouveaux impliquent un regard vers les choses d'en haut, selon l'expression paulinienne (Col 3,1-2), la naissance de l'Esprit, selon celle de Jean. Les versets 5-8 se raccrochent à un courant spirituel bien connu du judaïsme et proviennent d'un niveau ancien de la tradition[63].

6. L'évangile de Jean

Existe-t-il en Jean des textes qui illuminent Jn 3,1-21? Non plus dans le sens de thématiques présentes en quelques versets que ce soit mais s'étendant à l'ensemble du texte? A ce point, tous les textes auxquels nous nous sommes référés sont relatifs à la tradition sous-jacente et qui aurait influencé des thématiques partielles présentes dans notre péricope.

---

[62] M. MORGEN, *Afin que le monde*, 81. Concernant les rapprochements possibles qu'on peut établir entre Jn 3,1-21 et les manuscrits de Qumrân, Boismard (*Synopse*, III, 123-124) les cite abondamment surtout à propos de son développement sur la thématique du jugement en Jn 3,14.16b.18a.19-21.35-36; cf. aussi G. R. BEASLEY-MURRAY, «John 3,3.5: Baptism, Spirit and the Kingdom», 169. Brown aussi fait des rapprochements entre les thématiques présentes dans les rouleaux de Qumrân et les écrits johanniques, pour ce qui se réfère à notre péricope: Jn 3,1-15 (Purifications and Baptisms); 3,19-20 (Man's Role); 3,21 (The Son of Light); cf. R.E. BROWN, «The Qumrân Scrolls», 403-419; 559-574.

[63] M. MORGEN, *Afin que le monde*, 82.

Nous voulons maintenant nous arrêter à l'évangile lui-même et chercher les textes illuminant notre péricope d'étude dans son ensemble.

Toute la péricope de Jn 3,1-21 présente, comme nous n'avons cessé de le répéter depuis le début de cette recherche, une invitation à la foi au Fils, au «croire en lui». Cette thématique du «croire au Fils» traverse notre texte à travers ses dimensions de don-accueil (confession)-manifestation. D'ailleurs, avec Schnackenburg et Morgen nous avons pu dire que dans la première monture du texte, Jésus est le Révélateur des choses célestes auxquelles il faut croire (3,31-36) pour avoir la vie. Ce verbe croire qui revient dans ces diverses formes dans le monologue montre bien que désormais, ce qui est en jeu ou au centre de la vie de la communauté johannique c'est «la définition du croire, dans son objet christologique et dans son point de vue subjectif [...] La vie éternelle a désormais pour condition la foi au Christ»[64]. On peut constater que synchroniquement et diachroniquement, la foi est exigée à Nicodème pour entrer dans la vie. Mais notre étude synchronique avait déjà permis de conclure qu'en Jn 3,1-21, Nicodème n'avait pas fait le saut qualitatif qu'on aurait pu attendre de lui, c'est-à-dire de croire en Jésus, d'adhérer à lui. Ainsi nous avait-il engagés avec lui sur «*The Long Way*».

Avant de clore cette étude de la tradition, la cruciale question de l'existence en Jean d'autres textes illuminant notre texte nécessite une réponse. Et la réponse à cette question peut être l'affirmative puisque le personnage de Nicodème reapparait deux fois dans cet évangile (Jn 7, 37-52; 19,38-42). Ces textes où le personnage de Nicodème refait surface peuvent donc nous aider à répondre à notre demande de départ si oui ou non, il a adhéré à Jésus en faisant recours non seulement à la sémantique mais aussi à la tradition les sous-tendant, tradition se cachant à l'arrière-plan des deux autres évocations de Nicodème.

6.1 *Le premier retour de Nicodème dans l'évangile*

La seconde apparition de Nicodème (7,37-52), et plus précisément aux vv. 50-52[65] dans l'évangile de Jean, que Marchadour intitule avec

---

[64] M. MORGEN, *Afin que le monde*, 92.

[65] Cet ensemble constitue selon nous une unité littéraire. Les subdivisions ne manquent pas et se justifient bien les unes que les autres. On pourra par exemple consulter la délimitation faite par Y. Simoens de la dernière unité de ce chapitre (7,31-53) à partir d'une analyse rhétorique du texte (*Selon Jean*, II, 351-354) ou celle de S. Grasso à partir d'une approche narrative de tout le chapitre 7 (*Il vangelo di Giovanni*, 318-319) dans laquelle les vv. 37-39 constituent le *climax* de la narration qui est suivi par deux types de réactions, d'abord celle contradictoire de la foule (vv. 40-43), et ensuite la discussion

justesse «le devenir de Nicodème»[66], se situe dans un contexte de controverse, de polémique (les points de tensions reflétant une ou des traditions à l'arrière plan du texte) sur l'identité de Jésus que lui-même (Nicodème) était venu chercher en 3,1-21 et qui n'avait pas été concluant.

6.1.1 Polémique, *Sitz im Leben* et tradition

Dans la veine de la subdivision opérée par Santi Grasso, le mouvement du texte s'établit comme suit: Jésus fait une proclamation solennelle le dernier jour de la fête des Tentes: «Si quelqu'un a soif, qu'il vienne à moi, et qu'il boive, celui qui croit en moi! "selon le mot de l'Écriture: De son sein couleront des fleuves d'eau vive"»[67]. Et l'évangéliste de nous expliquer: «Il désignait ainsi l'Esprit que devaient recevoir ceux qui croiraient en lui: en effet, il n'y avait pas encore d'Esprit parce que Jésus n'avait pas encore été glorifié» (Jn 7,37-39). Cette proclamation suscite des réactions qui «donnent aussitôt un contenu, au moins inchoative, à la déclaration de Jésus au sujet du croyant»[68]. Le premier groupe qui réagit est la foule qui n'arrive pas à s'entendre sur l'origine de Jésus (vv. 40-44). Aux dires de Simoens, «vraisemblablement nombreux sont ceux qui ont soif et sont prêts à boire, à se laisser désaltérer. Pour d'autres, les objections semblent les plus fortes»[69]. En Effet, les uns disaient: «Οὗτός ἐστιν ἀληθῶς ὁ προφήτης·». D'autres disaient: «Οὗτός ἐστιν ὁ Χριστός». Mais d'autres encore disaient: «Μὴ γὰρ ἐκ τῆς Γαλιλαίας ὁ Χριστὸς ἔρχεται; οὐχ ἡ γραφὴ εἶπεν ὅτι ἐκ τοῦ σπέρματος

---

entre pharisiens, chefs des prêtres et gardes dans laquelle s'inserre l'intervention de Nicodème (vv. 44-52). Il aurait été très intéressant de prendre en compte le v. 53: καὶ ἐπορεύθησαν ἕκαστος εἰς τὸν οἶκον αὐτοῦ comme clôture de notre unité littéraire, mais pour des raisons de critique textuelle qui voit dans l'épisode de la femme adultère (Jn 7,53–8,11) un texte d'origine non-johannique (cf. NA[27], 273-274 ou B.M. METZGER, *A Textual Commentary*, 187-189), nous délimitons en aval notre péricope au v. 52; tandis qu'en amont, l'aspect chronologique Ἐν δὲ τῇ ἐσχάτῃ ἡμέρᾳ τῇ μεγάλῃ τῆς ἑορτῆς permet cette délimitation (v. 37). Cf. aussi R.E. BROWN, *Giovanni*, 412-413 ou encore la TOB, «Le dernier jour de la fête (Jn 7,37-52)», 1524-1525, qui maintiennent cet ensemble comme une unité littéraire.

[66] A. MARCHADOUR, «Lire l'œuvre de Jean», 351.
[67] La TOB, 2004, fait remarquer en note que «La ponctuation de ce verset autorise deux variations. D'une part, on peut fermer les guillemets avant la citation de l'Écriture, qui devint alors, comme le v. 39, une remarque de l'évangéliste concernant Jésus. D'autre part, on peut lire: [...] *qu'il vienne à moi et qu'il boive*. v. 38 *Celui qui croit en moi* [...] La citation s'applique au croyant» (p. 1524, note m).
[68] Y. SIMOENS, *Selon Jean*, II, 351. Marchadour parlera de divisions provoquées par les prétentions messianniques de Jésus («Lire l'œuvre de Jean», 351).
[69] Y. SIMOENS, *Selon Jean*, II, 351.

Δαυὶδ καὶ ἀπὸ Βηθλέεμ τῆς κώμης ὅπου ἦν Δαυὶδ ἔρχεται ὁ Χριστός;"». Le "schisme" fut ainsi consommé au point que quelques-uns voulurent l'arrêter mais personne ne mit la main sur lui. Les gardes qui, au v. 32 avaient été envoyés pour l'arrêter à la suite de ce que disaient les gens de Jérusalem, à savoir que les autorités laissent Jésus parler parce qu'elles auraient reconnu sa méssianité, reviennent de leur mission bredouilles, sans l'imposteur, le fauteur de trouble; s'engage alors une discussion entre chefs des prêtres, Pharisiens et gardes dans laquelle s'insère évidemment l'intervention de Nicodème qui accentua la discorde (7,45-52), puisqu'en 7,53 de l'unité littéraire suivante, il est dit qu'ils se séparèrent «en queue de poisson».

Le contexte ou les circonstances déclenchant l'intervention de Nicodème sont donc clairs: la messianité de Jésus provoque l'ire des autorités qui veulent l'arrêter pour éviter que les foules n'aillent à lui surtout que selon un commentaire antérieur de l'évangéliste, beaucoup crurent en lui (7,31). Quand en 7,40-42, les gens de la foule discutent à ce sujet, ils n'arrivent pas à s'accorder sur sa messianité. En effet, pour les uns «Οὗτός ἐστιν ἀληθῶς ὁ προφήτης·», ce qui signifierait que pour cette partie de la foule, Jésus serait bien le prophète (dans le sens absolu) attendu par Israël avec une accentuation de l'aspect prophético-messianique[70]. Pour d'autres, «Οὗτός ἐστιν ὁ Χριστός» dans le sens sans ambiguïté que Jésus est le Messie-Roi dont le messianisme a un caractère royal-davidique[71], comme l'atteste la signification de Χριστός qui est la traduction grecque du terme hébreu *Meshiâh* indiquant «l'oint, le consacré du Seigneur», qui:

---

[70] Cf. S. A. PANIMOLLE, *Lettura pastorale*, II, 274. Toutefois il faut retenir que cette expression pourrait aussi avoir une autre signification en plus de celle dont nous faisions cas, comme le démontre Grasso: «L'espressione *ho prophētēs* designa Gesù come una delle tante figure profetiche che hanno costellato la storia biblica oppure come l'inviato messianico, secondo quanto afferma la speranza anticotestamentaria "Il Signore tuo Dio susciterà per te, in mezzo a te, fra i tuoi fratelli, un profeta pari a me; a lui darete ascolto" (Dt 18,15). Da un punto di vista soltanto grammaticale l'articolo è un segnale che la folla intende riferirsi non a un vago e generico ruolo profetico, ma al profeta messianico. Nella tradizione giovannea il termine, quando è usato al singolare riferendosi a Gesù, ricorre con le due accezioni sia per indicare il ruolo profetico, sulle labbra della Samaritana (Gv 4,19) e di Gesù stesso (Gv 4,44; 9,17), sia per denotare la sua missione messianica sulla bocca della folla (Gv 6,14; 7,52). Il titolo ha ancora questa valenza non però in riferimento a Gesù nelle domande che la commissione di inchiesta gerosolimitana rivolge a Giovanni Battista (Gv 1,21.23.25)» (S. GRASSO, *Il vangelo di Giovanni*, 348).

[71] Cf. S. A. PANIMOLLE, *Lettura pastorale*, II, 274.

Dans l'Israël ancien, désigna d'abord les rois (celui dont l'investiture se faisait par une onction, voir 1S 16,13; 1R 1,39). Par la suite (après l'exil), le terme en vint à désigner le roi de la fin des temps, envoyé par Dieu pour rétablir Israël dans ses droits et inaugurer l'ère de la justice. C'est ce roi messianique que les apôtres reconnaissent en Jésus dans les évangiles et le reste du NT (voir par ex. Mt 16,16; Mc 8,29; Lc 9,20; Jn 1,41)[72].

Mais si ces deux groupes de personnes reconnaissent la messianité de Jésus avec des variantes d'approche, il y a un troisième groupe qui continue de la mettre en doute à travers deux questions: «Le Christ pourrait-il venir de la Galilée? L'Écriture ne dit-elle pas qu'il sera de la lignée de David et qu'il viendra de Bethléem, la petite cité dont David était originaire?» (7,41b-42). L'argument géographique est joint à la preuve scripturaire pour semer le doute dans l'esprit des uns et des autres et ainsi nier à Jésus sa messianité. Comme l'explique Panimolle, leur raisonnement se conclut par une déduction, fruit de cette complémentarité topographique et scripturaire:

> Nelle drammatiche, vivacissime discussione riferite in Gv 7,27, era già stato suscitato il problema sull'origine del Cristo: I gerosolimitani avevano giudicato assurda la dignità messianica di Gesù, perché sapevano bene che egli proviene dalla Galilea, mentre il Cristo, secondo le attese popolari, doveva rivelarsi in modo misterioso. Ora in Gv 7,41s. viene riproposto lo stesso problema; qui pero non si fa riferimento alla tradizione e alle leggende, ma ci si appella alla Scrittura, il cui valore non può essere messo in discussione da nessuno. Secondo la Bibbia, il Messia deve essere un discendente di Davide e deve nascere a Betlemme; quindi non può essere originario della Galilea. Di qui la conseguenza che Gesù di Nazaret non può essere il Cristo[73].

Mais cette argumentation comporte bien des limites si nous nous situons dans l'évangile de Jean, et ce, grâce à Santi Grasso:

> La questione che fa appello alla Scrittura per sostenere un messia proveniente dalla stripe di Davide e dalla città di Betlemme, luogo di nascita di questo re, in realtà non cita un testo preciso. L'interrogativo ricorda quello di Natanaele, personaggio che nel racconto giovanneo assume la funzione di membro appartenente al popolo d'Israele. Egli, ricevendo da Filippo la notizia di aver

---

[72] J-N. ALETTI – al., *Vocabulaire raisonné*, 119.
[73] S.A. PANIMOLLE, *Lettura pastorale*, II, 274. Cf. S. GRASSO, *Il vangelo di Giovanni*, 349, qui lui aussi, arrive à la même déduction: «Quest aspettativa era sostanziata dalla tradizione regale che vedeva nella promessa al re la realizzazione della speranza messianica (2Sam 7,12-17; Sal 18/17,51; 89/88,4-5.36; Is 11,1; Ger 23,5; Mi 5,1-2). Se Davide era nato a Betlemme, per deduzione questa doveva anche essere la città natale del discendente messianico».

incontrato colui del quale avevano parlato Mosè nella legge e i profeti, risponde affermando: «Da Nazaret può venire qualcosa di buono?» (Gv 1,45-46) [...] L'interrogativo sulla stirpe di Davide e sulla città di nascita, Betlemme, fa ritenere che l'autore del vangelo giovanneo non conosca oppure non prenda in considerazione questi dati, che invece sono attribuiti con tanta cura a Gesù dalla tradizione sinottica (Mt 1,1-17; 2,1.5-6.8.16; Lc 2, 4.15). In tal caso il vangelo di Giovanni sarebbe simile a quello di Marco, che non riporta nessuna di queste notizie, mentre in Matteo e in Luca si insiste su questa documentazione per provare l'identità messianica di Gesù. Nella prospettiva cristologica giovannea infatti egli è messia non in forza della sua origine storica sulla base di modelli giudaici, ma grazie alla sua provenienza trascendente. Pertanto due sono gli approcci alla figura di Gesù: il primo consiste nella considerazione delle sue parole, mentre il secondo è dato sulla base della tradizione giudaica. Quale dei due è quello correttto per capire la sua vera identità? Il duplice punto di vista origina una divisione tra la folla, così avviene altre volte in ambiente gerosolimitano (cf. Gv 9,16; 10,19)[74].

Plus loin en 7,52, le même argument reviendra sur les lèvres des pharisiens, pairs de Nicodème quand il interviendra dans le débat: Mais l'un d'entre les Pharisiens, ce Nicodème qui naguère était allé trouver Jésus, dit:«Notre Loi condamnerait-elle un homme sans l'avoir entendu et sans savoir ce qu'il fait?» (7,50-51)[75], Ils répliquèrent: «Serais-tu de Galilée, toi aussi? Cherche bien et tu verras que de Galilée il ne sort pas de prophète»[76]. Les origines galiléennes de Jésus sont encore évoquées, cette

---

[74] S. GRASSO, *Il vangelo di Giovanni*, 350.

[75] Nous reviendrons sur ces deux versets pour clore notre analyse de Jn 7,37-52.

[76] Faut-il comprendre ici le terme *prophētēs* en un sens générique, ramenant à tous les prophètes de l'AT dont aucun ne serait issue de la Galilée ou au sens absolu du Messie davidique? A ce propos, Bultmann fait remarquer que «This principle contradicts II King 14.25, for the prophet named there, Jona ben Amittai, is a Galilean. Nor does the principle agree with the Rabbinic tradition, according to which a prophet has come from each of the tribes of Israel». Pour lui en effet, deux raisons peuvent expliquer cette difficulté: Ou bien l'évangéliste n'a pas remarqué 2R 14,25 ou bien il a suivi une autre tradition que nous ignorons, avant de conclure: «It can hardly be right to assume that the Evangelist has "in his mistaken zeal" intentionally made the members of the Sanhedrin err» (R. BULTMANN, *The Gospel of John*, 312, n. 1). Simoens ne dit pas le contraire quand il fait remarquer que: «Le contenu de ce v. 52 tient de la provocation ou de la contradiction quand on sait que plusieurs des premiers prophètes vinrent du nord, sinon de la Galilée, tels Amos (sous Jéroboam II, 783-743) et Osée, un peu plus tard» (Y. SIMOENS, *Selon Jean*, II, 343). En plus de cette position qu'on peut soutenir surtout quand on sait comment Jean use d'ironie pour peindre ses personnages, il faut tout de même comprendre le terme *prophētēs* sans article en 7,52 non comme un prophète parmi tant d'autres mais bien comme le Messie (cf. S. GRASSO, *Il vangelo di Giovanni*, 354).

fois pour contrer Nicodème. Le Nazaréen et donc le galiléen Jésus ne peut être le Messie, qui doit venir de la descendance de David et donc surgir de Bethléem en Judée. D'ailleurs il n'est pas besoin de discuter à ce propos, les origines de Jésus le trahissent puisqu'il est de la Galilée, terre inconnue et de mélange de races; seul un galiléen comme lui peut vouloir admettre l'absurde, la probabilité de sa messianité, retorquent les Pharisiens à Nicodème mettant ainsi fin à une journée mouvementée qui ne change rien au sort de Jésus, pas besoin de l'entendre, ils cherchent à le faire mourir (5,18; 7,25). D'ailleurs la foule de ses suiveurs est traitée par les Pharisiens du conseil d'analphabète et de misérable, révélant toute la haine, la jalousie et le désir d'en finir avec cet agitateur galiléen (7,49).

A l'arrière-plan de cette discussion sur les origines de Jésus qui se prétendrait Messie ou du moins dans laquelle certains habitants de Jérusalem et une partie de la foule reconnaitraient la figure du Messie tandis que d'autres la refuteraient, se cache vraissemblablement selon Schnackenburg, s'agissant du *Sitz im Leben* ou milieu vital, la controverse entre Juifs et chrétiens, entre l'Église et la Synagogue au temps de l'évangéliste, polémique dont témoignent les dialogues de Justin et Triphon[77]. C'est non seulement un débat fait d'intimidation (7,13) de la part des Juifs mais aussi une polémique sur l'identité de Jésus et surtout sur la place du Christianisme par rapport au Judaïsme vers la fin du premier siècle sans toutefois oublier de dire dans le sillage de Léon-Dufour que ces textes reflètent certes les controverses entre l'Église et la synagogue, mais qu'ils ont pour fonction d'évoquer la situation au temps de Jésus[78].

Cette polémique d'acceptation et de refus de la messianité de Jésus est sous-tendue d'une part, par la tradition ou attente populaire[79] qui veut que le Messie soit d'une origine inconnue (7,27), et d'autre part, par celle qui veut que le Messie soit de la descendence davidique (7,40-42). La communauté johannique quant à elle, ne semble plus appuyer la messianité de Jésus sur une origine inconnue, encore moins sur sa descendance davidique même si elle ne l'ignore pas, mais sur son origine céleste (d'en haut) comme en atteste la polémique sur un ton ironique relaté par Jean:

> [25] Des gens de Jérusalem disaient: «N'est-ce pas là celui qu'ils cherchent à faire mourir? [26] Le voici qui parle ouvertement et ils ne lui disent rien! Nos

---

[77] Cf. R. SCHNACKENBURG, *Giovanni*, II, 274s.; S.A. PANIMOLLE, *Lettura pastorale*, II, 294-295.
[78] X. LÉON-DUFOUR, *Lecture*, II, 491.
[79] Cf. S.A. PANIMOLLE, *Lettura pastorale*, II, 274.

> autorités auraient-elles vraiment reconnu qu'il est bien le Christ? ²⁷Cependant celui-ci, nous savons d'où il est, tandis que, lorsque viendra le Christ, nul ne saura d'où il est». ²⁸ Alors Jésus, qui enseignait dans le temple, proclama: «Vous me connaissez! Vous savez d'où je suis! Et pourtant, je ne suis pas venu de moi-même. Celui qui m'a envoyé est véridique, lui que vous ne connaissez pas. ²⁹ Moi, je le connais parce que je viens d'auprès de lui et qu'il m'a envoyé» (7,25-29).

Cette communauté johannique semble ainsi se départir de traditions populaires ou scripturaires sans précisions discutables et faire l'éloge d'une messianité trouvant directement ses origines dans la venue du Fils d'en haut, du ciel, du Père, une affirmation ou confession de foi fortement encrée dans cette communauté des disciples. Ce que les synoptiques expliquent à travers les récits de l'enfance en Mt et Lc sont omis en Jn tout comme en Mc et Jn veut donner une orientation christologique à son discours sur le Messie autre que ce qui est déjà su de la tradition synoptique.

Quand au débat qui consiste à nier à Jean sa connaissance des deux théories, que nous voulons nommer traditions (Messie aux origines inconnues en 7,27 et Messie davidique en 7,40-42), nous situons notre position dans la veine de celle de Raymond Brown[80] pour qui Jean ironiquement dévoile l'ignorance des gens qui pensent savoir d'où est Jésus. En 7,27, ils pensent que le Messie viendra d'on ne sait où, pourtant eux savent d'où est Jésus, c'est un galiléen, mais ils se trompent et ironiquement Jean le met en lumière, il vient du ciel et cela, ils ne le savent pas. De même en 7,42, ils affirment avec appui scripturaire que le Messie sera de la lignée de David et viendra de Bethléem, pourtant eux savent que Jésus est né à Nazareth, là aussi ils se trompent et ironiquement Jean le met en lumière, il est né à Bethléem. C'est pourquoi selon Brown, Jésus peut être le Messie davidique attendu, et donc sur la base du parallélisme entre les vv. 27 et 42, conclura-t-il, nous pensons que l'évangéliste connaissait parfaitement bien la tradition que Jésus était né à Bethléem[81].

---

[80] Cf. R.E. BROWN, *Giovanni*, I, 427-428.

[81] A propos de cette tradition sur la naissance de Jésus à Bethléem, on pourra consulter l'immense travail historico-critique fait par R. E. BROWN, *La nascita del Messia* dont l'original *The Birth of the Messiah* date de 1976, et qui est un classique de la recherche exégétique sur les récits de l'enfance de Jésus. Selon lui en effet, si l'évangéliste Matthieu retient que Marie et Joseph vivaient à Bethléem avant la naissance de Jésus, Luc écrit qu'ils vivaient à Nazareth et l'usage par cet évangéliste du recensement pour déplacer la scène de la naissance de Jésus de Nazareth à Bethléem répond à une finalité et vision théologique de l'évangéliste puisqu'historiquement ce recensement regardait seulement la Judée, non la Galilée, et aurait eu lieu en l'an 6-7 après J.C, dix

Mais Jean voit au-delà des origines humaines et historiques de Jésus, c'est son ascendance et son origine divines qu'il s'évertue à mettre en valeur dès le début du prologue mais que les hommes ont du mal à accepter:

> ¹ Au commencement était le Verbe, et le Verbe était tourné vers Dieu, et le Verbe était Dieu. ² Il était au commencement tourné vers Dieu. ³ Tout fut par lui, et rien de ce qui fut, ne fut sans lui. ⁴ En lui était la vie et la vie était la lumière des hommes, ⁵ et la lumière brille dans les ténèbres, et les ténèbres ne l'ont point comprise (Jn 1,1-5).

6.1.2 Le devenir de Nicodème

Pour revenir à l'évocation de Nicodème et à son intervention dans le débat sur Jésus en 7,50-52, on retiendra premièrement que c'est dans une *analepse* (figure de style consistant à parler d'un événement antérieur)[82] que l'auteur fait référence à la scène principale dans laquelle Nicodème est venu trouver Jésus. Pourquoi ce retour en arrière? Que signifie exactement ce ὁ ἐλθὼν πρὸς αὐτὸν [τὸ] πρότερον? Le rappel de cette rencontre antérieure, donne à notre sens, selon les mots de Marchadour, «Un prolongement et une conclusion provisoire à la scène inachevée du chapitre 3. Celui qui avait disparu au chapitre 3 réapparaît au chapitre 7»[83]. De toute évidence, ce rappel et trait d'énonciation permet au lecteur d'établir un lien avec ce qui précède et facilite la lecture. Mais un signal nous est tout de suite donné par l'évangéliste et qui semble nous situer, avant même que Nicodème ne parle, sur son évolution ou non dans sa relation à Jésus: εἷς ὢν ἐξ αὐτῶν (l'un d'entre eux). Les Pharisiens venaient de reprocher aux gardes l'inexécution de l'arrestation de Jésus et ce, parce que les gardes semblaient admirer et faire l'éloge de Jésus:

---

ans après la mort d'Hérode le Grand (pp. 559-561). C'est d'ailleurs ce que soutient aussi un autre grand exégète, John P. Meier qui reconnaît aux récits de l'enfance de Jésus des adaptations à but théologique: «Vers 7-6 avant notre ère, un Juif du nom de *Yēshûa'*, un diminutif de *Yĕhôshûa'* (Josué), est né dans le village a flanc de collines de Nazareth, dans la basse Galilée. Les traditions narratives de l'enfance qui situent sa naissance à Bethléem de Judée (des traditions isolées du chapitre 2 de Matthieu et du chapitre 2 de Luc) sont probablement des adaptations théologiques chrétiennes ultérieures de la croyance en un Jésus messie royal davidique» (J.P. MEIER, *Un certain Juif Jésus*, III, 403-404).

[82] A. MARCHADOUR, «Lire l'œuvre de Jean», 351; Cf. J-N. ALETTI – *al.*, *Vocabulaire raisonné*, 71. Cf. Jn 7,50. Elle se présente comme un flash-back, Jean rappelle par ce procédé un fait antérieur qui éclaire l'évènement présent.

[83] A. MARCHADOUR, «Lire l'œuvre de Jean», 351.

«Jamais personne ne parla comme cet homme» (7,46), qui provoqua le courroux des pharisiens qui leur repliquèrent: «Auriez-vous donc été abusés, vous aussi? Parmi les notables ou parmi les Pharisiens, en est-il un seul qui ait cru en lui? Il y a tout juste cette masse qui ne connaît pas la Loi, des gens maudits!» (7,47-49). La réplique des Pharisiens est suivie par la présentation de Nicodème qui le décrit non seulement comme visiteur antérieur de Jésus mais aussi comme «l'un d'entre eux» et donc comme Pharisien. Nous avions démontré dans l'étude au plan synchronique de Jn 3,1-2a que la simple évocation de son statut de pharisien mettait fortement en doute la possibilité d'une quelconque adhésion à Jésus, parce que jaloux qu'ils sont de leur prestige au sein du peuple et qu'ils n'ont pas l'intention de lâcher leur popularité et estime à un agitateur galiléen. Cette évocation présage d'une certaine manière cette irrecevabilité de Jésus par Nicodème et cela semble bien se confirmer dans les propos des Pharisiens: μή τις ἐκ τῶν ἀρχόντων ἐπίστευσεν εἰς αὐτὸν ἢ ἐκ τῶν Φαρισαίων; «Parmi les notables ou parmi les Pharisiens, en est-il un seul qui ait cru en lui?» (7,48). Cette formule toute rhétorique, qui n'est autre qu'une interrogative rhétorique attendant une réponse négative[84], contient en elle-même sa réponse: «Non» personne n'a cru en lui, parce que Nicodème est bien l'un d'entre eux, il n'a pas cessé d'être Pharisien, naturels rivaux de Jésus dans cet évangile[85].

En second lieu, ce Nicodème, notable Juif et Pharisien, venu à Jésus de nuit en Jn 3, confirme bien en 7,51 ce que nous disions: «Μὴ ὁ νόμος ἡμῶν κρίνει τὸν ἄνθρωπον ἐὰν μὴ ἀκούσῃ πρῶτον παρ' αὐτοῦ καὶ γνῷ τί ποιεῖ;». La référence de Nicodème reste la Loi et cela ne surprend guère puisqu'il est un bon Pharisien qui appuie sa demande sur la Torah, boussole de la vie du peuple Juif. Ici aussi la demande qui est toute rhétorique contient en elle même sa réponse: «Non» la Loi ne permet pas de condamner quelqu'un sans l'avoir entendu et cela en référence au droit biblique et judaïque (Dt 1,16-17; 19,15-20; Flavius Josèphe, *Antiquités judaïques*,14,167; par exemple dans l'Exode Rabbà, 21,3, il est

---

[84] Cf. F. POGGI, *Corso avanzato*, 168-169. Les particules μή et μήτι servent à introduire ces propositions interrogatives attendant une réponse négative; tandis que les propositions interrogatives attendant une réponse positive sont introduites par οὐ (οὐκ devant une voyelle avec esprit doux; οὐχ devant un esprit rude; οὐχί renforcé).

[85] Dans son analyse narrative de l'épisode, Susan Hylen (*Imperfect Believers*, 36-38) soutient que «Nicodemus's appeal for a proper legal procedure regarding Jesus (7,51) can be seen as an instance of johannine irony: yes, at least one member of the Sanhedrin has believed in Jesus!». Opinion que nous ne soutenons pas au regard de la signification rhétorique de ce v. 51.

écrit: «Si un mortel n'écoute pas les justifications qu'un homme peut présenter, il n'est pas en mesure de rendre un jugement»).

Nicodème s'exprime en des termes de justice et de légalité et non en des termes d'adhésion. Comme on peut le constater, ses propos sont ironiques sinon comment comprendre que ses pairs puissent ignorer la Loi, qui selon Bultmann est le symptôme de leur réelle maladie[86], cette Loi-même dont ils sont les farouches défenseurs. Nicodème leur rappelle une règle élémentaire en matière de jugement et manifeste tout de même, par des propos contraires à la volonté de ses pairs Pharisiens[87] d'en finir au plus tôt avec Jésus même en tordant le cou à la Loi, son intérêt pour Jésus puisque le débat sur son identité se poursuit ici. La curiosité de Nicodème semble encore vive, il veut qu'on entende Jésus pour savoir exactement qui il est et ce qu'il fait. Bref, il veut approfondir sa connaissance de cet homme qui fait parler de lui. Mais comme la fin du récit nous le fait constater, il ne réussit pas à cause du refus de ses pairs, une véritable fin de non recevoir, et on ne peut que conclure: «*The Long Way*» n'a pas non plus ici un aboutissement heureux mais ouvre encore sur un avenir.

6.2 *L'ultime retour de Nicodème (Jn 19,38-42)*

Situé entre la scène du brisement des jambes et du coup de lance (19,31-37) qui précède immédiatement l'ensevelissement proprement dit et le récit du tombeau trouvé vide (20,1-10), Jn 19,38-42 constitue bien une unité littéraire[88]. Cette péricope est introduite par l'expression μετὰ

---

[86] R. BULTMANN, *The Gospel of John*, 312.

[87] La demande très intéressante ici est de savoir si Nicodème se présente comme défenseur de Jésus ce qui par conséquent marquerait son évolution. Brown le présente comme sympatisant de Jésus et en désaccord avec le jugement de ses collègues (cf. R.E. BROWN, *La mort du Messie*, 1353); quand Zevini parle d'un Nicodème qui dénonce l'illégalité de l'attitude de ses pairs (cf. G. ZEVINI, *Vangelo secondo Giovanni*, 246-247); Santi Grasso, quand à lui, parle non seulement d'un Nicodème défenseur de Jésus mais aussi de propos qu'il tient sous un ton ironique (cf. S. GRASSO, *Il vangelo di Giovanni*, 353-354). A notre avis s'il est vrai que Nicodème se sert de la Loi pour contrer ses collègues, ce qui à coup sûr est une défense, la question de son évolution est encore plus difficile à résoudre puisque Nicodème continue de considérer Jésus comme un homme (τὸν ἄνθρωπον), à en croire Machardour (*Les personnages*, 73), mais en plus a toujours pour référence la Loi, Jésus est encore loin d'être le Messie.

[88] Il serait bon de souligner avant tout autre développement, que nous ne nous engagerons pas dans la recherche des sources de notre péricope en repérant les problèmes du texte pour tenter une reconstruction de la source. Boismard et Lamouille nous y aident mieux et plus recemment encore J. Murphy-O'Connor, qui dans son article «The Descent from the Cross and the Burial», 533-557, tente une reconstruction de cette

δὲ ταῦτα (mais après ces choses), transition qui prépare le lecteur à une succession d'évènements, à d'autres faits et gestes[89]. L'expression johannique μετὰ ταῦτα indiquant le début d'un nouvel épisode, «s'augmente ici de δέ, cas unique susceptible de fortifier le lien avec l'épisode précédent, sans qu'on puisse en tirer argument pour dire que l'évangéliste a éprouvé quelque malaise à les rapporter côte à côte»[90]. En aval (20,1), la précision temporelle τῇ δὲ μιᾷ τῶν σαββάτων, «le premier jour de la semaine» (v. 1a) ramène à un autre jour que celui de la crucifixion, mort et mise au tombeau. Avec Léon-Dufour on peut bien dire:

> L'évangéliste termine le récit en nommant celui qui va vaincre à jamais la mort, Jésus. Le récit de la passion se clôt sur une narration où la mort est pleinement confirmée, mais aussi entourée de silence, de respect, d'honneur et de paix. Avec cet ensevelissement royal, prend fin le déroulement biographique de Jésus de Nazareth[91].

Au thème de l'ensevelissement, succède celui du tombeau vide, prélude à la rencontre des disciples avec le ressuscité. Non seulement nous sommes au lendemain de la mort de Jésus et de son ensevelissement, mais en plus, les personnages changent. Il s'agit en 20,1-10 des femmes et de deux disciples de Jésus qui se rendent au tombeau, constater l'absence de son corps. Ce ne sont plus Joseph et Nicodème. Le thème lui aussi a changé.

En accord avec Simon Légasse[92], l'unité littéraire de notre péricope se perçoit dans la trame du texte qui évoque successivement la demande du corps et la permission de Pilate (v. 38a), l'enlèvement du corps (v. 38b), la préparation (vv. 39-40) et la mise au tombeau de Jésus (vv. 41-42). La demande faite à Pilate a pour but d'autoriser Joseph à «enlever» (ἵνα ἄρῃ) le corps de Jésus. Ce but est atteint quand Joseph «enlève»

---

source, qui se composerait des vv. 31-34.38.40-42 (p. 547), un récit factuel de l'ensevelissement de Jésus par des disciples anonymes, après que les soldats romains eurent descendu son corps de la croix. Pour lui en définitive, «In a desperate situation some heroic disciples of Jesus, whose names we will never know, did their best» (p. 557), étant entendu d'une part que: «In John's narrative Joseph of Arimathea is an interpolation (v. 38a). Not so in the Synoptics, where he seems to be solidly rooted in the tradition, being mentioned in all three» (p. 552), et d'autre part que: «It is from this perspective that we must evaluate the introduction of Nicodemus, whose role is simply to be the bearer of a great volume of spices (v. 39)» (p. 556).

[89] Cf. M.T. BRIEN, «Latecomers to the Light», 49.
[90] S. LÉGASSE, *Le procès*, 575, n. 208; cf. X. LÉON-DUFOUR, *Lecture*, IV, 179.
[91] X. LÉON-DUFOUR, *Lecture*, IV, 187.
[92] Cf. S. LÉGASSE, *Le procès*, 574-575.

CHAP. VI: ÉTUDE DE LA TRADITION 197

(ἦρεν) le corps (v. 38). La «venue» (ἦλθεν) de Nicodème est rattachée à la venue (ἦλθεν) de Joseph à la croix par un procédé du «mot agraphe», inaugurant ainsi un nouveau stade narratif. Celui-ci s'achève avec le verbe «ensevelir» (ἐνταφιάζειν) (v. 40) qui ouvre sur le stade final et correspond, par parallélisme, à la «déposition» (ἔθηκαν) qui clôt la péricope. Toute la péricope de «la mise au tombeau (19,38-42) forme une transition entre la mort et la résurrection»[93]. Les rappels du fait et de la date de la crucifixion (vv. 41.42) rattachent ce texte à la section précédente[94]. De plus, l'indication de l'endroit de l'ensevelissement et le rappel du jour de la préparation de la fête, celle où aura lieu, le lendemain, la résurrection lie la péricope à ce qui suit. Mais entre la mort et la résurrection se trouve un ensemble logique qui n'est autre que la scène de l'ensevelissement commencé au verset 38 et qui prend fin au verset 42 par les actions de Joseph d'Arimathie et de Nicodème[95]. Le cadre ainsi peint, Notre structure d'ensemble s'appuie sur les thèmes abordés dans la péricope:

– *vv. 38-39: La demande du corps de Jésus et l'enlèvement*
– *vv. 40-42: Le rite de l'ensevelissement*

Qui peuvent faire l'objet de petites unités internes significatives[96]:

– *vv. 38-39: Demande du corps de Jésus et enlèvement*
   v. 38: Joseph, l'antérieur disciple secret
      -a, b   Joseph, disciple en secret par peur des Juifs
      -c, d   Demande le corps de Jésus et permission de Pilate
      -e   Venue et enlèvement du corps
   v. 39: Venue de Nicodème, le précédant noctambule
      -a, b   Venue de Nicodème (Précédemment de nuit...)
      -c   Apportant un mélange de myrrhe et d'aloès
      -d   D'environ cent livres

---

[93] R. KIEFFER, *Le monde symbolique*, 89.
[94] X. LÉON-DUFOUR, *Lecture*, IV, 186.
[95] Avec M.T. BRIEN, «Latecomers to the Light», 50, on peut remarquer que si plusieurs personnages de Jean sont anonymes comme la Samaritaine (4,1-42), le paralytique de la piscine de Bethzatha (5,1-17) ou encore l'aveugle-né (9,1-7), «The fact that Joseph and Nicodemus are given names is telling. These are not "Undertakers Anonymous". Their initiatives and their actions are highly personal».
[96] Nous signalons que nous nous servirons des points de cette structure seulement et seulement s'ils nous sont utiles pour notre recherche. Il ne s'agira pas pour nous d'aller dans le détail de cette structure même si nous voulons aller à son rythme pour raison de cohérence dans la recherche.

– vv. 40-42: *Le rite de l'ensevelissement*
   v. 40: Préparation du corps
      -a   Prendre le corps
      -b, c   Lier le corps (Linges et Aromates)
   v. 41-42: Mise au tombeau
      -41a, b   Tombeau neuf dans ce jardin
      -42 -a, b, c Déposer Jésus

6.2.1 Confrontation synoptique et particularités johanniques

Les récits de la passion sont, dans l'Évangile de Jean, ceux qui présentent le plus d'affinités avec ceux des synoptiques. Ils conservent en gros le même enchaînement. Les variations par rapport à l'ordre commun n'apparaissent pas plus nombreuses que celles qui existent entre les synoptiques. Cependant, Jean fait œuvre originale ici, comme ailleurs et on peut relever un certain nombre de différences entre lui et les synoptiques. Cette originalité se retrouve à deux niveaux: d'une part, l'absence de certains éléments, et d'autre part, des ajouts qui lui sont propres ou des éléments de la tradition commune qu'il a retravaillés et remaniés[97]. L'épisode de l'ensevelissement est donné par les quatre évangiles. Mc, Mt et Lc ont un récit assez semblable. Jn présente des contacts avec cette tradition d'un ensevelissement par Joseph d'Arimathie. A travers un tableau, faisons une étude comparative du récit johannique avec le texte marcien, matthéen et lucanien pour en dégager les particularités.

MC 15,42-46	MT 27,57-60	LC 23,50-56	JN 19,38-42
v. 42 Déjà le soir était venu et comme c'était la Préparation, c'est-à-dire la veille du sabbat,	v. 57 Le soir venu,	v. 54 C'était le jour de la Préparation, et le sabbat commençait à poindre.	v. 42a En raison de la Préparation des Juifs

---

[97] Jean laisse de côté ce qui est humiliant, douloureux et tragique, mettant l'accent sur ce qui, laisse déjà transparaître la lumière de Pâques. La passion devient plutôt une élévation et un triomphe de Christ.

CHAP. VI: ÉTUDE DE LA TRADITION

v. 43 Joseph d'Arimathie,	il vint un homme riche d'Arimathie, du nom de Joseph,	v. 50 Et voici un homme nommé Joseph,	v. 38a-b Après ces événements, Joseph d'Arimathée,
membre notable du Conseil,	qui s'était fait, lui aussi, disciple de Jésus.	membre du Conseil, homme droit et juste.	
qui attendait lui aussi le Royaume de Dieu,			qui était un disciple de Jésus mais en secret par peur des Juifs,
s'en vint hardiment trouver Pilate et réclama le corps de Jésus.	v. 58a Il alla trouver Pilate et réclama le corps de Jésus.	v. 52 Il alla trouver Pilate et réclama le corps de Jésus.	v. 38c demanda à Pilate de pouvoir enlever le corps de Jésus.
v. 44 Pilate s'étonna qu'il fût déjà mort et, ayant fait appeler le centurion, il lui demanda s'il était mort depuis longtemps.			
		v. 51 Celui-là n'avait pas donné son assentiment au dessein ni à l'acte des autres. Il était d'Arimathie, ville juive, et il attendait le Royaume de Dieu.	
v. 45 Informé par le centurion, il octroya le corps à Joseph.	v. 58b Alors Pilate ordonna qu'on le lui remît.		v. 38d Et Pilate le permit.

			v. 39 *Nicodème — celui qui précédemment était venu, de nuit, trouver Jésus —* vint aussi, apportant un mélange de myrrhe et d'aloès, d'environ cent livres.
v. 46 Celui-ci, ayant acheté un linceul, descendit Jésus, l'enveloppa dans le linceul	v. 59 Joseph prit donc le corps, le roula dans un linceul propre	v. 53 Il le descendit, le roula dans un linceul	v. 40 Ils prirent donc le corps de Jésus et le *lièrent* de linges, avec les *aromates*, selon le mode de sépulture en usage chez les Juifs.
et le déposa dans une tombe qui avait été taillée dans le roc;	v. 60 et le mit dans le tombeau neuf qu'il s'était fait tailler dans le roc;	et le mit dans une tombe taillée dans le roc, où personne encore n'avait été placé.	v. 41 Or il y avait un jardin au lieu où il avait été crucifié, et, dans ce jardin, un tombeau neuf, dans lequel personne n'avait encore été mis. v. 42 comme le tombeau était proche, c'est là qu'ils deposèrent Jésus.

puis il roula une pierre à l'entrée du tombeau.	puis il roula une grande pierre à l'entrée du tombeau et s'en alla.		
v. 47 Or, Marie de Magdala et Marie, mère de Joset, regardaient où on l'avait mis.	v. 61 Or il y avait là Marie de Magdala et l'autre Marie, assises en face du sépulcre.	v. 55 Cependant les femmes qui étaient venues avec lui de Galilée avaient suivi Joseph; elles regardèrent le tombeau et comment son corps avait été mis.	
		v. 56 Puis elles s'en retournèrent et préparèrent aromates et parfums. Et le sabbat, elles se tinrent en repos, selon le précepte.	

Timide dans Marc, la tendance à atténuer l'aspect «bâclé» de cette sépulture et à montrer, à l'inverse, les égards qui l'entourent est bien visible en Matthieu et en Luc. Elle atteint son sommet dans Jean[98]. Il n'est pas possible toutefois de reconstituer en détails la scène, à cause des traditions et des accents propres à chacun des quatre textes[99]. Dans

---

[98] S. LÉGASSE, *Le procès*, 574-575. Voici ce que dit à ce propos Brown et qui confirme bien ce qu'affirmait Légasse: «Chez Jean, Jésus reçoit une sépulture honorable. Matthieu (parce qu'il avait modifié l'image marcienne en faisant de Joseph un disciple) avait déjà donné de l'ensevelissement une description moins désolée: le linge était "blanc propre" et le tombeau "neuf". Aucun synoptique, toutefois, ne suggère l'usage d'aromates sur le cadavre de Jésus entre la mort et l'ensevelissement comme le fait Jean, où l'on en apporte une centaine de livres. En même temps, Jean respecte la tradition sur Joseph, car ce dernier *seul* n'en fait pas plus en 19,38b que chez Marc. Après la permission de Pilate en 19,38a, le Joseph johannique "vint [*erchesthai* comme en Mc 15,43a] et enleva [*airein*, alors que Mc 15,46a *kathairein*] son corps". Ce qui fait la différence, dans le récit johannique commençant au verset 39, c'est la présence de Nicodème. Il est celui qui vient "apportant un mélange de myrrhe et d'aloès, d'environ cent livres"» (R.E. BROWN, *La mort du Messie*, 1383).

[99] Cf. J. BLINZLER, *Le procès de Jésus*, 430-452; R.E. BROWN, *La mort du Messie*, 110-130; S. LÉGASSE, *L'Évangile de Marc*, I, 155-160.

les quatre évangiles, le récit de la sépulture de Jésus conclut la séquence de la passion, tout en posant quelques jalons en vue du récit pascal du tombeau trouvé vide. Selon Léon-Dufour, «À son fondement, l'historien reconnaît trois données qui remontent à la tradition préévangélique: le moment (une veille de Sabbat, le jour même de la mort), l'intervention d'un notable Juif appelé Joseph d'Arimathie, le caractère hâtif de la sépulture»[100].

Malgré des éléments communs, le récit johannique s'avère fort différent des versions parallèles: la présence de Nicodème et l'absence des femmes; Les synoptiques, à l'unanimité, mentionnent le «linceul» (σινδόνα) dans lequel Joseph enveloppa le corps de Jésus; la version johannique est tout autre (ὀθονίοις) et l'on a perdu beaucoup de temps selon Légasse à vouloir la concilier avec celle de ses prédécesseurs[101]; aussi, les synoptiques, par le truchement des femmes, préparent le matin de Pâques dès la mise au tombeau; dans Jean, le récit de la Passion prend fin sans cette ouverture, comme si tout s'achevait quand les deux compagnons «déposèrent Jésus» dans le sépulcre; Jean ne mentionne pas les femmes qui regardent de loin, comme pour se préparer à leur visite au tombeau; l'ensevelissement, accompli selon la coutume juive, comporte l'emploi d'aromates surabondants en guise d'onction.

6.2.2 Joseph d'Arimathie, l'antérieur disciple secret

De cette confrontation retenons d'abord la présentation qui est faite de Joseph d'Arimathie. C'est Brown qui nous en donne la juste description:

> Be all that as it may, in its current from John 19:38a, like the later synoptics, represents a stage of the tradition about Joseph where his subsequent career as a Christian has been read back into his status before Jesus' burial. We have seen that faced with Mark's difficult portrayal of the a pious Sanhedrist who by implication must have voted against Jesus, Matt simplified by omitting the Sanhedrist and making Joseph a disciple before the burial, while Luke left him a Sanhedrist but one who was not in agreement with the decision of the others. John's portrayal has some of both those approaches. First, as in Matt, Joseph is a disciple of Jesus. Second, and closer to Luke, he was a hidden disciple for fear of «the Jews»[102].

---

[100] X. LÉON-DUFOUR, Lecture, IV, 177. Cf. R.E. Brown qui parle de la tradition préévangélique de l'ensevelissement en relevant aussi les trois mêmes moments: 1- Indication de temps 2- Description de Joseph d'Arimathie 3- Ensevelissement rapide et minimal par Joseph (R.E. BROWN, La mort du Messie, 1361-1364).

[101] Cf. S. LÉGASSE, Le procès, 577-578.

[102] R.E. BROWN, The Death of the Messiah, 1231.

Μαθητής[103] est le substantif utilisé par Jean pour qualifier Joseph d'Arimathie. Marc note à la différence de Jean qu'il *attendait lui aussi le royaume de Dieu* (Mc 15,43) tandis que Matthieu voit en lui comme Jean un disciple (Mt 27,57) (Jean utilise un verbe [ὤν], Matthieu un substantif [καὶ αὐτὸς]), enfin Luc fait de Joseph en des termes différents, un homme gagné à Jésus (cf. Lc 23,50-51). Ce qui atteste de l'existence d'une tradition attribuant la sépulture de Jésus à un notable Juif que Matthieu et Jean qualifient de disciple de Jésus[104].

---

[103] Le mot disciple (μαθητής au singulier, μαθηται au pluriel) fait partie d'un vocabulaire qui n'est attesté que dans les évangiles et les Actes. Il est employé 261 fois dans le Nouveau Testament et bénéficie d'une présence massive dans chacun des évangiles: Mt: 72; Mc: 46; Lc: 37; Jn: 78. Par contre, à l'exception des Actes (28 fois, mais jamais en référence aux disciples de l'époque du ministère de Jésus), le mot est absent de tout le reste du Nouveau Testament (cf. J.P. MEIER, *Un certain Juif Jésus*, III, 42). Le radical utilisé en grec pour «Disciple» (*mantanô*) contient (comme en hébreu) la notion d'enseignement. Le verbe hébreu «*limed*» qui signifie enseigner, instruire dérive du verbe «*lamad*» qui veut dire apprendre, étudier, s'instruire (cf. J. WEINGREEN, *Hébreu biblique, méthode élémentaire*, 291; P. REYMOND, *Dictionnaire d'hébreu et d'araméen biblique*, 194). Mais il est surprenant que le mot disciple (μαθητής), à l'exception des évangiles et des Actes dans le NT, soit non seulement absent de la Septante mais aussi des livres protocanoniques que deutérocanoniques (apocryphes); tout comme il est surprenant que son équivalent hébreu *Talmîd* (étudiant, disciple), à l'exception de 1 Ch 25,8, où le mot désigne un apprenti musicien, soit absent dans les livres des Écritures juives en hébreu et en araméen (cf. J.P. MEIER, *Un certain Juif Jésus*, III, 43). Ce qui conduit Meier à faire remarquer qu'«En adoptant cette terminologie relativement récente pour un mouvement spécifique (au moins en Palestine juive), Jésus et ses disciples reflètent peut-être le milieu hellénistique qui avait progressivement étendu son influence sur la Palestine depuis l'époque d'Alexandre le Grand. Mais pour Jésus, le terme pouvait dénoter l'influence plus immédiate du modèle fourni par le Baptiste et son groupe, auquel Jésus a pu appartenir pendant un moment» (*Ibid.*, 46).

[104] «Etre disciple» selon sa signification grecque renvoie aux notions essentielles que sont «enseigner» et «apprendre». Le μαθητής est celui qui apprend et reçoit un enseignement d'un διδάσκαλος ou «maître» qui l'enseigne (F. VIGOUROUX, «Disciple», 1440; cf. P. CHANTRAINE, *Dictionnaire étymologique*, 664). Dans le NT, l'expression grecque μαθητής a cinq acceptions principales:

– 1è Elle désigne celui qui apprend de la bouche d'un maître (Mt 10,24; Lc 6,40).

– 2è Par extension, celui qui adhère à la doctrine d'un docteur ou d'une secte est appelé disciple de ce docteur ou de cette secte: «Les disciples de Moïse» (Jn 9,28); de Jean Baptiste (Mt 9,14; Lc 7,18; Jn 3,25); des Pharisiens (Mt 22,16; Mc 2,18; Lc 5,33); de Jésus (Jn 6,66; 7,3; 19,30; Lc 6,17; 7,11; 19,37).

– 3è Dans un sens plus restreint, le nom de «disciple» est réservé spécialement pour les Apôtres dans plusieurs passages des Évangiles (Mt 10,1; 11,1; 12,1; 13,10; 14,19; Mc 8,27; 10,24; Lc 8,9; 9,16; Jn 2,2; 3,32; 6,11 etc.).

Dire de Joseph qu'il était disciple de Jésus signifie selon la deuxième acception que sans être du groupe des apôtres, il a adhéré à la doctrine de Jésus.

Le participe parfait κεκρυμμένος dérivant du verbe κρύπτω qui signifie «cacher»[105] est aussi employé par Jean pour qualifier ce qu'était antérieurement Joseph d'Arimathie. Selon Flaminio Poggi:

> L'azione indicata dal verbo al perfetto è conclusa e, pertanto, è descritta esternamente, in modo globale e riassuntivo; gli effetti determinati da quell'azione tuttavia perdurano e sono presentati internamente, in modo continuativo [...] Dal punto di vista temporale, il perfetto ci informa che l'azione è conclusa nel *passato* e i suoi effetti perdurano nel *presente* (in relazione al tempo del parlante)[106].

On peut donc comprendre par cette définition que le statut de disciple clandestin de Joseph n'est valide que pour le temps qui précède sa manifestation publique et que le fait d'être un disciple caché est une réalité connue encore à l'époque où l'évangéliste met par écrit ce texte puisque c'est bien lui qui parle. Joseph était un disciple caché, secret de Jésus, c'était un crypto-disciple. Dans l'évangile de Jean, les croyants qui adhèrent à Jésus et sont considérés comme ses disciples sont opposés à ceux qui croient mais ont peur de faire savoir qu'ils sont disciples[107]. La foi n'est valable que si elle s'engage sans réticence jusqu'à la confession publique qui risque d'entraîner l'expulsion de la communauté d'Israël. Cette tournure renvoie à la notation de l'évangéliste, fort critique à l'endroit de nombreux Israélites, qui tout en croyant en Jésus, «ne le confessaient pas, de peur d'être exclus de la synagogue»[108].

– 4ᵉ Dans les Actes, le mot de «disciple» tout court (l'expression «disciple du Seigneur» ne se lit qu'une fois dans les Actes, 9,1) est devenu synonyme de «fidèle chrétien» (Ac 6,1.2.7; 9,1.10.19.25.26.38; 11,26.29; 13,52; 14,19 etc.).

– 5ᵉ Dans le langage chrétien, on appelle en particulier «disciples» les soixante-douze personnes qui s'étaient attachées de bonne heure à Jésus-Christ et qu'il envoya deux par deux au-devant de lui, en leur faisant diverses recommandations, comme le raconte Luc 10,1-17 (F. VIGOUROUX, «Disciple», 1440).

[105] M. CARREZ – F. MOREL, *Dictionnaire Grec-Français*, 147.

[106] F. POGGI, *Corso avanzato*, 125. D'ailleurs, l'auteur est très critique à l'encontre de ceux qui voient le parfait comme un temps duratif se poursuivant jusqu'au temps du lecteur: «È errato sostenere, come pure è stato fatto, che il perfetto indichi risultati durevoli in relazione al tempo del lettore, o addirittura permanenti ed eterni: per quanto un'affermazione del genere possa sembrare attraente dal punto di vista esegetico, essa va decisamente oltre rispetto a ciò che la grammatica consente di dire» (*Ibid.*).

[107] Cf. R.E. BROWN, *La mort du Messie*, 1393.

[108] Joseph était un disciple secret par peur des Juifs. Le substantif φόβος employé

En effet, après l'entrée messianique de Jésus à Jérusalem, et bien qu'il ait fait des miracles devant eux, les Juifs ne croyaient pas en lui. Toutefois, «parmi les notables, un bon nombre crurent en lui, mais à cause des Pharisiens ils ne se déclaraient pas, de peur d'être exclus de la synagogue, *car ils aimèrent la gloire des hommes plus que la gloire de Dieu*»(12,43). Pour Jean une foi aussi pusillanime est comparable à un manque de foi; car, comme le dit Jésus en 5,44: «Comment pouvez-vous croire, vous qui recevez votre gloire les uns des autres, et ne cherchez pas la gloire qui vient du Dieu unique?». Se cacher signifie donc refuser de prendre parti pour Jésus, c'est une sorte de rejet, ce qui oppose ce type de disciple au disciple qui manifeste ouvertement son adhésion à Jésus. Joseph et bien d'autres Juifs ont préféré maintenir leur lien avec la synagogue à cause de leurs privilèges. Ils refusaient en même temps de professer leur foi en Jésus et préféraient être connus comme disciples de Moïse. Ils croyaient qu'en restant à la synagogue, ils aideraient les chefs de la synagogue à être plus tolérants avec les chrétiens. Ce sont de véritables syncrétistes qui sont invités à avoir le courage de l'aveugle-né qui a professé sa foi (9,22-38).

En somme, la crainte de Joseph est motivée justement par le fait qu'il reconnaissait Jésus comme Christ (9,22) et que l'exclusion planait sur quiconque le reconnaîtrait comme tel. Son adhésion qui n'est pas publique est plutôt intérieure. Si en 12,42, ce genre de disciple clandestin est jugé durement par Jn, ici, l'action de Joseph est jugée audacieuse et il a acquis l'estime de l'évangéliste. Si la faute antérieure du «disciple» Joseph, mentionnée par Jean, était de se cacher «par peur des Juifs», cela n'est plus vrai ici à cause de sa demande du corps de Jésus, de sa venue au lieu de sa crucifixion et de l'enlèvement du corps.

En effet, la démarche de Joseph d'Arimathie auprès de Pilate pour obtenir qu'on «enlève» le corps double celle des «Juifs» qui demandaient d'«enlever» les cadavres des crucifiés (19,31). On est en présence de traditions différentes, toutes deux vraisemblables historiquement[109], qui

---

158 fois dans le NT a une double signification. Il désigne d'abord une crainte plus ou moins religieuse et dans son second sens une crainte, une peur non religieuse (Cf. P. AUVRAY – P.-M. GALOPIN, «Crainte de Dieu», 219). Il est important de distinguer la crainte religieuse de la peur que tout homme peut éprouver en face des fléaux de la nature ou des attaques de l'ennemi. Seule la première a place dans la révélation biblique (*Ibid.*). Pour plus de précisions sur les Juifs dans l'évangile de Jean, cf. E.G. DJI-TANGAR, «Jésus et les autorités juives», 127.

[109] La tradition que reflète 19,31 est conforme à la loi juive. Le texte important était celui de Dt 21,22-23: «Si un homme, coupable d'un crime capital, a été mis à mort et que tu l'aies pendu à un arbre, son cadavre ne pourra être laissé la nuit sur l'arbre; tu

paraissent concurrentes et pourtant en recueillant les deux traditions, l'évangéliste n'a, selon toute apparence, nullement ressenti leur cachet hétérogène ni l'impression de doublet qui, pour nous, s'en dégage[110]. Peu lui importe que le second récit ne tienne aucun compte du premier et qu'une démarche auprès de Pilate succède à une autre, dans un but similaire, sans que rien ne l'indique dans le texte. «Plutôt que d'établir une parfaite cohérence narrative, voire historique, entre les deux faits, Jean exploite le second en abondance en abondant dans le sens déjà tracé par les synoptiques»[111]. Toutefois, l'évangéliste, qui s'est servi de la requête des Juifs pour amener l'épisode du coup de lance — où aucun enlèvement du corps n'est évoqué —, enchaine sans heurt (μετὰ δὲ ταῦτα) avec la tradition fort ancienne qui attribuait à un notable juif la déposition et la sépulture du cadavre de Jésus. Il ne s'ensuit pas pour autant qu'il y aurait eu deux sépultures, l'une par les soldats ou par les «Juifs» dans la fosse commune réservée aux criminels, l'autre par Joseph[112].

C'est peut-être Brown qui a raison — en prenant le contre pied des thèses de Boismard (auscultation de chaque tradition avec ses additions postérieures jusqu'au demi-verset) et surtout de Loisy qui suggère que la tradition commencée en 19,31 continue en 19,40a-42 de sorte que le «ils» qui ensevelissent Jésus, ce sont les «Juifs» — quand il affirme à propos du rapport entre 19,31 et 19,38a, qu'à une étape antérieure de la pensée johannique, Joseph était associé aux «Juifs» qui demandèrent de faire enlever les corps — et donc au groupe qui avait exigé la mort de Jésus (19,7). Toujours selon lui, c'est seulement en raison de son statut

---

l'enterreras le jour même, car un pendu est une malédiction de Dieu». R.E. Brown citant S. Liebermann («Some Aspects of Afterlife in Early Rabbinic Literature», 517) affirme que: «la pratique romaine de priver les criminels exécutés du rite de l'ensevelissement et d'exposer les cadavres sur la croix pendant des jours [...] horrifiait les Juifs; et lorsque les autorités refusaient d'autoriser l'enterrement du corps, les Juifs prenaient eux-mêmes les choses en main et volaient le corps» (R.E. BROWN, *La mort du Messie*, 1328). L'autre (19,38a) est vraisemblable du fait que, selon la tradition évangélique, le Crucifié fut enterré dans un tombeau individuel; l'autorisation nécessaire ne pouvait être demandée que par un homme influent, capable d'en prendre le risque (cf. X. LÉON-DUFOUR, *Lecture*, IV, 178, n. 142).

[110] S. LÉGASSE, *Le procès*, 574.
[111] S. LÉGASSE, *Le procès*, 574.
[112] Cette hypothèse qui n'a pas été retenue par les critiques imagine que le tombeau trouvé vide par les femmes était la première sépulture, car le corps de Jésus en avait été enlevé par Joseph. Cf. F.-M. BRAUN, *La sépulture de Jésus* ou P. BENOIT, *Passion et Résurrection du Seigneur*, 258-262; ou encore S. LÉGASSE, *L'Évangile de Marc*, I, 155, qui réfutent tous cette thèse de la double sépulture.

de disciple après la résurrection que sa demande du corps de Jésus en vint à être considérée comme rivale de celle des «Juifs»[113].

C'est cet antérieur disciple secret qui sort de sa clandestinité pour demander, venir et enlever le corps de Jésus. Sa demande «d'enlever le corps de Jésus» (19,38a) est présentée comme concurrente de celle des «Juifs» (19,31), et c'est lui qui l'emporte. L'interprétation positive fait désormais de Joseph un disciple au sens plein du terme. Il agit ouvertement en faveur de Jésus même si pour les esprits critiques et péssimistes, son action vient tard[114] et que Jésus étant mort, il serait enseveli quelque soit le mode. Bien au contraire, et c'est notre avis, il s'agit bien d'un acte audacieux vu l'atmosphère de menace d'exclusion de la synagogue qui régnait. En fait pour Jean, celui qui se cachait arrive enfin à dévoiler son identité de disciple qu'antérieurement il tenait caché et que l'évangéliste critiquait.

6.2.3 Joseph d'Arimathie et Nicodème

En accord avec Brown, on peut remarquer à propos de ces deux personnages, et c'est aussi un indice et même un argument en faveur d'un discipolat qu'ils partageraient, qu':

> It is fascinating that in the next part of the johannine scene (§47) Joseph will be associated in the burial with Nicodemus, a teacher of the Jews (3:1; = Sanhedrist) who is sympathetic to Jesus and dissents from the judgment of his fellow Jewish authorities (7:50-52). If we put John's Joseph and Nicodemus together, they represent the different views of Joseph in Matt and Luke! Indeed, the statement that hitherto the johannine Joseph was governed by «fear of the Jews» creates a certain resemblance to what is reported about Joseph by Mark alone (15:43), namely, that it took courage for him to go to Pilate[115].

D'après cette étude comparative, on comprend parfaitement donc que le Joseph d'Arimathie des synoptiques se retrouve de fort belle manière dans les deux figures que Jn présente comme des personnages acquis à Jésus. Si à un niveau minimum et traditionnel, Joseph est ou devient disciple de Jésus et est celui qui prend l'initiative et se charge de l'ensevelir,

---

[113] R.E. BROWN, *La mort du Messie*, 1362.

[114] Par exemple Marchadour suggère une thèse qui va dans ce sens quand il affirme que: «Ce qui est sûr, c'est que la rencontre avec Jésus (3,1-21), interrompue et inachevée sur le plan de la foi, pourrait ici recevoir un prolongement, mais ce n'est pas le Ressuscité, c'est un corps défunt que rencontre Nicodème, un corps avec qui rien ne peut se produire» (A. MARCHADOUR, «Lire l'œuvre de Jean», 352).

[115] R.E. BROWN, *The Death of the Messiah*, 1231.

la même logique se retrouve dans la version johannique des deux personnages que sont Joseph d'Arimathie et Nicodème. La sépulture du Maître est l'œuvre d'une ou de personnes de la haute classe qu'on peut qualifier de disciple (s). On retiendra à minima qu'il fut enseveli par quelqu'un appartenant à la classe dirigeante et en même temps son disciple avec un nom précis, tous ne pouvaient s'y risquer.

Joseph se risqua en premier en demandant le corps de Jésus à Pilate. D'ailleurs le texte ne nous parle d'aucune collaboration entre lui et Nicodème quant à la demande du corps et à son enlèvement. Ils sont en apparence qualifiés différemment: Joseph d'Arimathie «était disciple de Jésus, mais en secret par peur des Juifs» (19,38), tandis que Nicodème est seulement «celui qui était précédemment venu le trouver de nuit» (19,39). A la différence de Joseph d'Arimathie, il n'est pas identifié par l'auteur comme un disciple mais bien comme celui qui avait rencontré Jésus nuitamment. Pourtant ici, le *parallélisme*[116] avec Joseph d'Arimathie est éclairant[117]. Pour le présenter, Jean use d'une figure stylistique qu'il aime bien: *l'analepse*. Le rappel constant (sinon le seul rappel de sa venue de nuit) signifie que celui qui vient au lieu de la sépulture est bien Nicodème le Pharisien et membre du Sanhédrin (notable Juif) et il y vient spontanement et même à l'improviste sans que cela ne lui soit demandé ou imposé. Et pourtant, il est présent à l'ensevelissement pendant qu'il fait encore jour. Il vient à ce moment ultime à Jésus tout comme Joseph, l'apeuré. Ils ont donc surpassé leur crainte pour ainsi dire s'engager en faveur de Jésus[118].

Le verbe ἔρχομαι, employé pour désigner la venue de Nicodème revêt la même signification que le ἔρχομαι relatif à la venue de Joseph à Jésus. Les effets de la mort de Jésus trouvent une expression autonome dans les réactions de diverses personnes dira Brown: chez un Joseph qui avait été jusque-là un disciple secret par peur des Juifs, et maintenant chez un Nicodème «qui était précédemment venu trouver Jésus de nuit». Le fait que, comme Joseph dans tous les évangiles, Nicodème soit «venu» au lieu de l'exécution après la mort de Jésus signifie qu'il fait une démarche d'adhésion à Jésus, un acte de foi ou un passage à la foi comme l'exprime l'expression johannique «venir

---

[116] Figure de style consistant en une correspondance suivie, une progression parallèle entre des personnes, des choses que l'on compare.

[117] A. MARCHADOUR, *Les personnages*, 74.

[118] Nous prenons ici le contre-pied de A. Marchadour qui conclut que: «Le rappel constant de sa venue de nuit (analepse) pourrait signifier que sa relation à Jésus n'a pas bougé depuis cette fameuse nuit» (*Les personnages*, 76).

à Jésus»[119]. Si la faute antérieure de Nicodème, mentionnée par Jean, toujours selon Brown, était d'être venu voir Jésus de nuit, et donc en privé, il est maintenant venu avant le coucher du soleil et donc publiquement. Comme le souligne Mary Brien : «The implication here is that this is different kind of coming. It happens now in dayligth, in the afternoon, because the Sabbath will not begin until nightfall. It is not under cover of darkness, like his first coming. It is qualitatively different»[120]. S'il était jusqu'ici l'un de ces notables qui «mettent la gloire des hommes avant la gloire de Dieu», il a changé de priorité. Il sort du secret pour manifester publiquement sa foi. Il est ainsi associé à Joseph comme les deux premiers Juifs transformés par la victoire du crucifié[121] et que Jean donne en exemple afin que d'autres dans la synagogue leur emboîtent le pas. Jésus avait dit: «Pour moi, quand j'aurai été élevé de terre, j'attirerai à moi tous les hommes» (12,32), l'expression ὑψωθῶ ἐκ τῆς γῆς pouvant signifier à la fois, comme il arrive souvent en Jean, l'élévation de Jésus sur la croix et son élévation à la gloire (cf. 12,33 et 3,14-15; 8,28)[122]. Ces paroles se réalisent quand, pour décrire la mort de Jésus, l'auteur du quatrième évangile emploie une autre expression à double sens qui pourrait signifier qu'il avait rendu l'esprit ou transmis l'Esprit (παρέδωκεν τὸ πνεῦμα) (19,30). La mort de Jésus en croix et donc son élévation en croix devient dès lors le moment de la transmission ou du don de l'Esprit, qui attire les hommes à lui c'est-à-dire, accomplissant ainsi les paroles de Jésus. «Joseph et Nicodème sont donc

---

[119] Cf. M.T. BRIEN, «Latecomers to the Light», 51: «To "come to Jesus" is richly significant phrase in John. It always indicates a movement in faith towards him (1:6, 1:39, 1:47, 3:2, 3:21, 4:7, 7:38, 7:50, 11:45, 19:39)».

[120] M.T. BRIEN, «Latecomers to the Light», 51. Ce qui n'est pas le point de vue de C. Bennema qui affirme: «We conclude that John does not provide sufficient evidence that Nicodemus's actions or understanding of Jesus is adequate for salvation. Although Nicodemus remains sympathetic to Jesus, it is uncertain what he understands of Jesus and his mission» (C. BENNEMA, *Encountering Jesus*, 82-82). Cette dernière position rejoint celle de Marchadour qui pense qu'il faut un supplément à Nicodème qui reste sympathique à Jésus mais ne fait pas le saut qualitatif. Évidemment que cela n'est pas notre point de vue comme le démontre notre analyse.

[121] Cf. R.E. BROWN, *La mort du Messie*, 1393.

[122] Par exemple M.T. Brien considère qu'en Jn 19,38-42, Joseph d'Arimathie et Nicodème sont les premières personnes dans l'évangile de Jean qui sont transformées par l'influence de la croix. Par leurs actes à l'ensevelissement de Jésus, ils montrent comment ils viennent à la lumière et l'élévation de Jésus est leur libération de la prison du passé. Leur transformation implique courage, extravagance et domination de la crainte (cf. M.T. BRIEN, «Latecomers to the Light», 48-56).

les deux premiers attirés, parmi ceux qui jusqu'alors n'avaient pas adhéré publiquement à Jésus comme le doivent les croyants. C'est là un encouragement à d'autres, au sein de la synagogue, à suivre la même voie»[123].

6.2.4 Nicodème et ses dons

D'autres indices du texte en faveur de Nicodème sont encore à relever et à approfondir.

Le mélange apporté par Nicodème consiste en σμύρνα[124] et ἀλόη[125], l'un et l'autre récapitulés au v. 40 sous le terme ἄρωμα, lequel ne désigne donc pas une troisième substance. En hébreu *môr* (d'une racine signifiant «amer»), La myrrhe était produite à partir d'une résine rouge importée d'Arabie (Brown). A ne pas confondre avec *myron*, huile parfumée, qui est mentionnée ailleurs (Mt 26,7.12; Lc 7,37-46; 23,56; Ap 18,13). La myrrhe était utilisée aussi dans le culte. La myrrhe se trouve parmi les dons des Mages en Mt 2,11, et dans la composition du narcotique administré à Jésus d'après Mc 15,23. Quant à l'aloès, en hébreu *'ahalîm, 'ahalôt*, il est le bois de *l'Aquilaria agallocha*. Bois précieux d'Orient, sans rapport avec la plante officinale du même nom. Dans la Bible, le parfum d'aloès est toujours mélangé à la myrrhe: Ps 45,9; Pr 7,17; Ct 4,14. Les deux matières sont ici supposées broyées ou pulvérisées. Il pouvait aussi servir d'encens toujours selon Brown.

Il ne s'agit pas d'huiles parfumées destinées à quelque onction[126], mais de substances végétales odoriférantes dont les graines étaient finement broyées et réduites en poudre pour être répandues à l'intérieur des linges qui recouvraient le cadavre afin de freiner le processus de la corruption, ainsi pour l'enterrement du roi Asa (2Ch 16,14). Cette vertu était aussi reconnue aux parfums utilisés pour un autre rite funèbre, celui de l'onction que Jean a évoqué dans l'épisode de Béthanie (12,1-8). La précision johannique «selon la coutume juive d'ensevelir» souligne que

---

[123] R.E. BROWN, *La mort du Messie*, 1394. Pour P.-M. Boucher en effet, il était nécessaire que le Fils de l'Homme soit élevé puisqu'étant source et fondement de la naissance d'en haut, une fois élevé, celui qui vient d'en haut attirerait tout à lui (P.-M. BOUCHER, «Jn 3, 3.7: Γεννηθῆναι ἄνωθεν (IV)», 89).

[124] Cf. W. BAUER – W.F. ARNDT – F.W. GINGRICH, *A Greek-English Lexicon*, 1620; R.E. BROWN, *La mort du Messie*, 1388-1389.

[125] Cf. R.E. BROWN, *La mort du Messie*, 1388-1389.

[126] Comme les parfums dont parle Lc 23,56. Selon Mc 16,1, les femmes venues à la tombe avaient l'intention d'oindre Jésus, action que Jn raconte sous forme de prolepse dans le récit de Béthanie: Jésus avait interprété le geste de Marie comme un pressentiment de l'Heure.

tout fut accompli selon les règles[127], contrairement au sort habituel réservé aux cadavres des condamnés.

Nicodème ne fait pas les choses à demi, car il apporte «*environ cent livres*» — soit à peu près trente sept kilos[128] — d'un mélange de myrrhe et d'aloès, une composition bien biblique[129], destinée à être répandue entre les linges funèbres en vue de prévenir la mauvaise odeur dégagée par le cadavre. L'énorme quantité d'aromates apportée par Nicodème ne laisse pas de surprendre, même si l'on évoque les 500 serviteurs chargés d'apporter les épices destinées aux funérailles d'Hérode le Grand[130] et, selon une source rabbinique tardive, les 70 ou 80 mines brulées en l'honneur du défunt Gamaliel l'Ancien, un docteur de la Loi estimé «plus digne qu'une centaine de rois»[131].

Cette quantité est impressionnante. «Juda s'était scandalisé qu'on employât une livre de parfum pour Jésus vivant (Jn 12,3-5), et voici qu'on apporte cent livres à un cadavre!», commente Loisy[132]. Il ne suffit pas de dire que cette quantité est une des exagérations auxquelles l'évangéliste a habitué son lecteur, ni que les deux compères ne s'attendaient pas à la résurrection de Jésus[133] puisque les pharisiens y croient. Leur geste est une marque de profonde vénération[134], de grand respect qui éveille l'impression d'obsèques royales[135], un climat

---

[127] C'est pourquoi le récit johannique ne mentionne pas les femmes (habituellement chargées dans la plupart des cultures à préparer les corps des cadavres à ensevelir) qui regardaient à distance (Mc 15,40) et qui reviendraient sur les lieux au matin de Pâques avec l'intention d'oindre le corps de Jésus (Mc 16,1), qui dans le récit marcien, a pour but de rattraper ou de corriger l'ensevelissement bâclé.

[128] Cf. S. LÉGASSE, *Le procès*, 577; R.E. Brown (*La mort du Messie,* 1385) évalue les cent livres à peu près à trente-quatre kilos tandis que J.-M. Auwers («La nuit de Nicodème», 494) parle quant à lui de trente-deux kilos. De toute évidence, c'est une quantité assez extraordinaire. L'hypothèse émise par M.-J. Lagrange (*L'Évangile selon saint Jean*, 503), à savoir que cette quantité résulterait d'une erreur scribale, n'est pas à retenir.

[129] Ps 45,8; Pr 7,17; Ct 4,14.

[130] Cf. X. LÉON-DUFOUR, *Lecture*, IV, 185, qui cite F. JOSÈPHE, *Antiquitates* XVII, 199.

[131] X. LÉON-DUFOUR, *Lecture*, IV, 185. Cf. Jr 34,5 à propos du roi Ezéchias et 2 Ch 16,14 sur les funérailles du roi Asa.

[132] A. LOISY, *Le Quatrième Évangile*, 496.

[133] Selon l'hypothèse défendue par D.D. SYLVA, «Nicodemus and his Spices», 148-151.

[134] Cf. R. BULTMANN, *Das Evangelium des Johannes*, 94, n. 4; R. SCHNACKENBURG, *Das Johannesevangelium*, III, 346.

[135] Cf. D. MOLLAT, *Saint Jean, maître spirituel*, 103; I. de LA POTTERIE, *La passion de Jésus*, 198; J.-M. AUWERS, «La nuit de Nicodème», 494; R. KIEFFER, *Le monde symbolique*, 74.89.

de splendeur. C'est une prise de position par rapport à Jésus qu'ils reconnaissent maintenant comme leur Maître et Seigneur et publiquement. Que Jésus soit enterré avec une pompe funèbre, n'est pas une illusion de grandeur, c'est un signe de sa victoire: Jean prolonge jusqu'au moment de la mise au tombeau, le thème de la royauté du Christ qui domine tout le récit de la passion. Ainsi la dignité royale du Christ, discutée lors de son procès, est-elle confirmée avant sa mise au tombeau. D'autre part, le parfum est pour Jean le moyen d'exprimer la victoire de Jésus sur la mort[136]. Quant à l'embaumement, il assure à Jésus une incorruptibilité qui annonce déjà sa résurrection.

En somme, la sépulture rapide dont Mc laisse subsister le souvenir et à laquelle les deux autres synoptiques s'efforcent d'apporter quelque correction devient, sous la plume de notre évangéliste, le sommet des honneurs funèbres. Ici, pas plus qu'ailleurs, ni toilette funèbre ni onction[137]. En revanche quelle profusion d'aromates au point qu'il n'est guère vraisemblable qu'ils aient pu être entièrement utilisés. *Une intention symbolique est à l'œuvre*[138]. A l'arrière-plan de cette manière de traiter les corps en les embaumant, se retrouve le désir de satisfaction d'une attente. Le Peuple de Dieu attend une réponse à ses attentes et Dieu par la résurrection ne fait que répondre au désir de ce peuple. La résurrection vient alors pour satisfaire ce désir et cette attente d'une vie au-delà de la mort[139]. En réalité, la résurrection ne devait pas les étonner puisque par leur manière de traiter les corps, ils manifestaient à l'avance ce désir d'incorruptibilité, de surgissement et de surrection, en somme de résurrection. Et c'est cela que Dieu agrée en Jésus au matin de Pâques.

6.2.5 Prendre le corps ou le recevoir dans la foi?

Avec Joseph, Nicodème va prendre ou recevoir — nouvelle expression à double entente — le corps de Jésus (19,40): ἔλαβον οὖν τὸ σῶμα τοῦ Ἰησοῦ. La formule ἔλαβον τὸ σῶμα (v. 40) prend le relais de l'expression ἦρεν ou (ἦραν) τὸ σῶμα (v. 38) et semble bien marquer une

---

[136] D. MOLLAT, *Saint Jean, maître spirituel*, 103.

[137] Toutefois l'onction de Béthanie (Jn 12,1-8, spécialement le verset 7) compense, par anticipation, ce dernier devoir. Brown atteste que pour cette période, une sépulture honorable normale impliquait la toilette du corps, l'onction avec de l'huile, et/ou l'introduction d'aromates dans le linceul ou les bandelettes entourant le corps, et son enveloppement (cf. R.E. BROWN, *La mort du Messie*, 1386).

[138] X. LÉON-DUFOUR, *Lecture*, IV, 183-184.

[139] Cf. A. GOERGES, «Sépulture», 1214.

progression dans la pensée de l'auteur. Au sens propre, λαμβάνω signifie prendre (mais n'est pas exactement synonyme de αἴρω «prendre, enlever, supprimer»), avec les emplois particuliers de «recevoir, posséder, gagner, comprendre»[140]. «Enlever (ôter) le corps de Jésus» n'est pas spécifiquement une action du disciple: les Juifs n'avaient pas demandé autre chose à Pilate (19,15; 19,31)[141]. Le geste de «prendre le corps de Jésus» pourrait impliquer donc cette dimension d'accueil dans la foi que désigne volontiers l'expression λαμβάνειν Ἰησοῦν, par exemple en 13,20 ou en 5,43.

> The verb λαμβάνω or παραλαμβάνω is found sixteen times in John. In all cases it carries more than a literal meaning. It is found in the Prologue (1:11-12). To «receive» Jesus is to accept him personally in an act of faith. Those who «receive» Jesus are given «power to become children of God» (1:12). To «receive» or to «accept» Jesus is always a matter of personal choice, but is impowered choice. Those who «come» to Jesus are «drawn» by the Father. Those who «receive» Jesus are given the power to do so[142].

Pour Auwers[143], au chapitre 3, Nicodème «ne recevait pas le témoignage de Jésus» (3,11). Sa foi n'était pas assez mûre pour lui permettre de «naître d'en haut» (v. 3) et d'entrer dans le royaume de Dieu (v. 5). Le voilà à présent qui reçoit le corps de Jésus. Il pense comme Brien qu'il pourrait y avoir un écho du prologue: «Chez soi il est venu, et les siens ne l'ont pas reçu. Mais à tous ceux qui l'ont reçu, il a donné de pouvoir devenir enfants de Dieu» (1,11-12a). Nicodème est du petit nombre de ceux qui ont accueilli le verbe de Dieu dans la foi[144]. De plus selon Auwers, on peut se demander si ce n'est pas l'eucharistie[145] qui est évoquée ici, comme si Nicodème répondait à l'invitation de Jésus: «Prenez, c'est mon corps» (Mc 14,22: Λάβετε, τοῦτό ἐστιν τὸ σῶμα μου). On rapprochera alors Jn 6,53, tel qu'il se lit dans le texte occidental: «si vous ne recevez (ἐὰν μὴ λάβετε) la chair du Fils de l'Homme, vous n'aurez pas la vie en vous».

---

[140] P. CHANTRAINE, *Dictionnaire étymologique*, 616.

[141] Cf. encore 20,2.13 pour désigner la violation de la sépulture selon les propos de Marie de Magdala.

[142] M.T. BRIEN, «Latecomers to the Light», 51.

[143] J.-M. AUWERS, «La nuit de Nicodème», 500-501.

[144] Cf. B. HEMELSOET, «L'ensevelissement selon saint Jean», 53-54. Voir I. de LA POTTERIE, *La passion*, 164.

[145] En Col 2,6, «Recevoir le Seigneur Jésus-Christ», c'est recevoir son corps eucharistique. L'allusion eucharistique en Jn 19,40 est soutenue par J.N. SUGGIT, «Nicodemus — the True Jew», 101-105.

Nicodème et Joseph reçoivent le corps de Jésus et donc l'accueillent dans la foi. Et si λαμβάνειν τὸ σῶμα τοῦ Ἰησοῦ est plus précis, il pourrait aussi faire allusion à la communauté qui doit encore, en un sens réel et symbolique, «prendre» le corps de Jésus (cf. 19,23.27.40), l'embaumer et ainsi, dirions-nous, le préparer à ressusciter[146].

Les préparatifs funéraires, où sont employés les aromates (vv. 39-40), doivent s'interpréter à la lumière de l'onction de Béthanie (12,2-8). Dans la structure globale du quatrième évangile, les deux épisodes se répondent[147]; de plus, ils présentent des contacts littéraires évidents: λίτρα[148] est uniquement utilisé en 12,3 et 19,39; ἐνταφιασμός, mise au tombeau (12,7) et ἐνταφιάζειν, mettre au tombeau (19,40); la grande quantité de parfum (12,3) et l'abondance des aromates (19,39). Il faut remarquer que l'onction à Béthanie annonce les préparatifs funéraires (12,7) et les justifie comme une marque de profonde vénération[149]. Elle montre que la mise au tombeau future de Jésus n'est pas abandonnée au hasard des circonstances: le Maître lui-même explique le geste amical de Marie. L'exceptionnelle quantité de nard qu'elle utilise préfigure un ensevelissement royal, confirmé en 19,39[150].

Aussi en raison de l'insistance du texte sur la σῶμα de Jésus (3 fois), qui a été identifiée en 2,19-21 avec le Temple, contrairement au terme «cadavre» (πτῶμα) qui n'est utilisé dans les évangiles à propos de Jésus qu'une seule fois (Mc 15,45), la présence de myrrhe et d'aloès, utilisés comme encens dans le culte israélite, pourrait suggérer une autre symbolique, celle du corps/Temple. Elle serait confirmée par l'allusion à la vision d'Ezéchiel qu'impliquait le jaillissement de l'eau du côté du crucifié (19,34)[151].

Que Joseph prenne sur lui de demander le corps de Jésus et qu'avec Nicodème il procède à l'ensevelissement, «sauve la mise»[152] sinon rend plus positif l'acte de Joseph. Toutes les autorités juives ne peuvent décidément pas être confondues. Le λαμβάνειν de l'acte commun («ils prirent

---

[146] Y. SIMOENS, *Selon Jean*, III, 850.

[147] Cf. schéma proposé par M.-É. BOISMARD – A. LAMOUILLE, *Synopse*, III, 299.

[148] La *litra* ou livre romaine pesait environ trois cent quarante grammes, et le total faisait donc à peu près trente-quatre kilos selon R.E. BROWN, *La mort du Messie*, 1385.

[149] Plusieurs commentateurs interprètent l'onction de Béthanie comme étant une onction royale. Cf. C.K. BARRETT, *The Gospel according to John*, 409: «The anointing as a means of expressing the royal dignity of Jesus in preparation for his triumphal entry into Jerusalem».

[150] R. KIEFFER, *Le monde symbolique*, 74.

[151] X. LÉON-DUFOUR, *Lecture*, IV, 185.

[152] Y. SIMOENS, *Selon Jean*, 850.

le corps») en 19,40 a une tonalité plus favorable que le αἴρειν de l'acte solitaire de Joseph.

6.2.6 Déposer Jésus

L'évangéliste a évité ici le mot «corps»[153]; il termine le récit en nommant Celui qui va vaincre à jamais la mort. Sa finale est paisible et signifie, comme écho de la dernière parole de Jésus (19,30), que sa tâche est accomplie et que l'heure du repos est arrivée. L'évocation d'un «jardin» (κῆπος) — le mot est redoublé — contribue en tout cas grandement à la tonalité paisible de repos après l'épreuve, qui caractérise le récit. La suite, sans être ni un hors-d'œuvre ni une parenthèse, ne fait que confirmer ce qui est déjà acquis à l'heure où Jésus, ayant rendu à son Père son souffle de vie, est déposé dans le tombeau.

Jean ne dit pas, comme Matthieu (27,60), que le tombeau où Jésus fut déposé appartenait à Joseph, mais il rejoint le même évangile en précisant que le tombeau était «neuf» (καινὸν) et il renchérit en ajoutant, à l'aide de termes très voisins de ceux de Lc 23,53, que «personne n' [y] avait été déposé». Il convenait en effet que le corps sacré de Jésus bientôt ressuscité ne fut pas mêlé aux restes d'autres morts. Tout neuf signifie donc qu'il n'a jamais été contaminé par la présence impure d'un cadavre[154].

En somme, le récit de la passion se clôt sur une narration où la mort est pleinement confirmée, mais aussi entourée de silence, de respect, d'honneur et de paix.

7. Synthèse

Les traditions sous-jacentes à notre péricope ne sont pas de véritables parallèles synoptiques mais sont plûtot l'expression de la tradition johannique première. Dans sa monture originale, Jn 3,3.9-10.31-36 constituerait le point de départ dans le processus de formation de Jn 3,1-21 et serait un dialogue didactique sur les conditions du salut (vv. 3.9-10.31a) duquel se sert Jésus pour orienter christologiquement le débat (vv. 31b-36) à partir d'une catéchèse primitive.

Une confrontation synoptique du consensuel point de départ de notre texte à étudier, à savoir Jn 3,3 avec les synoptiques, permet d'admettre un lien traditionnel entre Jn 3,3 et Mt 18,3 comme variante de Mc 10,15

---

[153] A la différence de Mt 27,60. Mc et Lc utilisent le pronom αὐτον (le déposa) référé à Jésus.

[154] X. Léon-Dufour, *Lecture*, IV, 187.

ou avec plus de prudence, que Jean a été au moins en contact avec cette partie de la tradition sous-jacente aux évangiles synoptiques et cela avant la rédaction finale de Marc. Et cela permet d'affirmer que les diverses communautés et leur milieu de vie conditionnent les orientations théologiques d'un même verset, toute proportion et prudence gardées puisque les rapports de Jean avec les synoptiques sont si complexes qu'il est impossible de brandir des certitudes. Tout au plus, on peut tout simplement affirmer le contact qui se serait établi entre eux et non une dépendance du premier par rapport aux trois autres.

Qu'il s'agisse de «παλιγγενεσία», «la palingénèse», nouvelle création en Mt 19,28 ou encore des thématiques présentes ailleurs dans le NT, telles l'ἀνακαίνωσις (renovation), l'ἀναγεννάω (re-engendrer) ou encore l'ἀποκυέω (enfanter), elles permettent à n'en point douter, des rapprochements possibles avec Jn 3, en particulier avec le dialogue de Jn 3,1-10, surtout que la thématique baptismale et/ou de l'«engendrement d'en haut» ne sont pas à exclure de l'interprétation de ces différents textes. Mais elles ne restent que des rapprochements et non des similitudes incontestables.

Et s'agissant des textes de l'AT, nous constatons globalement que le texte d'Ez 36,25-27 est un texte central et illuminatif, bien sûr pas tout seul, aussi bien pour la thématique de l'«être engendré d'eau et d'Esprit» que pour celle de l'oppositon «chair/Esprit» mais dans une perspective plutôt eschatologique. Le même constat se fait s'agissant des textes intertestamentaires, en particulier les attestations du livre des jubilés et des manuscrits de Qumrân. La purification et la création d'un ou par un Esprit de sainteté comme voie d'accès au salut ne fait pas non plus défaut à ces textes anciens.

Mais en dehors de ces textes et thématiques qu'on peut rapprocher de Jn 3,1-21, l'évangile de Jn contient lui aussi des textes illuminant notre péricope surtout à cause des deux ultérieurs retours de Nicodème dans cet évangile. C'est d'abord Jn 7,37-52, à l'arrière-plan duquel la discussion sur les origines de Jésus (7,37-52) permet de faire ressortir le *Sitz im Leben* ou milieu vital qui n'est autre que la controverse entre Juifs et Chrétiens, entre l'Église et la Synagogue au temps de l'évangéliste, un débat fait d'intimidation (7,13) de la part des Juifs et une polémique sur l'identité de Jésus, sur la place du Christianisme par rapport au Judaïsme vers la fin du premier siècle mais qui évoque dans le même temps la situation au temps de Jésus. On reconnaitra derrière cette polémique, la tradition ou attente populaire qui veut que le Messie soit d'une origine inconnue (7,27), et celle qui veut que le Messie soit de la descendence davidique (7,40-42). La communauté johannique fait plutôt l'éloge d'une messianité trouvant directement ses origines dans la venue du Fils d'en haut, du ciel, du Père, une affirmation ou confession de foi fortement encrée dans cette communauté des disciples.

L'évolution ou non de Nicodème dans sa relation à Jésus est mise en lumière dans son intervention en 7,50-52. Nicodème rappelle à ses pairs une règle élémentaire en matière de jugement et manifeste tout de même, par des propos contraires, à l'encontre de ceux de ses pairs Pharisiens, son intérêt pour Jésus. Le débat sur son identité se poursuit ici. Mais comme la fin du récit nous le fait constater, il ne réussit pas à cause de leur refus, une véritable fin de non recevoir, et on ne peut que conclure: «*The Long Way*» n'a pas non plus ici un aboutissement heureux mais ouvre encore sur un avenir.

C'est ensuite et enfin Jn 19,38-42 qui illumine notre texte à étudier. La version johannique de la sépulture de Jésus constitue le sommet des honneurs funèbres que les textes synoptiques nous ont rendu d'abord sous un aspect «baclé» en Mc et que les deux autres synoptiques tentent de corriger. Il n'est pas possible toutefois de reconstituer en détail la scène, à cause des traditions et des accents propres à chacun des quatre textes. A son fondement, l'historien reconnaît trois données qui remontent à la tradition préévangélique: le moment (une veille de Sabbat, le jour même de la mort), l'intervention d'un notable juif appelé Joseph d'Arimathie, le caractère hâtif de la sépulture. Et malgré des éléments communs, le récit johannique s'avère fort différent des versions parallèles surtout avec la présence de Nicodème et l'absence des femmes et l'emploi d'aromates surabondants en guise d'onction.

En réalité, Si l'on met ensemble les deux personnages de Jean, Joseph et Nicodème, ils représentent les diverses conceptions de Joseph chez les synoptiques: personnage attendant le royaume (Mc 15,43), disciple de Jésus (Mt 27,57), homme juste et droit, en désaccord avec les autres et attendant le Royaume (Lc 23,50.51). A un niveau minimum au plan traditionnel, la sépulture de Jésus est donc le fait d'un homme gagné à sa personne ou du moins préparé à l'accueillir que Mt et Jn qualifient de disciple. Ce seul personnage synoptique se retrouve dans la version johannique de l'ensevelissement en deux figures (Joseph d'Arimathie et Nicodème) que Jn présente comme des personnes acquises à Jésus, des disciples du Jésus johannique.

Le verbe ἔρχομαι, employé pour désigner la venue de Nicodème revêt la même signification que le ἔρχομαι relatif à la venue de Joseph à Jésus. Les effets de la mort de Jésus trouvent une expression autonome dans les réactions de diverses personnes: chez un Joseph qui avait été jusque-là un disciple secret par peur des Juifs, et maintenant chez un Nicodème «qui était précédemment venu trouver Jésus de nuit». Le fait que, comme Joseph dans tous les évangiles, Nicodème soit «venu» au lieu de l'exécution après la mort de Jésus signifie qu'il fait une démarche d'adhésion à Jésus, un acte de foi ou un passage à la foi comme l'exprime l'expression johannique «venir à Jésus».

D'autres indices du texte en faveur de Nicodème sont entre autres: le don surabondant d'aromates donnant l'impression d'obsèques royales, le geste de «prendre le corps de Jésus» impliquant cette dimension d'accueil dans la foi que désigne volontiers l'expression λαμβάνειν 'Ιησοῦν. Nicodème et Joseph reçoivent le corps de Jésus et donc l'accueillent dans la foi. En somme, Joseph et Nicodème sont disciples de Jésus au sens plein du terme mais à leur manière ou selon leur genre: ce sont des disciples *sui generis*.

Excursus sur les disciples *sui generis* en Jean

Une analyse sémantique du terme «disciple» dans l'évangile de Jean fait en effet ressortir les catégories et les caractéristiques suivantes selon le sens que prend ce terme:

1. **Les douze ou disciples privilégiés**: Dans plusieurs passages et dans un sens restreint, le nom de «disciple» est réservé spécialement pour les Apôtres ou les douze (Jn 2,2; 3,32; 6,12.16; 13,22.23; 18,16 etc.). Ils ont les caractéristiques suivantes:

1.1 *Initiative de Jésus* (Jn 1,43; 15,16): Ce qui compte pour devenir son disciple, ce ne sont pas les aptitudes intellectuelles ni même morales; c'est un appel dont Jésus a l'initiative et derrière lui, le Père qui «donne» à Jésus ses disciples (Jn 6,39; 10,29; 17,6.12)[155].

1.2 *Croire en Jésus*: Des divers emplois du verbe «*pisteuô*» dans le quatrième évangile, nous pouvons affirmer que pour Jean, la foi est une attitude ferme (*pepisteuka*) et dynamique (*eis*) qui porte la personne humaine vers Jésus-Christ, le Fils Unique de Dieu, Fils de l'Homme et Verbe fait chair et la porte aussi vers le Père. Cette attitude concerne toute la personne, et l'incite à adhérer au Christ, à qui elle fait totalement confiance. Les disciples paraissent évoluer dans une foi qui se situe

---

[155] Cf. A. MARCHADOUR, *Les personnages*, 205; J. LEBRETON, «Jésus-Christ», 1005; A. FEUILLET, «Disciple», 291; J.P. MEIER, *Un certain Juif Jésus*, III, 53; cf. C. AUGRAIN, «Suivre», 1260.

d'emblée sur le bon registre. Si l'on examine l'appel des premiers disciples, on les voit suivre l'appel de Jésus (1,39). Toutefois on pourrait se demander si ce n'est pas le caractère extraordinaire de la connaissance de Jésus qui provoque et motive la foi chez Nathanaël (4,42b), un peu comme pour la Samaritaine. Cependant, à l'appui d'une foi parfaite, nous avons le fait que les disciples (sauf Juda (6,70-71)) ont toujours continué à professer leur foi au Christ qui détient «les paroles de la vie éternelle» (6,68-69), en dépit des hésitations provoquées «par la crainte des Juifs» (20,19), qui entrainera le reniement de Pierre (18,17.25.27). Il n'empêche que cette foi soit aussi en cheminement comme le révèlent, d'une part, les demandes ou les affirmations comme celles de Philippe (14,9) ou de Thomas le jumeau après la résurrection du Christ (20,25). Du reste, Jésus lui-même les prépare à l'épreuve de la foi (16,1-4.32-33). C'est qu'il ne s'agit pas d'une foi statique, *acquise* une fois pour toutes mais *dynamique*: tout en croyant sur la foi de la parole de Jésus, les disciples progressent dans la découverte du maître et la pleine intelligence de ses paroles (cf. 16,13).

1.3 *Porter beaucoup de fruits* (Jn 15,1.4.8.18)[156].

1.4 *Résurrection, Écriture et mémoire des disciples* (Jn 2,17.22; 12, 16).

1.5 *Amour des frères dans la communauté chrétienne* (13,34.35; 17,26; cf. 1Jn 3,23)[157].

1.6 *Possibilité de la trahison et du reniement*: A travers les figures de Juda et de Pierre, le disciple peut se caractériser par son abandon de Jésus. Juda trahit son maître et Jean l'évoque à plusieurs reprises (6,64; 13,21s.; 18,2-3.5); quant à Pierre, il se présente comme un lâche disciple qui abandonne Jésus là où il aurait fallu qu'il témoigne de son appartenance à lui (18,17.25.27). Toutefois si Juda ne se repent pas de sa trahison, Pierre est l'exemple du disciple contrit qui reconnait sa fuite en avant et revient à son maître pour lui être plus fidèle. La foi en Jésus au regard de ces deux figures bibliques n'est donc pas une donnée acquise une fois pour toute. La possibilité de rester en cours de chemin n'est pas à exclure tout comme celle d'une exigence de fidélité qui pousse le disciple à se reprendre et à revenir à Jésus qui non seulement accueille Pierre mais aussi lui confie une mission spéciale dans le groupe des douze.

2. **Les disciples publics**: Par extension, les disciples sont tous ceux qui adhèrent à la doctrine de Jésus et ne s'en cachent pas (Jn 4,1; 6,60.66; 7,3; 8,31; 9,27.28). Jean leur attribue les caractéristiques suivantes:

---

[156] Cf. C. SPICQ – X. LÉON-DUFOUR, «Fruit», 495-496.
[157] C. WIENER, «Amour», 55.

2.1 *Croire en Jésus*: L'exigence de la foi en Jésus est la première caractéristique du disciple de Jésus qui ne fait pas partie du groupe des douze. Le croire est fondamental. Au plus bas de l'échelle, nous avons ceux qui croient à cause des signes, et qui, sans miracles, ne croient pas (cf. 4,48). C'est en somme la foi commune des gens, Juifs et autres, qui entendent parler de Jésus et de ses miracles, l'approchent et croient en lui simplement à cause des signes qu'il opère. C'est là une foi inchoative et imparfaite, que Jésus réprouve, car le miracle, signe ou prodige opéré par Jésus reste une propédeutique à la foi au Christ qui, elle, est basée sur autre chose. Quant à la foi parfaite, fondée sur la seule parole de Jésus, elle est adhésion au Fils unique de Dieu non pas à cause des signes et prodiges, mais en vertu et à cause de sa parole. Croire au Christ, sur la foi de sa parole, c'est bien cela la *locutio Dei attestans* que nous récitons dans l'acte de foi[158].

2.2 *Demeurer dans sa parole*: Le texte évangélique prend soin, en quelques occasions, de préciser les critères où se reconnait le vrai disciple. En 8,31 on lit: «Jésus dit alors aux Juifs qui l'avaient cru: "*Si vous demeurez dans ma parole, vous êtes vraiment mes disciples*"». Le disciple demeure en lui en gardant sa parole. Pour Jean, les disciples qui accueillent l'annonce du «Verbe de vie» entrent en communion avec Jésus et le Père. L'observation des commandements de Jésus est le signe authentique du désir de cette communion permanente (Jn 14,21; 15,10) que la puissance de l'Esprit-Saint réalise (14,17; 1Jn 2,27; 3,24; 4,13). Garder la parole de Jésus, c'est demeurer attaché à lui. Le verbe «demeurer» évoque aussi la fidélité à l'Alliance qui va être renouvelée dans le sang du Christ. Demeurer dans sa parole n'est rien d'autre que la fidélité à cette parole à laquelle le disciple doit s'attacher de tout son être et toujours pour que sa communion au Père et au Fils soit parfaite[159].

2.3 *Possibilité d'abandon*: Ici aussi, la possibilité d'abandonner Jésus se perçoit dans l'attitude des disciples qui n'accueillent pas les paroles de Jésus parce qu'elles sont dures et insupportables (6,60); c'est pourquoi se mettent ils à murmurer (6,61) et beaucoup finissent par se retirer et ne plus aller avec Jésus (6,66). Le discipolat s'acquiert à chaque moment et n'est point une garantie, un acquis.

3. **Les disciples secrets**: Dans un sens plus spécifique, des personnes favorables ou des disciples de Jésus sont tenus pour secrets à cause de la

---

[158] Cf. H. VAN DEN BUSSCHE, *Jean*, 35; J. DUPONT, «Foi», 485.
[159] Cf. M. COCAGNAC, *Les symboles bibliques*, 157.

peur des Juifs (7,13; 9,22; 12,42; 19,38). Eux se caractérisent de manière suivante:

3.1 *Croire en Jésus*: En 12,42, Jean note: «Toutefois, il est vrai, même parmi les notables, un bon nombre crurent en lui, mais à cause des pharisiens ils ne se déclaraient pas, de peur d'être exclus de la synagogue». Il atteste par cette affirmation de l'existence de crypto-disciples même parmi les autorités Juives en plus de certaines personnes dans les foules qui voyaient en Jésus «un homme bien» (7,12) mais n'osaient pas le manifester ouvertement par peur de l'exclusion de la synagogue. On pourrait penser que Nicodème était de ceux là qui n'osaient pas affirmer ou manifester leur adhésion à Jésus puisqu'il était Pharisien et membre du Sanhédrin, donc notable, le seul d'ailleurs à être explicitement cité comme tel par Jean.

3.2 *Croire en secret*: Ce sont non seulement les gens de la foule qui croyaient en Jésus ou qui avaient de l'admiration pour lui mais n'osaient pas l'exprimer (7,12-13) ou encore les parents de l'aveugle-né (9,22) mais aussi des notables qui crurent en lui, mais à cause des Pharisiens ils ne se déclaraient pas, de peur d'être exclus de la synagogue(12,42). Le cas le plus patent est celui de Joseph d'Arimathie qui est un crypto-disciple comme bien d'autres. C'est dire que parmi les Juifs, un nombre non négligeable de personnes croyaient en Jésus mais à cause de la menace de l'exclusion, personne n'osait sinon l'aveugle-né exprimer ouvertement sa foi.

3.3 *La peur des Juifs*: Cette crainte des Juifs, omniprésente dans l'évangile de Jean (7,13; 9,22; 12,42; 20,19) est comme s'agissant de Joseph d'Arimathie, la raison de cette crainte non religieuse. Le radicalisme des Pharisiens en particulier faisait peser la peur sur quiconque voudrait manifester son attachement à Jésus. Ils n'étaient pas disposés à perdre le privilège de la popularité et de l'audience qu'ils avaient auprès du peuple.

3.4 *L'exclusion de la synagogue*: La décision d'exclure de la Synagogue les partisans de Jésus, fut prise nous dit Jean par les «autorités Juives» (9,22), mais ce sont les Pharisiens qui l'exécutent systématiquement (9,34-35 et 12,42). D'après Jn 9,22; 12,42 et 16,2, quiconque confesse le Christ est menacé d'être exclu de la Synagogue. Les disciples et témoins du Christianisme Johannique risquent même d'être mis à mort, c'est-à-dire probablement lapidés (cf. Jn 8,59; 10,31-39), comme maîtres hérétiques. Cette exclusion de la Synagogue et par suite de la communauté Juive était considérée comme une peine grave (Lc 6,22; Jn 9,22; 12,42; 16,2) parce qu'elle séparait définitivement de la communion de foi, d'espérance et de vie. Il ne faut toutefois pas confondre cette exclusion avec l'excommunication de la Synagogue. Cette dernière était temporaire et n'était qu'une mesure disciplinaire[160].

Conclusion: De cette étude, se dégagent trois catégories de disciples dont la caractéristique fondamentale et commune à elles toutes est la foi en Jésus. Pour être dit disciple de Jésus, il faut croire en lui. Tantôt et le plus souvent, ces disciples sont le cercle restreint de ceux qui partagent l'existence de Jésus. C'est le cas lorsque certains du groupe sont nommés, un phénomène plus fréquent dans Jean que dans les autres évangiles ou quand la foule des disciples au sens large est distinguée des «Douze» (6,66-67). Mais en plus une autre catégorie se dégage que l'on peut nommer «crypto-disciples» qui eux aussi ont en commun avec les douze et disciples publics la foi. Pour Jean, qui dit «disciple» implique foi en Jésus, et, par là, amène à conclure que tout croyant peut prétendre à ce titre[161]. Mais que dire alors du discipolat de Nicodème? Quel type de disciple est-il?

Le parcours de Nicodème est celui du Pharisien et du notable Juif qui était venu trouver Jésus de nuit dont la rencontre se solda par un échec puisqu'à l'heure de la révélation de l'identité du maître, Nicodème a disparu de la scène sans qu'on ne puisse savoir s'il a progressé dans sa découverte de Jésus (3,1-21). Son parcours est aussi et toujours celui du notable et du Pharisien qui dans un climat d'hostilité à Jésus garde le silence et ne permet pas de déterminer son adhésion ou non à Jésus (7,45-52) malgré son interêt pour lui. Son parcours est encore et enfin celui du notable et du Pharisien qui au cœur d'une atmosphère tendue et sous la menace de l'exclusion de la Synagogue se présente à la sépulture de Jésus les mains chargées d'aromates (19,39).

Nicodème ne peut être compté parmi les disciples de Jésus au plan physique et littéral. Jésus ne lui a jamais adressé un appel spécifique comme ce fut le cas des premiers disciples en Jn 1. Il ne fait pas partie des privilégiés appelés par Jésus à partager sa vie encore moins à l'accompagner dans ses tournées de prédication. D'ailleurs, par sa présentation en Jn 3,1-2a, reprise par une analepse en 7,50 et 19,40, l'évangéliste nous le fait découvrir comme un Pharisien et un membre du Sanhédrin, ceux-là même qui seront les principaux rivaux de Jésus et qui par jalousie seront les principaux acteurs de sa mort. De plus, sa rencontre avec Jésus

---

[160] Cf. F. VOUGA, «Les Juifs dans le quatrième évangile», 414; H. LESETRE, «Synagogue», 1899-1900.
[161] Cf. S. LÉGASSE, *Le procès*, 457.

en Jn 3, se situe moins comme une démarche d'adhésion mais plutôt comme une enquête de la classe dirigeante représentée par Nicodème sur l'identité du thaumaturge Jésus. Nicodème n'est pas disciple au plan physique et littéral comme les douze qui voyageaient, suivaient partout Jésus et partageaient sa vie quotidienne.

Les disciples publics sont ceux-là qui ont manifesté ouvertement leur foi en Jésus sans peur de la menace d'exclusion de la Synagogue. Sans suivre Jésus dans ses tournées de prédication, ils ont professé leur foi avec tous les risques que cette prise de position comportait. Ici aussi ce type de discipolat ne s'applique pas à Nicodème puisque son parcours est celui du Pharisien et du notable Juif dont l'ambiguïté de la foi ne se clarifiera qu'à la croix et non durant le ministère de Jésus. D'ailleurs sa rencontre avec Jésus vivant fut un échec ainsi que son intervention en Jn 7 qui est suivie d'un silence qui ne permet pas de dire qu'il a adhéré à Jésus sinon qu'aucun des Pharisiens ou notables Juifs n'a cru en Jésus et donc Nicodème aussi.

La présence de Nicodème à la croix éclaire d'une certaine façon son parcours silencieux. Certainement que depuis la première rencontre, Nicodème éprouvait un intérêt particulier pour Jésus. Il avait peur d'exprimer ce qui mûrissait en lui à en juger par son silence devant la farouche opposition de ses pairs qui lui répondent par une interrogation à laquelle il ne donne pas de suite (7,52). Mais enfin il réussit à vaincre sa peur après ce long parcours et à se présenter à la croix qui peut s'entendre comme une profession de foi en acte. La foi n'est pas seulement parole mais elle est aussi acte et Nicodème en se rendant au lieu de la sépulture ne cache plus désormais son attachement à Jésus. Dans son don d'aromates, il reconnait Jésus comme son Maître et Seigneur auquel il rend les ultimes honneurs royaux et le prépare à ressusciter. Nicodème est ainsi passé de l'ombre de la nuit à la clarté de pâques qui pointe à l'horizon. Il est associé à Joseph comme crypto-disciple puisqu'en réalité, il n'osait pas jusqu'à lors manifester son adhésion à Jésus. Le fait que comme Joseph il se soit rendu à la croix manifeste qu'il cachait cette adhésion par peur d'une exclusion de la Synagogue et donc de la perte de ses privilèges (Pharisien et membre du Sanhédrin). De plus, prendre le corps de Jésus comme nous l'avons signifié suggère cet accueil de Jésus dans la foi qui était restée dans l'ombre jusqu'à ce qu'il se manifeste publiquement. Si la première rencontre se passe la nuit, cette dernière se passe avant la nuit et donc augure d'une condition nouvelle.

Nicodème et Joseph ne sont ni des disciples privilégiés (les douze), ni des disciples publics comme ceux qui ont manifesté ouvertement leur adhésion à Jésus durant son ministère public, ni enfin des disciples secrets avec leur présence à la croix et au lieu de l'ensevelissement.

Avec leur présence à la croix et comme nous l'avons expliqué par l'étude de Jn 19,38-42, ils sortent du secret pour se présenter comme des disciples très particuliers. En effet, Joseph et Nicodème ont reçu le courage de glorifier Jésus publiquement par un don royal d'aromates et par le lieu où ils l'ensevelissent. C'est l'accomplissement des propres mots de Jésus: «Quand j'aurai été élevé de terre, je les attirerai tous à moi» (12,31-34). Joseph et Nicodème sont les deux premiers attirés, parmi ceux qui jusqu'alors n'avaient pas adhéré publiquement à Jésus comme le doivent les croyants. C'est là un encouragement à d'autres au sein de la Synagogue, à suivre la même voie. Joseph et Nicodème sont des disciples[162] *sui generis*.

Fin d'excursus

---

[162] Pour une étude plus générale sur les notions de «disciples» et du «discipolat», on pourra consulter M.J. WILKING, «Disciples», 176-182; *Ibid.*, «Discipleship», 182-189.

CHAPITRE VII

Critique de la rédaction de Jn 3,1-21

Notre préoccupation ici sera de préciser le processus qui a permis au texte d'acquérir son aspect définitif et donc de déterminer le point de vue qui a guidé le rédacteur dans ses choix, sa réélaboration et systématisation du texte. Cela implique aussi de répondre à la demande suivante: A quel groupe de lecteurs s'adresse-t-il et quels moyens utilise-t-il pour orienter ses lecteurs? En un mot, quels sont les facteurs qui ont influencé sa rédaction?[1] Il convient de préciser que dans cette critique de la rédaction, nous n'aborderons pas les questions relatives à la personne du rédacteur ou encore celles concernant le lieu et le temps de la rédaction[2] même si nous pourrons en faire cas si besoin se fait sentir. Ce qui nous intéressera sera plutôt l'intervention du rédacteur et les indices sur les destinataires de Jn 3,1-21. Mais avant, il serait nécessaire de faire des observations générales sur notre péricope, susceptibles de nous donner des orientations sur sa rédaction[3].

---

[1] Cf. W. EGGER, *Metodologia*, 196.

[2] A ces propos, on pourra consulter les commentaires et ouvrages généraux sur Jean ou les introductions au NT, qui reviennent amplement sur ces questions. En plus des auteurs que nous avons déjà cité (R. Bultmann, R.E. Brown, R. Schnackenburg, M.-É. Boismard, C. Dodd, X. Léon-Dufour, etc.), on pourra aussi se référer à J. Gnilka (*Johannesevangelium*); O. Cullmann (*Der johanneische Kreis*) ou encore à M. de Jonge (*L'Évangile de Jean. Source, rédaction, théologie*) et à bien d'autres auteurs dont la liste n'est pas exhaustive.

[3] Comme le fait remarquer Egger dans sa méthodologie du NT: «Dalle osservazioni sulle caratteristiche linguistico-stilistiche, semantiche e pragmatiche, oltre che del tipo testuale/genere letterario di un'opera, si possono trarre indizi relativi alla redazione. Per le singole pericopi, invece, le deduzioni devono tener presente tutta l'opera» (W. EGGER, *Metodologia*, 199).

1. Observations générales sur Jn 3,1-21

Au risque de nous répéter[4], nous voulons poser les bases d'une critique de la rédaction qui prenne appui sur les observations linguistico-syntaxiques, sémantiques, les genres littéraires présents dans le texte et les problèmes que soulève notre péricope aussi bien dans le chapitre 3 de Jean que dans l'ensemble de l'évangile. Un parcours de Jn 3,1-21, au regard des grandes étapes de l'étude que nous avons faite jusqu'à présent, permet les observations suivantes:

A un niveau purement formel, nous passons successivement d'un récit à un dialogue puis à un monologue ou discours. Et malgré la difficulté de délimitation entre le dialogue et le monologue (v. 10 ou 12), la péricope se présente tout de même, au plan synchronique, comme une unité littéraire qui dégage globalement trois grands champs sémantiques qui quelques fois s'entremêlent: Un dialogue centré sur l'«être engendré» d'en haut ou de l'Esprit (3,2b-10); une première partie du monologue qui revient constamment sur le croire au Fils (3,12.15. 16.18) et une seconde partie qui parle de jugement (3,16.17.18.19-21). La complexité de cette tentative de structuration étant le retour des thèmes relatifs au «croire» et au «jugement» à partir du v. 16, tandis que la thématique du «salut» traverse le texte (3,3.5.15.16.17).

Jn 3,1-21 soulève le problème de son rapport à d'autres passages aussi bien dans le chapitre 3 que dans d'autres péricopes de Jean. A ce sujet, faut-il parler de passages parallèles, de redoublement ou de réédition? Par exemple la fin du discours du Baptiste en 3,31-36, dont le constat de rupture est évident au v. 31, reprend des thématiques présentes dans le monologue qu'il rejoint parfaitement et par voie de conséquence, soulève les problématiques de sa position originelle, de l'enjeu d'un tel déplacement (pourquoi ces versets se retrouvent-ils dans le texte final sur les lèvres du Baptiste?) et celle de la composition primitive de Jn 3,1-21. Un constat similaire peut se faire à la lecture de Jn 3,16-19 et Jn 12,46-50. Les thèmes de la lumière et des ténèbres, du monde, du croire en lui (Jésus), du jugement, de son envoi par le Père et de la vie éternelle sont présents dans les deux textes. Le style et le ton du discours (en plus des thèmes abordés) sont les mêmes. Ce qui fait dire à Boismard suivi avec sympathie par Brown, confrontant ces deux textes et relevant l'affinité thématique, qu'ils ne constituent pas deux discours différents, mais sont

---

[4] Cf. Chap. II- Analyse linguistico-syntaxique de Jn 3,1-21; Chap. V- Critique littéraire de Jn 3,1-21; 1. Monture originelle de Jn 3,1-21: *Sitz im Leben*, tradition et genre littéraire.

deux éditions différentes d'un même discours, un discours de jugement. Jn 3,16-19 reproduirait le discours de Jn 12,46-50 à la lumière de la théologie de la première épître de Jean, avec une référence particulière à l'eschatologie anticipée, absente de Jn 12,46-50[5]. Enfin, on ne peut ignorer la reprise thématique entre le v. 13: «Et personne n'est monté au ciel si ce n'est pas celui qui, du ciel est descendu: le Fils de l'Homme» et le v. 31: «Celui qui vient d'en haut est dessus de tout [...] Celui qui vient du ciel...». En faisant remarquer qu'au v. 31, la notion du «Fils de l'Homme» est absente et pourrait signaler son absence dans la teneur primitive de notre texte.

Sans revenir sur toute la discussion à propos de la composition primitive de Jn 3,1-21(cf. 5.3), retenons avec Schnackenburg que dans sa composition primitive, notre péricope s'établissait comme suit: 3,1-12.31-36.13-21. Et allant plus loin dans l'étude de la tradition (cf. 6.1), il s'est avéré qu'à un niveau plus ancien et traditionnel, toujours en accord avec les déplacements opérés par Schnackenburg soutenus par Morgen, qu'il serait fort probable que la monture originelle de notre texte soit constituée des vv. 3.9-10.31-36 qui seraient à la base des développements ultérieurs de Jn 3,1-21. Thèses que ne soutiennent pas des critiques comme Dodd, Brown et Gaeta (qui s'appuie particulièrement sur la structure et la stylistique cohérente du texte); auteurs pour qui, le texte est à maintenir dans sa forme finale puisque les suggestions de déplacements, d'insertions et réinsertions, d'interprétations et réinterprétations sont de nature à le vider de sa substance, quoique ces propositions soient séduisantes; mais ces commentateurs de Jean n'ignorent pas les difficultés que pose le texte. En fait pour ces derniers, le risque est grand que ces retouches ne rendent pas compte du texte tel qu'il est ou qu'il voudrait signifier.

Au regard de ce qui précède, les demandes suivantes s'imposent: Si donc malgré les difficultés du texte, Jn 3,1-21 forme une unité littéraire à étudier, faut-il le maintenir tel qu'il est dans sa forme finale sans penser à des couches successives de rédaction ou faut-il se risquer à cette épreuve

---

[5] Cf. M.-É. BOISMARD, «L'évolution du thème eschatologique», 507s.; Cf. aussi R.E. BROWN, *John*, I, 147s.; S.A. PANIMOLLE, *Lettura pastorale*, I, 323. Boismard fait remarquer de fort belle manière, après un laborieux travail d'insertions, de déplacements, d'interprétations, de réinterprétation et d'amplification — dans une inclusion qui s'appuie sur le thème du «jugement» de ceux qui refusent de croire et des personnages en présence, «les notables des Juifs» — qu'«Ainsi, dans la nouvelle organisation de son évangile, le premier discours important que Jésus adresse à un Juif (Nicodème) est un discours de "jugement"; le dernier discours important que Jésus adresse aux Juifs (12,46-50) est aussi un discours de "jugement"» (M.-É. BOISMARD – A. LAMOUILLE, *Synopse*, III, 123).

comme Boismard ou Morgen? Faut-il considérer les vv. 1-12 comme étant la première couche rédactionnelle de notre péricope ou bien à la suite de Boismard, voir dans les vv. 5-8 une addition en faisant d'eux une partie de la seconde couche rédactionnelle[6]? Ou encore à la suite de Morgen, après un travail de reconstruction du texte, voir les vv. 9-10 comme ne faisant pas partie de la première étape de la rédaction mais bien de la seconde étape, surtout avec l'insertion dans le texte d'une introduction (2,23-3,2), qui provoque en conséquence le déplacement des vv. 12-13 et une transformation de leur première teneur[7]? En définitive, et c'est la problématique centrale et nécessaire à laquelle nous devons répondre, à savoir comment délimiter les étapes de rédaction relativement aux thèmes de l'«être engendré d'en haut», du «croire», du «jugement» et du «salut» dans notre péricope? Ce qui pose évidement le problème du nombre des étapes dans la rédaction de Jn 3,1-21 à ne s'en tenir qu'aux propositions divergentes de Boismard (3 étapes) et de Morgen (2 étapes).

2. L'intervention du rédacteur

2.1 *L'étape 1: Avec ou sans Jn 3,4-8 et Jn 3,9-10?*

Si Boismard considère les vv. 4-8 comme une addition au motif qu'allégé de ces versets le texte johannique apparait plus homogène[8], Morgen

---

[6] En effet pour Boismard, Jn 3,1-21 comprend 3 étapes de rédaction: La première étape comprend les vv. 1-3.9-10.31b-34 qui serait de Jn II-A, qui l'aurait composé à partir d'une «parole» de Jésus rapportée par la tradition synoptique (3,3). La seconde étape dans la rédaction de notre péricope voit Jn II-B reprendre Jn 3,1-3.9-10.31b-34 en y insérant une glose au v. 2 et les vv. 4-8 et en remplaçant les vv. 31b-34 par les vv. 11-13. Enfin il ajouta les vv. 14.16b.18a et 19-21.35-36. La dernière étape de sa rédaction qui est assez importante est l'œuvre de Jn III qui d'une part, inséra quelques additions dans le long discours de jugement que Jésus prononce en 3,14-21 et d'autre part, mit à sa place actuelle 3,31-36, en le complétant, le discours que Jésus tenait à Nicodème au niveau de Jn II-A (M.-É. BOISMARD – A. LAMOUILLE, *Synopse*, III, 117.120.124).

[7] Cf M. MORGEN, *Afin que le monde*, 92-95. Pour elle, *la première étape* de la rédaction de notre péricope serait constituée comme suit: Jn 3, (v. 2) 3-8.12 (13).31-36 et serait un dialogue didactique sur le salut en forme d'un discours de révélation; tandis que la *deuxième étape* correspondrait au texte actuel (Jn 2,23 – 3,21 suivi de 3,22-30.31-36) dans lequel les vv. 13-21 mettent l'accent sur la foi au Fils qui s'est révélé dans sa venue, son incarnation, son élévation. Ces versets constituent pour elle un discours sur le processus du salut, tant dans sa teneur objective (don reçu) que dans sa teneur subjective, où se dit le lien avec la foi et l'aspect du salut en processus, en devenir. On voit bien que dans cette seconde étape, l'auteur a fait bien d'insertion (2,23–3,1 (2). 3.9-10.11.13-14.15.16-21).

[8] M.-É. BOISMARD – A. LAMOUILLE, *Synopse*, III, 113. Nous avons aussi soutenu cette thèse dans l'étude de la tradition de Jn 3,1-21 (cf. 6.1). Puisque le v. 4 constitue

au contraire, à la suite de Brown, y voit une unité thématique autour de l'expression «naître de l'Esprit» qui rend compte au contraire, «de la tonalité spécifique du johannisme, dès le niveau traditionnel. Il manifeste la puissance de Dieu à l'œuvre dans l'homme: l'Esprit opposé à la chair manifeste l'activité dynamique de Dieu»[9]. En définitive pour elle, à la ressemblance du récit de la rencontre de Jésus avec la Samaritaine où le verbe προσκυνεῖν est utilisé à plusieurs reprises en Jn 4,20-24,

> Un même mot ou un même motif est développé de manière intensive dans un passage donné. Ce procédé d'écriture johannique n'implique pas nécessairement des «retouches» rédactionnelles ponctuelles; ainsi en va-t-il des vv. 5-8: le développement thématique s'organise autour des motifs de la chair et de l'esprit. On perçoit davantage chez Jean des relectures qui approfondissent une thématique et qui, par voie de sédimentation, offrent une complexe thématique cohérente[10].

Nous avons ainsi d'un côté, une première teneur d'un texte qui se voudrait sans les vv. 4-8 et d'un autre côté, une première monture du même texte avec ces versets au motif d'un approfondissement thématique qui crée une unité thématique difficilement séparable du reste du texte. Il faut souligner que nous sommes d'avis qu'il ne faut pas maintenir la péricope dans sa forme finale si nous voulons découvrir toute la richesse de ce texte. Nous soutenons une formation de Jn 3,1-21 par couches rédactionnelles. Nous prenons ainsi le contre pied de critiques comme Dodd, Brown ou Gaeta en soutenant avec quelques modifications les thèses de Boismard et Morgen. En effet pour Boismard, la première étape de rédaction de notre texte comprend les vv. 1-3.9-10.31b-34 tandis que Morgen le structure ainsi: (v. 2) 3-8.12 (13).31-36. Si pour le premier les vv. 4-8 sont absents, pour le second, ils font partis de cette première étape. Un autre constat est la présence des vv. 9-10 chez Boismard tandis que chez Morgen, ils sont absents mais sont présents les vv. 12 et 13.

Notre proposition se situe dans la veine de la composition faite par Schnackenburg qui n'est pas loin de celle de Boismard (à quelques versets prêts). Si le point de départ principal de notre péricope est une parole rapportée par la tradition synoptique (3,3), nous considérons les vv. 1-2

---

le premier point de tension du texte, il forme avec la réplique de Jésus en forme de discours (vv. 5-8), un développement postérieur du texte. En effet, disions-nous, la soustraction des vv. 4-8 réduit le dialogue à son unité textuelle la plus brève, relativement homogène et en soit conclue et cohérente, selon la formule de W. Egger.

[9] M. MORGEN, *Afin que le monde*, 79; cf. R.E. BROWN, *John*, I, 131.
[10] M. MORGEN, *Afin que le monde*, 80.

comme son introduction dans la tradition johannique qui nous présente l'interlocuteur de Jésus. L'intervention de Jésus en 3,3 qui fait ainsi suite à celle de Nicodème à propos des signes, entraîne le Πῶς δύναται ταῦτα γενέσθαι; de Nicodème en 3,9; puis l'étonnement de Jésus en 3,10: Σὺ εἶ ὁ διδάσκαλος τοῦ Ἰσραὴλ καὶ ταῦτα οὐ γινώσκεις; qui ouvre le premier court discours de Jésus (3,31-36), ayant pour but de préciser l'adverbe ἄνωθεν signifiant en définitive «d'en haut». Pour nous donc, les vv. 4-8 sont étrangers à la première couche rédactionnelle de Jn 3,1-21 tandis qu'il faut y maintenir les vv. 9-10. Boismard a donc raison puisque selon nous, la rupture que constitue le v. 4 en fait l'indice d'une insertion qui serait intervenue à un second moment. La première étape dans la rédaction de notre péricope est un dialogue didactique qui reçoit dans la tradition johannique la forme d'un discours de révélation. Jésus oriente, déjà à ce stade de la rédaction johannique, le dialogue entamé sur les conditions du salut vers un discours dans lequel il se révèle. L'étape 1 se compose donc comme suit: Jn 3,1-3.9-10.31-36.

2.2 *L'étape 2: Un dialogue renforcé*

C'est dans cette seconde étape que nous voyons le rédacteur johannique insérer les vv. 4-8 à leur place actuelle. Ce qui entraîne évidement le déplacement des vv. 31-36 à la suite de l'épisode du Baptiste et le renforcement d'un dialogue «dans une perspective polémique qui ironise sur la non-foi des Juifs»[11]. D'un point de vue logique, il est difficilement admissible que si les vv. 4-8 faisaient partis de la première couche rédactionnelle, Nicodème soit incapable de comprendre le discours de Jésus, lui le pharisien et chef des Juifs, au point de se ridiculiser à deux reprises: d'abord en matérialisant les premiers propos de Jésus au v. 4, et ensuite, comme pour atteindre le comble, étaler son ignorance au v. 9, après ce discours explicatif de Jésus (vv. 5-8) qu'il devait comprendre, de sorte que Jésus ironise sur les connaissances du maître d'Israël.

Si nous sommes d'avis avec Morgen que nous avons chez Jean des relectures qui approfondissent une thématique et qui, par voie de sédimentation, offrent une complexe thématique cohérente, nous sommes aussi de l'avis que c'est parce que la première monture semble ne pas rendre complètement compte d'une affirmation ou l'épuiser, qu'il s'est avéré nécessaire de recourir à un approfondissement de la thématique en question pour rendre l'argumentaire plus explicite. Et c'est justement

---

[11] M. MORGEN, *Afin que le monde*, 91.

le but de l'insertion des vv. 4-8 à cette étape de la rédaction. Approfondir un thème en recourant surtout à l'usage du malentendu et de l'ironie comme en a l'habitude le quatrième évangéliste; faisant ainsi de sa nouvelle composition rédactionnelle, un texte qui insiste davantage sur les conditions pour entrer ou voir le royaume de Dieu c'est-à-dire pour être sauvé.

Mais à y voir de plus prêt, même le discours de Jésus sur la chair et l'Esprit (vv. 5-8) introduit et contient une dimension théologique relative à la foi qu'on ne découvre qu'à l'arrière plan sémantique du texte. C'est ce que nous avons tenté de démontrer à travers l'étude sémantique de l'expression «être engendré d'eau et d'Esprit». D'ailleurs l'expression ὕδατος καί aurait elle aussi été insérée à un second moment pour d'abord, signifier le don de l'Esprit que symbolise l'eau, Esprit qui transmet la vie de Dieu par la foi et ensuite, pour des motifs sacramentels en particulier baptismaux.

C'est à notre avis, à ce stade qu'on peut situer l'insertion dans le chapitre 3 de l'épisode du témoignage du Baptiste (3,22-30), qui fait suite à une discussion entre un Juif et les disciples de Jean à propos de la purification (3,25-26), et où Jésus et Jean exercent parallèlement leur ministère baptismal (3,22-23). Le motif baptismal, peu présent dans le dialogue, est ainsi renforcé et crée en quelque sorte un parallélisme entre 3,1-10 et l'épisode du Baptiste (3,22-30), mais aussi et surtout entre Jésus (3,22) et Jean (3,23) qui baptisent tous deux, même si au début du chapitre suivant (4,2), l'évangéliste s'évertue à démentir la pratique du baptême par Jésus pour confirmer celui pratiqué par ses disciples. La communauté johannique met désormais au centre de sa vie la pratique sacramentelle du baptême comme expression de sa foi.

Ainsi, avons-nous l'insertion des vv. 4-8 à leur place actuelle et des vv. 22-30 entre la fin du dialogue (vv. 9-10) et le premier bref discours de Jésus (vv. 31-36). Ce stade de la rédaction comprendrait donc les vv. 1-3.4-8.9-10.22-30.31-36.

2.3 *L'étape 3: Un discours fortement christologique*

Jean complétera cette nouvelle ossature, aux prémices christologiques, de notre péricope par les vv. 11-21 qu'il insère entre la fin du dialogue (v. 10) et le début de l'épisode du Baptiste (v. 22), faisant ainsi de sa nouvelle composition rédactionnelle, un texte fortement christologique. Morgen n'a pas tort de dire qu'à ce moment de la rédaction, «La communauté johannique devient un groupe témoin: le "nous disons ce que nous savons et nous témoignons de ce que nous avons vu" (v. 11) remplace le discours où Jésus parlait de lui-même qui "témoigne de ce qu'il a vu et entendu" (3,32)»[12].

On peut constater que la seconde question de Nicodème (3,9) donne l'occasion à Jésus de poursuivre son enseignement en un discours de portée christologique et qui marque par là le point d'arrivée de ce processus d'accentuation christologique de la sotériologie:

> Cette concentration du salut dans la personne de Jésus a obligatoirement conduit Jean à ramener l'obtention du salut au moment du face à face avec Jésus et de l'acceptation de sa personne dans la foi. Or pour Jean, ce face à face, amorcé durant le ministère terrestre de Jésus, atteint son apogée devant la croix, moment de l'élévation du Fils de l'Homme, de son intronisation et de sa glorification[13].

A partir du v. 16, le ton du discours change[14] sans que la notion de salut et la christologie du texte ne disparaissent. Il y a l'introduction du thème du jugement qu'on retrouvait déjà à la fin de la première monture de notre texte aux vv. 35-36: «ὁ πατὴρ ἀγαπᾷ τὸν υἱὸν καὶ πάντα δέδωκεν ἐν τῇ χειρὶ αὐτοῦ. ὁ πιστεύων εἰς τὸν υἱὸν ἔχει ζωὴν αἰώνιον· ὁ δὲ ἀπειθῶν τῷ υἱῷ οὐκ ὄψεται ζωήν, ἀλλ' ἡ ὀργὴ τοῦ θεοῦ μένει ἐπ' αὐτόν». L'adresse est à l'impersonnelle et est selon Schnackenburg, soutenu par Simoens et nous avec, une synthèse kérygmatique et parénétique, attribuable à l'Église, pourvu que les considérations précédentes soient respectées: «Jésus continue de parler. Mais il parle maintenant de lui à la troisième personne et dans des termes autres que ceux de l'expression habituelle de "Fils de l'Homme", sans plus même s'adresser à un ou des interlocuteurs»[15].

Avec cette dernière insertion (vv. 11-21), qui nous rappelle le prologue de Jean, de par le style et par la reprise et l'approfondissement de thèmes présents en Jn 1[16], notre texte arrive à sa composition finale telle que nous l'avons aujourd'hui (3,1-3.4-8.9-10.11-21.22-30.31-36) et dans

---

[12] M. MORGEN, *Afin que le monde*, 91-92.

[13] P. LÉTOURNEAU, *Jésus*, 406. Dans une étude comparative, l'auteur fait remarquer par la suite qu'«On est passé du nouvel éon évasif en Marc (et Luc), à l'intronisation glorieuse du Fils de l'Homme lors de la parousie en Matthieu, puis à l'intronisation/glorification du Fils de l'Homme lors de son élévation sur la croix en Jean» (*Ibid.*).

[14] Cf. Y. SIMOENS, *Selon Jean*, II, 192.

[15] Y. SIMOENS, *Selon Jean*, II, 192-193. Pour nous évidement, ce discours attribuable à l'Église (vv. 16-21) remonte déjà au v. 11 où Jésus s'associe la communauté dans son οἴδαμεν λαλοῦμεν καὶ ὃ ἑωράκαμεν μαρτυροῦμεν, καὶ τὴν μαρτυρίαν ἡμῶν οὐ λαμβάνετε.

[16] Cf. D. F. FORD, «Meeting Nicodemus», 11.

lequel la péricope a pris progressivement sa dimension de texte centré sur la personne de Jésus auquel il faut croire pour être sauvé. La dimension diachronique de notre texte n'est donc pas en contradiction avec l'analyse synchronique de Jn 3,1-21 qui a révélé la triple dimension du «croire» qui surgit du texte. Si d'un point de vue synchronique, le texte révélait successivement le «croire» dans ses dimensions de don — accueil (confession) — manifestation, l'étude diachronique a quant à elle, mit en lumière le passage d'une catéchèse sur les conditions du salut à un texte de révélation puis dans sa phase finale, à un texte fortement christologique, point d'aboutissement d'une rédaction en plusieurs phases[17]. Mais en même temps, nous voulons confesser à la suite de Morgen que:

> Sur le plan méthodologique, il n'est pas facile de définir le travail de rédaction du quatrième évangile. L'exemple du chapitre 3 montre toutefois que les différents passages ne sont pas simplement juxtaposés, ni même articulés de manière habile par le rédacteur. Ce ne sont pas simplement des matériaux disparates soigneusement agencés. La genèse de ces textes est plus complexe et plus touffue. Cet évangile est davantage le résultat d'une longue élaboration, d'un mûrissement, de traditions sans cesse répétées et affinées, dans un milieu qui a ses caractéristiques propres, le milieu johannique. L'école johannique devient le milieu éditorial de ces traditions[18].

Cette formation de Jn 3,1-21 par étapes successives, que nous avons tenté de justifier, ne demeure pas moins une possibilité de formation parmi tant d'autres, à ne voir que les diverses propositions de formation qui sont faites, et donc en définitive n'est qu'une hypothèse de travail puisqu'en réalité, c'est le texte final que nous avons déjà sous les yeux comme texte fini, qui fait l'objet de déplacements, d'ajouts, de renforcements, de substitution dans notre recherche sur la rédaction de la péricope.

3. Intention de l'auteur et destinataires de Jn 3,1-21

La synchronie du texte (surtout l'analyse sémantique) a révélé que Jn 3,1-21 contenait une triple dimension de la foi au Fils comme don,

---

[17] Évidemment, on pourrait nous faire la critique de morceler le texte comme Boismard que nous avons critiqué. En réponse, nous dirons que notre préoccupation dans cette étude était moins un morcellement du texte au verset prêt qu'une compréhension du texte en rapport avec les thèmes théologiques qui y sont développés. C'est pourquoi nous avons simplifié les limites de chaque phase de la rédaction de Jn 3,1-21 contrairement à Boismard qui selon nous, les rend plus complexes; tout comme nous pensons que Morgen a fait preuve d'un simplisme qui ne nous permet pas de voir notre étape 2 qui selon nous, a consisté au renforcement du dialogue court de l'étape 1.

[18] M. MORGEN, *Afin que le monde*, 79-80.

accueil ou confession et manifestation. La péricope se présentait comme une exhortation (invitation) ou parénèse à croire au Fils pour être sauvé. La diachronie (critique de la rédaction en particulier) elle aussi, vient de nous montrer le caractère christologique progressif du texte centré sur Jésus auquel il faut croire pour avoir la vie éternelle. L'intention principale de l'auteur est donc claire et ne saurait se soustraire à celle relative à tout l'évangile de Jean: ταῦτα δὲ γέγραπται ἵνα πιστεύ[σ]ητε ὅτι Ἰησοῦς ἐστιν ὁ Χριστὸς ὁ υἱὸς τοῦ θεοῦ, καὶ ἵνα πιστεύοντες ζωὴν ἔχητε ἐν τῷ ὀνόματι αὐτοῦ (Jn 20,31).

Si à travers l'incompréhension de Nicodème et la suspension du récit sans qu'on ne sache ce qu'il est devenu (3,1-21), l'évangéliste ironisait sur la non-foi des Juifs de son temps surtout en 3,10[19] (non-foi qui se poursuit encore aujourd'hui), il est clair que son invitation à l'accueil de Jésus comme Fils de l'Homme et Fils de Dieu, envoyé du Père s'adressait à eux mais aussi et surtout à nous aujourd'hui, et à tous ceux qui sont ou entreront en contact avec son évangile. Sandra Schneiders l'exprime bien à travers le titre (*Written that you may believe*) et la première partie de son livre (Entering the world of the Fourth Gospel):

> The evangelist then goes on to say that «these [events and words of Jesus] are written» to bring «you», that is the reader, to believe. In other words, the Gospel, which undoubtedly served a purpose in the Johannine community of the second century, has in view primarily those who would encounter it later, namely, readers who had not be part of the life of the earthly Jesus or of the Johannine community [...] The Gospel was written *for us*. And it addresses itself to us, not primarily as scholars or historians but precisely as *readers*[20].

Quelque soit donc les étapes de la rédaction de Jn 3,1-21, son message est clair: croire en Jésus reste un défi pour toute les générations jusqu'à nous aujourd'hui, si nous voulons avoir la vie en son nom. L'ambiguïté ou les incohérences dans la démarche de Nicodème, au lieu d'être perçues

---

[19] Comme il ironisera encore à propos de leur non-foi en Jn 7,37-52. Cf. à ce propos dans l'histoire de la tradition de Jn 3,1-21, le point 6.1.1 intitulé Polémique, *Sitz im Leben* et tradition. Egger nous fait remarquer qu'un indice sur les destinataires peut se retrouver dans le texte lui-même. A titre d'exemple, il cite les rapports entre Juifs et chrétiens ou l'ordre dans l'Église qui sont des problèmes que doivent affronter la communauté au temps de l'évangéliste (cf. W. EGGER, *Metodologia*, 202) et pour parler comme X. Léon-Dufour, qui dépeignent aussi la situation au temps du Jésus historique.

[20] S.M. SCHNEIDERS, *Written that you may believe*, 10-11.

négativement, doivent à notre avis, constituer un «challenge» pour quiconque est en contact avec cet évangile[21].

On comprend dès lors la thèse de Back, selon laquelle, d'un point de vue communicatif, Jn 3,1-21 est un texte qui a pour but de corriger les insuffisantes convictions christologiques[22], pourvu que l'interlocuteur du texte accepte de se laisser convaincre. Nicodème vient à Jésus avec ses connaissances et ses certitudes, Jésus dans sa réponse à dimension sotériologique, l'invite à être engendré «d'en haut» c'est-à-dire «d'eau et d'Esprit»; en d'autres termes, Jésus se présente à lui comme l'unique voie du salut qui est décrite métaphoriquement par l'expression «être engendré d'en haut».

Conclusion partielle

L'analyse diachronique ou historico-critique de notre texte, sans être exhaustive dans cette étude que nous avons tentée, a été consacrée tout d'abord à la critique littéraire de notre péricope. Après avoir posé les problèmes littéraires de Jn 3,1-21, nous nous sommes intéressé à la difficulté que représente l'expression ὕδατος καί en Jn 3,5, avant de tenter une composition primitive de notre texte, puis nous avons terminé cette phase de notre étude par le problème de la paternité johannique de Jn 3,1-21.

Le second temps de cette recherche consacré à l'étude de la tradition, tout en recherchant le *Sitz im Leben*, la tradition sous-tendant notre texte et le genre littéraire, s'est évertué à répondre enfin à la demande centrale de cette recherche: Nicodème est-il oui ou non disciple de Jésus? Pour arriver à cette réponse, nous avons cherché l'enracinement traditionnel de notre péricope qui nous a porté dans les synoptiques, les épîtres du NT, l'AT, les textes intertestamentaires et rabbiniques mais surtout dans l'évangile de Jean lui-même. Si nous pouvons faire des rapprochements entre le quatrième évangile et les autres textes bibliques et extra-bibliques,

---

[21] Cf. N. FARELLY, «An Unexpected Ally», 32, pour qui, «But following a recent trend in Johannine characterization studies, more and more interpreters are happy to leave this character "out of the box" and to let his ambiguities challenge readers». Mais c'est surtout E. Hylen qui donne une interprétation positive de cette ambiguïté de Nicodème du point de vue de sa fonction rhétorique: «Interacting with Nicodemus' character brings the reader to a place of reflection on the complexities of following Jesus» (E. HYLEN, *Imperfect Believers*, 36-38); tandis que pour C. Bennema, l'ambiguïté de Nicodème, pour Jean, est inadmissible («To stay in the twilight zone is not acceptable») puisque «John's implicit message to the reader is that anonymous discipleship or secret Christianity will not suffice» (C. BENNEMA, *Encountering Jesus*, 84).

[22] Cf. F. BACK, «Die rätselhaften "Antworten" Jesu», 178-189.

l'indépendance de Jn par rapport à eux ne fait l'objet d'aucun doute. C'est donc dans l'évangile même que nous retrouvons les textes qui illuminent Jn 3,1-21 puisqu'à deux autres reprises, Nicodème réapparait (7,37-52; 19,38-42). La première fois dans un contexte polémique sur la messianité de Jésus où Nicodème s'exprime en des termes de justice et de légalité, qui marquent tout de même son intérêt pour lui sans qu'on ne puisse dire qu'il a adhéré à Jésus. Le long chemin vers le «croire» (*The Long Way*) entretient encore une fois le suspens. La seconde et ultime fois que Nicodème fait reparler de lui le voit apparaitre dans le contexte funèbre de l'ensevelissement de Jésus. Sa venue au lieu de la sépulture, la signification et l'abondance de ses dons, la prise ou réception du corps et leur sens sont de nature à faire de Nicodème un disciple mais pas comme les autres. Joseph et lui sont des disciples *sui generis*.

La dernière étape de cette étude diachronique, nous aura permis d'aborder la critique de la rédaction qui a mis en lumière les trois étapes rédactionnelles de Jn 3,1-21. Notre péricope a acquis progressivement son caractère de texte fortement christologique, au fur et à mesure que le texte prenait sa forme définitive et fait de ce passage une invitation au «croire» qui n'est pas en contradiction avec l'invitation au «croire» dans sa triple dimension de don-accueil (confession)-manifestation que révélait l'analyse synchronique. L'intention principale de l'auteur par delà les destinataires de son temps, étant surtout de nous inviter, nous, lecteurs de son évangile, à la foi en Jésus Fils de l'Homme et Fils de Dieu si nous voulons être sauvé c'est-à-dire avoir la vie éternelle. Son invitation prend évidement appui sur sa critique des Juifs qui ont refusé ou qui refusent encore de croire en Jésus en notre temps, pour s'étendre par delà Nicodème et tous ceux qu'il peut représenter, à tous ceux qui éprouvent des difficultés à accueillir Jésus dans leur vie soit par refus catégorique soit pour des insuffisantes convictions christologiques, que ce texte d'évangile veut corriger.

Si donc à la fin de ce parcours, ce long chemin (*The Long Way*), Nicodème est devenu disciple de Jésus, quelles sont les enseignements que nous pouvons tirer de son parcours, après avoir fait un tour d'horizon synchronique et diachronique de Jn 3,1-21?

TROISIÈME PARTIE

HERMÉNEUTIQUE ET THÉOLOGIE DU TEXTE

INTRODUCTION

Cette dernière partie de notre étude de Jn 3,1-21, qui sera consacrée à l'herméneutique[1] ou «interprétation» du texte et à sa théologie, voudrait mettre en lumière une des originalités que nous souhaitons apporter à notre recherche. Il ne s'agira pas pour nous de consacrer un chapitre à chacun de ces deux grands moments mais bien de faire ressortir dans un premier chapitre, une «herméneutique théologique» du texte que nous avons étudié synchroniquement et diachroniquement. Cette phase de notre étude n'oubliera pas de dégager quelques perspectives anthropologiques et sociales que nous voulons actualiser[2], dans le second chapitre, de manière particulière, dans le milieu socio-culturel auquel nous appartenons, le peuple Abron-Koulango du Nord-Est de la Côte d'Ivoire, que nous pensons connaître mieux que toute autre culture.

---

[1] Pour Egger, «"Interpretazione" evidenzia il significato del testo nella situazione d'origine, ossia ciò che l'autore intendeva dire ai letttori di allora» (W. EGGER, *Metodologia*, 220). C'est d'ailleurs pourquoi expliquera-t-il un peu plus loin ce qu'il entendait de façon concrète par cette première définition: «L'interpretazione raccoglie i risultati del cammino percorso lungo il testo. In tale senso essa è il compendio delle conoscenze di un testo possibili all'esegeta in un determinato momento [...] La fase comunemente definita "interpretazione" è l'esposizione omogenea dei risultati conseguiti, ossia "un'esposizione concisa dei pensieri del testo, oltre che delle loro connessione e successione"» (pp. 223-224). C'est aussi ce que souligne Paul Ricœur quand il dit qu'«Avant d'être l'œuvre des lecteurs, l'interprétation est d'abord le fait du texte, une interprétation dans le texte et par le texte. Le travail des interprètes consiste avant tout à dévoiler ce dynamisme du texte, puis à le prolonger ''en imagination et en sympathie''» (P. RICŒUR, «Herméneutique», 34; ID., *L'herméneutique biblique*, 53).

[2] «"Actualizzazione" illustra il senso che il testo, in quanto prodotto del passato e parola di Dio, possiede oggi nella situazione concreta sociale, ecclesiale e personale [...] che oggi interpella il lettore in quanto offre orientamenti, insegnamenti e stimoli per il nostro tempo e aiuta a interpretare la propia vita e a risolvere i problemi posti dal nostro tempo» (W. EGGER, *Metodologia*, 220.225).

CHAPITRE VIII

Nicodème face au Révélateur: Une invitation à croire

Dégager un message théologique de Jn 3,1-21 en conformité avec le but que nous nous sommes assignés dès le début de cette recherche, à savoir mettre en lumière d'une part, le caractère invitatoire ou parénétique de cette péricope dans sa triple dimension du «croire» ou de la foi comme don-accueil (confession)-manifestation, et d'autre part, relever en quoi l'évangéliste nous engage-t-il avec Nicodème sur «*The Long Way*», le long chemin, non sans peine de l'adhésion à Jésus, se confirment bien au terme de cette analyse synchronique et diachronique.

Il n'est donc pas question pour nous ici, de développer les thèmes classiques de la théologie de ce texte tels que nous les retrouvons dans les amples commentaires de Jn 3,1-21[1], même s'ils pourraient intervenir dans notre développement, mais bien de nous concentrer d'abord, sur les aspects de fond que dégage le texte relativement au «croire» et ensuite, d'en relever les enseignements et les perspectives anthropologiques et sociales au regard du personnage de Nicodème et de son parcours.

Jn 3,1-21 a révélé progressivement Jésus, non simplement comme le pensait Nicodème, ἀπὸ θεοῦ ἐλήλυθας διδάσκαλος et ἐὰν μὴ ᾖ ὁ θεὸς μετ' αὐτοῦ (3,2), mais plus encore comme le Révélateur du Père, des choses d'en haut, le Fils de l'Homme, Fils unique-engendré, don/Envoyé de Dieu, auquel il faut croire pour avoir la vie éternelle. Nicodème est au bout du compte invité à accueillir Jésus pour entrer dans le Royaume; d'où la dimension parénétique du texte qui s'exprime en des termes d'exigence (Δεῖ, il faut) et de condition (ἐὰν μή, si + négatif) mais aussi

---

[1] On pourra consulter à ce propos le message théologique de Jn 3,1-21, fait par Panimolle et qui reprend étape par étape presque tous les thèmes qu'on retrouve dans la péricope (cf. S.A. PANIMOLLE, *Lettura pastorale*, I, 294-317).

en des propositions finales introduites par ἵνα (vv. 15.16). Il se doit de confesser le don de Dieu pour l'humanité: «Jésus», et de manifester concrètement son «croire» en lui. Par ses interrogations, son incompréhension, ses prises de paroles et ses actions ultérieures, il montre qu'il est non seulement un homme en quête de Lumière et de sens, mais aussi un homme aux prises avec ce que nous appelons un «système» ficelé par sa communauté et surtout enfin que le «croire» est pour lui un chemin, un risque et un saut qualitatif, d'où sa croissance, sa maturation progressive dans la connaissance de Jésus Christ, dans l'adhésion à sa personne.

Ce sont ces points de réflexion que nous voulons maintenant développer pour découvrir toute la richesse de ce début de parcours de Nicodème qui s'ouvre sur un avenir, avenir qui vient au jour dans la dimension diachronique du texte et que nous avons surtout évoqué dans l'étude de la tradition de Jn 3,1-21.

1. Croire, un don d'en haut

Dans notre analyse sémantique du dialogue (Jn 3,2b-10), nous relevions que reprenant la parole pour rendre ses propos accessibles à Nicodème, Jésus remplace γεννηθῇ ἄνωθεν par l'expression γεννηθῇ ἐξ ὕδατος καὶ πνεύματος qui explique la première plus laconique. Et même si la suite du dialogue met plutôt l'accent sur l'«être engendré d'Esprit», sans qu'on ait de preuve textuelle justifiant l'ajout postérieur de ὕδατος καί, il demeure que la conjonction les unissant est pour nous un καί epéségétique ou explicatif rendant la signification «être engendré d'eau c'est-à-dire d'Esprit» ou «être engendré d'eau *signifiant* ou *qui veut dire* d'Esprit»[2]; au regard de ce que dit l'évangéliste en Jn 7,37-39 où l'expression «Comme dit l'Écriture: "De son sein couleront des fleuves d'eau vive"», est expliquée par l'auteur même: «Il désignait ainsi l'Esprit que devait recevoir ceux qui croiraient en lui». Ainsi avions nous conclu: l'eau est symbole de l'Esprit, l'eau «dit» sinon «signifie» l'Esprit que reçoivent les croyants, la vie de Dieu que reçoivent tous ceux qui adhèrent à Jésus aussi bien comme courroie de transmission que réalité intime.

On comprend dès lors qu'il est nécessaire d'être engendré d'«eau-Esprit» qui ramène à une même réalité avions nous insisté; ce qui ne peut que se recevoir puisqu'ici le passif γεννηθῆναι semble ne pas trop engager l'action ou la responsabilité de l'homme. Il est avant tout œuvre de l'Esprit. Et comme le souligne Vouga, «Jésus réitère son exigence et son

---

[2] Cf. I. de LA POTTERIE, «Naître de l'eau et de l'Esprit», 60, n. 1 ou encore F. BLASS – A. DEBRUNNER – F. REHKOPF, *A Greek Grammar*, 228.

appel à un renouvellement total de l'existence humaine et la seule possibilité de salut est la vie nouvelle que l'homme ne peut que recevoir»³ par la foi. Le «croire» se reçoit «d'en haut», d'eau et d'Esprit, c'est-à-dire dans la forme et dans le fond. Et comme on se reçoit d'un père et d'une mère, ainsi tout homme se reçoit de Dieu dans toutes ses composantes au moyen du «croire» qui lui permet une participation à sa vie même. Pour nous donc, l'interprétation baptismale⁴ ne peut se comprendre qu'à un second niveau de lecture comme la critique littéraire de l'expression ὕδατος καί nous l'a si bien montré. Jésus invite avec empressement Nicodème à une véritable mue, à un déplacement, à un mouvement de son être tout entier et ce, par le don de la vie divine qu'il se doit d'accueillir. Le «croire» est une vertu surnaturelle que nous recevons de Dieu ou qui est donnée par Dieu⁵. Nicodème se doit de le saisir ainsi justement parce qu'en bon pharisien, il a ou aurait la tentation de penser que le salut serait d'abord la conséquence de la pratique de la Loi, de la fidélité aux commandements.

Bref, Jn 3,1-21 dit tout d'abord en substance que contrairement aux certitudes du visiteur nocturne qu'est Nicodème, «Nul ne peut connaître, ni reconnaître la "Présence de Dieu" en Jésus (voir Jn 3,2), s'il n'est pas d'abord engendré "d'en haut"»⁶. Lui qui a le privilège de l'Alliance et qui est descendant d'Abraham, motifs d'orgueil pour les Juifs, doit se rendre à l'évidence que la vie de Dieu en tout homme émane d'abord de lui, cet autre qui est décrit comme «d'en haut». C'est Dieu qui communique son Esprit et donc sa vie aux hommes par un don gratuit de sa bonté et de sa grâce. Grégoire de Nysse a donc raison de dire que «La naissance de ceux qui sont sauvés vient d'en haut»⁷. Elle est d'abord une question de grâce et non de mérite, tentation qui peut guetter, par delà Nicodème, tout homme aussi religieux soit-il.

Et en lisant bien notre péricope, on ne peut qu'être frappé par ce certain parallélisme entre ce v. 5 et le v. 16, qui mettent un point d'honneur à

---

³ F. VOUGA, *Le Cadre*, 19.

⁴ Dans la perspective de l'histoire des religions, Benoît XVI interprète le symbolisme de l'eau et de l'Esprit en Jn 3,5 comme une allusion au baptême comme entrée dans la communauté du Christ et interprété comme une renaissance (BENOÎT XVI, *Jésus de Nazareth*, 265-267).

⁵ Cf. FRANÇOIS, *Lettre encyclique «Lumen Fidei»*, nn. 4.6.7.

⁶ P.-M. BOUCHER, «Jn 3,3.7: Γεννηθῆναι ἄνωθεν (IV)», 88.

⁷ GRÉGOIRE DE NYSSE, *Discours catéchétique*, 331. N'est-ce-pas ce que conclut S. Agrelo dans ces propos: «El conocimiento de las cosas sobrenaturales, y en particular el conocimiento de Jesús como Mesías, el hombre lo recibe de Dios» (S. AGRELO, «A propósito de Jn 3,1-3», 239).

souligner le don de Dieu. En 3,5, le «croire» se reçoit «d'en haut», d'eau et d'Esprit et est posé comme condition pour entrer dans le Royaume ou pour avoir la vie éternelle; en 3,16, «Dieu, en effet, a tant aimé le monde qu'il a donné son Fils, son unique, pour que tout homme qui croit en lui ne périsse pas mais ait la vie éternelle». Comme si ce v. 16 éclairait le v. 5, Jésus est en définitive le don de Dieu pour l'humanité que tout homme doit recevoir s'il veut avoir la vie. Cette remarque se confirme dans le chapitre suivant lorsqu'à la Samaritaine il dira: «Si tu connaissais le don de Dieu et qui est celui qui te dit: "Donne-moi à boire", c'est toi qui aurais demandé et il t'aurait donné de l'eau vive» (Jn 4,10). Encore une fois, Jésus se présente comme l'eau vive, don de Dieu, source vivifiante à laquelle la femme Samaritaine doit boire c'est-à-dire qu'elle doit accueillir parce que justement il est le Messie attendu par Israël. La réplique de la femme au v. 15: «Seigneur, donne-moi cette eau pour que je n'aie plus soif et que je n'aie plus à venir puiser ici», le confirme comme le donateur d'en haut et la Samaritaine comme celle qui doit le recevoir. Ce cri évangélique de la Samaritaine trouve bien son écho d'abord, dans les synoptiques, en particulier en Lc 17,5, où les apôtres demandent au Seigneur d'augmenter (accorde-nous) en eux la foi; puis en notre temps, dans la prière de Charles de Foucauld, une véritable supplique dans laquelle il prie inlassablement pour recevoir le don de la foi qui est à la racine de son agir: «Oh, que cette foi est rare! Mon Dieu, donnez-la-moi! Mon Dieu, je crois, mais augmentez ma foi! Mon Dieu, faites que je croie et que j'aime»[8].

Ce ne sont donc pas d'abord les capacités de l'homme qui déterminent sa relation à Dieu, son «croire»; mais c'est bien et avant tout la bonté de Dieu manifestée dans la gratuité de son don, don de sa grâce, don de la foi gratuitement offerte par l'Esprit, qui fonde en première instance son rapport au Dieu de Jésus Christ. Toute prétention qui sortirait de ce cadre, ne serait pas pour la gloire de Dieu mais servirait les «glorioles» humaines qui dénaturent notre rapport au divin, au Créateur. Bref, l'homme doit se savoir et se sentir redevable à cet Autre. Cette disposition d'âme lui ouvrirait, à coup sûr, grandes les portes d'un accueil authentique de Jésus Christ. D'ailleurs le Maître ne nous avait-il pas prévenus que sans lui nous ne pouvons rien faire? Il est donc la source de tout don parfait et sa proposition à Nicodème n'est autre que de «Naître à la condition de disciple par un engendrement d'en haut, c'est-à-dire de Dieu ou encore d'esprit»[9].

---

[8] Bienheureux Charles de Foucauld (1858-1916), ermite et missionnaire au Sahara, «Prière pour demander la foi», in *Méditations sur les évangiles*, 38.

[9] Y.-M. BLANCHARD, «Lumière et ténèbres», 109. L'auteur ne manque pas de faire remarquer que la hauteur et l'esprit constituent en effet deux métaphores traditionnelles

2. Croire, c'est accueillir (confesser) Jésus

Les vv. 11-15 et 16-18 de notre analyse synchronique de Jn 3,1-21 ont révélé successivement Jésus comme Fils de l'Homme élevé en croix, Fils unique-engendré, don/Envoyé et Révélateur des choses d'en haut, de Dieu. Ici, la récurrence du verbe πιστεύω avec ses 7 emplois (vv. 12.15-18) auquel il ne serait pas superflu d'ajouter le λαμβάνετε du verset 11, qui est à comprendre équivalemment, sont une invitation subtile faite à Nicodème à croire au témoignage de Jésus et de la communauté des disciples. Ces verbes à l'actif (πιστεύω, λαμβάνω), contrairement au passif γεννηθῆναι ἄνωθεν des vv. 2b-10, suggèrent la responsabilité de l'homme qui peut accepter ou refuser de croire en Jésus Christ, malgré l'urgence de l'invitation qui lui est faite. Nicodème et tous ceux qu'il représente sont appelés à l'accueillir (λαμβάνω), à croire en lui, à le confesser, seule condition pour entrer dans la vie. Comme le fait remarquer magistralement Panimolle dans sa synthèse théologique du texte:

> In verità, per avere la vita eterna, bisogna credere nel Figlio dell'uomo elevato sul trono del Golgota (Gv 3,14s.), si deve accettare il dono dell'amore di Dio che consiste nel Figlio unigenito (Gv 3,16). Con tale adesione personale al figlio di Dio si ottiene la salvezza e si sfugge il giudizio di condanna (Gv 3,18)[10].

Il s'agit bien ici, d'une réalité vitale de laquelle l'homme ne peut se dérober ou se soustraire: il faut croire ou refuser de croire, il s'agit de la foi ou de l'incrédulité; c'est l'homme face à lui-même, face à sa conscience et à son être profond, face à un choix qui détermine son existence. Marchadour l'exprime de manière sublime en reprenant Calloud: «Ce qui est soulevé, c'est en effet le problème de l'homme dans sa vérité profonde, en tant qu'il est affronté au salut ou à la perdition, à la foi et au jugement, indépendamment de la connaissance explicite d'une tradition religieuse, en particulier la tradition juive»[11]. Et dans ce processus, il est nécessaire sinon indispensable à l'homme «questa fede esistenziale verso l'Unigenito del Padre» ou encore «una fede tanto profonda e radicale» qui détermine son salut ou sa condamnation[12]. On saisit tout l'enjeu

---

de la sphère divine, intrinsèquement distinctes de la condition charnelle («Dieu est esprit»): 4,24.

[10] S.A. PANIMOLLE, *Lettura pastorale*, I, 301.

[11] A. MARCHADOUR, *Les personnages*, 76.

[12] S.A. PANIMOLLE, *Lettura pastorale*, I, 305. Voici ce qu'il dit en substance et que nous partageons: «L'amore di Dio si è manifestato nel dono del Figlio suo unigenito; l'uomo però per ottenere la salvezza e la vita eterna, deve *credere in questa persona*

existentiel sinon vital et donc anthropologique mais aussi sotériologique et eschatologique du croire en Jésus, de son acceptation ou de son accueil dans notre vie. Il ne sera donc pas question de biaiser, de tergiverser mais de se situer, «Il faut nous engager pour ou contre Jésus [...] Car Jésus une fois rencontré, il devient impossible de s'enfermer dans l'indifférence. On ne peut plus, comme le fera Pilate, s'en laver les mains»[13]. En d'autres termes, le don de Dieu est à prendre ou à laisser, il n'y a pas de moyen terme[14]. Le «croire» qui est intrinsèquement lié au salut se révèle non seulement être sa condition indispensable mais plus encore croire c'est déjà être sauvé (eschatologie anticipée).

Enfin, disons tout net avec Giancarlo Gaeta que le silence de Nicodème à la fin du récit a une signification anthropologique plus profonde dans sa relation avec ce thème du «croire» comme accueil ou confession:

> Il silenzio di Nicodemo, a sua volta, non testimonia solamente che egli non ha più nulla da dire, ma soprattutto che non è più possibile dire nulla, occorre credere o non credere. Ed è qui che la concezione antropologica dell'evangelista emerge con nettezza: se le relazioni umane debbono essere secondo la verità, occorre che ad un certo punto codesta emerga senza mezzi termini, senza falsi rispetti umani, nella consapevolezza che essa possiede una forza di illuminazione sua propria[15].

3. Croire doit se manifester

En attribuant à la conjonction γὰρ le même sens que la particule δὲ qui sert à introduire un développement ou une continuation de l'idée précédente, nous sommes arrivés à la conclusion qu'aux vv. 19-21, la troisième dimension du «croire» que sont les «œuvres» (τὰ ἔργα) ne sont ni

---

divina. In Gv 3,16ss. ricorre varie volte l'espressione "pistéuein eis", che indica molto bene il finalissimo della fede, ossia la polarizzazione della vita verso la persona del figlio di Dio. Per aver la vita eterna, bisogna orientare la propria esistenza verso il Figlio unigenito (Gv 3,15s.). Per non perire, per non subire il giudizio di condanna, si deve accettare la persona del Figlio di Dio. Per conseguire la salvezza, è necessaria questa fede esistenziale verso l'Unigenito del Padre. In realtà, chi crede con una fede tanto profonda e radicale, non subisce il giudizio di condanna. Chi al contrario non crede, è già condannato fin d'ora (Gv 3,18)».

[13] F. ROUSTANG, «L'entretien avec Nicodème», 353.

[14] Y.-M. BLANCHARD, «Lumière et ténèbres», 110.

[15] G. GAETA, *Il dialogo*, 147. C'est d'ailleurs ce que confirme Zumstein dans ces propos et que nous partageons: «Le choix du monologue a une signification théologique: l'événement christologique qui va être révélé ne saurait faire l'objet d'une discussion; il ne peut donc être formulé que comme discours de révélation» (J. ZUMSTEIN, *L'Évangile selon Saint Jean* (1–12), 110).

la cause ni la conséquence de l'adhésion ou du refus de croire. Elle est plutôt avions nous dit, une manifestation concrète à l'intérieur du croire ou du non croire. Elles (les œuvres) se situent à l'intérieur du processus même du «croire»: entre le moment de la décision pour Jésus et l'aboutissement à la foi parfaite, il y a un cheminement, une intériorisation progressive de la parole de Jésus, une appropriation croissante de la révélation[16]. Il y a l'incrédulité qui est mise à jour ou qui est dévoilée par les œuvres mauvaises, on dirait dans une certaine mesure que les deux moments s'entrelacent.

«Or celui qui fait la vérité vient à la lumière afin que soient manifestées ses œuvres qu'en Dieu elles ont été accomplies». C'est justement ce qui nous est donné de percevoir à la fin du parcours de Nicodème. Quand en Jn 19,38-42, Nicodème et Joseph manifestent publiquement leur foi en octroyant à Jésus une sépulture royale, ils montrent par leur acte que «croire» ne peut être secret, ils doivent «venir à la lumière», une autre manière de dire qu'ils doivent «croire en Jésus»[17] selon les propres termes de Jésus et de la communauté des disciples, justement parce que leurs œuvres sont accomplies en Dieu (Jn 3,21). Or l'œuvre de Dieu, dira Jésus en Jn 6,28-29, c'est que vous croyiez en celui qu'il a envoyé. Ce qui permet de conclure que l'œuvre de Dieu ou «l'œuvre qui plaît à Dieu»[18], est croire en Jésus et l'œuvre mauvaise, le refus de croire en Jésus. L'une manifestant le «croire» et l'autre l'incrédulité. Le choix de vie que l'homme fait, dit en définitive, sinon met au grand jour ce qu'il est, un disciple de Jésus ou pas.

La lettre de Jacques en particulier revient sur la foi dans sa relation aux œuvres (Jc 2,14-18) où la foi sans les œuvres est une foi morte pour l'auteur: «Ainsi aussi la foi si elle n'a pas les œuvres, elle est morte par elle-même» (2,17). Mais c'est surtout le verset final qui résume bien la pensée de Jacques: «Montre-moi ta foi sans les œuvres et moi je te montrerai par mes œuvres la foi» (2,18). Comme nous le fait comprendre Tomasz Kot: «Les œuvres démontrent la crédibilité et suscite la foi, mais la foi à son tour s'exprime dans les œuvres [...] Entre Dieu et celui qui croit s'établit une ressemblance dans la manière d'œuvrer: qui croit dans les œuvres de Dieu devient à son tour celui qui œuvre»[19]. En somme, la

---

[16] Cf. P. LÉTOURNEAU, *Jésus*, 190.
[17] Cf. P. LÉTOURNEAU, *Jésus*, 192-193, n. 200; I. de LA POTTERIE, *La vérité*, II, 492-496.
[18] X. LÉON-DUFOUR, *Lecture*, I, 315.
[19] T. KOT, *La lettre de Jacques*, 106. L'auteur fait remarquer, s'agissant du contexte biblique de Jc 2,14-18, que «La requête de montrer sa foi adressée en 2,18 à celui qui

foi se reconnaît dans les œuvres à l'image de celles d'Abraham (offrande d'Isaac en Gn 22) et de Rahab (le salut des espions d'Israël en Jo 2)[20]. C'est notre «agir» qui manifeste notre «croire» ou notre incrédulité en Jésus. Il est le témoignage vivant que nous sommes engendrés d'en haut, de Dieu ou que nous avons pour père le diable. Ce qui prouve en vérité qu'un homme croit et qu'il est disciple de Jésus, c'est ce qu'il donne de voir de lui et qui témoigne jour après jour de son appartenance à Christ, de son adhésion au Fils de Dieu, lui Jésus, la manifestation la plus grande de l'amour de Dieu pour l'humanité.

Cette dimension du «croire» reste pour tout homme et pour toute communauté se réclamant du Christ, comme le miroir à travers lequel la preuve est donnée que le «croire» comme don et accueil sont une réalité et un témoignage dont on peut douter ou non. En termes plus simples, il suffira de voir l'agir d'un homme ou d'une communauté pour se convaincre ou s'interroger sur la pertinence de leur adhésion à Jésus, de leur «croire» au Fils de l'Homme élevé sur la croix et Fils unique engendré. Puisque quiconque croit en Jésus vient à lui, modèle sa vie sur la sienne, écoute sa parole et la met en pratique en vivant pardessus tout le commandement de l'amour ou du moins essaie jour après jour de construire son existence à travers les œuvres bonnes auxquelles fait allusion la fin de notre péricope.

4. Nicodème, un homme en quête de Lumière et de sens

La signification que nous avons donnée à la venue de nuit de Nicodème à Jésus (ἦλθεν πρὸς αὐτὸν νυκτὸς) était qu'au regard de tout le symbolisme qui caractérise le quatrième évangile, Nicodème, en venant à Jésus, s'approche de la lumière tout en conservant certaines résistances puisqu'il vient de nuit[21]. En d'autres termes, Nicodème le Pharisien et

---

dit l'avoir n'a pas d'équivalent dans le reste de la Bible. De même la démonstration de la foi à partir des œuvres semble une question sans précédent. La relation entre foi et œuvres est cependant constante dans les textes bibliques. Le sujet des œuvres le plus important est Dieu lui-même. L'œuvre de Dieu est la création (Gn 2,2.3; Ps 8,4; 102,26; 104,24) et toute son action salvifique dans l'histoire (Ex 34,10; Jg 2,7.10 ; Jr 51,10). Ces deux œuvres sont considérées et racontées parce qu'elles garantissent la crédibilité de Dieu et inspirent la foi de ses serviteurs et des nations païennes. Son œuvre est mentionnée dans un contexte de foi (Ps 44,2-5; 86,8; Ha 3,2; Is 64,3), car elle est digne de foi (Dt 32,4; Tb 3,2; Ps 33,4; 111,7); l'oubli de l'œuvre de Dieu conduit à l'infidélité (Ps 28,5; 106,13). Les œuvres accomplies par Jésus doivent elles aussi susciter la foi en lui (Jn 10,37-38; voir aussi Mt 11,2-6; Jn 5,36; Ac 2,22)», *Ibid.*, 105-106.

[20] Cf. T. KOT, *La lettre de Jacques*, 108-111.
[21] Cf. P. LÉTOURNEAU, *Jésus*, 128.

scribe mais aussi le membre du Sanhédrin a un *curriculum vitae* trop pesant qui justifierait cette résistance à la Lumière qu'est Jésus auquel il est invité à croire. La rencontre, loin d'être un échec programmé, était un challenge, un défi pour le visiteur nocturne.

Nicodème est un homme qui s'approche de Jésus certainement attiré par les signes que ce dernier accomplit dans le peuple. C'est un homme qui vient à Jésus avec un savoir, des certitudes (3,2) qui sont très vite mise en berne dans un dialogue dont il ne saisit pas toute la teneur. Il va vers Jésus avec son désir, mais en même temps tente de réduire Jésus, par les mots «nous savons», à ce qu'il connaît, à ce qu'il maîtrise dira Christiane Renouard[22]. Mais c'est aussi l'homme des interrogations, qui par ses questions (3,4.9), frisant à la limite le ridicule, mettent en lumière sa quête de Jésus, la Lumière du monde. «La quête de Nicodème est ainsi celle de tous ceux qui, quel que soit leur savoir prétendu [...] ont toutes les peines du monde à passer du savoir au croire, des *épigeia* aux *epourania*»[23]. Plus qu'une question de simple curiosité, ce sont les conditions du salut qui occupent l'essentiel du débat et qui se résument à «croire» en Jésus si Nicodème veut avoir la vie éternelle. Thème qui intéresse bien le Pharisien et chef Juif qui, au-delà de l'ironie et du malentendu johannique, par ses demandes, relance le débat, donnant à Jésus l'occasion d'approfondir le sujet. Qui interroge montre par cette attitude son intérêt, n'a-t-on pas coutume de dire? C'est d'ailleurs ce que les pairs de Nicodème lui feront remarquer en 7,52 quand ils l'interrogeront dans une formule rhétorique attendant une réponse négative introduite par la particule μή: «Serais-tu de Galilée toi aussi?» Non Nicodème n'est pas galiléen et plus encore aucun prophète ne vient de la Galilée selon eux. Mais à ce stade de la narration, la rupture semble consommée puisqu'ils se séparent plus que jamais divisés comme d'ailleurs la foule est divisée à propos de Jésus (7,43). Nicodème semble se démarquer d'eux; il est l'un d'eux sans en être plus vraiment. D'ailleurs en venant à Jésus en 3,1-21, ne se démarquait-t-il pas déjà de ses pairs? Sans excès, Il est en train d'explorer d'autres possibilités que celle de son groupe et de la classe dirigeante, c'est un homme qui commence à se situer différemment. Et si certains esprits critiques peuvent objecter que le savoir qu'il a accumulé dans sa vie de pharisien ne l'aide pas à comprendre les paroles de Jésus, mais bien plutôt qu'il aggrave sa situation, ou encore qu'il

---

[22] C. RENOUARD, «Le personnage de Nicodème», 565.
[23] C. GRAPPE, «Les nuits de Nicodème», 282. Et l'auteur d'ajouter comme nous le pensons d'ailleurs: «Le récit ne nous dit pas qu'il va s'opérer, même s'il nous semble lui laisser la porte largement ouverte».

ne cherche qu'à accroître son savoir[24], Nicodème ne demeure pas moins un homme qui a un réel intérêt pour Jésus même si à ce stade on ne peut raisonnablement pas parler d'engagement pour Jésus. La discrétion de sa démarche sans engagement publique en est la preuve.

Lui qui connait la Loi et qui fonde son salut sur la pratique de la Torah, est l'homme dérouté par la pertinence des propos de Jésus. Toutefois, son interrogation en Jn 3,9 révèle qu'il est désormais déboussolé et ne peut que questionner celui auprès duquel il était venu avec des certitudes. A partir de ce moment, se dessine en filigrane la figure d'un homme qui cherche à donner un autre sens à sa vie. Il ne peut qu'écouter d'où sa disparition de la scène pour parler plus tard en faveur de Jésus.

L'invitation finale «Or celui qui fait la vérité vient à la lumière» (3,21), trouve d'abord un début de réponse en 7,51, alors que Nicodème avait disparu de la scène lors de la grande révélation du Fils en 3,11-21, quand il interviendra dans une atmosphère de polémique autour de l'identité de celui qu'il était précédemment venu chercher, en parlant certes en des termes de justice et de légalité mais non en des termes d'adhésion qui toutefois marquent encore son intérêt pour Jésus. Le feu de son intérêt qui semblait à première vue se dessiner en Jn 3,1-21, se révèle au grand jour ici avant d'atteindre son paroxysme ou son point culminant dans sa venue sur le lieu de la crucifixion de Jésus. Depuis donc cette première rencontre, Nicodème est un homme qui cherche en vérité Jésus. N'est-ce pas ce qu'exprime cette pensée de Y.-M. Blanchard: «La conduite du juste s'exprime dans un mouvement vers, c'est-à-dire une démarche de foi vers une lumière qui n'est autre que Dieu lui-même»[25]? C'est en tout cas l'une des conclusions à laquelle l'étude de Jn 3,1-21 dans ses dimensions synchronique et diachronique nous permet d'aboutir.

5. Nicodème, un homme aux prises avec un «système»

Nicodème, le Pharisien (ὁ Φαρισαίοις) est issu du puissant groupe d'activistes laïcs qui étaient au temps de Jésus les tenants d'une certaine

---

[24] Cf. C. RENOUARD, «Le personnage de Nicodème», 567, qui va même plus loin en niant à Nicodème de ressentir un manque, d'exprimer un besoin mais au contraire qui chercherait simplement en Jn 3,1-21 à accroître son savoir, ne voyant pas la nécessité d'une nouvelle naissance. Nous sommes plutôt de l'avis que s'il y a ambiguïté du personnage, c'est aussi un texte qui ouvre à des possibilités car comme le dira-elle, «La trajectoire encore ouverte peut à tout moment basculer» (*Ibid.*, 565). Le texte contient en lui-même des éléments qui donnent de positiver le personnage. Par exemple, s'il est vrai que Nicodème vient de nuit, il est aussi vrai qu'il vient à Jésus.
[25] Y.-M. BLANCHARD, «Lumière et ténèbres», 110.

idéologie religieuse et qui, comme en témoignent les évangiles, entrent rapidement en conflit avec lui et son enseignement (Jn 9; 11,53; Lc 6,7; 7,30; 11,53). Mais Nicodème n'est pas que cela (cf. 3,1-2a.10). Il est aussi ἄρχων τῶν Ἰουδαίων, «un chef des Juifs» qui n'est autre qu'une «charge socio-religieuse», à savoir qu'il est membre du Sanhédrin (qui nous sera confirmé en 7,50). A ce titre, il fait partie des instances décisionnelles d'Israël au plus haut niveau et c'est ce Sanhédrin qui jugera Jésus. Enfin, il est probablement un scribe (3,10).

De cette présentation découle le contraste entre ce que représente Nicodème, à savoir la défense du Judaïsme et de l'ordre social et sa venue pour rencontrer Jésus. Il a toutes les caractéristiques d'un homme qui ne peut s'entendre avec lui; peut-être même enfermé, dans une origine sociale, religieuse et culturelle puisqu'il est décideur en matière religieuse et spirituelle qui se confond au pouvoir politique chez les Juifs. En réalité donc, plus que membre d'un pouvoir, d'une structure organisée, il est parmi les garants d'un système de contrôle de tout ce qui touche la vie du peuple Juif. La preuve, le Sanhédrin exerçait une autorité, volontairement reconnue, sur toutes les communautés Juives de l'univers et ce pouvoir s'exerçait sur les choses d'ordre spirituel et religieux et sur toutes celles qui intéressent le Judaïsme et dont l'autorité romaine abandonnait le souci.

C'est d'ailleurs pourquoi ce grand conseil, sentant Jésus comme une menace à l'ordre établi et à ses privilèges, veut l'arrêter pour éviter que les foules n'aillent à lui surtout que l'enjeu est de taille: il s'agit de la messianité d'un homme dont les chefs et certaines personnes du peuple doutent de l'origine divine et même la refusent tandis que parmi la foule beaucoup crurent en lui (7,31). Dans ce concert de voix discordantes, cet espace d'indécision, Nicodème semble s'en détacher progressivement en 7,50-52 en gardant tout de même pour référence la Loi. Mais au bout du compte,

> Il est le doute qui s'insinue, la faille qui s'infiltre dans le bloc de leurs certitudes pour le faire éclater du dedans, risque bien plus grave que s'il venait de l'extérieur car il sape la base même de leur argumentation, fondée sur la cohésion («Est-il un des notables qui ait cru en lui? Ou un des pharisiens?»). Face aux pharisiens qui présentent un front uni à la nouveauté et figurant l'immobilisme, ici comme dans d'autres passages de l'Évangile, la prise de parole de Nicodème se détache avec netteté[26].

---

[26] C. RENOUARD, «Le personnage de Nicodème», 569. Le parallélisme entre Nicodème et l'aveugle-né est clair: «En Jn 9, en particulier, les pharisiens, face à la guérison

Ce système de contrôle bien influencé par les Pharisiens devient à la limite radical et même violent puisque «parmi les notables, un bon nombre crurent en lui, mais à cause des Pharisiens ils ne se déclaraient pas, de peur d'être exclus de la synagogue»(12,43). En effet quiconque professerait Jésus comme Messie subirait la rigueur de l'interdit. Déjà l'aveugle-né guéri par Jésus en Jn 9 avait non seulement été harcelé par une kyrielle de questions, une audition assortie de menaces d'expulsion. Non seulement lui, mais aussi ses parents qui, par peur des Juifs, arguaient de la majorité de leur fils pour ne pas être exclus de la Synagogue; ce qui signifierait un bannissement du peuple Juif et donc la perte de tout statut social et religieux. Et ce Sanhédrin n'hésitera pas à décider de la mort de Jésus avant même le procès dont le verdict était connu d'avance suite au retour à la vie de Lazare (Jn 11,53), un véritable rouleau compresseur mis en place, une machine d'intimidation pour taire la vérité et servir les intérêts de la classe dirigeante. Heureusement que Nicodème «peut émerger du groupe des pharisiens et faire entendre sa voix, seul contre tous. Face à Jésus, le collectif éclate et l'individu surgit»[27], dans une prise de parole personnelle «au cœur d'une communauté divisée et d'un groupe défini uniquement par son statut socio-religieux (chefs et pharisiens)»[28]. C'est enfin lui qui, venant au lieu de la crucifixion de Jésus avec Joseph d'Arimathie, témoigne que tous les membres de la classe dirigeante et des pharisiens ne sont pas à loger à la même enseigne. Tous ne sont pas incrédules. Les deux trouvent enfin le courage de manifester leur discipolat. Se dessine ainsi une société humaine et religieuse ambivalente: d'un côté ceux qui croient en la messianité de Jésus et de l'autre côté les incrédules irréductibles dont le seul intérêt sont les privilèges dont ils jouissent (en particulier la classe dirigeante).

Joseph et Nicodème, bien avant cet acte ultime d'adhésion, préféraient maintenir leur lien avec la Synagogue à cause de leurs privilèges. Ils refusaient en même temps de professer leur foi en Jésus et préféraient être connus comme disciples de Moïse. Ils croyaient qu'en restant à la synagogue, ils aideraient les chefs de la Synagogue à être plus tolérants avec les chrétiens, si nous nous situons au temps de l'évangéliste et même à celui de Jésus. Ces faits nous enseignent que tout «système» est dangereux pour l'homme surtout quand il est au service d'intérêts particuliers et

---

de l'aveugle-né, posent d'abord, comme Nicodème en Jn 3, la question «comment?» (9,15.16.19.26), avant de rejeter avec violence l'homme guéri; ils figurent donc le refus total de la nouveauté» (n. 11).

[27] C. RENOUARD, «Le personnage de Nicodème», 568-569.
[28] C. RENOUARD, «Le personnage de Nicodème», 569.

mesquins. Le comportement social et religieux peut être fortement conditionné ou rendu inadéquat par un «système» qui veut tout contrôler, jusque même à l'incontrôlable qui relève du for interne. En ce sens, on peut conclure que toutes les fois où la religion ou les institutions religieuses se transforment en «système», la foi ou le «croire» est en danger et il est dangereux sinon nocif pour le croyant ou celui qui marche vers le «croire» d'être aux prises avec une communauté qui, au lieu de l'aider à croître dans le «croire», l'oblige à l'hypocrisie et à la fausse religiosité.

6. Croire, un chemin, un risque et un saut qualitatif pour Nicodème

Depuis sa rencontre initiale (Jn 3,1-21), où il est dit que Nicodème vient à Jésus avec des résistances, il nous a engagé avec lui, ou du moins c'est le fait de l'évangéliste, sur «*The Long Way*», le long chemin de l'adhésion à Jésus non sans difficulté et peine[29].

D'abord, parce qu'à la fin de ce récit, tout lecteur s'attendrait à une réponse face à l'invitation de Jésus à croire en lui, à venir à la Lumière pour que son «croire», don, accueil (confession) soit manifesté dans ses œuvres. A l'heure de la grande révélation de Jésus comme Fils de l'Homme, Fils unique engendré qui culmine dans le don du Père qui l'envoie dans le monde pour que tout homme qui croit en lui ait la vie, preuve suprême de son amour pour l'humanité, Nicodème s'était effacé, s'était absenté, avait disparu de la scène ou du moins s'était tu, parce que face au message d'invitation de Jésus, il n'avait pas d'autre choix que de se situer existentiellement. Ou il fallait croire ou ne pas croire; ou il fallait prendre parti pour Jésus en l'accueillant dans sa vie comme le Messie ou il fallait lui nier son origine divine. Ce silence qui dit la vérité sur la difficulté du personnage à croire à cause de ses résistances, avait suspendu le récit donnant au lecteur de poursuivre son acte de lecture.

---

[29] Selon nous, Il arrive enfin à accueillir Jésus comme son Seigneur. Nous prenons ainsi le contre-pied de Marchadour qui pense qu'à la fin de son parcours: «On peut retenir, sans aucun doute, le grand respect manifesté par Nicodème envers Jésus à qui il tient, malgré les circonstances hostiles, à accorder les rites d'onction dues aux morts. Son absence à la résurrection ne permet pas d'affirmer qu'il a fait le saut de la foi» (A. MARCHADOUR, *Personnages*, 76). Car pour nous, dire comme Marchadour, qu'il n'a pas fait ce saut qualitatif à cause de son absence à la résurrection remet en cause la signification de la mort de Jésus en croix en Jn. En effet, Jésus qui meurt sur la croix attire à lui les hommes dont les deux premiers sont Nicodème et Joseph qui deviennent pleinement ses disciples. Par son élévation en croix, il est déjà glorifié et peut transmettre dès lors l'Esprit comme don fait aux croyants.

Ensuite, parce qu'en 7,50-52, dans notre recherche des textes qui illuminent Jn 3,1-21 (étude de la tradition), quand le même Nicodème interviendra au cœur d'une polémique sur l'identité du thaumaturge galiléen qui gagne en popularité et tient des discours qui le confirment comme le Messie-Roi d'Israël, il prendra d'une certaine manière sa défense en s'appuyant sur la Loi. Preuve qu'il accorde un intérêt particulier à celui qu'il était venu rencontrer précédemment et qui marque une nouvelle étape de son cheminement. Les choses semblaient bouger ou se préciser à l'intérieur de Nicodème qui se démarquait d'une position de groupe. Mais le silence du Pharisien ne nous permettait pas une fois encore de dire avec certitude qu'il est disciple de Jésus, qu'il l'a enfin accueilli dans sa vie. D'ailleurs le mode avec lequel se séparent les membres du conseil dans un *tohu bohu* total, relançait le parcours de Nicodème qui n'était pas encore à son terme.

Enfin, parce qu'il fallait attendre Jn 19,38-42 (toujours dans notre étude de la tradition) pour voir Nicodème exprimer courageusement ce qui était né et qui a grandi en lui. Par l'acte de venir comme en 3,1-21, non plus avec des résistances, mais cette fois avec courage[30], bravant la peur de l'expulsion de la Synagogue, les mains chargés d'aromates pour ensuite «prendre» Jésus les bras tendus, qui disent la détermination et le courage de l'acte et ainsi l'accueillir ou le recevoir bras ouverts, qui disent la reconnaissance envers celui qui s'est «donné» et la plénitude du oui dans la simplicité du geste[31]. Ainsi la foi, le croire est un cheminement[32] pour Nicodème, qui deviendra réel et concret avec ses actes ultimes. L'ouverture christologique de Marchadour nous éclaire en ce sens: «Alors que, dans les synoptiques, la foi est souvent liée à une situation particulière et à une intervention de Jésus, chez Jean la foi est un engagement personnel qui touche en profondeur le disciple, le déstabilise, le déçoit parfois, mais aussi le transfigure»[33]. Et c'est justement, contrairement à ce qu'il (Marchadour) dira par la suite sur Nicodème (il est le symbole de la relation douloureuse entre Jésus et ses frères Juifs), ce qui arrivera au visiteur Nocturne qui finit par croire à travers une confiance, un attachement à la personne de Jésus; qui peut évidemment s'accompagner de malentendus mais qui, avec le temps

---

[30] Cf. M.T. BRIEN, «Latecomers to the Light», 54.
[31] C. RENOUARD, «Le personnage de Nicodème», 571-572.
[32] Cf. L. MONSENGWO, «La foi dans les écrits johanniques», 17.
[33] A. MARCHADOUR, *Personnages*, 183. La notion du croire est d'une importance capitale chez Jean à ne voir que les statistiques: Mt avec 11emplois; Mc, 14; Lc, 9 et enfin Jn avec ses 98 récurrences d'où la centralité de ce thème dans cet évangile.

engendre une transformation intérieure provoquée par l'adhésion à son message et surtout à sa personne[34].

Ce parcours ou ce «*Long Way*» enseigne que si le «croire» peut être un acte qui intervient dès qu'on rencontre Jésus et/ou avant la fin de la rencontre — c'est le cas des premiers disciples (1,41.49), de la femme et des gens de Samarie (4,42), de l'aveugle-né (9,38), de Marthe (11,27) — il peut prendre dans d'autres personnages plus de temps comme c'est le cas de Nicodème qui a vu avec le temps mûrir sa relation avec Jésus, croître dans l'acceptation de Jésus comme Messie en se débarrassant du poids de ses résistances. Au terme de son parcours, Nicodème accède à une certaine maturité. Et pour cela, il a dû se risquer à perdre ses privilèges pour devenir disciple de Jésus en faisant un saut emprunt de courage, au cœur d'un système institutionnel verrouillé et extrémiste, pris en otage par une classe dirigeante qui, au nom de la Loi, est prête non seulement à discriminer en expulsant de la synagogue et plus grave à ôter la vie des réfractaires et contrevenants comme ce sera le cas pour Jésus. Son parcours est «un parcours de foi, de son dire à son faire, du collectif à l'individu»[35].

Nicodème devient la figure de l'homme qui a besoin de temps, bien sûr pas une éternité, puisque le temps n'appartient qu'à Dieu qui en dispose comme bon lui semble, pour laisser le don de Dieu, le don du «croire» prendre place dans sa vie entière, occuper son espace existentiel. D'ailleurs quand nous lisons attentivement l'évangile de Jean, même ceux qui ont adhéré aussitôt à Jésus sont ceux là mêmes qui en d'autres circonstances ne croient pas (les frères de Jésus en 7,5; Thomas en 20,25), le renient (Pierre en 18,17.25-27), ne le reconnaissent pas (Marie de Magdala en 20,15, les disciples en 21,5). Mais qui finissent toujours par le confesser (20,16; 20,28; 21,15s.) comme pour confirmer que le «croire» est un don (c'est Jésus qui se fait reconnaître après sa résurrection), une confession et une manifestation qui peut prendre du temps: «The movements from darkness to light, from condemnation to life, or even from secrecy to openness, are neither necessarily easy nor automatic. They can be, as for Nicodemus, long and difficult movements

---

[34] Cf. MARCHADOUR, *Personnages*, 184. Selon lui, Nicodème est généreux et ouvert, il a de l'admiration et du respect pour Jésus, mais précise-t-il: «La foi pleine en Jésus suppose un saut parce que c'est tout autre chose qu'un sentiment humain». Puis il conclut: «Malheureusement, cet échec et cet amour déçu ont laissé des traces dans l'écriture du livre, avec une tendance à faire des Juifs un portrait parfois caricatural».

[35] C. RENOUARD, «Le personnage de Nicodème», 572.

of distancing and aligning»[36]; avant d'atteindre sa maturité pleine pourvu aussi que les concernés finissent toujours par se situer sans faux fuyants en bravant les obstacles. «Renonçant à ses certitudes et à ce qui faisait jusque-là toute son identité, dépassant ses résistances, brisant le gangue du passé, Nicodème devient une figure de la nouvelle naissance, s'ouvrant à l'altérité par le geste qui inscrit l'accueil dans la totalité de son être»[37]. Nicodème est pour ainsi dire un personnage évolutif qui, dans nos trois passages en question, évolue au fil de ses apparitions dans l'évangile, dans un cheminement spirituel croissant[38]. Cette position qui est la nôtre est confirmée par C. Renouard dans son analyse du parcours narratif de Nicodème, dans les trois récits où il apparaît, et qui est en nette opposition et contradiction avec la conclusion de Marchadour[39], qui considère le parcours de Nicodème attachant mais inachevé:

> Mais avant de pouvoir «recevoir» le corps de Jésus, de devenir «enfant de Dieu», Nicodème a dû parcourir un long chemin fait d'opposition au groupe et de séparation, et aussi de dépassement de ses résistances personnelles, marquées par le narrateur du sceau de la répétition (redoublement de la question «comment» en 3,4.9). Institué par l'événement fondateur de la rencontre avec Jésus, il lui a fallu se confronter à ses résistances, les siennes et celles des autres, pour pouvoir finalement s'affirmer avec confiance : confiance en cet Autre qui l'a déplacé dans son attente et bousculé dans ses certitudes, et aussi en ce soi nouvellement reçu qu'il va maintenant vraiment assumer[40].

Et dans le sillage de Ricœur d'ajouter:

> Faire confiance signifie pour lui renoncer à être maître du sens, renoncer à un soi tout-puissant, reconnaître «la dépendance du soi à une parole qui le dépouille de sa gloire, tout en confortant son courage d'exister», nécessite aussi d'avoir le courage de faire de cette parole «sans garantie» une parole fondatrice[41].

Si donc Nicodème nous enseigne que croire peut prendre du temps mais en même temps nécessite un sursaut intérieur et extérieur qui ne peut attendre, parce qu'il faut tôt ou tard se décider pour ou contre Jésus, comment son parcours qui est un cheminement spirituel de foi peut-il nous être utile aujourd'hui?

---

[36] N. FARELLY, «An Unexpected Ally», 42.
[37] C. RENOUARD, «Le personnage de Nicodème», 573.
[38] Cf. C. RENOUARD, «Le personnage de Nicodème», 564.
[39] Cf. A. MARCHADOUR, *Personnages*, 76.
[40] C. RENOUARD, «Le personnage de Nicodème», 571.
[41] C. RENOUARD, «Le personnage de Nicodème», 571; P. RICŒUR, *Soi-même comme un autre*, 38.

CHAPITRE IX

Nicodème aujourd'hui

Ce dernier moment de notre étude sera une tentative d'actualisation des grandes leçons herméneutiques et théologiques de notre parcours de Jn 3,1-21 dans ses dimensions synchroniques et diachroniques. Dans ce monde en pleine mutation, même les sociétés les plus traditionnelles ont à tirer des enseignements du parcours de Nicodème qui prend racine dans sa première rencontre avec Jésus. Puisque tout homme est invité à rencontrer Jésus, nous partirons des considérations générales pour aboutir au particulier c'est-à-dire que nous actualiserons notre étude de la péricope en cherchant dans un premier temps, sans distinction aucune et de manière générale, qui peuvent être les Nicodème de notre temps, avant de le restreindre à notre aire socio-culturelle, le peuple Abron-Koulango, pour découvrir là aussi à qui peut s'appliquer la figure de Nicodème. Puis nous proposerons des voies à ces personnes pour les aider à faire le pas décisif comme le Nicodème de l'évangile. Enfin nous terminerons ce tour d'horizon par une ouverture intitulée «Croire, un défi de tous les temps et pour tous».

1. Qui sont les «Nicodème» aujourd'hui?

La figure de Nicodème dans l'évangile de Jean nous a non seulement enseigné que «croire» est un chemin mais qu'il est aussi une décision personnelle face aux résistances qui sont les siennes et/ou à celles provenant du milieu de vie. Nicodème est intéressé par Jésus mais est comme pris entre deux feux. D'abord, par les doutes qui sont les siens à suivre un Jésus qui a des prétentions Messianiques; et ensuite, par un conditionnement provenant du milieu social auquel il appartient: la société Juive de son temps avec ses structures institutionnelles et un peuple divisé à propos de l'identité réelle de Jésus. Évidemment que Nicodème devra et s'est finalement situé par rapport à ses résistances et nous interpelle à travers les personnes dans lesquelles nous retrouvons son visage.

D'une manière générale en Jn 3,1-21, Nous ne dirons pas que Nicodème est «The representative of the broader category of "humanity estranged from God"»[1], mais que:

> Nicodemus is somewhere between rejection of Jesus and full faith. In relation to a hypothetised johannine community which has broken with the Jewish synagogue, Nicodemus might be a familiar figure: a Jewish leader who is not hostile to the followers of Jesus as Messiah and divine Son of God, but who also has not decided whether to break with the synagogue. In relation to Christians down centuries, Nicodemus represents those who are powerful and religiously interested, questioning but undecided. In each age and situation he will mean different things to different people, and it is part of John's genius that he has written a Gospel which is reach, multi-levelled and open enough to inspire more and more readings[2].

Que ce soit dans sa première rencontre avec Jésus ou que ce soit dans sa rencontre avec ses pairs en Jn 7, Nicodème à notre avis, n'est pas la représentation de l'incrédulité ou du rejet de Jésus au sens absolu comme nous avons tenté plus haut de l'expliquer. Il est l'homme intéressé mais qui tient des résistances rendant difficile son adhésion à Jésus. A ce titre, dans nos sociétés modernes d'aujourd'hui, Nicodème se retrouve dans tout homme doté d'un sens religieux qui a du mal à affirmer sa foi, son «croire» en Jésus de manière ouverte et sans calculs. On pourrait penser à toutes ces personnes qui sont prêtes à coopérer partiellement et donc sans dédiction totale avec l'Église, qui admirent le Christianisme, ses institutions, son organisation, ses célébrations et ses valeurs morales et spirituelles; qui sont curieuses d'accroître leur connaissance de l'Église et de ses positions face aux nouveaux défis du monde, de la Bible, de Jésus et de son enseignement, de ses prodiges rapportés par les évangiles; qui fréquentent sporadiquement nos moments de prières ou de rencontres parce qu'elles ont été invitées ou s'invitent elle-mêmes, n'étant dans le fond pas opposées à l'Église, mais entretiennent d'autres liens que chacun peut s'imaginer et qui les retiennent captives; qui ressentent le désir de s'en débarrasser, sans véritablement avoir le courage de s'en défaire par peur de perdre quelques privilèges et pourquoi pas leur vie. Peur de la menace des idoles, de groupes secrets auxquels elles appartiennent,

---

[1] N. FARELLY, «An unexpected Ally», 37.
[2] D.F. FORD, «Meeting Nicodemus», 16.

des pactes contractés volontairement ou involontairement mais qui se sont révélés illusoires avec le temps parce que ne donnant pas la vie, la liberté. Ce sont des personnes qui s'interrogent sur un sens réel à donner à leur vie mais résistent encore à faire le pas, n'ont pas assez de courage, de ressources pour concrétiser la rupture.

La figure de Nicodème, c'est l'homme qui:

> Has his own non-Christian religious conviction, and stands for the best in his own tradition, reaching accross boundaries, seeking fairness, trying to do the right thing, and generous to those he considers to be doing God's will, even if he cannot go the whole way with what they believe and what their beliefs lead them to do[3].

Et ces personnes, on les retrouve dans toutes les cultures, dans tous les peuples, ouverts mais réticents à prendre des risques, à se décider d'abandonner les convictions qui sont ou ont été celles de leur vie jusqu'à cette rencontre avec Jésus à travers l'Église et l'évangile de Jésus-Christ qu'elle proclame ou simplement à travers un chrétien.

Enfin disons le tout net, la figure de Nicodème n'est pas étrangère, même aux chrétiens que nous sommes. Selon David Ford, «There is Nicodemus as a Christian alter ego, as we who are Christians identify part of ourselves with him in his dramatic meeting with Jesus. We too come to the light "by night", and there are parts of us that shy away from exposure»[4]. Chaque fois que nous avons une conception d'un Jésus qui nous intéresse seulement parce qu'il est un thaumaturge, un faiseur de miracles et à notre disposition pour porter une réponse à nos difficultés; toutes les fois que se pose sérieusement en moi la question de la vie éternelle ou du salut, ou que s'installe fortement en moi des doutes et incompréhensions sur l'unique condition que pose Jésus à savoir «croire» pour bénéficier de cette vie; chaque fois que nous mettons dans l'ombre notre foi en Jésus dans les diverses circonstances de la vie où il aurait fallu l'exprimer clairement, la figure de Nicodème se dévoile dans la nôtre.

Dans les milieux traditionnels africains et plus particulièrement chez les Abron-Koulango[5] du Nord-Est de la Côte d'Ivoire, Nicodème se retrouve chez ces chefs et notables traditionnels qui ont un profond respect,

---

[3] D. F. FORD, «Meeting Nicodemus», 16.
[4] D. F. FORD, «Meeting Nicodemus», 17.
[5] Pour les aspects historiques, géographiques, culturels et linguistiques de ce peuple, on pourra consulter A. BIANCO, *Phonologie du Koulango*; D. DOZIO – A. BIANCO, *Formules brèves de bénédiction*; B. KOUASSI KOUMAN, *Le chant et la musique*; ID., *Conflit d'identité culturelle*; J.M. KOBENAN, *Le mariage Abron-Koulango*; L. TAUXIER, *Le*

de l'admiration et de la sympathie pour le Christianisme et l'Église, pour les ministres sacrés et pour bien de ce qui touche à l'Église, mais qui veulent continuer à adorer leurs idoles et fétiches (pierres, bois, eaux) tout en venant circonstantiellement à l'Église. Ce sont dans bien des cas des personnes qui, individuellement, ont le désir secret de faire ce pas décisif mais ont peur. Peur de se mettre à dos toute une communauté traditionnelle avec ses menaces qui peuvent aller jusqu'à la violation du droit primaire à professer la foi et la religion de leur choix. C'est aussi le cas de la plupart des musulmans qui veulent se risquer à devenir chrétiens. Peur de devoir lâcher leurs diverses sécurités qui leur assurent protection sociale et mystique, même si aujourd'hui les avantages sociaux se sont amoindris à cause d'une plus grande modernisation de nos sociétés dites traditionnelles. Et même dans nos communautés chrétiennes, Nicodème se retrouve d'une certaine manière dans ces anonymes qui fréquentent nos églises mais ne font aucun effort pour accéder aux sacrements de la grâce, qui ne s'initient pas à la foi chrétienne à travers la catéchèse et qui ne trouvent aucun inconvénient à fréquenter devins et marabouts tout simplement parce qu'ils sont à un niveau de conviction qui se limite à de la curiosité et au sensationnel (par exemple les veillées charismatiques); ils restent encore sympathisants et souvent pour toute la vie. Ils aiment fréquenter les groupes charismatiques pour guérir d'un mal physique ou mystique mais ne se décident pas à aller au-delà de ces aspects miraculeux qui sont le niveau plus bas de la foi selon Jean. Quel dommage!!! Ils tiennent encore des résistances.

En somme, Nicodème est une figure multi-dimensionnelle et qui peut s'appliquer à l'Homme selon les circonstances dans lesquelles il se retrouve. Qu'il ait le désir de venir à Jésus et qu'il résiste encore; qu'il ne se limite qu'à parler seulement bien du Christianisme alors qu'il en faut plus; qu'il ne se risque pas à se présenter comme chrétien alors que la circonstance l'exige; qu'il s'interroge sur la vie éternelle et le salut promis par Jésus ou qu'il garde le silence ou l'inaction sur ce qui l'aurait accrédité comme vrai disciple du Christ, Nicodème est et peut se retrouver en chaque homme, de n'importe quelle culture ou tradition, pourvu que se rencontrent en lui des résistances qu'il est invité à surmonter comme le fera Nicodème en Jn 19,38-42. Et pour surmonter ses résistances, les obstacles à croire en Jésus, l'Homme, peu importe sa culture, et particulièrement l'africain, l'Abron-Koulango, tout en conservant les

---

Noir de Bondoukou. Nous nous intéresserons surtout aux croyances et aux pratiques traditionnelles des Abron-Koulango.

valeurs, devra se débarrasser des liens et systèmes qui le rendent prisonnier et l'empêchent de faire le pas décisif.

2. Se libérer des liens et systèmes en conservant les valeurs

Nicodème a dû faire le long chemin, *The Long Way*, pour enfin se décider à faire le saut qualitatif du «croire» en Jésus et ainsi devenir disciple de Jésus, un disciple *sui generis* comme Joseph d'Arimathie, parce qu'attiré par la glorification du Fils en croix qui transmet l'Esprit. Il a dû faire preuve de courage et de risque pour engager une aventure nouvelle sans la peur de perdre ses privilèges ou d'être exclu de la synagogue. Nicodème, venant au lieu de la crucifixion de Jésus, venait ainsi de se libérer de ses résistances intérieures et extérieures. Il venait de braver, de défier le pharisaïsme et son rigorisme dans la pratique de la Loi au sens plein du terme. Il venait aussi de prendre une position contraire au Sanhédrin qui en définitive n'avait pour seule arme, en face du phénomène Jésus, que la menace. Il venait enfin, face à la division suscité par Jésus au sein du peuple, de se situer anthropologiquement (dans sa vérité profonde d'Homme), sociologiquement et spirituellement comme quelqu'un gagné à Jésus mais aussi gagné à la communauté des disciples.

Les liens et systèmes, empêchant l'Homme de faire le choix clair et définitif pour Jésus, peuvent aujourd'hui être les privilèges institutionnels modernes, coutumiers et sociaux mais aussi les croyances modernes ou traditionnelles, qui ne sont pas toujours compatibles avec l'acte de croire en Jésus-Christ. Selon Jean-Marc Ela, sa foi d'Africain est une adhésion totale à Jésus-Christ parce que justement pour lui, Jésus est le Révélateur de Dieu, le Révélateur du Nom de Dieu de l'Exode, le Nazaréen, Jésus de Nazareth, l'Homme de Nazareth, le Serviteur de Dieu et des hommes, le Christ, le Seigneur de la vie, le Seigneur du monde, le Messie sauveur etc. Il est son Seigneur et son Dieu, un Dieu Amour, libérateur des opprimés et don de soi pour leur délivrance[6]. C'est ce Jésus qui invite Nicodème et par delà lui, tous ceux qui tiennent des résistances à s'en défaire, à se débarrasser des pesanteurs qui les rendent prisonniers. Jésus les appelle à sortir d'un système, d'une institution, d'une coutume, d'une tradition, d'un interdit social, d'un tabou, d'une secte ésotérique, d'une peur due à une quelconque menace, qui les maintiennent dans un esclavage et un appauvrissement anthropologique, social et spirituel. Et

---

[6] Cf. J.-M. ELA, *Ma foi d'Africain*, 160-164. Cf. aussi N.Y. SOÉDÉ, *Cri de l'homme africain*, 18-19, duquel nous tenons cette synthèse des titres et caractéristiques de Jésus dans l'œuvre de Jean-Marc Ela.

cela nécessite du courage, de la détermination, de la conviction qui trouvent leur source dans la grâce donnée au croyant. Il ne s'agira pas de quitter physiquement son milieu de vie, à moins que les circonstances ne l'exigent, parce que partir peut aussi permettre de vivre ou de revivre, mais de révéler au grand jour celui qui donne sens à notre existence, celui qui est notre liberté et notre salut, Jésus-Christ, que nous voulons suivre pour toujours.

Il ne sera évidemment pas question de se «vernir» en se débarrassant «simplement» des fétiches et autres idoles pour prétendre être disciple de Jésus, comme aux temps des premières évangélisations que les africains continuent encore de critiquer, alors que dans le fond, la mentalité païenne, un paganisme irréductible subsiste et persiste. Il n'est pas question non plus de faire coûte que coûte et avec une violence brusque le tri entre le positif et le négatif dans la culture de l'homme puisque l'homme est et évolue en entier comme s'il fallait séparer le bon grain de l'ivraie. Enfin, il ne s'agit pas de créer un tiraillement permanent en l'homme, tiraillement entre sa culture et l'évangile[7], tiraillement entre la foi chrétienne en Jésus-Christ et les idoles, tiraillement entre l'adhésion libre et voulue et le poids des esprits et des ancêtres, mais bien de se situer existentiellement et donc anthropo-sociologiquement et spirituellement en faisant le dépassement courageux à la foi chrétienne qui nécessite le discernement et le mûrissement, la décision risquée, le courage et le saut qualitatif. Et cela peut prendre du temps si l'on veut des résultats escomptés et non de la superficialité, un manque de consistance et un vide spirituel.

Même si la vision africaine inclut toutes les formes de relation à Dieu, il y a une particularité africaine et donc Abron-Koulango faisant appel à un Dieu unique, éloigné des réalités humaines et déléguant ses pouvoirs à des intermédiaires que sont, soit les ancêtres, soit les Esprits spécialisés. Malheureusement cette délégation mal assumée à la fois par les hommes et les médiateurs a creusé la distance entre Dieu et ses créatures, puis a transformé les intermédiaires en véritables dieux. «Ils ont ainsi confisqué les prières et les offrandes à leur profit et le souvenir du Dieu unique s'est estompé dans la mémoire humaine» dira Boa Thiémélé[8].

L'Abron-Koulango écrasé par ses créatures intermédiaires, est devenu leur jouet. «Un clergé» chargé d'interpréter les volontés de ces intermédiaires s'est lui également constitué en empire. C'est ainsi que

---

[7] Cf. B. KOUASSI KOUMAN, *Conflit d'identité culturelle*, 3-5.
[8] R. BOA THIÉMÉLÉ, «Relation de l'Africain au monde», 13.

l'Abron-Koulango ordinaire vit dans l'angoisse et la perpétuelle insécurité métaphysique, obligé de sacrifier son bonheur à la satisfaction de ces nombreux intermédiaires. Ainsi vit-il dans la résignation et le fatalisme et a une crainte morbide du sorcier qu'il voit partout. Il se découvre dépendant du monde des «forces transcendantes» auxquelles il reste soumis et rend un culte. Son univers est régi, dominé et gouverné par les génies, les esprits, les ancêtres et les morts. Ceux-ci en sont les véritables maîtres et rois. Ils agissent sur les hommes et peuvent selon la croyance traditionnelle africaine faire réussir ou échouer leur projet de vie[9]. De là découle la résignation et une mentalité qui s'abandonne au sort, à la prédétermination. Aussi par peur, il se laisse assujettir par des tabous et des interdits qui ne le libèrent guère. La sorcellerie apparaît comme une censure à tous ceux qui prétendraient sortir de l'arène pour se faire une place au soleil. Cette mentalité a de graves conséquences sur le développement de la personne et du groupe et même sur la société entière. Cette peur souvent absurde de la sorcellerie avec son cortège de superstitions qui l'habitent constamment le pousse à rechercher toutes les sécurités mystiques. S'agissant des chefs traditionnels et de la notabilité, les pouvoirs redoutés ainsi que les divers privilèges matériels dont ils bénéficient de la part de leurs sujets et surtout en ces temps modernes, d'hommes politiques qui se servent d'eux à des fins électoralistes, ne sont pas toujours faits pour les aider à prendre des décisions de vie; puisqu'à la vérité, la notion de royauté et de chefferie traditionnelle est liée aux sacrifices d'animaux et aux pratiques mystiques. Et les honneurs et liens contractés avec le monde des ancêtres et des divinités n'est pas chose facile à rompre puisqu'on y trouve sa sécurité.

Enfin retenons que la mort, la divination, la sorcellerie, constituent les trois pôles de l'univers invisible où s'exerce le jeu de la peur qui pousse l'Abron-Koulango à implorer la bénédiction et la protection de Dieu et des Ancêtres[10]. La notion de sorcellerie étant très ancrée dans la société Abron-Koulango, chaque membre de la communauté prend garde de ne pas tomber dans les pièges du sorcier en allant souvent consulter le devin qui est habilité à contre-attaquer l'action du sorcier. Même si en des endroits et à bien des occasions, il se montre un homme tiraillé et aux prises avec un environnement multiséculaire, il continue de croire en l'action des ancêtres, des génies, des sorciers et est profondément marqué par une résignation et un fatalisme qui lui font corps et embrasse toute son existence.

---

[9] R. GNALLY-A-TIÉPÉ JEKU, *Anthropologie religieuse Africaine*, 187.
[10] B. KOUASSI KOUMAN, *Conflit d'identité culturelle*, 135.

En somme, l'Abron-Koulango est réticent à adhérer à Jésus à cause de sa peur de perdre ses sécurités, de mourir prématurément mais aussi pour le besoin d'immédiateté et l'importance des signes qui caractérisent son être et qu'il semble ne pas retrouver dans le Christianisme qui en plus, exige de lui un renouveau de vie radical qu'impose aux disciples du Christ le message évangélique.

Ainsi dépeint, non pas dans le but de «négativiser» sa culture, parce que les valeurs de la croyance en Dieu et au monde spirituel, du respect du sacré et de la vie qu'il aime célébrer, de la solidarité communautaire etc., sont des valeurs qui constituent des ressources sur lesquelles peuvent s'appuyer sa décision d'une véritable recherche sur le sens à donner à sa vie, sur le choix décisif et fondamental sinon vital pour Jésus, pourvu qu'il accepte enfin d'entreprendre ce cheminement de maturation, de croissance, de dépouillement pour se laisser remplir par la présence de Jésus qu'il aura choisie parce que convaincu qu'en lui se trouvent la vie, le salut. L'africain est mis en situation de prendre comme Nicodème une décision qui se veut totale et totalisante, pour ou contre Jésus qui lui demande de «croire» en lui, parce que justement c'est là que le bas blesse: se risquer en aventure avec Jésus qui n'a pour seule véritable promesse que la vie éternelle et comme seule condition le «croire» en lui. Face à ce choix dramatique ou salvifique à faire, c'est une décision qu'il est invité à prendre tôt ou tard et en toute vérité profonde parce qu'à un moment donné, la tergiversation ne peut plus faire route au risque qu'il ne soit trop tard.

3. Non à la compensation et au marchandage en matière de foi

Et si les pasteurs d'âmes veulent véritablement aider l'africain dans ce cheminement en toute lucidité et vérité vers le «croire» en Jésus, il faudrait selon nous, éviter de prêcher la compensation et le marchandage. Nous entendons par compensation, l'attitude qui consiste à voir ou à présenter le Christianisme, la foi en Jésus-Christ comme l'adhésion à une religion importée qui viendrait au secours d'un homme en difficulté sans véritable religion, justement parce que quelque chose manquerait à ses pratiques traditionnelles. Le risque dans ce cas est clairement la porte ouverte au syncrétisme qui finit par faire de l'homme ni un chrétien ni un adepte des Religions Traditionnelles Africaines (RTA) mais bien un homme non situé anthropologiquement, religieusement et spirituellement. Et cela conduit inexorablement cet homme à ne jamais se décider. Nous entendons par marchandage, l'attitude qui est celle de prendre Dieu ou Jésus-Christ pour celui là qui doit me donner des garanties pour qu'enfin, je me décide à le suivre ayant la certitude que je ne perds rien à aller à sa suite puisqu'en contrepartie il m'assure mes *desiderata*.

Il faut tout simplement présenter Jésus comme l'objet de notre «croire», lui qui nous fait don du «croire» que nous devons accueillir et manifester chaque instant de notre vie et, comme le parcours de Nicodème nous l'a enseigné, dire que si la foi est un don, elle est aussi et surtout une décision personnelle qui engage ma responsabilité et qui nécessite courage pour se risquer au saut qualitatif. Oui croire est un risque et celui qui veut suivre Jésus doit s'y risquer en ayant conscience qu'il n'a pour seule garantie que le «croire» comme la condition qui est posée pour avoir la vie éternelle déjà commencée ici-bas en vivant le déjà là et le pas encore (l'eschatologie anticipée). Cette conclusion, les pasteurs d'âmes ne doivent pas avoir peur de la prêcher car si les hommes de ce monde sont si habiles à se risquer pour des biens qui passent, pourquoi ne le seraient ils pas au point de se risquer pour la vie éternelle, se risquant de croire et tout simplement de croire en Jésus, Fils de l'Homme, Fils unique engendré, don/Envoyé du Père pour sauver le monde en quête de salut et de sens.

A l'exemple de Nicodème qui fait un chemin de foi, notre pastorale en milieu Abron-Koulango gagnerait à proposer à ce peuple le «croire» en Jésus-Christ comme un chemin de conversion, un chemin de renouveau, un chemin de découverte toujours renouvelée de Jésus-Christ et de son message de salut. Il s'agira pour les pasteurs de ne plus faire de la «tabula rasa» comme par le passé. Non seulement la foi chrétienne a été présentée dans sa version ou dans sa réalisation occidentale, mais plus grave encore la mission a consisté, ici et là, à l'éradication ou à l'évacuation des cultures africaines rendant ainsi quasi impossible le processus d'une rencontre effective du Christ avec le peuple d'Afrique, annulant par le fait même la logique, l'objectif et la raison d'être de l'incarnation[11]. Mais il s'agira d'accompagner chaque personne en prenant en compte ses convictions intimes, ses joies, ses réussites mais aussi ses échecs, ses peurs et ses incertitudes. Nicodème hésite, a peur de s'engager, de se dévoiler mais le temps et certainement un mûrissement jusqu'à l'adultéité lui permettent enfin de faire un saut qualitatif et d'accueillir Jésus-Christ qu'il reçoit comme son Maître et Seigneur sans crainte désormais de s'en cacher. L'Abron-Koulango veut se voir accompagner par une évangélisation de proximité et de dissipation des ombres de son parcours pour enfin s'attacher au Christ. Dans cette perspective, la théologie du «croire» exige une «anthropologie du sujet» où «le soi»

---

[11] J.S. BAYO, «Église et État», 44.

4. Croire, un défi de tous les temps et pour tous

En Jn 20,30-31, l'évangéliste nous donne son pacte de lecture: «Πολλὰ μὲν οὖν καὶ ἄλλα σημεῖα ἐποίησεν ὁ Ἰησοῦς ἐνώπιον τῶν μαθητῶν [αὐτοῦ], ἃ οὐκ ἔστιν γεγραμμένα ἐν τῷ βιβλίῳ τούτῳ· ταῦτα δὲ γέγραπται ἵνα πιστεύ[σ]ητε ὅτι Ἰησοῦς ἐστιν ὁ Χριστὸς ὁ υἱὸς τοῦ θεοῦ, καὶ ἵνα πιστεύοντες ζωὴν ἔχητε ἐν τῷ ὀνόματι αὐτοῦ». Jn 3,1-21 est le premier face-à-face entre Jésus et une autorité juive dont la centralité du message est le «croire» en Jésus pour avoir la vie éternelle dont parle la fin de l'évangile. Nicodème était invité à entrer dans le triple mouvement du «croire» comme don-accueil-manifestation mais la conversation avait vite tourné à l'impuissance de l'interlocuteur de Jésus à saisir ou à accepter ce message. «Or celui qui fait la vérité vient à la lumière afin que soient manifestées ses œuvres qu'en Dieu elles ont été accomplies», avait dit Jésus et la communauté des disciples à Nicodème et à tous ceux dont il est la représentation à la fin de ce face-à-face inaugural.

> Il brano di Gv 3,19-21 riprende questa tematica della fede sotto l'immagine della luce rifiutata o accettata. Gesù, luce del mondo (Gv 8,12; 9,5) o degli uomini (Gv 1,4), è rigettato da coloro che amano le tenebre dell'incredulità e odiano la luce (Gv 3,19s.). Va verso la luce, ossia orienta la sua vita verso Gesù o accetta la persona del Figlio di Dio, solo chi fa la verità, cioè apre il cuore alla rivelazione di Gesù, assimilando la sua parola[13].

Le défi, le challenge de l'adhésion vraie à Jésus venait de leur être lancé pour qu'ils prennent leur responsabilité tout en ayant conscience qu'ils se reçoivent tout d'abord d'en haut.

Si donc dans les synoptiques (Mc 10,15, Lc 18,17 et surtout Mt 18,3), il s'agissait en fait de se convertir pour entrer ou voir le Royaume de Dieu ou des cieux, en Jean, il faut être engendré d'en haut pour expérimenter la réalité du Royaume. Si les synoptiques marquaient tout de suite l'effort de l'homme à travers sa conversion à laquelle il était urgemment appelé, Jean partait du fait que le «croire» est un don d'en haut qu'on doit recevoir pour le manifester. Et cette invitation conduit inexorablement le croyant à faire sans tarder le pas même si dans le cas de Nicodème, cela a pris plus de temps.

---

[12] J.-M. ELA, *Repenser la théologie africaine*, 136.
[13] S.A. PANIMOLLE, *Lettura pastorale*, I, 307.

Hier comme aujourd'hui et demain, ce défi sera d'actualité puisque ce texte est écrit pour que nous croyons que Jésus est Christ et Seigneur. Les «Nicodème» d'hier ne sont pas ceux d'aujourd'hui et certainement ne seront pas ceux de demain puisque chaque époque vient avec ses «Nicodème» chargés de leurs résistances. Hier, au temps de Jésus et de l'évangéliste plus précisément, ce sont des Juifs, autorités ou non, qui fréquentaient à la fois la synagogue et la communauté chrétienne, ne se décidant pas pour la plupart en faveur de Jésus parce qu'ils avaient certainement à gagner dans cette double appartenance que l'évangéliste critique fortement l'assimilant à un manque de foi, même si certains d'entre eux comme Nicodème et Joseph, ont fini par accueillir ou croire en Jésus.

Aujourd'hui, ce sont des personnes de n'importe quelle culture et de toutes les conditions sociales qui tiennent encore des résistances, qui sont prêtes à coopérer de diverses manières avec l'Église sans véritable engagement parce qu'elles sont sous l'emprise d'un système, d'un privilège, d'un interdit, d'un tabou, d'une idole (elles sont nombreuses les idoles de notre temps), et qui les rendent esclaves à un triple niveau: humain, social et spirituel, les rendant indécises dans leur choix risqué pour Jésus. Demain, que nous ne savons pas, viendra lui aussi avec son lot de personnes confrontées à des résistances intérieures et extérieures pourvu que l'appel final de l'évangéliste et de Jésus à la fin de l'entretien avec Nicodème trouve en eux un écho favorable. Mais qu'ils soient d'hier, d'aujourd'hui ou de demain, que les résistances prennent des formes diverses selon les circonstances de temps et de lieu, la figure de Nicodème interpellera toujours ces hommes et ces femmes pour qu'ils s'engagent sur le chemin du «croire», du croire en Jésus. C'est à l'Homme de toujours fuir la tentation d'équilibre pour se libérer de ses résistances parce que seul là se trouve son salut, la vie éternelle promise par Jésus.

Et comme nous l'avons fait remarquer, Nicodème pourrait à tout moment se retrouver en chacun de nous, qui pourtant pensons être du côté du «croire», du côté de la foi parce que sommes nous convaincus que, de longue date nous cheminons avec Jésus en qui nous croyons. C'est là aussi une tentation permanente et un risque constant parce qu'en réalité:

> In the Gospel, [...] the noun «faith» never occurs. John always uses the verb «to believe», because the interaction between Jesus the teacher and his disciple is never something acquired, achieved, possessed. It is ongoing relationship that either incessantly deepens or ceases. It is a friendship, a love relationship, which cannot remain static without stagnating[14].

---

[14] S.M. SCHNEIDERS, *Written that you may believe*, 13.

CONCLUSION GÉNÉRALE

1. Le discipolat de Nicodème

Nicodème est-il oui ou non disciple de Jésus et quelles peuvent en être les conséquences et implications pour nous aujourd'hui ou en quoi son parcours peut-il nous être utile? Voici la problématique de départ à laquelle nous avons tenté de répondre dans cette étude exégétique et théologique de Jn 3,1-21 comme commencement de son parcours. Et pour y arriver, nous nous sommes servis méthodologiquement de la synchronie et de la diachronie du texte au terme desquelles nous avons tenté une herméneutique théologique actualisée en contexte dans une perspective anthropologique et sociale.

1.1 *Invitation à croire et «The Long Way»*

Au terme de cette étude, la première grande conclusion à laquelle nous aboutissons est la centralité du «croire» ou de la foi dans sa triple dimension de don-accueil-manifestation, comme message et invitation que Jésus et la communauté des disciples adressent à Nicodème et à tous ceux dont il est la représentation. La deuxième grande conclusion est que Jn 3,1-21 nous avait lancés avec Nicodème sur «*The Long Way*», le long chemin, car notre analyse synchronique ne nous permettait pas de répondre à la problématique de son adhésion ou non à Jésus. C'est d'ailleurs pourquoi nous nous sommes engagés dans une analyse diachronique de notre péricope, qui nous a permis de suivre le parcours ultérieur de Nicodème après son face-à-face initial avec Jésus. Au bout du compte, Nicodème, venu à Jésus avec un savoir et des certitudes, après un long chemin fait de questionements légitimes ou non, frisant à la fois l'ignorance et le ridicule, chemin fait d'incompréhensions, de silences, de prise de paroles ambigües mais aussi et surtout d'intérêt croissant pour Jésus, finit par arriver à manifester son «croire» en lui à travers sa venue au lieu de sa crucifixion et ses dons chargés de signification. Le vocabulaire johannique de cette ultime rencontre accrédite Nicodème comme un disciple de Jésus mais un disciple selon «son genre» comme Joseph d'Arimathie auquel il est associé: tous deux sont des disciples *sui generis*.

1.2 *Croire comme don-accueil-manifestation*

Dans le dialogue qui s'est engagé entre Jésus et Nicodème (Jn 3,1-10), Jésus a d'abord insisté sur le fait que «croire» est un don qui est donné d'en haut ou qu'on reçoit d'en haut (ἄνωθεν) et qui est mis en lumière par l'expression γεννηθῆναι ἐξ ὕδατος καὶ πνεύματος, qui peut signifier epéségétiquement «être engendré d'eau c'est-à-dire d'Esprit», le καί unissant les deux substantifs ayant une valeur explicative. Notre engendrement d'eau *qui veut dire* d'Esprit, l'Esprit symbolisant le «croire» ou la foi en même temps qu'il est courroie de transmission de la foi. Nicodème est ainsi mis en demeure de se rendre à l'évidence que l'homme n'est pas sauvé ou n'a pas la vie éternelle d'abord parce qu'il vit selon la Loi comme le penserait le pieux Pharisien; mais la condition première de son salut est le don de Dieu que constitue le «croire». C'est Dieu qui donne de croire et Jésus est en définitive le don Dieu pour les hommes, le don que Dieu fait à l'humanité entière pour que le monde soit sauvé. Ici, la responsabilité de l'homme qui n'est pas engagée à cause de la forme passive de l'expression γεννηθῆναι fait de Dieu le donateur de son Fils qui lui aussi se donne pour que quiconque croit en lui ait la vie par lui. Nous sommes toujours et en première instance engendrés d'en haut, de Dieu et non par nos mérites et capacités; et cela, Nicodème et nous avec, n'arrivons pas toujours à saisir la profondeur de cette première dimension du «croire» qui ne saurait être occultée ou reléguée à un second rang.

Jésus a ensuite insisté sur la deuxième dimension du «croire» qui est l'accueil ou la confession de ce don d'en haut (Jn 3,11-15.16-18). La récurrence du verbe πιστεύω dans ses formes diverses et à l'actif auquel il faut ajouter le verbe λαμβάνω dans son sens d'«accueil», invite Nicodème, figure représentative, à accueillir Jésus, à le confesser s'il veut bénéficier de la vie éternelle. Jésus, Fils de l'Homme élevé sur la croix, Fils unique engendré, don/Envoyé du Père est l'objet du «croire», il est le Messie d'Israël envoyé par Dieu et que tout homme doit confesser. De cet accueil, de cette confession dépend son salut quand l'incrédulité conduit l'homme au jugement, à la condamnation, à la perdition parce qu'il aura choisi librement pour ou contre Jésus, l'indifférence n'étant pas possible en face du don de Dieu.

Jésus a enfin insisté sur les œuvres (τὰ ἔργα) comme manifestation du croire en tant qu'elles mettent en lumière l'appartenance, la croyance en Jésus (Jn 3,19-21). Les œuvres sont la manifestation concrète à l'intérieur du processus du croire. Celui qui croit révèle son «croire» dans l'agir de chaque instant de sa vie qui consiste à venir à la Lumière, à accueillir Jésus tandis que l'incrédulité le manifeste comme celui qui préfère la ténèbre pour que ses œuvres ténébreuses le révèlent au grand jour. Il s'agira pour lui de croire en Jésus, don de Dieu et de l'accueillir, de le confesser pour que par ses œuvres il témoigne qu'il est vraiment engendré d'en haut.

1.3 *De l'impuissance de Nicodème à son adhésion*

A la fin de l'entretien en Jn 3,1-21, Nicodème s'était révélé impuissant face à la profondeur et à la densité du message de Jésus et s'était tu parce qu'il n'avait plus rien à dire: ou il fallait croire ou il fallait rejeter Jésus. Son silence, sa disparition de la scène n'ont pas pour autant occulté son intérêt pour Jésus parce que quoiqu'on puisse lui reprocher, Nicodème en 7,50-52, prend déjà ses distances vis-à-vis du groupe auquel il appartient, suscitant de par le fait même une polémique en leur sein. Avant de prendre en Jn 19,38-42, ses responsabilités qui font désormais de lui un personnage acquis à Jésus. A travers la synchronie, qui dans une certaine mesure nous avait laissé sur notre faim parce que ne répondant pas à notre problématique et suspendant le récit, et surtout la diachronie de notre texte de base, Nicodème s'est révélé successivement un Homme en quête de Lumière et de sens, aux prises avec un «système» et une personne dont le «croire» est un chemin, un risque et un saut qualitatif.

2. **Nicodème, un homme en société et en face d'elle**

Ces dimensions anthropologiques et sociales du texte johannique sont significatives et d'une grande utilité parce que d'actualité pour nous et pour toutes les générations d'hommes et de peuples qui sont ou entreront en contact avec ce texte.

2.1 *L'homme des questionnements*

D'abord parce que tout au long de son parcours, Nicodème se dévoile comme celui là qui est à la recherche de Jésus, la Lumière du monde qui peut véritablement donner sens à son existence. Avoir la vie éternelle est une question vitale que tout homme se pose et elle touche l'homme au plus profond de son être. Nicodème avons-nous dit vient avec un savoir qui est mis en déroute par la pertinence des réponses de Jésus. Ses interrogations, aussi légères qu'elles puissent nous paraître, dessinent la figure de l'homme profondément déstabilisé qui cherche d'abord à comprendre (3,4) avant d'avouer son impuissance (3,9) mais aussi qui pose des questions embarrassantes à ses pairs (7,51). Il est l'homme des questionnements sur son salut et les conditions pour l'acquérir. Il est l'homme qui cherche un sens véritable à sa vie. Jésus se présente à lui comme ce sens parce qu'il est cette Lumière de Dieu en nous et sur notre chemin.

2.2 *Une société prisonnière d'un «système»*

Ensuite parce que malgré toute sa bonne foi, Nicodème est confronté à un environnement social érigé en «système» par une classe dirigeante qui n'a pour seul souci que de conserver ses privilèges et prérogatives, maintenant ainsi la plupart des personnes, non seulement dans le doute mais plus encore dans le rejet de Jésus comme Messie avec à la clé la menace de l'expulsion de la synagogue, qui en fait, sonne comme la preuve de leur faiblesse et impuissance en face du phénomène Jésus. D'ailleurs ce Jésus ne les divise-t-il pas au point de les voir se séparer en désaccord en 7,52 après une polémique houleuse? Mais le système veut survivre à la polémique et il n'est pas question de lâcher prise à un agitateur galiléen dont la réputation et les prétentions messianiques menacent la stabilité sociale selon eux, et pourraient changer la donne surtout si le peuple qu'ils considèrent avec dédain d'ignorant se détourne d'eux pour suivre Jésus. On se servirait même de la Loi qui devait unir tous les fils d'Israël pour en éliminer le plus illustre et ainsi stabiliser le système à raison ou à tort. Et ce ne sont malheureusement pas nos états, nos sociétés et communautés qui s'en privent pour ensuite se justifier bon-en-mal-en, souvent au mépris de la vérité et du bon sens, érigeant même le système en règle d'orthodoxie et de vie. Le système devient ainsi producteur de ténèbres, de mort, de mensonge et d'injustice que le disciple de Jésus ne peut accepter et contre lequel il doit combattre.

3. **Croire, un défi perpétuel**

Enfin parce que malgré les résistances qui sont les siennes et celles de son environnement vital, Nicodème par son parcours, nous enseigne que croire est un chemin, un risque et un saut qualitatif. Le temps que pourrait prendre la pleine adhésion à Jésus dans la vie d'un homme n'est pas en soi un handicap et doit plutôt devenir un challenge, un défi perpétuel, une décision risquée qui ne peut attendre une éternité et qui a besoin d'un courage engagé sans peur : la foi est un risque et il faut se risquer si l'on veut avoir la vie éternelle. Ici les compromis n'ont pas leur place parce qu'il s'agit de se placer à droite ou à gauche, de choisir pour ou contre Jésus, de le confesser ou non et ce, malgré les menaces et incidents de parcours que l'Homme peut rencontrer. La difficile relation entre Judaïsme et Christianisme, entre la Synagogue et la Communauté des disciples devient plutôt une occasion pour faire le choix courageux et véridique de toute existence comme nous l'enseigne en définitive ce personnage johannique multidimensionnel plein d'énigme mais aussi de vérité.

4. Nicodème, une figure représentative pour aujourd'hui

Nicodème une figure qui se retrouve en bien de personnes aussi bien à l'extérieur qu'à l'intérieur de l'Église, de nos communautés chrétiennes qui doivent en définitive faire elles aussi leur chemin en se débarrassant de tout lien et système les rendant prisonnières pour enfin manifester leur appartenance à Christ sans peur, ayant pour seule contre-partie la vie éternelle dont la seule garantie est la foi, le croire. Ainsi, croire, avoir foi en Jésus devient un défi, un challenge pour tout Homme, de toute race, langue, peuple et culture et en particulier pour l'Abron-Koulango du Nord-Est de la Côte d'Ivoire, qui malgré ses résistances que sont ses peurs, ses angoisses et incertitudes justifiées ou non, est invité avec urgence par Jésus, sans calculs, sans compromis ou marchandage aucun, à devenir son disciple pour entrer dans le Royaume, pour avoir la vie éternelle *hic et nunc*. Notre conviction étant qu'on ne croit pas en dehors de sa culture, même l'hybride n'y échappant pas, Les pasteurs d'âmes ont cette mission d'accompagnement et de soutien toujours renouvelés pour la plus grande gloire de Dieu et le salut de tout Homme, quelles que soient les circonstances de temps et de lieu qui peuvent conditionner, enfreindre cette décision risquée pour Jésus, qui reste l'objectif premier et ultime à rechercher.

5. Croire en Jésus: raison et but de Jn 3,1-21

C'est donc selon nous, le message ou l'invitation à la foi, au croire qui charpente Jn 3,1-21, que toutes les étapes de cette étude ont tenté de justifier. Sans ignorer qu'une interprétation baptismale peut être faite du v. 5 de notre péricope en seconde lecture ou dans une perspective de l'histoire des religions, elle ne peut prétendre à l'interprétation première. Sans aussi nier ou réfuter la possibilité d'autres interprétations (trinitaire, féministe), c'est surtout la sotériologie, le kérygme et le caractère de révélation du texte qui se justifient le plus et dans le sillage desquels nous situons la thématique du croire en Jésus comme centre du texte autour duquel pivote tous les autres thèmes. C'est donc avant tout pour des raisons christologiques ou christocentriques (bien sûr en lien avec les raisons sotériologiques) que le texte a été élaboré. Toute la discussion entre Jésus et Nicodème en découle et y débouche: Jésus est le Révélateur de Dieu, le Fils de l'Homme, le Fils unique engendré, don/Envoyé du Père, le Messie en définitive. Et face à lui, Nicodème et chacun de nous ne pouvons que croire ou refuser de croire en lui. Notre choix conditionnant notre salut ou notre damnation.

Et comme le chemin vers la foi (le croire) n'est pas toujours aisé, jamais en réalité automatique mais toujours à conquérir et à accueillir parce qu'avant tout un don d'en haut, nous ne saurons terminer cette étude sans nous souvenir de la belle méditation et prière du Bienheureux Charles de Foucauld sur la foi que nous avons évoquée plus haut, qui devient notre prière et résume bien notre pensée sur la centralité de la foi, du croire dans l'étude que nous avons faite de Jn 3,1-21:

«Je crois ! Viens au secours de mon incroyance»

La vertu que notre Seigneur récompense, la vertu qu'il loue, c'est presque toujours la foi. Quelquefois, il loue l'amour, comme dans Magdeleine (Lc 7,47); quelquefois l'humilité, mais ces exemples sont rares; c'est presque toujours la foi qui reçoit de lui récompense et louanges. Pourquoi? Sans doute parce que la foi est la vertu, sinon la plus haute (la charité passe avant), du moins la plus importante, car elle est le fondement de toutes les autres, y compris la charité, et aussi parce qu'elle est la plus rare. Avoir vraiment la foi, la foi qui inspire toutes les actions, cette foi au surnaturel qui dépouille le monde de son masque et montre Dieu en toutes choses; qui fait disparaître toute impossibilité; qui fait que ces mots d'inquiétude, de péril, de crainte, n'ont plus de sens; qui fait marcher dans la vie avec un calme, une paix, une joie profonde, comme un enfant à la main de sa mère; qui établit l'âme dans un détachement si absolu de toutes choses sensibles dont elle voit clairement le néant et la puérilité; qui donne une telle confiance dans la prière, la confiance de l'enfant demandant une chose juste à son père; cette foi qui nous montre que, «hors faire ce qui est agréable à Dieu, tout est mensonge»; cette foi qui fait voir tout sous un autre jour — les hommes comme des images de Dieu, qu'il faut aimer et vénérer comme les portraits de notre Bien-Aimé et à qui il faut faire tout le bien possible; les autres créatures comme des choses qui doivent, sans exception, nous aider à gagner le ciel, en louant Dieu à leur sujet, en nous en servant ou en en privant — cette foi qui, faisant entrevoir la grandeur de Dieu, nous fait voir notre petitesse; qui fait entreprendre sans hésiter, sans rougir, sans craindre, sans reculer jamais, tout ce qui est agréable à Dieu: Oh, que cette foi est rare! Mon Dieu, donnez-la-moi! Mon Dieu, je crois, mais augmentez ma foi! Mon Dieu, faites que je croie et que j'aime[1].

---

[1] Bienheureux Charles de Foucauld (1858-1916), ermite et missionnaire au Sahara, «Prière pour demander la foi», in *Méditations sur les évangiles*, 38.

SIGLES ET ABRÉVIATIONS

ABD	*Anchor Bible Dictionary*
ABRL	Anchor Bible Reference Library
al.	*alii* (cioè altri)
AncB	Anchor Bible
AnBib	Analecta Biblica
Anton	*Antonianum*
APECA	Association Panafricaine des Exégètes Catholiques
AT	Ancien Testament
BEThL	Bibliotheca Ephemeridum Theologicarum Lovaniensium
Bib	*Biblica*
BJ	Bible de Jérusalem
BJRL	*Bulletin of the John Rylands Library of Manchester*
BTB	Biblical Theology Bulletin
BZ	Biblische Zeitschrift
BZNW	Beihefte zur Zeitschrift für die neutestamentlicheWissenschaft
CBQ	*Catholic Biblical Quarterly*
CÉ	Cahier Évangile
cf.	*confer(endum)*
ch.	chapter
Chap.	Chapitre
DB	*Dictionnaire de la Bible*
DBS	*Dictionnaire de la Bible Supplément*
DBU	*Dictionnaire de la Bible Universelle*
DCTh	*Dictionnaire Critique de Théologie*, Paris 1998.
DENT	H. BALZ – G. SCHNEIDER, ed., *Dizionario esegetico del Nuovo Testamento*, I-II, Brescia 1995.
DRev	*Downside Review*
éd.	édition, éditeurs
ed.	*edidit, ediderunt* (cioè curatore, curatori)
ÉB	Études Bibliques

4 Esdr.	*4 Esdras*
EstBib	*Estudios Bíblicos*
etc.	*et caetera* (*ou et cetera*)
ETL	*Ephemerides Theologicae Lovanienses*
ÉTR	*Études Théologiques et Réligieuses*
EvangTheol	*Evangelische Theologie*
ExpTim	*Expository Times*
GLNT	G. KITTEL – F. FRIEDRICH, *Grande Lessico del Nuovo Testamento*, I-XVI, Brescia 1965-1992; original allemand, *Theologisches Wörterbuch zum Neuen Testament*, Stuttgart 1933-1978.
HeythJ	*The Heythrop Journal*
Ibid.	*Ibidem* (c'est-à-dire «au même endroit»)
ID.	IDEM (c'est-à-dire «le même»)
JBL	*Journal of Biblical Literature*
JSNT	*Journal for the Study of the New Testament*
Jub.	*Livre des Jubilés*
LV	*Lumière et Vie*
LSG	Traduction de la Bible version Louis Second
LXX	Traduction grec de l'Ancien Testament — les Septantes
MThZ	*Münchener Theologische Zeitschrift*
n., nn.	note, notes
NA[27]	NESTLE-ALAND, *Novum Testamentum Graece*, Stuttgart 1993[27].
NovT	*Novum Testamentum*
NRT	*Nouvelle Revue Théologique*
NT	Nouveau Testament
NewTheolRev	*New Theology Review*
NTS	*New Testament Studies*
p., pp.	*page, pages*
PL	Patrologiae Cursus Completus. Series Latina
1 QH	Qumrân, Hymnes
1 QS	Qumrân, Règle de la Communauté
Rel.Stud.	*Religious Studies*
RBS	Rhétorique Biblique et Sémitique
RB	*Revue Biblique*
RHPhR	*Revue d'Histoire et de Philosophie Religieuse*
RevScRel	*Revue des Sciences Religieuses*
RSR	Recherches de Science Religieuse
RivB	*Rivista Biblica*
RUCAO	*Revue de l'Université Catholique de l'Afrique de l'Ouest*
s., ss.	suivant, suivants

SC	Sources Chrétiennes
ScEsp	*Science et Esprit*
SJT	*Scottish Journal of Theology*
SNTS	Society for New Testament Studies
SNTSMS	Society for New Testament Studies Monograph Series
Suppl. N.T.	Supplements to Novum Testamentum
TM	Texte Massorétique
TheBT	*The Bible Today*
TDNT	*Theological Dictionary of the New Testament*, ed. G. Kittel – G. Friedrich, trad. G.W. Bromiley, Grand Rapids, Michigan 1964-1977.
TTB	*Temi Teologici della Bibbia*
TOB	Traduction Œcuménique de la Bible, Paris 2004.
trad.	traduction
TRINJ	*Trinity Journal*
v., vv.	*verset, versets*
VD	*Verbum Domini, Roma*
VTB	*Vocabulaire de Théologie Biblique*
ZNW	*Zeitschrift für die Neutestamentliche Wissenschaft*

BIBLIOGRAPHIE

AGRELO, S.A., «A propósito de Jn 3,1-3», in *Anton* 60 (1985) 233-239.

ALETTI, J-N. – al., *Vocabulaire raisonné de l'Exégèse Biblique. Les mots, les approches, les auteurs*, Paris 2005; trad. italienne, *Lessico ragionato dell'esegesi biblica: le parole, gli approcci, gli autori*, Brescia 2006.

AUGRAIN, C., «Suivre», *VTB*, 1258-1260.

AUGUSTIN, *Tractatus in Johannis Evangelium*, PL 35, 1379-1970.

AUNE, D.E., *Prophecy in Early Christianity and the Ancient Mediterranean World*, Grand Rapids 1983; trad. italienne, *La profezia nel primo cristianesimo e il mondo mediterraneo antico*, Brescia 1996.

AUVRAY, P. – GALOPIN, P.-M., «Crainte de Dieu», *VTB*, 219-222.

AUWERS, J.M., «La nuit de Nicodème (Jean 3,2; 19,39) ou l'ombre du langage», *RB* 97 (1990) 481-503.

BACK, F., «Die rätselhaften "Antworten" Jesu. Zum Thema des Nikodemusgesprächs (Joh 3,1-21)», *EvangTheol* 73 (2013) 178-189.

BARRETT, C.K., *The Gospel according to St. John. An Introduction with Commentary and Notes on the Greek Text*, Philadelphia 1978².

BASSLER, J.M., «Mixed Signals: Nicodemus in the Fourth Gospel», *JBL* 108 (1989) 635-646.

BAUER, W. – ARNDT, W.F. – GINGRICH, F.W., A *Greek-English Lexicon of the New Testament and Other Christian Literature*, Chicago-Londres, 1979²; titre original, *Griechisch-deutsches Wörterbuch zu den Schriften des Neuen Testament und der übrigen urchristlichen Literatur*, 4 Auflage, 1949-1952.

BAYO, J.S., «Église et État: pouvoir ou service de l'homme?», *RUCAO* 20 (2004) 41-54.

BEASLEY-MURRAY, G.R., «John 3,3.5: Baptism, Spirit and the Kingdom», *ExpTim* 97 (1985-86) 167-170.

BEAUCHAMP, P., «Miracle. A. Théologie biblique», *DCTh*, 886-888.

BECK, D.R., *The Discipleship Paradigm. Readers and Anonymous Characters in Fourth Gospels*, Brill 1997.

BELLEVILLE, L., «"Born of Water and Spirit": John 3:5», *TRNJ* 1 (1980) 125-141.

BENNEMA, C., *Encountering Jesus: Character Studies in the Gospel of John*, Milton Keynes 2009.

BENOÎT XVI, *Jésus de Nazareth, du baptême dans le Jourdain à la transfiguration*, Cité du Vatican – Paris 2007.

BENOIT, P. – BOISMARD, M.-É., *Synopse des quatre évangiles*, II, Paris 1972.

BENOIT, P., *Passion et Résurrection du Seigneur*, Paris 1966.

BERGER, K., *Die Amen-Worte Jesu. Eine Untersuchung zum Problem der Legitimation in apokalyptischer Rede*, BZNW 39, Berlin 1970.

BEUTLER, J., «μαρτυρέω», *DENT*, II, 285-291.

BIANCO, A., *Phonologie du Koulango*, Abidjan 1977.

BLANCHARD, Y.-M., *Des signes pour croire? Une lecture de l'Évangile de Jean*, Paris 1995.

———, «Lumière et ténèbres dans la tradition johannique», *Transversalités* 85 (2003) 103-117.

———, *Saint Jean*, Paris 1999.

———, «Signe», *DBS*, XII, 1281-1330.

BLANK, J., *Krisis, Untersuchungen zur johanneischen Christologie und Eschatologie*, Fribourg 1964.

BLASS, F. – DEBRUNNER, A. – REHKOPF, F., *Grammatik des neutestamentlichen Griechisch*, Göttingen 1984^{16}; trad. anglaise, *A Greek Grammar of the New Testament and other Early Literature*, Cambridge 1961; trad. italienne, *Grammatica del greco del Nuovo Testamento. Introduzione allo studio della Bibbia. Supplementi 2*, Brescia 1982, 1997^2.

BLIGH, J., «Four Studies in John, II: Nicodemus», *HeythJ* 8 (1967) 40-51.

BOA THIÉMÉLÉ, R., «Relation de l'Africain au monde et à Dieu: Handicap pour le développement?», *RUCAO* 19 (2003) 7-21.

BOISMARD, M.-É., «Le lavement des pieds (Jn 13,1-17)», *RB* 71 (1964) 5-24.

———, «L'évolution du thème eschatologique dans les traditions johanniques», *RB* 68 (1961) 507-524.

BOISMARD, M.-É. – LAMOUILLE, A., *Synopse des quatre évangiles, l'Évangile de Jean*, III, Paris 1977.

BORING, E., *Sayings of the Risen Jesus. Christian Prophecy in the Synoptic Tradition*, SNTSMS 461, Cambridge 1982.

BORRELL, A., «Miracolo», *TTB*, 851-857.

BOUCHER, P.-M., «Γεννηθῆναι ἄνωθεν: La valeur de l'adverbe ἄνωθεν en Jn 3,3 et 7 (1ère partie). La réception chrétienne», *RB* 115 (2008) 191-215.

———, «Γεννηθῆναι ἄνωθεν: La valeur de l'adverbe ἄνωθεν en Jn 3,3 et 7 (2ème partie). Les acceptions du terme ἄνωθεν en grec classique et koinè non sémitisé», *RB* 115 (2008) 568-595.

———, «Jn 3,3.7: Γεννηθῆναι ἄνωθεν (III). Valeurs locales et sens temporels de l'adverbe ἄνωθεν au cours de la période postclassique», *ETL* 87 (2011) 345-373.

———, «Jn 3,3.7: Γεννηθῆναι ἄνωθεν (IV). L'adverbe ἄνωθεν dans l'aire dialectique du quatrième évangile», *ETL* 88 (2012) 71-93.

BRAUN, F.-M., *Jean le théologien*, III, Paris 1966.

———, *La sépulture de Jésus*, Paris 1937.

BRIEN, M.T., «Latecomers to the Light. A Reflection on the "emergence" of Joseph Arimathea and Nicodemus. John 19:38-42», *NewTheolRev* 17 (2004) 48-56.

BROWN, R.E., *An Introduction to the Gospel of John*, New York 2003; trad. italienne, *Introduzione al Vangelo di Giovanni*, Brescia 2007.

———, *La mort du Messie. Encyclopédie de la Passion du Christ, de Gethsémani au tombeau. Un commentaire des récits de la Passion dans les quatre évangiles*, Paris 2005; titre original, *The Death of the Messiah. From Gethsemane to the Grave. A Commentary on the Passion Narratives in the Fourth Gospels*, New York 1994; trad. italienne, *La morte del Messia. Del Getsemani al Sepolcro. Un commentario ai racconti della Passione nei quattro vangeli*, Brescia 2003.

———, *La nascita del Messia secondo Matteo e Luca*, Assisi 2002²; titre original, *The birth of the Messiah. A Commentary on the Infancy Narratives in the Gospels of Matthew and Luke*, New York 1977.

———, *Que sait-on du Nouveau Testament?*, Montrouge 2011. Titre original, *An Introduction to the New Testament*, New York 1997; trad. italienne, *Introduzione al Nuovo Testamento*, Brescia 2001; trad. espagnole, *Introducción al Nuevo Testamento*, Madrid 2002.

———, *The Community of the Beloved Disciple*, New York 1979; trad. française, *La Communauté du Disciple bien-aimé*, Paris 1983; trad. italienne, *La comunità del discepolo prediletto. Luci e ombre nella vita di una chiesa al tempo del Nuovo Testamento*, Assisi 1982.

———, *The Gospel According to John*, I-II, New York 1966.1970; trad. Italienne, *Giovanni. Commento al Vangelo spirituale*, Assisi 2005⁶.

———, «The Qumrân Scrolls and the Johannine Gospel and Epistles», *CBQ* 17 (1955) 403-419.559-574

BÜCHSEL, F., «γεννάω», *GLNT*, II, 397-424.

BULTMANN, R., *The Gospel of John. A commentary*, Philadelphia – Oxford, 1971; titre original, *Das Evangelium des Johannes*, Göttingen 1962.

―――, «γινώσκω», *GLNT*, II, 461-542.

―――, *L'histoire de la tradition synoptique*, Paris 1973; titre original, *Die Geschichte der synoptischen Tradition*, Göttingen 1964.

CANTINAT, J. – LÉON-DUFOUR, X., «Pharisiens», *VTB*, 992-993.

CANTWELL, L., «The Quest for the Historical Nicodemus», *Rel.Stud.* 16 (1980) 481-486.

CARREZ, M. – MOREL, F., *Dictionnaire grec-français du Nouveau Testament*, Genève, Pierrefitte 1984⁴.

CASALEGNO, A., «Segno», *TTB*, 1282-1287.

CAVALLERO, P.A., «Alcance teologico de μή + indicativo: A proposito de Jn 3,18 y otros loci neotestamentarios», *EstBib* 49 (1991) 483-495.

CHANTRAINE, P., *Dictionnaire étymologique de la langue grecque. Histoire des mots (Λ-Ω)*, Paris 1984.

CHARBONNEAU, A., «Jésus en croix (Jn 19,16b-42), Jésus élevé (3,14ss.; 8,28s.; 12,31ss.)», *ScEsp* 45/1 (1993) 5-23.

COCAGNAC, M., *Les symboles bibliques. Lexique théologique*, Paris 1994².

COLLINS, R.F., «The Representative Figures in the Fourth Gospel», *DRev* 94 (1976) 16-46.

COMMISSION BIBLIQUE PONTIFICALE, *Interprétation de la Bible dans l'Église*, Città del Vaticano 1993.

CORBAN, J. – VANHOYE, A., «Connaître», *VTB*, 199-204.

COSTA, M., «Simbolismo battesimale in Giov. 7,37-39; 19,31-37; 3,5», *RivB* 13 (1965) 369-383.

COTHENET, E., *La chaîne des témoins dans l'évangile de Jean. De Jean-Baptiste au Disciple bien-aimé*, Paris 2005.

COTTERELL, F.P., «The Nicodemus Conversation: A Fresh Appraisal», *ExpTim* 96 (1984-85) 237-242.

CULLMANN, O., *Les sacrements dans l'Évangile johannique. La vie de Jésus et le culte de l'Église primitive*, Paris 1951.

―――, *Der johanneische Kreis, sein Platz im Spätjudentum, in der Jüngerschaft Jesu und im Urchristentum. Zum Ursprung des Johannesevangeliums*, Tübingen 1975; trad. française, *Le milieu johannique. Étude sur l'origine de l'Évangile de Jean, sa place dans le Judaïsme tardif, dans le cercle des disciples de Jésus et dans le Christianisme primitif*, Neuchâtel 1976; trad. italienne, *Origine e ambiente dell'Evangelo secondo Giovanni. Situato nel tardo giudaismo, nel gruppo dei discepoli di Gesù e nel Cristianesimo primitivo*, Torino 1976.

CULPEPPER, R.A., *Anatomy of the Fourth Gospel. A Study in Literary Design*, Philadelphia 1983.

DELLING, G., «λαμβάνω», *GLNT*, VI, 21-50.

———, «νύξ», *GLNT*, V, 1503-1512.

DJITANGAR, E.G., «Jésus et les autorités juives dans l'évangile de Jean», in APECA, *Communautés johanniques*. Actes du quatrième congrès des biblistes africains, Nairobi 24-29 Juillet 1989, Kinshasa 1991, 118-134.

DODD, C., *La tradition historique du quatrième Évangile*, Paris 1987; titre original, *Historical Tradition in the Fourth Gospel*, Cambridge 1963.

———, *The Interpretation of the Fourth Gospel*, Cambridge 1953; trad. française, *L'interprétation du quatrième Évangile*, Paris 1975; trad. italienne, *L'interpretazione del quarto Vangelo*, Brescia 1974.

DOZIO, D. – BIANCO, A., *Formules brèves de bénédiction et d'invocation du nom de Dieu en Koulango*, Abidjan 1981.

DSHULNIGG, P., *Jesus Begegnen. Personen und Ihre Bedeutung in Johannesevangelium*, «Theologie» 30, Münster 2000.

DUPONT, J., «Foi», *VTB*, 475-486.

———, «Nom de Jésus», *DBS*, VI, 527-528.

EGGER, W., *Metodologia del Nuovo Testamento. Introduzione allo studio scientifico del Nuovo Testamento*, Bologna 1989; titre original, *Methodenlehere zum Neuen Testament. Einführung in linguistische und historisch-kritische Methoden*, Freiburg im Herder 1987.

ELA, J-M., *Le cri de l'homme africain. Questions aux chrétiens et aux églises d'Afrique*, Paris 1980; trad. anglaise, *African cry*, Maryknoll (NY) 1986; trad. italienne, *Il grido dell'uomo africano. Domande ai cristiani e alle chiese dell'Africa*, Torino 2001.

———, *Ma foi d'africain*, Paris 1985; trad. allemande, *Mein Glaube als Afrikaner. Das Evangelium in schwarzafrikanischer Lebenswirklichkeit*, Freiburg 1987.

———, *Repenser la théologie africaine. Le Dieu qui libère*, Paris 2003.

ELLUL, D. – FLICHY, O., *Apprendre le grec biblique par les textes*, Paris 2004.

FARELLY, N., «An Unexpected Ally: Nicodemus's Role within the Plot of the Fourth Gospel», *TRINJ* 34 (2013) 31-43.

di FELICE, F., «La nascita dall'acqua e dallo Spirito (Giov. 3,5)», *Asprenas* 17 (1970) 301-307.

FEUILLET, A., «Disciple», *VTB*, 290-292.

FORD, D.F., «Meeting Nicodemus: A Case Study in Daring Theological Interpretation», *SJT* 66 (2013) 1-17.

FRANÇOIS, *Lettre encyclique «Lumen Fidei»*, Città del Vaticano 2013.

FREED, D.E., «Variations in the Language and Thought of John», *ZNW* 55 (1964) 167-197.

de FOUCAULD, C., «Prière pour demander la foi», in ID., *Méditations sur les évangiles*, Gigord 1957, 38.

FOWLER, R., «Born of Water and the Spirit (Jn 3:5)», *ExpTim* 82 (1971) 159.

GAETA, G., *Il dialogo con Nicodemo*, Studi Biblici 26, Brescia 1974.

GIRARD, M., «Le paradigme de la naissance dans Jn 3,1-21: Critique structurelle et interprétation symbolique», in L. de SANTOS – S. GRASSO, ed., *«Perché stessero con lui»*. Scritti in onore del Prof. Klemens Stock S.J. nel suo 75° compleanno, AnBib 180, Roma 2010, 307-326.

GNALLY-A-TIÉPÉ JEKU, R., *Anthropologie religieuse Africaine. Le cas du «Gluzilé» Bhété de la Côte d'Ivoire*, Man 1995.

GNILKA, J., *Johannesevangelium*, Würzburg 1985.

GOPPELT, L., «ὕδωρ», *GLNT*, XIV, 53-104.

GOERGES, A., «Sépulture», *VTB*, 1214-1215.

GOURBILLON, J.G., «La parabole du serpent d'airain et la "lacune" du ch. III de l'évangile selon s. Jean», *Vivre et penser* 2 (1942) 213-226.

GRAPPE, C., «Les nuits de Nicodème (Jn 3,1-21; 19,39) à la lumière de la symbolique baptismale et pascale du quatrième Évangile», *RHPhR* 3 (2007) 267-288.

GRASSO, S., *Il vangelo di Giovanni. Commento esegetico e teologico*, Roma 2008.

GRÉGOIRE DE NYSSE, *Discours catéchétique*. Texte grec de E. Mülenberg, ed. R. Winling, SC 453, Paris 2000.

GRELOT, P., *Jésus de Nazareth, Christ et Seigneur. Une lecture de l'Évangile*, I, Paris – Montréal 1997.

GRUNDMANN, W., «δεῖ», *GLNT*, II, 793-804.

HAHN, F., «υἱός», *DENT*, II, 1687-1713.

HEILIGENTHAL, R., «ἔργον», *DENT*, I, 1370-1374.

HEMELSOET, B., «L'ensevelissement selon saint Jean. Une seconde lecture», in A. GEYSER – al., *Studies in John*, presented to Professor Dr. J. N. Sevenster on the occasion of his seventieth birthday, Suppl. N.T. 24, Leiden 1970, 47-65.

HUGHES SMITH, C., «Οὕτως ἐστὶν πᾶς ὁ γεγεννημένος ἐκ τοῦ πνεύματος (3^8)», *ExpTim* 6 (1970) 181.

HYLEN, S.E., *Imperfect Believers: Ambiguous Characters in the Gospel of John*, Louisville 2009.

JEREMIAS, J., «Characteristics of the *ipsissima vox Jesu*», in ID., *The Prayers of Jesus*, Londres 1967, 66-67.

———, *New Testament Theology*, I, London 1971; titre original, *Neutestamentliche theologie*, Gütersloh 1971; trad. italienne, *Teologia del Nuovo Testamento*, Brescia 1972; trad. française, *Théologie du Nouveau Testament*, Paris 1975; trad. espagnole, *Teología del Nuevo Testamento*, Salamanca 1974.

JONES, L.P., *The Symbol of Water in the Gospel of John*, Sheffield 1997.

de JONGE, M., *Jesus stranger from heaven and son of God, Jesus Christ and the Christians in Johannine Perspectives*, Society of Biblical Literature Sources for Biblical Studies 11, Missoula 1977.

———, *L'Évangile de Jean. Source, rédaction, théologie*, BEThL 44, Gembloux 1977.

de JONGE, M., «Nicodemus and Jesus: Some observations on misunderstanding and understanding in the Fourth Gospel», *BJRL* 53 (1971) 337-359.

JOSÈPHE, F., *Antiquités Juives*, trad. E. Nodet, Paris 1950.

KEENER, C. S., *The Gospel of John. A Commentary*, I, Peabody 2005².

KELLER, M. N., «Discipleship in John: An invitation to see», *TheBT* 38 (2000) 86-93.

KIEFFER, R., «John», *The Oxford Bible Commentary*, 960-1000.

———, «L'espace et le temps dans l'évangile de Jean», *NTS* 31 (1985) 393-409 [repris dans *Le monde symbolique de Saint Jean*, Paris 1989, 11-33].

KLOS, H., *Die Sakramente im Johannesevangelium*, Stuttgart 1970.

KOBENAN, J.M., *Le mariage Abron-Koulango à la rencontre du christianisme*, Abidjan 1985.

KOESTER, C.R., *Symbolism in the Fourth Gospel: Meaning, Mystery, Community*, Minneapolis 1995.

KOT, T., *La lettre de Jacques. La foi, chemin de la vie*, Paris 2006; titre original, *La fede, via della vita. Composizione e interpretazione della lettera di Giacomo*, Bologna 2003.

KOUASSI KOUMAN, B., *Conflit d'identité culturelle né de l'évangélisation. Valeurs traditionnelles Abron-Koulango confrontées aux valeurs du Christianisme: expérience de la région de Tanda*, Paris 1984.

———, *Le chant et la musique dans la culture et la vie sociale des Abron-Koulango*, Paris 1983.

KREMER, J., «πνεῦμα», *DENT*, II, 1009-1022.

KRETZER, A.,«λαμβάνω», *DENT*, II, 148-152.

KUNTZMANN, R., «Saint Esprit (Ezéchiel)», *DBS*, XI, 148.

de LA POTTERIE, I., «Ad dialogum Jesu cum Nicodemo (Jo 2,23-3,21). Analysis litteraria», *VD* 47 (1969) 141-150.

———, «Il giudizio di Gesù nel "grande processo" tra Gesù e il mondo secondo San Giovanni», in L. PADOVESE, ed., *Atti del VII Simposio di Efeso su S. Giovanni apostolo*, Istituto Francescano di Spiritualità-Pontificio Ateneo Antoniano, Roma 1999, 53-68.

———, «Jesus et Nicodemus: de necessitate generationis ex Spiritu (Jo 3,1-10)», *VD* 47 (1969) 193-214.

———, «Jesus et Nicodemus: de revelatione Jesu et vera fide in eum (Jo 3,11-21)», *VD* 47 (1969) 257-283.

———, «La fede negli Scritti Giovannei», in ID., *Studi di cristologia Giovannea*, Genova 1986, 290-302.

———, *La vérité dans Saint Jean*, AnBib 73-74, Rome 1977.

———, «Naître de l'eau et de l'Esprit. Le texte baptismal de Jn 3,5», in I. de LA POTTERIE – S. LYONNET, *La vie selon l'Esprit: Condition du chrétien*, «Unam Sanctam» 55, Paris 1965, 32-41.

———, «οἶδα e γινώσκω, i due modi del "conoscere" nel quarto vangelo», in ID., *Studi di cristologia giovannea*, 303-315.

LAGRANGE, M.-J., *Évangile selon Saint Jean*, Paris 1927⁴.

LEAL, J., «El simbolismo histórico del IV Evangelio», *EstBib* 19 (1960) 329-348.

LEE, D.A., *The symbolic Narratives of the Fourth Gospel*, SNTS Supplement Series 95, Sheffield 1994.

LEBRETON, J., «Jésus-Christ», *DBS*, IV, 966-1073.

LÉGASSE, S., *Le procès de Jésus. La Passion dans les quatre évangiles*, Paris 1995.

———, *L'Évangile de Marc*, I, Paris 1996; trad. italienne, *Marco*, Roma 2000.

———, «Scribes», *DBS*, XII, 266-281.

LÉON-DUFOUR, X., *Lecture de l'Évangile selon Jean*, I-IV, Paris 1988-1996; trad. espagnole, *Lettura del evangelio de Juan*, Salamanca 1995; trad. italienne, *Lettura dell'evangelo secondo Giovanni*, Cinisello Balsamo 2007.

LEROY, H. *Rätsel und Missverständnis. Ein Beitrag zur Formgeschichte des Johannesevangeliums*, Bonner Biblischer Beiträge 30, Bonn 1968.

LESETRE, H., «Nuit», *DB*, IV, 1714-1715.

———, «Sanhédrin», *DB*, V, 1459-1466.

———, «Synagogue», *DB*, V, 1899-1900.

LÉTOURNEAU, P., *Jésus, Fils de l'Homme et Fils de Dieu. Jean 2,23–3,36 et sa double christologie johannique*, Montréal – Paris 1993.

LÉTOURNEAU, P., «La caractérisation de Jésus dans l'Évangile de Jean: Stratégie narrative et acte de lecture», in P. LÉTOURNEAU, – M. TALBOT, *Et vous, qui dites-vous que je suis? La gestion des personnages dans les récits bibliques*, Montréal 2006, 143-172.

LINDARS, B., «John and the Synoptic Gospel: A Test Case», *NTS* 27 (1980-1981) 287-294.

———, *John*, New Testament Guides, Sheffield 1990.

LOISY, A., *Le Quatrième Évangile*, Paris 1903.

LUZ, U., «βασιλεία», *DENT*, I, 530-542.

MANNUCCI, V., *Giovanni, Il Vangelo narrante. Introduzione all'arte narrativa del quarto Vangelo*, Bologna 1993.

MARCHADOUR, A., *Les personnages dans l'Évangile de Jean. Miroir pour une Christologie narrative*, Paris 2005; trad. italienne, *Personaggi del Vangelo di Giovanni. Specchio per una Cristologia narrativa*, Bologna 2007.

———, *L'Évangile de Jean*, Paris 1992.

———, «Lire l'œuvre de Jean», in P. DEBERGÉ – J. NIEUVIARTS, éd., *Guide de lecture du Nouveau Testament*, Paris 2004, 325-389.

MARGUERAT D. – BOURQUIN, Y., *Pour lire les récits bibliques*, Paris – Genève 2009⁴.

MARINELLI, C.S., «Gv 3,31-36: verso la ricerca di un soggetto verbale. L'intreccio storia-redazione», *RivB* 47 (1999) 401-420.

MARROW, S.B., *The Gospel of John: A Reading*, New York 1995.

MATEOS, J. – BARRETO, J., *Il vangelo di Giovanni. Analisi linguistica e commento esegetico*, Assisi 1982; titre original, *El Evangelio de Juan*, Madrid 1979.

MEEKS, W.A., «The man from heaven in Johannine sectarianism», *JBL* 91 (1972) 44-72.

MEIER, J.P., *Un certain Juif Jésus. Les données de l'histoire. III. Attachements, affrontements, ruptures*, Paris 2005; titre original, *Jesus, A Marginal Jew. Rethinking the Historical Jesus. III. Companions and Competitors*, New York 2001.

MENDNER, S., «Nikodemus», *JBL* 77 (1958) 293-323.

METZGER, B.M., *A Textual Commentary on the Greek New Testament*, Stuttgart 1994².

MEYNET, R., *Il vangelo secondo Luca. Analisi retorica*, Bologna 2003.

———, *Traité de rhétorique biblique*, Paris 2007; trad. italienne, *Trattato di retorica biblica*, Bologna 2008.

MICHEL, A. – LE MOYNE, J., «Pharisiens», *DBS*, VII, 1022-1115.

MICHEL, M., «Nicodème ou le non-lieu de la vérité», *RevScRel* 55 (1981) 227-236.

MICHEL, O., «ἐπίγειος», *DENT*, I, 1300-1301.

———, «ἐπουράνιος», *DENT*, I, 1362-1364.

MILES, M.R., *Seeing and Believing: Religion and Values in the Movies*, Boston 1996.

MLAKUZHYIL, G., *The Christocentric Literary Structure of the Fourth Gospel*, AnBib 117, Roma 1987.

MOLLAT, D., *Saint Jean, maître spirituel*, Paris 1976.

———, «La foi dans le quatrième évangile», *LV* 22 (1955) 91-107.

———, «La conversion chez saint Jean», in M. F. LACAN – *al.*, *L'espérance du royaume*, Paris 1966, 55-78.

MOLONEY, F.J., *The Gospel of John*, Sacra pagina 4, Collegeville 1998; trad. italienne, *Il vangelo di Giovanni*, Torino 2007.

MONSENGWO, L., «La foi dans les écrits johanniques», in APECA, *Communautés johanniques*. Actes du quatrième congrès des biblistes africains, Nairobi 24-29 Juillet 1989, Kinshasa 1991, 10-27.

MONLOUBOU, L. – DUBUIT, F.M., «Connaître», *DBU*, 137.

MORGEN, M., *Afin que le monde soit sauvé. Jésus révèle sa mission de salut dans l'évangile de Jean*, Paris 1993.

MURPHY-O'CONNOR, J., «The Descent from the Cross and the Burial of Jesus (JN 19:31-42)», *RB* 118 (2011) 533-557.

NICKLAS, T., «"Unter dem Feigenbaum". Die Rolle des Lesers im Dialog zwischen Jesus und Natanael, Jn 1,45-50», *NTS* 46 (2000) 193-203.

NIEUVIARTS, J., «Le Nouveau Testament: Histoire du texte et de ses lectures», in P. DEBERGÉ – J. NIEUVIARTS, éd., *Guide de lecture du Nouveau Testament*, Paris 2004, 97-161.

NOACK, B., *Zur johanneischen Tradition*, Copenhaven 1954.

O'DAY, G.R., «John 3:1-21, Jesus and Nicodemus», *The New Interpreter's Bible*, IX, 546-555.

OMANSON, R.L., *A Textual Guide to the Greek New Testament*, Stuttgart 2006.

ONISZCZUK, J., «Affinché si adempisse la scrittura». La sequenza finale della Passione di Gesù (Gv 19,17-42), in R. MEYNET – J. ONISZCZUK, ed., *Retorica Biblica e Semitica*, 1, Atti del primo convegno RBS, Bologna 2009, 83-105.

———, *La passione del Signore secondo Giovanni Gv 18-19*, Bologna 2011.

———, «Ruolo del versetto 9 nel primo racconto dell'apparizione del Risorto in Gv 20,1-18», in R. MEYNET – J. ONISZCZUK, ed., *Retorica*

Biblica e Semitica, 2, Atti del secondo convegno RBS, Bologna 2011, 153-171.

ORIGÈNE, *Commentaire sur Jean*, II, SC 157, Paris 1970.

PAINTER, J., «Quest Stories in John 1–4», *JSNT* 41 (1991) 33-70.

PAMMENT, M., «John 3:5: "Unless One is Born of Water and the Spirit, He Cannot Enter the Kingdom of God"», *NovT* 25 (1983) 189-190.

PANIMOLLE, S.A., *Lettura pastorale del Vangelo di Giovanni*, I-III, Bologna 1978-1984.

PAULIEN, J., «Nicodemus», *ABD*, IV, 1105-1106.

PAZDAN, M.M., «Nicodemus and the Samaritan Woman: Contrasting Models of Discipleship», *BTB* 17 (1987) 145-148.

PENOUKOU, J.E., «Réalité africaine et salut en Jésus-Christ», *Spiritus* 89 (1982) 377-380.

PHILLIPS, G.L., «Faith and Vision in the Fourth Gospel», in C.H. Dodd – *al.*, *Studies in the Fourth Gospel*, Londres 1957, 83-96.

POGGI F., *Corso avanzato di greco neotestamentario*, Milano 2009.

POUCOUTA, P., *Et la vie s'est faite chair. Lectures du quatrième évangile*, Paris 2005.

PRAT, F., «Pharisiens», *DB*, V, 205-218.

PRYOR, J.W., «John 3.3,5. A Study in the Relation of John's Gospel to the Synoptic Tradition», *JSNT* 41 (1991) 71-95.

REYMOND, P., *Dictionnaire d'hébreu et d'araméen bibliques*, Paris 1991.

RENOUARD, C., «Le personnage de Nicodème comme figure de la nouvelle naissance», *ETR* 79 (2004) 563-573.

RICHTER, G., «Zum sogenannten Taufetext Joh 3,5», *MThZ* 26 (1975) 101-125.

RICŒUR, P., «Herméneutique. Les finalités de l'exégèse biblique», in CENTRE THOMAS-MORE, *La bible en philosophie. Approches contemporaines*, Paris 1983, 27-51.

———, *L'herméneutique biblique*, Paris 2011.

———, *Soi-même comme un autre*, Paris 1990.

RITT, H., «φῶς, φωτός», *DENT*, II, 1853-1857.

ROUSTANG, F., «L'entretien avec Nicodème», *NRT* 78 (1956) 337-358.

SANDNES, K.O., «Whence and Whither. A narrative Perspective on Birth ἄνωθεν (John 3,3-8)», *Bib* 86 (2005) 153-173.

SASSE, H., «ἐπίγειος», *GLNT*, II, 438-440.

SCHMIDL, M., *Jesus und Nikodemus: Gespräch zur johanneischen Cristologie. Joh 3 in schichtenspezifischer Sicht*, Regensburg 1998.

SCHNACKENBURG, R., *Das Johannesevangelium*, I-III, Freiburg 1965-1975; trad. anglaise, *The Gospel According to John*, I-III, London – New York 1968-1982; trad. italienne, *Il vangelo di Giovanni*, I-IV, Brescia 1973-1987.

———, «Die "situationsgelösten" Redestücke in Joh 3», *ZNW* 49 (1958) 88-99.

SCHNEIDER, J., «ἔρχομαι», *GLNT*, III, 913-939.

SCHNEIDERS, S.M., *Written that you may believe. Encountering Jesus in the Fourth Gospel*, New York 1999.

SCHWEIZER, E., «πνεῦμα, πνευματικός», *GLNT*, X, 928-1107.

SEESEMANN, H., «οἶδα», *GLNT*, VIII, 329-338.

SERAFINI, F., *Corso di greco del Nuovo Testamento*, Milano 2003.

SIMOENS, Y., *Selon Jean. I. Une traduction. II-III. Une interprétation*, Bruxelles 1997; trad. italienne, *Secondo Giovanni. Una traduzione e un'interpretazione*, Bologna 2002.

———, «Conoscenza», *TTB*, 208-215.

SKA, J-L., *«Nos pères nous ont raconté». Introduction à l'analyse des récits de l'Ancien Testament*, CÉ 155, Paris 2011; titre original, *«Our Fathers Have Told Us». Introduction to the Analysis of Hebrew Narratives*, subsidia biblica 13, Roma 1990.

SÖDING, T., «Wiedergeburt aus Wasser und Geist. Anmerkungen zur Symbolsprache des Johannesevangeliums am Beispiel des Nikodemus-gesprächs (Joh 3,1-21)», in K. KERTELGE, éd., *Metaphorik und Mythos im Neuen Testament*, Freiburg 1990, 168-219.

SOÉDÉ, N.Y., *Cri de l'homme africain et christianisme. Jean-Marc Ela, une passion pour l'opprimé*, Abidjan 2009.

SPICQ, C. – LÉON-DUFOUR, X., «Fruit», *VTB*, 495-499.

SPRIGGS, D., «Meaning of "Water" in John 3:5», *ExpTim* 85 (1974) 149-150.

STASIAK, K., «The Man Who Came by Night», *TheBT* 20 (1982) 84-89.

STRATHMANN, H., «μάρτυς», *GLNT*, VI, 1269-1373.

SUGGIT, J.N., «Nicodemus — the True Jew», *Neotestamentica* 14 (1981) 101-105.

SYLVA, D.D., «Nicodemus and his spices (John 19,39)», *NTS* 34 (1988) 148-151.

TAUXIER, L., *Le Noir de Bondoukou*, Paris 1921.

TEEPLE, H.M., *The Literary Origin of the Gospel of John*, Evanston 1974.

TOPEL, L.J., «Note on the methodology of structural analysis in Jn 2:23–3:21», *CBQ* 33 (1971) 211-220.

TRAGAN, P.-R., «Battesimo e fede cristologica nel dialogo tra Gesù e Nicodemo (Gv 3,1-21)», in ID., ed., *Fede e sacramenti negli scritti giovannei*. Atti del convegno di teologia sacramentaria. Roma 23-25 maggio 1983, Roma 1985, 47-120.

TWELFTREE, G.H., «Signs and Wonders», *New Dictionary of Biblical Theology*, 775-781.

VAN DEN BUSSCHE, H., *Jean*, Tournai 1967.

VANHOYE, A., «Foi. A. Théologie biblique», *DCTh*, 568-570.

———, «Notre foi, œuvre divine d'après le quatrième évangile», *NRT* 86 (1964) 337-354.

VIGNOLO, R., *Personaggi del quarto vangelo. figure della fede in San Giovanni*, Milan 2003².

VIGOUROUX, F., «Disciple», *DB*, II, 1440-1441.

VOUGA, F., *Le cadre historique et l'intention théologique de Jean*, Paris 1977.

———, «Jean, un évangile par temps de crise», in M. QUESNEL – *al.*, *La Bible et sa culture. Jésus et le Nouveau Testament*, Paris 2000, 417-423.

———, «Les Juifs dans le quatrième évangile», in M. QUESNEL – *al.*, *La Bible et sa Culture, Jésus et le Nouveau Testament*, 414.

von WAHLE, U.C., «The Johannine "Jews": A critical Survey», *NTS* 28 (1982) 33-60.

WALLACE, D.B., *Greek Grammar Beyond the Basics. An Exegetical Syntax of the New Testament*, Grand Rapids 1996.

WALTER, L., «Jean III, 1-21: Selon la foi et l'incrédulité», *Esprit et Vie* 27 (1977), 369-378.

van der WATT, J.G., «Knowledge of Earthly Things? The Use of ἐπίγειος in John 3:12», *Neotestamentica* 43 (2009) 289-310.

WEAD, D.W., *The Literary Devices in John's Gospel*, Bâle 1970.

WEINGREEN, J., *Hébreu biblique. Méthode élémentaire*, Paris 1984.

WESTCOTT, B.F., *The Gospel According to St. John*, London 1958, Grand Rapids 1980 (reprint).

WIENER, C., «Amour», *VTB*, 46-56.

WILKING, M.J., «Disciples», *Dictionary of Jesus and the Gospels*, 176-182.

———, «Discipleship», *Dictionary of Jesus and the Gospels*, 182-189.

WILLIS, W., «Night», *The New Interpreter's of The Bible*, IV, 272.

WITHERINGTON III, B., «The water of birth: John 3.5 and 1 John 5.6-8», *NTS* 35 (1989) 155-160.

ZERWICK, M. – GROSVENOR, M., *A Grammatical Analysis of the Greek New Testament*, Rome 1974.

ZEVINI, G., *Commentaire spirituel de l'Évangile de Jean*. II. Paris 1996; titre original, *Vangelo secondo Giovanni*, Roma 2009[8].

ZUMSTEIN, J., *L'Évangile selon Jean (13-21)*, Genève 2007.

———, *L'Évangile selon Jean (1-12)*, Genève 2014.

INDEX DES AUTEURS

Agrelo: 42-43, 73, 243
Aletti: 23, 24, 189, 193
Arndt: 75, 210
Augrain: 218
Augustin: 57
Aune: 74
Auvray: 205
Auwers: 15, 17, 56, 57, 59, 61-64, 71, 211, 213
Back: 235
Barrett: 36, 70, 75, 76, 77, 102, 104, 113, 116, 119, 147-148, 214
Barreto: 20, 33, 43-44, 60, 89
Bassler: 16, 52, 57
Bauer: 75, 176, 177, 210
Bayo: 265
Beasley-Murray: 164, 185
Beauchamp: 66
Beck: 16
Becker: 164
Bennema: 22, 73, 209, 235
Benoît: 56, 175, 206, 243
Benoît XVI: 243
Berger: 74
Bernard: 9, 102, 129
Beutler: 92
Bianco: 259
Blanchard: 15, 67, 244, 246, 250
Blank: 102, 108, 115, 119, 149
Blass: 81, 242
Bligh: 147, 151
Blinzler: 201

Boa Thiémélé: 262
Boismard: 17, 23, 36, 40, 56, 61, 62, 64, 75, 76, 79, 129, 130, 149-151, 155, 161, 164, 171, 174, 175, 179, 180, 182-185, 195, 206, 214, 225-229, 230, 233
Bonnard: 176
Boring: 74
Borrell: 65, 67
Boucher: 75, 210, 243
Bourquin: 33, 123-126, 128-131
Braun: 146, 164, 206
Brien: 196, 197, 209, 213, 254
Brown: 15, 17, 18, 33, 34, 35, 36, 45, 54, 57, 70, 75, 79, 80, 86, 91, 93, 99, 102, 104, 107, 108, 116-118, 146, 148, 151, 152, 161, 181, 182, 183-185, 187, 192, 195, 201, 202, 204, 206-212, 214, 225-227, 229
Büchsel: 78, 81
Bultmann: 52, 54, 61, 68, 70, 71, 75, 76, 84, 86, 89, 90, 99, 102, 104, 107, 109, 112, 114, 119, 120, 129, 130, 146, 147, 149-152, 154, 155, 162, 163, 169, 190, 195, 211, 225
Calloud: 245
Cantinat: 52
Carrez: 32, 48, 71, 87, 95, 204
Casalegno: 67
Cavallero: 100

Chantraine: 203, 213
Charbonneau: 107
Cocagnac: 220
Collins: 13
Conzelmann: 113, 114
Corban: 71
Costa: 17, 147, 149
Cothenet: 15, 33, 43, 69, 84, 91, 100, 101, 105, 107, 119
Cotterell: 59
Cullmann: 17, 83, 130, 225
Culpepper: 13, 16, 128-131
de Jonge: 67, 225
Debrunner: 81, 242
Delling: 58, 95
Djitangar: 205
Dodd: 17, 33, 70, 79, 83, 102, 109, 151, 152, 161, 164, 165, 175, 225, 227, 229
Dozio: 259
Dubuit: 71
Dschulnigg: 15, 20,
Dupont: 104, 220
Egger: 23, 51, 123, 141, 142, 143, 145, 159, 160, 225, 229, 234, 239
Ela: 261, 266
Ellul: 32
Farelly: 235, 256, 258
Felice: 80, 147
Feuillet: 218
Flichy: 32
Ford: 80, 232, 258, 259
Forestell: 102
Foucauld: 244, 274, 275
Fowler: 80
François: 243
Fred: 93
Freed: 108
Gaeta: 19, 21, 33, 37, 39-42, 48, 54, 57, 65, 74, 75, 81, 148, 152, 155, 156, 227, 229, 246
Galopin: 205
Gingrich: 75, 210

Girard: 74
Gnally-a-Tiépé Jeku: 263
Gnilka: 225
Goerges: 212
Goppelt: 82
Gourbillon: 151, 152
Grappe: 56, 98, 249
Grasso: 56, 57, 62, 85, 101, 107, 108, 156, 186-190, 195
Grégoire de Nysse: 243
Grelot: 17, 34, 43, 46
Grosvenor: 81
Grundmann: 86
Hahn: 101
Hamerton-Kelly: 102
Heiligenthal: 117
Hemelsoet: 213
Hughes Smith: 89
Hylen: 16, 194, 235
Jeremias: 74, 172
Jones: 80
Jonge: 16, 67, 225
Josèphe: 194, 211
Keener: 57, 184
Kieffer: 15, 55, 58, 197, 211, 214
Kierkegaard: 132
Klos: 83
Kobenan: 7, 259
Kot: 247, 248
Kouassi Kouman: 7, 259, 262, 263
Kremer: 84, 86, 87
Kretzer: 95
Kuntzmann: 183
de La Potterie: 17, 19, 33, 44, 45, 70, 71, 80, 89, 91, 104, 109, 111, 112, 115, 118, 119, 146, 147, 211, 213, 242, 247
Lagrange: 34, 35, 57, 60, 211
Lamouille: 17, 36, 40, 56, 61, 62, 64, 75, 76, 79, 151, 171, 175, 179, 180, 182, 184, 195, 214, 228
Leal: 58
Lebreton: 218

Légasse: 15, 162, 163, 196, 201, 202, 206, 211, 222
Leidig: 129
Léon-Dufour: 15, 17, 19, 21, 33, 52, 54, 57, 58, 76, 81, 86, 91, 98, 99, 101, 102, 106-108, 110, 111, 114, 115, 191, 196, 197, 202, 206, 211, 212, 214, 215, 219, 225, 234, 247
Leroy: 130, 164, 165, 175
Lesètre: 54, 58, 67, 222
Létourneau: 18, 19, 22, 59, 60, 63, 73-75, 77, 78, 85, 87, 88, 90, 92-97, 99, 100-103, 106, 108, 109, 112, 114-120, 129-132, 162-165, 167, 169, 170, 173-177, 232, 247, 248
Liebermann: 206
Lindars: 102, 156, 162, 164, 165, 166, 170-176, 178
Loisy: 16, 35, 99, 206, 211
Luz: 78
Mannucci: 13,
Marchadour: 13, 16, 18, 19, 20, 40, 42, 45-46, 54, 59, 74, 75, 90, 125, 127-129, 133-135, 186, 187, 193, 195, 207-209, 218, 245, 253-256
Marguerat: 33, 123-126, 128-131
Marinelli: 145
Mateos: 20, 33, 43-44, 60, 89
Meeks: 16, 20, 101, 130
Meier: 193, 203, 218
Mendner: 22, 151
Metzger: 34, 35, 36, 53, 187
Meynet: 22, 170
Michel, A.: 52
Michel, M.: 12, 18, 40, 42, 44, 46
Michel, O.: 98
Mollat: 56, 96, 99, 118, 119, 211, 212
Moloney: 99, 102
Monloubou: 71
Monsengwo: 14, 15, 104, 254

Morel: 32, 48, 71, 87, 95, 204
Morgen: 17, 19, 33, 42-43, 45-46, 91, 106, 145, 149-154, 160-163, 168-170, 175-177, 179, 183-186, 227-233
Morris: 102
Moyne: 52
Müller: 102
Murphy-O'Connor: 195
Nicholson: 102, 130
Nieuviarts: 141, 142, 159
Noack: 155
O'Day: 63, 91, 107
Odeberg: 102
Omanson: 34
Oniszczuk: 16, 93
Origène: 109-110
Painter: 164
Pamment: 146
Panimolle: 148, 149, 154, 156, 157, 188, 189, 191, 227, 241, 245, 266
Paulien: 53
Pazdan: 12
Penoukoun: 23
Phillips: 93
Philon: 184
Poggi: 43, 48, 58, 68, 95, 96, 113, 194, 204
Poucouta: 75
Prat: 52
Pryor: 164
Rehkopf: 81, 242
Renouard: 249-252, 254-256
Rensberger: 16,
Reymond: 86, 203
Reynolds: 91
Richter: 155
Ricœur: 239, 256
Ringwald: 81
Ritt: 113
Roustang: 17, 18, 21, 45, 47-48, 74, 90, 96, 101, 110, 135, 246
Ruckstuhl: 99, 102, 155
Sandnes: 75, 89

Sasse: 98
Schlatter: 70
Schmidl: 156
Schnackenburg: 18, 20, 33, 34, 35, 36, 46, 54, 57, 59, 68, 70, 76, 86, 91, 95, 98, 102-104, 107, 109, 112, 115, 119, 135, 147-150, 152, 153, 160, 161, 164, 183, 184, 186, 191, 211, 225, 227, 229, 232
Schneider: 56, 57, 102
Schneiders: 12, 13, 16, 20, 21, 234, 267
Schweizer: 83, 84, 87, 155
Seesemann: 71
Serafini: 32
Simoens: 22, 40, 45, 53-55, 64, 71, 81, 144, 181, 186, 187, 190, 214, 232
Ska: 123, 124
Söding: 169
Soédé: 261
Spicq: 219
Stasiak: 16, 20, 47
Strathmann: 70, 92, 147
Suggit: 16, 213
Sylva: 16, 211
Tauxier: 259

Teeple: 155
Thüsing: 102
Tolmia: 128
Topel: 74
Tragan: 17
Twelftree: 67
Van Den Bussche: 220
Vanhoye: 66, 71
Vignolo: 15, 21, 52-54, 56, 57, 64
Vigouroux: 61, 203, 204
Vouga: 18, 22, 43, 46, 54, 55, 70, 83-86, 88-91, 97, 129-132, 134, 222, 242, 243
Wahle: 52
Wallace: 58
Walter: 88
Watt: 98
Wead: 131, 132
Weingreen: 203
Westcott: 81
Wiener: 219
Wilking: 224
Willis: 58
Witherington III: 182
Zerwick: 81
Zevini: 15, 66, 82, 100, 111, 195
Zumstein: 15, 18, 23, 33, 134, 144, 153, 154, 163, 164, 246

INDEX DES PRINCIPALES RÉFÉRENCES BIBLIQUES

Nb 21,8-9: 101, 104

Jr 31,33: 81, 85

Ez 36,25-27: 81, 85, 147, 182, 183, 216

Is 32,15: 85, 182

Za 12,10: 85, 108

2 Ch 16,14: 210, 211

Mt 18,3: 76, 79, 156, 164, 165, 167, 169, 171, 172, 173, 174, 175, 178, 215, 266

Mt 19,16-30: 170, 173, 176

Mt 27,57-60: 198

Mc 10,13-16: 166, 168, 169, 171

Mc 10,15: 76, 156, 164, 165, 167, 168, 169, 170, 171, 172, 173, 174, 175, 178, 215, 266

Mc 10,17-31: 168, 170, 173

Mc 15,42-46: 198

Lc 18,17: 164, 165, 170, 171, 178, 266

Lc 18,18-30: 170, 173

Lc 23,50-56: 198

Jn 1,12: 96, 119,

Jn 2,1-11: 32, 34, 66

Jn 2,13-22: 32, 34, 98

Jn 2,23-25: 32, 33, 34, 45, 69, 70, 86, 109, 124, 145, 154

Jn 3,1: 13, 45, 51, 53, 86, 168, 207

Jn 3,1-2a: 33, 46, 47, 51, 120, 121, 124, 222

Jn 3,1-10: 110, 156, 180, 182, 216, 270

Jn 3,1-15: 19, 185

Jn 3,1-21: 11, 12,13, 17, 19, 20, 22, 23, 24, 25, 29, 32, 33, 34, 37, 45, 46, 47, 51, 55, 63, 69, 80, 120, 123, 126, 128, 136, 137, 141-142, 143, 145, 149, 154, 155, 156, 157, 159, 161, 163, 164, 168, 178, 184, 185, 186, 187, 207, 215, 216, 222, 225, 226, 229, 230, 233, 234, 235, 236, 239, 241, 243, 245, 249, 250, 253, 254, 257, 258, 266, 269, 271, 273, 274

Jn 3,1-3.9-10.31b- 34: 228, 229

Jn 3,2: 11, 15, 32, 33, 39, 45, 46, 48, 55, 60, 63, 65, 67, 70, 74, 88, 91, 95, 98, 106, 125, 131, 132, 133, 155, 241, 243, 249

Jn 3,2b: 47, 75

Jn 3,2b-10: 33, 46, 47, 61, 120, 121, 124, 226, 242, 245

Jn 3,3: 39, 42, 43, 44, 46, 47, 65, 73, 74, 76, 77, 79, 80, 83, 85, 86, 125, 129, 130, 149, 160, 161, 163, 164, 165, 167, 168, 169, 170, 171, 173, 174, 175, 177, 178, 213, 215, 229, 230

Jn 3,3-5: 130

Jn 3,3.5: 156, 164

Jn 3,3-8: 18, 145, 182
Jn 3,3.9-10.31-36: 163, 215, 227
Jn 3,4: 39, 44, 74, 79, 85, 125, 129, 148, 149, 160, 230, 272
Jn 3,4-8: 45, 160, 228, 229, 230
Jn 3,5: 12, 17, 18, 24, 34, 39, 65, 73, 74, 76, 77, 78, 79, 80, 84, 86, 129, 145, 146, 148, 149, 164, 171, 179, 181, 182, 213, 235, 243, 244
Jn 3,5-8: 38, 74, 125, 160, 176, 177, 185, 229, 230, 231
Jn 3,6: 18, 43, 74, 78, 84, 98, 145, 149, 182
Jn 3,7: 44, 73, 74, 83, 84, 85, 86, 149
Jn 3,8: 18, 43, 74, 86, 87, 89, 145, 149
Jn 3,9: 65, 74, 76, 88, 105, 125, 160, 230, 232, 250, 272
Jn 3,9-10: 228, 229, 230, 231
Jn 3,10: 40, 44, 47, 54, 71, 89, 105, 125, 127, 131, 132, 133, 144, 160, 231, 251
Jn 3,11: 40, 41, 47, 59, 60, 91, 95, 95, 97, 125, 127, 128, 213, 231
Jn 3,11-13: 90, 150, 154
Jn 3,11-15: 45, 47, 48, 90, 105, 110, 121, 245
Jn 3,11-21: 19, 46, 74, 124, 145, 151, 156, 231, 232, 250
Jn 3,12: 40, 41, 43, 47, 90, 97, 103, 144, 150, 152, 155, 229
Jn 3,13: 35, 39, 43, 93, 99, 152, 153, 155, 227, 229
Jn 3,13.14: 125, 127, 128
Jn 3,13-15: 90, 98
Jn 3,13-21: 18, 19, 150, 228
Jn 3,14: 41, 42, 43, 101, 102, 104, 108
Jn 3,14-15: 90, 98, 108, 184
Jn 3,15: 36, 42, 99, 105, 175
Jn 3,16: 7, 41, 44, 71, 103, 105, 106, 108, 110, 144, 152, 232, 243, 244, 245
Jn 3,16-17: 111, 184
Jn 3,16-18: 18, 47, 48, 90, 98, 105, 110, 112, 121, 125, 127, 128, 245
Jn 3,16-21: 22, 45, 117, 155
Jn 3,17: 41, 42, 43, 44, 108
Jn 3,18: 40, 41, 43, 105, 108, 110, 111, 115, 118, 245
Jn 3,19: 41, 43, 45, 110, 111, 113, 116
Jn 3,19-21: 18, 47, 48, 110, 121, 125, 127, 128, 246, 266, 271
Jn 3,20: 40, 42, 56, 112, 116, 117, 119
Jn 3,21: 42, 45, 48, 112, 117, 118, 119, 144, 151, 152, 153, 185, 247, 250
Jn 3,22: 144, 145, 231
Jn 3,22-30: 33, 34, 150, 151, 231
Jn 3,31: 63, 144, 151, 227
Jn 3,31b-36: 161, 163
Jn 3,31-36: 34, 144, 145, 149, 150, 151, 152, 153, 157, 160, 186, 226, 228, 230, 231
Jn 3,32: 91, 93, 115, 232
Jn 4,1-42: 12, 134, 197
Jn 4,42: 72, 105, 255
Jn 6,45: 56, 57, 81, 118
Jn 6,65: 66
Jn 6,68-69: 72
Jn 7,27: 69
Jn 7,37-39: 82, 186, 187, 242
Jn 7,37-52: 11, 13, 186, 216, 234, 236
Jn 7,40-42: 191, 192, 217
Jn 7,45-52: 188, 222
Jn 7,50: 11, 20, 54, 55, 193, 209, 222, 251
Jn 7,50-52: 126, 186, 193, 207, 217, 251, 254, 271
Jn 7,51: 13, 55, 194, 250, 272
Jn 7,52: 55, 190, 223, 249, 272
Jn 8,12: 56, 112, 119
Jn 8,28: 91, 101, 209
Jn 9,22: 60, 221
Jn 11,27: 62, 72, 255
Jn 11,53: 60, 251, 252
Jn 12,32: 82, 101, 209

Jn 12,42: 15, 52, 53, 60, 66, 70, 86, 205, 221
Jn 12,43: 252
Jn 19,30: 209, 215
Jn 19,31: 205, 206, 207, 213
Jn 19,31-37: 195
Jn 19,38: 197, 208, 212
Jn 19,38a: 196, 201, 202, 206, 207
Jn 19,38b: 196, 201
Jn 19,38-42: 11, 13, 15, 126, 186, 195, 197, 198, 209, 217, 224, 236, 247, 254, 271
Jn 19,39: 11, 20, 58, 197, 201, 208, 209, 214, 222
Jn 19,39-40: 196
Jn 19,40: 197, 198, 212, 214, 215, 222
Jn 19,40-42: 197, 198
Jn 19,41-42: 196, 198
Jn 19,42: 197
Jn 20,1-10: 195, 196
Jn 20,25: 94, 255
Jn 20,30-31: 266
Jn 20,31: 67, 104, 234

Tt 3,5: 177, 178, 180, 182

Jc 1,17-18: 180, 182

1Jn 3,9: 76
1Jn 5,6-8: 181, 182

1P 1,23: 76, 180, 182

TABLE DES MATIÈRES

REMERCIEMENTS	7
INTRODUCTION	11
1. Thème	11
2. Raison et but de la recherche	13
3. Status quaestionis..	15
3.1 Arguments positifs	15
3.2 Arguments négatifs	16
4. Une pluralité d'interprétations de la péricope...............................	17
4.1 Un texte sacramentel	17
4.2 Interprétation trinitaire	18
4.3 Un texte de révélation (christologie et kérygme)	18
4.4 Sotériologie de Jn 3,1-21	19
4.5 Une interprétation féministe	19
4.6 Évaluation du personnage de Nicodème en Jn 3,1-21	20
5. Originalité et limites de la recherche	21
6. Structure...	23

PREMIÈRE PARTIE
ANALYSE SYNCHRONIQUE DE JN 3,1-21

INTRODUCTION	29
CHAPITRE I: *Études préliminaires*	31
1. Texte grec	31
2. Délimitation	32
3. Critique textuelle..	34
CHAPITRE II: *Analyse linguistico-syntaxique de Jn 3,1-21*	37
1. Le lexique	37
2. Catégories et formes grammaticales	39

2.1 Les négations	39
2.2 Un Récit-Dialogue-Discours	40
2.3 Les prépositions et propositions.	40
3. La logique du texte	42
4. Un style varié dans une double inclusion	43
6. Traduction	48

CHAPITRE III: *Analyse sémantique de Jn 3,1-21* 51

1. vv. 1-2a: Introduction: présentation de Nicodème (venue de nuit)	51
1.1 L'identité de Nicodème	51
1.2 Venir à Jésus (ἦλθεν πρὸς αὐτὸν)	56
1.3 Le génitif de temps νυκτὸς (de nuit)	57
2. vv. 2b-10: Dialogue: être engendré d'en haut, C'est être engendré de l'Esprit	67
2.1 Profession de foi, curiosité intéressée ou provocation?	61
2.1.1 Le vocatif Ῥαββι	61
2.1.2 Jésus est un διδάσκαλος selon Nicodème	62
2.1.3 Le savoir de Nicodème	63
2.2 Les trois appels à être engendré d'en haut	73
2.2.1 1er appel: il est nécessaire d'être engendré d'en haut pour voir le Royaume de Dieu (v. 3)	74
2.2.2 2ème appel: il est nécessaire d'être engendré d'eau et d'Esprit pour entrer dans le Royaume de Dieu (v. 5)	79
2.2.3 3ème appel: il vous faut être engendré d'en haut (v. 7)	85
3. vv. 11-15: Discours: croire au témoignage sur le/du Fils de l'Homme élevé en croix	90
3.1 Voir-Témoigner-croire (vv. 11-12)	90
3.2 La foi au Fils de l'Homme élevé (vv. 13-15)	98
4. vv. 16-18: Discours: Dieu aimant sauve le monde par la foi au Fils unique engendré	105
5. vv. 19-21: Conclusion: jugement-invitation à venir à la lumière	110
6. Synthèse	129

CHAPITRE IV: *Analyse narrative de Jn 3,1-21* 123

1. Intrigue de révélation et histoire interrompue	123
2. Les personnages	126
2.1 Nicodème: le savant non sachant (un personnage plat)	126
2.2 Jésus: protagoniste principal (un personnage rond, bloc)	127
3. Le malentendu et l'ironie johannique	129
4. Effacement, grande révélation et silence de Nicodème	133
5. Le lecteur	135
Conclusion partielle	152

Deuxième Partie
Analyse Diachronique De Jn 3,1-21

Introduction	141
Chapitre V: *Critique littéraire de Jn 3,1-21*	143
1. Problèmes littéraires posés par Jn 3,1-21	143
2. L'expression ὕδατος καί en Jn 3,5	145
3. La composition primitive de Jn 3,1-21	149
4. Jn 3,1-21 a-t-elle une paternité johannique?	154
Chapitre VI: *Étude de la Tradition de Jn 3,1-21*	159
1. Monture originelle de Jn 3,1-21: Sitz im Leben, tradition et genre littéraire	160
2. Les synoptiques	163
2.1 Marc	165
2.2 Luc	170
2.3 Matthieu	171
3. Les épîtres du Nouveau Testament	178
4. L'Ancien Testament	182
5. Textes intertestamentaires et rabbiniques	184
6. L'évangile de Jean	185
6.1 Le premier retour de Nicodème dans l'évangile	186
6.1.1 Polémique, Sitz im Leben et tradition	187
6.1.2 Le devenir de Nicodème	193
6.2 L'ultime retour de Nicodème (Jn 19,38-42)	195
6.2.1 Confrontation synoptique et particularités johanniques	198
6.2.2 Joseph d'Arimathie, l'antérieur disciple secret	202
6.2.3 Joseph d'Arimathie et Nicodème	207
6.2.4 Nicodème et ses dons	210
6.2.5 Prendre le corps ou le recevoir dans la foi?	212
6.2.6 Déposer Jésus	215
7. Synthèse	215
Chapitre VII: *Critique de la rédaction de Jn 3,1-21*	225
1. Observations générales sur Jn 3,1-21	226
2. L'intervention du rédacteur	228
2.1 L'étape 1: Avec ou sans Jn 3,4-8 et Jn 3,9-10?	228
2.2 L'étape 2: Un dialogue renforcé	230
2.3 L'étape 3: Un discours fortement christologique	231
3. Intention de l'auteur et destinataires de Jn 3,1-21	233
Conclusion partielle	235

TROISIÈME PARTIE
HERMÉNEUTIQUE ET THÉOLOGIE DU TEXTE

INTRODUCTION 273

CHAPITRE VIII: *Nicodème face au Révélateur:
Une invitation à croire* 241

1. Croire, un don d'en haut 242
2. Croire, c'est accueillir (confesser) Jésus 245
3. Croire doit se manifester 246
4. Nicodème, un homme en quête de Lumière et de sens 248
5. Nicodème, un homme aux prises avec un «système» 250
6. Croire, un chemin, un risque et un saut qualitatif pour Nicodème 253

CHAPITRE IX: *Nicodème aujourd'hui* 257

1. Qui sont les «Nicodème» aujourd'hui? 257
2. Se libérer des liens et systèmes en conservant les valeurs 261
3. Non à la compensation et au marchandage en matière de foi 264
4. Croire, un défi de tous les temps et pour tous 266

CONCLUSION GÉNÉRALE 269

1. Le discipolat de Nicodème 269
   1.1 Invitation à croire et «The Long Way» 269
   1.2 Croire comme don-accueil-manifestation 270
   1.3 De l'impuissance de Nicodème à son adhésion 271
2. Nicodème, un homme en société et en face d'elle 271
   2.1 L'homme des questionnements 271
   2.2 Une société prisonnière d'un «système» 272
3. Croire un défi perpétuel 272
4. Nicodème, une figure représentative pour aujourd'hui 273
5. Croire en Jésus: raison et but de Jn 3,1-21 273

SIGLES ET ABRÉVIATIONS 277
BIBLIOGRAPHIE 281
INDEX DES AUTEURS 295
INDEX DES PRINCIPALES RÉFÉRENCES BIBLIQUES 299
TABLE DES MATIÈRES 303

TESI GREGORIANA

Depuis 1995, la collection «Tesi Gregoriana» met à la disposition du pubblic quelques-unes des meilleures thèses élaborées à l'Université Pontificale Grégorienne. La composition en est assurée par les auteures eux-mêmes, selon les normes typographiques définies et contrôlées par l'Université.

Volumes Publiés [Série: Téologie]

[Vol. 1-150: cfr. *www.unigre.it/TG/Teologia/index.php*]

151. VARSALONA, Agnese, *Il dialogo e i suoi fondamenti. Aspetti di antropologia filosofica e teologica secondo Jörg Splett e Walter Kasper*, 2007, pp. 300.
152. GEORGE KOCHUTHARA, Shaji, *The Concept of Sexual Pleasure in the Catholic Moral Tradition*, 2007, pp. 518.
153. SCARDILLI, Pietro Damiano, *I nuclei ecclesiologici nella costituzione liturgica del Vaticano II*, 2007, pp. 418.
154. PALACHUVATTIL, Mathew, *«The One Who Does the Will of the Father». Distinguishing Character of Disciples According to Matthew. An Exegetical Theological Study*, 2007, pp. 404.
155. BARBOSA FILHO, Domingos, *A vontade salvífica e predestinante de Deus e a questão do cristocentrismo. Um estudo sobre a doutrina de João Duns Escoto e seus ecos na teologia contemporânea*, 2007, pp. 496.
156. ONWUKA, Chidolue Peter, *The Law, Redemption and Freedom in Christ. An Exegetical-Theological Study of Galatians 3,10-14 and Romans 7,1-6*, 2007, pp. 374.
157. JANÉ COCA, José M., *«Ser hallado en Él». La reciprocidad intersubjetiva entre Pablo y Cristo. Un estudio exegético-teológico de Flp 3*, 2007, pp. 608.
158. SHABANI, Louay, *Santificazione e valore salvifico del matrimonio. Studio esegetico-teologico di 1Cor 7,12-16 ed Ef 5,25-33*, 2008, pp. 325.
159. ABBATTISTA, Ester, *Origene legge Geremia. Analisi, commento e riflessioni di un biblista di oggi*, 2008, pp. 355.
160. SPRONCK, Joël, *La patience de Dieu. Justifications théologiques du délai de la Parousie,* 2008, pp. 356.
161. EDERLE, Rubén Alberto, *Discípulos y Apóstoles de Jesús. La relación entre los discípulos y los Doce según Marcos*, 2008, pp. 368.
162. CARIA, Roberto, *Lo stato nelle teorie politiche di I. Kant e J. Maritain. Una legittimazione tra razionalità e fede*, 2008, pp. 306.

163. MACALA, André, *A escatologia no livro do Apocalipse. Da sua realização no presente litúrgico à conslusão da história*, 2008, pp. 394.
164. TANTIONO, Paulus Toni, *Speaking the Truth in Christ. An Exegetico-Theological Study of Galatians 4,12-20 and Ephesians 4,12-16*, 2008, pp. 302.
165. ZICCARDI, Costantino Antonio, *The Relationship of Jesus and the Kingdom of God According to Luke-Acts*, 2008, pp. 584.
166. BRADY, Patrick J., *The Process of Sanctification in the Christian Life. An Exegetical-Theological Study of 1Thess 4,1-8 and Rom 6,15-23*, 2008, pp. 322.
167. ROCHETTE, Joël, *La rémission des péchés dans l'Apocalypse. Ébauche d'une sotériologie originale*, 2008, pp. 628.
168. SHENOSKY, Joseph T., *The Development of Late Twentieth Century Catholic Ecumenical Theology in the United States of America: A Comparison of the Contributions of Gustave Weigel, S.J., Carl J. Peter, John F. Hotchkin, and Avery Dulles, S.J.*, 2008, pp. 404.
169. IWUAMADI, Lawrence Oscar I., *«He Called unto Him the Twelve and Began to Send Them Forth». The Continuation of Jesus' Mission According to the Gospel of Mark*, 2008, pp. 308.
170. ASCENSO, Adelino, *Transcultural Theodicy in the Fiction of Shūsaku Endō*, 2009, pp. 354.
171. HODŽIĆ, Mislav, *La genesi della fede. La formazione della coscienza credente tra* essere riconosciuto *ed* essere riconoscente, 2009, pp. 276.
172. SHORTALL, Michael, *Human Rights and Moral Reasoning. A Comparative Iinvestigation by Way of Three Theorists and Their Respective Traditions of Enquiry: John Finnis, Ronald Dworkin and Jürgen Habermas*, 2009, pp. 438.
173. SÁNCHEZ CASTELBLANCO, Wilton Gerardo, *La voz como modo de revelación. Investigación exegético-teológica del término φωνή en el cuarto evangelio*, 2009, pp. 356.
174. RODRIGUES DE SOUSA, Mário José, *«Para que também vós acrediteis». Estudo exegético-teológico de Jo 19,31-37*, 2009, pp. 404.
175. RYAN, Dermot, *Method to Mission: The Ecclesial Vocation of the Theologian. As Exemplified in the Works of Francis A. Sullivan SJ in the Context of Method at the Gregorian University*, 2009, pp. 448.
176. SALMAN, Wasim, *La* Wirkungsgeschichte *de Hans-Georg Gadamer dans la théologie de Claude Geffré, David Tracy et Wolfhart Pannenberg*, 2010, pp. 244.
177. BRUTÉ DE RÉMUR, Guillaume, *La théologie trinitaire de Louis Bouyer*, 2010, pp. 382.
178. NSONGISA KIMESA, Chantal, *«L'agir puissant du Christ parmi les chrétiens».Une étude exégético-théologique de 2Co 13,1-4 et Rm 14,1-9*, 2010, pp. 290.
179. CORNIÉ Thomas, *La primauté de l'évêque de Rome dans la théologie catholique francophone du vingtième siècle. Les études de Pierre Batiffol, Charles Journet et Jean-Marie Roger Tillard*, 2010, pp. 352.

180. GIORDANO, Maria Teresa, *La parola della croce: l'itinerario paradossale della sapienza divina in 1Cor 1,18–3,4. Composizione retorica del testo. Implicazioni esegetico-teologiche e sua funzione in 1Cor 1–4*, 2010, pp. 302.

181. CAVICCHIA, Alessandro, *Le sorti e le vesti. La «Scrittura» alle radici del messianismo giovanneo tra re-interpretazione e adempimento: Sal 22(21) a Qumran e in Giovanni*, 2010, pp. 540.

182. COMPIANI, Maurizio, *Fuga, silenzio e paura. La conclusione del Vangelo di Marco. Studio di Mc 16,1-20*, 2011, pp. 296.

183. VILLAGRA CANTERO, César Nery, *«Poder» Y «Anti-Poder». Contraposición dialéctica entre ἐξουσία salvífica y ἐξουσία del sistema terrenal en el Apocalipsis*, 2011, pp. 494.

184. PATSCH, Ferenc, *Metafisica e religioni: strutturazioni proficue. Una teologia delle religioni sulla base dell'ermeneutica di Karl Rahner*, 2011, pp. 634.

185. SICHKARYK, Ivan, *Corpo (σῶμα) come punto focale nell'insegnamento paolino. Ricerca esegetica e teologico-biblica*, 2011, pp. 512.

186. PUCA, Bartolomeo, *Una periautologia paradossale. Analisi retorico-letteraria di Gal 1,13–2,21*, 2011, pp. 214.

187. PUNDA, Edvard, *La fede in Teresa d'Avila*, 2011, pp. 328.

188. SURLIS, Tomás, *The Presence of the Risen Christ in the Community of Disciples: An Examination of the Ecclesiological Significance of Matthew 18:20*, 2011, pp. 432.

189. QUISPE LÓPEZ, Ciro, *La nueva alianza durante las enseñanzas de Jesús en el Templo de Jerusalén. Análisis retórico bíblico y semítico de la secuencia de Mc 11,27–12,44*, 2012, pp. 394.

190. GARCÍA MORALES, Juan Jesús, *La inspiración bíblica a la luz del principio católico de la tradición. Convergencias entre la* Dei Verbum *y la Teología de P. Benoit, O.P.*, 2012, pp. 490.

191. MANZINGA AKONGA, Roger, *Le dernier cri de Jésus sur la croix (Mc 15,34). Fonction pragmatique de la citation du Ps 22,2a dans le contexte communicatif de Mc 15,33-41*, 2012, pp. 432.

192. FICCO, Fabrizio, *«Mio figlio sei tu» (Sal 2,7). La relazione Padre-figlio e il Salterio*, 2012, pp. 454.

193. JOJKO, Bernadeta, *Worshiping the Father in Spirit and Truth. An Exegetico-Theological Study of Jn 4:20-26 in the light of the Relationships among the Father, the Son and the Holy Spirit*, pp. 440.

194. SERRANO PENTINAT, Josep-Lluís, *Palabra, sacramento y carisma. La eclesiología de E. Corecco*, pp. 314.

195. SOLICHIN RUBIANTO, Vitus, *La figura del seme e il suo compimento. Analisi retorica del discorso parabolico in Mc 4,1-34*, 2012, pp. 220.

196. CAMPAGNANI FERREIRA, Eduardo, *«Impossibile erat sine Deo discere Deum». O problema teológico da afirmação de Deus, segundo o Cardeal Henri de Lubac (1896-1991)*, 2012, pp. 662.

197. COUTINHO LOPES DE BRITO PALMA, Alexandre, *L'esperienza della Trinità e la Trinità nell'esperienza. Modelli di una loro configurazione*, 2013, pp. 348.

198. EKE, Wilfred Onyema, *The Millennial Kingdom of Christ (Rev 20,1-10). A Critical History of Exegesis with an Interpretative Proposal*, 2013, pp. 322.

199. CORREA D'ALMEIDA, Bernardo, *Unidade segundo o quarto Evangelho. Testemunho do discípulo amado no contexto judaico e greco-romano do I CE*, 2013, pp. 378.

200. NIU, Zhixiong, *«The King Lifted up His Voice and Wept». David's Mourning in the Second Book of Samuel*, 2013, pp. 316.

201. SWAN, William Declan, *The Experience of God in the Writings of Saint Patrick: Reworking a Faith Received*, 2013, pp. 430.

202. FERMÍN VIVAS, Alfredo Raúl, *Jesús se rodea de su familia. Análisis retórico bíblico y semítico de Mc 3,7-35*, 2013, pp. 270.

203. ARTYUSHIN, Sergey, *Raccontare la salvezza attraverso lo sguardo. Portata teologica e implicazioni pragmatiche del «vedere Gesù» nel Vangelo di Luca*, 2013, pp. 624.

204. SAKOWSKI, Derek, *The Ecclesiological Reality of Reception Considered as a Solution to the Debate over the Ontological Priority of the Universal Church*, 2013, pp. 486.

205. ORDUÑA, César Javier, *Los principios interpretativos en Romano Guardini. El camino de la intuición*, 2014, pp. 540.

206. CESARALE, Enrichetta, *«Figli della luce e figli del giorno» (1Ts 5,5). Indagine biblico-teologica del «giorno» in Paolo*, 2014, pp. 620.

207. DEÁK, Viktória Hedvig, *«Consilia sapientis amici». Saint Thomas Aquinas on the Foundation of the Evangelical Counsels in Theological Anthropology*, 2014, pp. 447.

208. ABALODO Sebastien B., *Structure et théologie dans le Trito-Isaïe. Une contribution à l'unité du Livre*, 2014, pp. 364.

209. RIVAS PÉREZ, Eugenio, *La escatología como comunión. Una propuesta desde la perspectiva metafísica de Maurice Blondel*, 2014, pp. 410.

210. DOS SANTOS FREITAS MAIA, Américo Paulo, *A in-habitação de Deus na alma em graça nos escritos teológicos de João de São Tomás, o.p. (1589-1644)*, 2014, pp. 366.

211. ACEITUNO DONOSO, Marcos, *Las «promesas de Dios» en San Pablo. Estudio exegético-teológico de Gál 3,19-22 y 2Cor 1,15-22*, 2014, pp. 298.

212. FUZINATO, Silvana, *Tra fede e incredulità. Studio esegetico-teologico di Gv 5 in chiave comunicativa*, 2014, pp. 362.

213. WASHINGTON, Christopher Thomas, *The Participation of Non-Catholic Christian Observers, Guests and Fraternal Delegates at the Second Vatican Council and the Synods of Bishops: A Theological Analysis*, 2015, pp. 352.

214. VAŇUŠ, Marek, *La presenza di Dio tra gli uomini. La tradizione della «shekinah» in Neofiti e in Matteo*, 2015, pp. 430.

215. CAURLA, Mauro, *Il cieco illuminato e i vedenti accecati di fronte alla luce di Cristo. La simbologia visiva in Gv 9*, 2015, pp. 398.

216. KOUAMÉ, Yao Adingra Justin, *Commencement d'un parcours. Une étude exégétique et théologique de Jn 3,1-21*, 2015, pp. 310.

"Tesi Gregoriana" Teologia 215

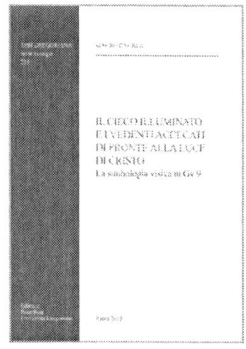

CAURLA, Mauro

Il cieco illuminato e i vedenti accecati
di fronte alla luce di Cristo.
La simbologia visiva in Gv 9

2015 - pp. 400
ISBN 978-88-7839-318-9

€ 28,00

Dai primi secoli fino ad oggi, Gv 9 ha goduto di un'attenzione speciale nella Chiesa, sia in ambito catechistico e omiletico, che liturgico e caritativo. Anche questo lavoro si colloca in continuità con tale interesse plurisecolare per la narrazione del cieco dalla nascita, proponendone un'analisi esegetica ed un'interpretazione teologica con aspetti originali.

Il percorso si snoda in due tappe: nella Prima Parte si contestualizza la narrazione della guarigione del cieconato in riferimento al co-testo del QV, specialmente alla sezione dei cap. 7–10; si analizza poi, attraverso diversi approcci (analisi semantica, della struttura letteraria, narrativa e pragmatica), il testo di Gv 9,1-41, e si sottolineano gli elementi di convergenza emersi da quest'analisi condotta con differenti metodi.

La Seconda Parte (*Per una teologia del simbolismo visivo in Gv 9*), è strutturata in tre passaggi: anzitutto si ricolloca Gv 9 nel co-testo della sezione dei cap. 7–10, riletti in chiave tematica, per poter così vedere meglio quale sia il ruolo del capitolo 9; in secondo luogo si considera il contesto storico e culturale del QV.

www.gbpress.net

"Tesi Gregoriana" Teologia 214

VAŇUŠ, Marek

La presenza di Dio tra gli uomini.
La tradizione della «shekinah» in Neofiti e in Matteo

2015 - pp. 432
ISBN 978-88-7839-317-2

€ 28,00

Attraverso lo studio della tradizione specifica della «shekinah», quale espressione reverenziale e interpretativa della Divina Presenza ricorrente nel periodo del rabbinismo tannaitico, il presente lavoro cerca di offrire un contributo alla comprensione del patrimonio comune tanto al cristianesimo delle origini quanto al giudaismo formativo. L'analisi biblico-teologica si concentra sull'individuazione dei motivi legati alle ricorrenze del termine e ai suoi echi nei due scritti esaminati: il targum detto «Neofiti» ed il vangelo di Matteo.

w w w . g b p r e s s . n e t

"Tesi Gregoriana" Teologia 213

WASHINGTON, Christopher Thomas

The participation of non-Catholic Christian observers guest and fraternal delegates at the Second Vatican Council and Synods of Bishops.
A Theological Analysis

2015 - pp. 352
ISBN 978-88-7839-309-7

€ 27,00

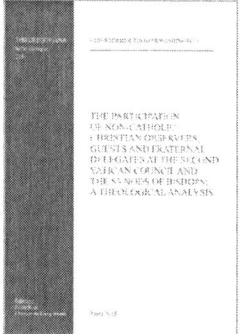

The Second Vatican Council and the Synod of Bishop are connected by the fact that Pope Paul VI created the latter during the Council in order to keep alive the spirit of collegiality experienced by the Council Fathers. This link has also been evident in the themes chosen for each Synod since they have provided opportunities to unpack and apply the teaching of the documents of the Second Vatican Council to various aspects of the Church's life. One topic that flows from the Council through each Synod is the Church's teaching on Ecumenism.

www.gbpress.net

"Tesi Gregoriana" Teologia 212

Fuzinato, Silvana

Tra fede e incredulità
Studio esegetico-teologico di Gv 5 in chiave comunicativa

2014 - pp. 356
ISBN 978-88-7839-299-1

€ 27,00

L'episodio della guarigione del paralitico, che si trova in Gv 5, ha suscitato l'attenzione e l'interesse di molti studiosi, senza avere ottenuto, però la stessa fortuna di altri segni giovannei, come ad esempio, la guarigione del cieco nato (Gv 9) o la risurrezione di Lazzaro (Gv 11). E tuttavia, il racconto rappresenta uno snodo importante nella trama narrativa e teologica del Quarto Vangelo. Lo studio intende inserirsi nell'alveo delle diverse interpretazioni che sono state date nel corso degli anni, proponendo una lettura del testo che, oltre agli strumenti classici dell'esegesi, tiene conto anche della forza pragmatica del linguaggio. Ne deriva una lettura teologicamente densa e metodologicamente stimolante.

www.gbpress.net

Finito di stampare nel mese di settembre 2015
presso Mediagraf Spa - Noventa Padovana (PD)